rowohlt

Wolf Schneider

Der Mensch

Eine Karriere

Rowohlt

1. Auflage Oktober 2008

Lektorat Frank Strickstrock
Kartographie Peter Palm, Berlin
Gesamtherstellung CPI – Clausen & Bosse, Leck
Printed in Germany
ISBN 978 3 498 06405 1

Inhalt

Die Unterwerfung der Menschheit durch die Europäer

Die Herrschaft über den Planeten

Unser Hang zum Übermut

So weit haben wir's gebracht

Was uns droht

Was könnte uns helfen?

1 Wir sind das Problem. Sind wir auch die Lösung?

Die Erde ist unser. Alles haben wir bezwungen: Hitze, Kälte, Wüste, Ozeane. Alle haben wir besiegt: Raubtiere, Ungeziefer und Bazillen. Allem trotzen wir: Erdbeben, Wirbelstürmen und Tsunamis. Überall sind wir zugleich: In einer Zehntelsekunde saust unser Wort um die Erde, in 90 Minuten schaffen es die Satelliten, sie weisen uns den Weg hier unten, und wäre es der von Plattling nach Germersheim. Und zuverlässig rieselt der Schmutz chinesischer Kohlekraftwerke auf Kalifornien ebenso wie auf Spitzbergen nieder.

Diese Leistungen des *Homo sapiens* sind umso erstaunlicher, als die Menschheit, physikalisch betrachtet, immer noch eine Masse von winziger Größe ist. Käme ein rächender Gott auf die Idee, diese Menschheit noch einmal zu bestrafen, diesmal aber nicht mit einer Sintflut, sondern indem er sie komplett in einem See ersäufte, dem Bodensee zum Beispiel – die fast sieben Milliarden Ertrunkenen würden den Seespiegel natürlich heben. Aber nicht sehr viel: um höchstens 50 Zentimeter.

Angefangen hat alles doch bloß damit, dass vor ein paar Millionen Jahren – ein paar Minuten in der Erdgeschichte – ein paar hundert überdurchschnittlich schlaue Affen im Osten Afrikas den Aufschwung zu einer neuen Spezies schafften, einer mehr unter den Millionen Arten, die längst auf der Erde krabbelten; und dass diese Zweibeiner, ohne es ausdrücklich zu wollen, damit begannen, in alle Kontinente auszuschwärmen und sich die Erde untertan zu machen.

Vor rund 40 000 Jahren traten sie ihre Herrschaft über Europa an – erst vor gut 1000 Jahren nahmen sie Neuseeland in Besitz, die letzte bewohnbare Fläche des Planeten. Ein Novum in der Erdgeschichte hatten sie damit vollbracht: Keine andere biologische Art hat sich je in allen Zonen und Winkeln der Erde eingerichtet, in 50 Grad Hitze und 50 Grad Kälte; geschweige denn dabei alle anderen Lebewesen verdrängt, unterworfen oder ausgerottet.

Haben die Menschen inzwischen des Guten ein bisschen viel getan? Sie werden immer mehr und stellen dabei immer unbescheidenere Forderungen. «Die Menschheit lebt über ihre Verhältnisse», stellte die Umweltorganisation der Vereinten Nationen 2007 fest – und sie hat recht. Wir höhlen die Erde aus, wir pflastern sie zu, wir zertrampeln sie. Noch schlimmer: Es scheint, dass die Völker sich zum Endkampf um die letzten Ressourcen, die letzten freien Räume rüsten.

So sind die meisten Prognosen, wie die Menschheit überleben, ja ob sie überleben kann, schrecklich düster. Noch dazu klingen sie so schlüssig, dass man alle Hoffnung fahren lassen möchte. Der Trost ist aber: Wahrscheinlich sind sie falsch. Die großartige Geschichte, die hier zu erzählen ist, die vom Aufstieg des Homo sapiens aus dem Nichts: Sie wird – vielleicht ein bisschen anders – weitergehen.

2 Unser unwahrscheinlicher Planet

Milliarden, Billionen, Billiarden riesiger Feuerkugeln rasen im Weltall durch ein eisiges Nichts. Dass da auf einer Murmel mittendrin «das Leben» entstehen konnte vor dreieinhalb Milliarden Jahren, dagegen sprach fast alles; noch weniger dafür, dass sich im letzten Tausendstel dieses zähen Lebenskampfes ein so hochnäsiges Wesen wie der Mensch auf der Murmel mausig machen würde: Als Heimstatt für ihn ist sie nur bedingt geeignet, und auf ihn gewartet hatte sie nicht.

Murmeln – mehr sind sie nicht im Weltmaßstab, die kalten und eher kleinen Kugeln, die um das Höllenfeuer einer Sonne kreisen; «Planeten» nennen wir sie. Umrunden sie ihren Mutterstern zu nah, so wird ihre Oberfläche auf 460 Grad geheizt wie die der Venus; drehen sie sich zu weit weg von ihr, so erstarren sie in minus 200 Grad wie der Neptun. Leben, wie wir es kennen, kann in beiden Fällen nicht gedeihen. Auch nicht ohne eine Atmosphäre: Sie dämpft die Temperaturextreme (auf dem Merkur 430 Grad bei Tag, minus 180 Grad bei Nacht), sie schützt vor kosmischen Strahlen, und sie lässt die meisten der Meteore verglühen, die sonst die Erde bombardieren würden: Die von Kratern zerklüftete Oberfläche des Mondes zeigt ja, was einem nackten Himmelskörper in diesem grausamen Universum widerfahren kann.

Vor allen Einschlägen freilich schützt uns die Atmosphäre nicht. Der Riesenmeteor, der vor 65 Millionen Jahren mit 40 000 Stundenkilometern auf die mexikanische Halbinsel Yucatán krachte, schleuderte solche Mengen von Staub und Schwefeldioxid in die

Atmosphäre, dass es jahrzehntelang kalt und dunkel wurde auf Erden; für schätzungsweise 60 Prozent aller Tiere bedeutete das den Tod. Vor etwa 15 Millionen Jahren traf es gleich zweimal die Schwäbische Alb: Der eine Einschlagkrater ist das Steinheimer Becken, dreieinhalb Kilometer im Durchmesser, bis 120 Meter tief; der andere das Nördlinger Ries, ein flacher Kessel von mehr als 20 Kilometern Breite, entstanden durch einen Steinbrocken aus dem All, der einen Kilometer dick war, sich 600 Meter tief ins Gestein bohrte und dabei verdampfte.

Vermutlich erst vor 50 000 Jahren donnerte ein Meteorit auf Arizona nieder, 15 000 Tonnen schwer: Das ergibt sich aus dem Krater, der 170 Meter tief ist und mit seinem Wall die Umgebung um 50 Meter überragt. Erst 1908 zerbarst ein Meteor in fünf Kilometern Höhe über der Tunguska in Ostsibirien: Er legte 80 Millionen Bäume in der Taiga um, der Explosionsdruck wurde noch in 6000 Kilometern Entfernung registriert. Und was 1994 auf dem Jupiter geschah, hätte auf der Erde vermutlich alles Leben ausgelöscht: Da schlug ein Komet im Gewicht von Milliarden Tonnen mit 22 000 Stundenkilometern auf unserm Nachbarn ein, schleuderte riesige Gasblasen heraus und verfärbte seine Oberfläche auf 12 000 Kilometer.

Geht es Planeten anderswo im Weltall besser als denen, die mit uns um die Sonne kreisen? Seit 1995 haben die Astronomen mehr als 250 nichtleuchtende Himmelskörper entdeckt, die sich um eine andere Sonne drehen; die meisten allerdings aus Gas wie unser großer Bruder Jupiter und entweder viel zu heiß, weil sie ihrer Sonne zu nah, oder zu kalt, weil sie ihr zu fern sind. Ob es außer der Erde noch irgendwo im Weltall einen Planeten mit dem richtigen Abstand zu seiner Sonne, mit einer Oberfläche von Stein und Wasser und mit einer Atmosphäre gibt, ist völlig offen und schwer vorstellbar.

Die Wahrscheinlichkeit sinkt noch weiter, wenn wir an die sogenannte *Schiefe der Ekliptik* denken, die Tatsache also, dass die Erdachse nicht senkrecht zu ihrer Umlaufbahn steht, sondern um 23 Grad gegen sie geneigt ist, nur deshalb haben wir Jahreszeiten. Die Abweichung ist vor Milliarden Jahren vermutlich entstanden, als der Mond mit der Erde zusammenstieß oder von ihr eingefangen wurde – ein ungewöhnlich großer Trabant mit 27 Prozent des Erddurchmessers. Seitdem aber stabilisiert er den einmal hergestellten Neigungswinkel. Ohne ihn würde die Erde taumeln, ihre Achse sich um bis zu 90 Grad verschieben im Lauf von Millionen Jahren – aber eben solche Zeiträume von Stabilität waren ja nötig, damit das höhere Leben sich entfalten konnte.

Auch ohne den *Jupiter*, den Riesenplaneten mit der 300fachen Masse der Erde, hätte höheres Leben nicht entstehen können, sagen die amerikanischen Wissenschaftler Donald Brownlee und Peter Ward: Er schirmt die Außengrenzen des Sonnensystems gegen verirrte Meteore ab, indem er sie mit seiner Masse einfängt. Andernfalls würde eine Katastrophe wie die von Yucatán die Erde nicht alle paar Millionen Jahre, sondern alle paar tausend Jahre heimsuchen.

Dies alles zusammengenommen, scheint das Fazit klar: Dass wir im Weltall Brüder hätten, ist der Gipfel aller Unwahrscheinlichkeit. Was freilich, schwierigerweise, zweierlei bedeutet:

1. Es ist überhaupt kein Grad von Unwahrscheinlichkeit vorstellbar, der sich nicht durch die Milliarden von Galaxien mit jeweils Milliarden von Sternen, die die Astronomen schon entdeckt haben, in eine theoretische Wahrscheinlichkeit verwandelte. Die Chance wäre nur 1 : 10 Billionen? Bitte sehr, die haben wir leicht. Höheres Leben auf anderen Planeten ist also durchaus möglich – zumal wenn wir die Trilliarden von Sternen jenseits aller irdischen Teleskope hinzurechnen.
2. Diese theoretische Möglichkeit aber hat praktisch die Bedeutung null. Ob wir im Universum *keine* Brüder haben oder ob wir nach

> einer Reise von 50 Millionen Jahren auf sie stoßen könnten, wenn wir sie fänden: das ist de facto kein Unterschied. Schon zum allernächsten Stern außerhalb des Sonnensystems, der 4,2 Millionen Lichtjahre entfernten *Proxima Centauri*, wären wir (die Geschwindigkeit der Raumsonde *Voyager* unterstellt) 34000 Jahre unterwegs, einfache Fahrt.

Es bleibt dabei: Unsere Erde treibt durchs All in unvorstellbarer Einsamkeit.

War sie denn wenigstens für höheres Leben gut gerüstet, damals, vor ein paar Millionen Jahren, als der Mensch sich von den Affen zu emanzipieren begann? Nun: sehr gut nicht. 71 Prozent der Erdoberfläche sind von Wasser bedeckt, und nur Landtiere haben sich ja zu Primaten entwickelt. Auf der Landfläche breiten sich riesig die Sandwüsten (mit bis zu 58 Grad im Schatten – aber wo wäre der?) und ebenso riesig die Eiswüsten aus, in der Antarktis mit bis zu minus 89 Grad – zweimal zehn Prozent allen Landes, die unbewohnbar sind; dazu noch sieben Prozent Tundra, die Kältesteppe in Sibirien, Lappland, Kanada, Alaska: Gräser, Flechten, Moose, Zwergsträucher auf einem maximal zwei Meter tief aufgetauten Boden.

Nimmt man die Taiga hinzu, den spärlichen, sumpfigen sibirischen Nadelwald, und die Trockensteppen oder Halbwüsten (wie in Tibet, Arizona, Patagonien), und karge Felsregionen wie Äthiopien oder Afghanistan – dann bleibt: An die 40 Prozent der Landfläche sind für menschliche Besiedlung nicht oder nur unter höchsten Opfern geeignet; gar nicht gerechnet, dass ein Bayer schon eine Landschaft wie im US-Staat North Dakota als unbewohnbar empfinden würde.

Unsere Ahnen hatten keine Wahl und haben ihre Quartiere hienieden aufgeschlagen – auch dort, wo das Meer halbe Länder verschluckt und Tsunamis ganze Küsten verwüsten; wo ein Strom wie der Hwangho in China seine Mündung schon mehrfach sprunghaft um Hunderte von Kilometern verlagert und dabei Tausende von Menschen ersäuft hat; schließlich sogar in Ostsibirien, wo die Kälte minus 70 Grad erreichen kann. Und am schrecklichsten: wo Erdbeben und Vulkanausbrüche uns schmerzlich signalisieren, dass unsere alte Erde immer noch eine glühend heiße Kugel ist mit einer erschreckend dünnen Kruste.

Die verschob sich beispielsweise 1755 in Lissabon so sehr, dass sie zum Grab von mindestens 30000 Menschen wurde. 1815 schleuderte der Vulkan Tambora auf der indonesischen Insel Sumbawa seine Asche 70 Kilometer hoch; sie machte das Jahr 1816 in weiten Teilen von Europa und Nordamerika zum «Jahr ohne Sommer». 1883 explodierte die Insel Krakatau bei Sumatra und spie das 8000fache Volumen der Cheops-Pyramide aus dem Erdinneren himmelwärts. 1908 das Erdbeben von Messina, das 90 Prozent der Stadt zerstörte und 84000 Menschen tötete. 1923 schon das fünfte katastrophische Erdbeben in der Geschichte Tokios, 74000 Bewohner kamen um.

Der Mensch neigt ja dazu, sich in der Wahl seines Wohnsitzes von der mehrfachen Vernichtung nicht beeindrucken zu lassen. Pompeji wurde 62 n. Chr. von einem Erdbeben zur Hälfte demoliert, aber die Bewohner blieben, bis 79 n. Chr. der Vesuv die gesamte Stadt unter giftiger Asche begrub. Nicht weiter als Pompeji vom Vesuv entfernt spreizt sich die Riesenstadt Neapel – und hält die Camorra für ihr größtes Problem.

Und wie dünn sie ist, die Kruste, auf der wir – auf die wir bauen! In neun Kilometern Tiefe stieß eine wissenschaftliche Bohrung bei Windischeschenbach in der Oberpfalz 1994 auf Gestein, das 300 Grad heiß und zähflüssig wie Honig war – und was sind neun Kilometer! Ein Siebenhundertstel der Entfernung zum Mittelpunkt der Erde. Auf einer erbärmlich dünnen Haut also errichten wir unsere Dome, Wolkenkratzer und Bausparhäuschen, ja «für die Ewigkeit gebaut» sind die Pyramiden. Woher nehmen wir so viel Vertrauen?

Einerseits natürlich von unserer kuriosen Weigerung, aus Katastrophen zu lernen: Tokio, Messina, Lissabon sind ja heftiger bewohnt denn je. Vor allem aber daher, dass wir, gemessen an den Zeitabständen geologischer Katastrophen, nur Eintagsfliegen sind mit unseren 80 Lebensjahren. Es ist die Kürze unseres Daseins, die uns zu der Illusion verführt, er verspreche uns Beständigkeit – dieser im Inneren kochende Planet, dem nicht etwa die Kruste die annähernde Kugelgestalt bewahrt, sondern die Rotation.

Wollte man einen Globus zu einem wirklich realistischen Modell der Erde machen, so dürfte er natürlich nicht hohl und schon gar nicht aus Pappe sein: Aus Eisen, Nickel, Stein wäre er zu formen, und das hieße, dass er bei einem Meter Durchmesser fast drei Tonnen wöge. Und ein Motor müsste ihn in permanenter Drehung halten, sonst sänke er langsam und zischend zu einem Pfannkuchen zusammen, von Flammen umzüngelt, nach Schwefel stinkend und bis zu 7000 Grad heiß.

So ist er beschaffen, unser Heimatplanet. Hätte ein Immobilienmakler ihn für uns ausgesucht – wir hätten ein paar gute Gründe, uns von ihm betrogen zu fühlen. Umso mehr, als die Erde beim Einzug des Menschen längst ziemlich dicht besiedelt war: von Kröten, Ratten, Wölfen, Kakerlaken, von Mammuts, Wanzen, Säbelzahntigern und mörderischen Viren. Sich gegen diese alle durchzusetzen, war unser erster, unser längster, unser schwierigster Kampf.

Eben darin freilich könnte jene Hinterabsicht liegen, die einem etwaigen allmächtigen Schöpfer zuzutrauen wäre: Nur an Widerständen ist der Mensch gewachsen. Manche haben das gespürt: «Mit der Größe der Aufgaben wächst die Kraft des Geistes», sagte Tacitus, und Schiller: «Es wächst der Mensch mit seinen größeren Zwecken.» Der englische Geschichtsphilosoph Arnold Toynbee hat daraus sein historisches Prinzip abgeleitet: Nur im Wechselspiel von *challenge* und *response*, von Schwierigkeiten und ihrer Bewältigung, von Prüfungen und der Kraft, sie zu bestehen – nur so hat der Mensch sich nach oben entwickelt. Wurde nicht Athen auf kümmerlichem Boden errichtet?, fragt Toynbee. War nicht Venedig zunächst ein bloßes Notquartier in den Lagunen? Stieg Preußen nicht zur Großmacht auf aus dem Sand von Brandenburg? Eine Umwelt, die sich spielend meistern ließe, ist der Kultur abträglich.

Im Hinblick auf diese kluge, böse These tut sich eine kühne Hoffnung auf: Könnte unsere jüngst erworbene Fähigkeit, den irdischen Katastrophen die menschengemachten hinzuzufügen, am Ende ebenfalls doch noch das Gute bewirken?

3 Ein lästiger Spätling

Gewartet hatten sie nicht auf uns, die Tiere. Aber vorzüglich fügte sich der Mensch in das Grundgesetz alles animalischen Lebens ein: Nur durch brutalen Angriff oder verzweifelte Flucht kann es sich behaupten. Unseren Ahnen beim Niedermetzeln eines zu Tode gehetzten Wildes zuzusehen, hätten wir schwer ertragen – aber hätten sie nicht gemetzelt, so würden wir nicht leben.

Wann, wie hat das ganze Gewimmel auf Erden begonnen? Es geschah vor etwa viereinhalb Milliarden Jahren, dass interstellare Materie sich zu unserem Planeten ballte, und schon vor dreieinhalb Milliarden Jahren tummelten sich auf ihm die ersten Einzeller, Protozoen, Amöben. Vor etwa 500 Millionen Jahren entstanden im Meer die Wirbeltiere, und erst vor 450 Millionen Jahren bedeckte sich das Land mit Pflanzen, den Spendern von Nährstoff und Sauerstoff für Tiere an Land.

Der dies als Erster nutzte, war der legendäre *Quastenflosser*: jenes Meerestier mit starken Brust- und Bauchflossen, die es ihm ermöglichten, sich an Land zu schieben und dort herumzukriechen. Das begann vor rund 350 Millionen Jahren. Dieser unser aller Urvater galt als längst ausgestorben – bis 1938 und 1997 zwei Exemplare von ihm im Indischen Ozean gefangen wurden; 200 dieser Überlebenskünstler teilen die Erde mit uns noch heute, schätzen die Ichthyologen.

Die ersten Nachfahren des Quastenflossers waren die *Amphibien*: Frösche, Kröten, Molche, Salamander; vor rund 200 Millionen Jahren kamen die *Reptilien* hinzu: Schildkröten, Krokodile und schließlich die Saurier. Die wurden bis zu zwölf Meter hoch und fünfzig Tonnen schwer, und einige von ihnen lernten, mit Flügeln bis zu einer Spannweite von fünfzehn Metern, auch das Hüpfen und das Segeln – die Stammeltern der Vögel.

Nun stellt sich die berühmte Frage: Gäbe es uns überhaupt, wenn diese Riesen nicht ausgestorben wären? Ihr Ende vollzog sich vor etwa 65 Millionen Jahren – vielleicht wegen des Meteoriten von Yucatán, wie im vorigen Kapitel dargetan, vielleicht auch wegen eines Massenausbruchs gewaltiger Vulkane in Indien, der dieselbe Verdüsterung der Sonne und Abkühlung der Erde zur Folge gehabt haben könnte. Welche der beiden Katastrophen oder ob beide zusammen das Massensterben bewirkten, blieb auch 2007 auf der Jahrestagung der Amerikanischen Geologischen Gesellschaft noch umstritten.

Ein rechter Segen jedenfalls war das Verschwinden der übermächtigen Dinosaurier für eine Tierklasse, die, obwohl schon vor ein- bis zweihundert Millionen Jahren entstanden, nun erst eine auffällige Rolle zu spielen begann: die *Säugetiere.* Mausgroß hatten sie begonnen, zu katzengroßen Pflanzen- oder Insektenfressern entwickelten sie sich, vor rund 50 Millionen Jahren tauchten die ersten Huftiere, Rüsseltiere, Raubtiere auf – und dazu die ersten *Primaten*, die «Herrentiere».

In der biologischen Systematik ist das ein etwas künstlicher Oberbegriff für Affen und Menschen, genauer: für Halbaffen, Affen, Menschenaffen, Vor- und Frühmenschen und den *Homo Sapiens* von heute. So sehen wir uns unter ein gemeinsames Begriffsdach geschoben nicht nur mit den Schimpansen, sondern auch mit dem Koboldmaki, der in Indonesien haust und kleiner als ein Eichhörnchen ist.

Die Paläoanthropologen stehen ja vor zwei Problemen. Das eine ist ihnen bewusst: Wie lassen sich aus den jeweils spärlichen Knochenfunden die richtigen Schlüsse auf die Beschaffenheit, die Lebensgewohnheiten, die Fähigkeiten des ganzen «Herrentieres» ziehen? Das andere Problem hingegen zelebrieren sie: Beherzt weisen sie jedem Knochen eine Schublade zu und versehen diese mit einem griechisch-lateinischen Namensetikett; ungern aber stellen sie sich die Frage, ob ihre Lust an der Etikettierung möglicherweise größer ist als die Eignung der Knochen, sich etikettieren zu lassen.

Welche unserer Vorfahren also können wir mit einiger Vernunft zuerst als «Menschen» betrachten – oder gibt es gar Indizien dafür, ob und wann sie selber das Gefühl entwickelten, etwas anderes als die Affen zu sein? Davon handelt das nächste Kapitel. Hier zuvor noch ein kurzer Blick auf die Frage, was es für unsere Ahnen hieß, sich gegen die Millionen Arten von Billionen Tieren durchzusetzen, die die Erde längst besiedelt hatten: riesige und mikroskopisch kleine, gefährliche, heimtückische und schwer zu erjagende. Schon damals lebten Löwen, Bären, Wölfe, Krokodile und andere, die zum Fürchten waren; Geyer und Hyänen, die sich mit dem Frühmenschen um die Beute stritten, das Aas; und am anderen Ende die Lästigen wie Wanzen und Flöhe und die Infamen wie Kommabazillen, Salmonellen, Streptokokken.

Schon was wir arglos «Nahrungskette» nennen, ist ja eine in die Schöpfung eingepasste Grausamkeit. Noch nicht bei den Pflanzenfressern wie den Rindern – aber die werden von Ungeziefer gepeinigt und von Menschen verspeist. Die Maus frisst Weizen, die Katze frisst die Maus und verwandelt sie in ihre Kraft und ihren Kot. Der Wasserfloh nährt sich von Algen, Jungfische vertilgen Wasserflöhe, Hechte fressen Jungfische, Menschen essen Hechte; und dann gibt es noch die Bakterien und die Pilze, die den organischen Abfall entsorgen. Eine naturgewollte wechselseitige Vernichtung von Leben also waltet bei den oberen Gliedern der Nahrungskette, aufgefressen zu werden ist in der Tierwelt die häufigste Todesursache, und der Mensch hat sich zum Meister darin aufgeschwungen; ehe ihm das Wort «Tierschutz» einfiel, mussten ein paar Millionen Jahre vergehen.

Ganz frei von der Fressgier anderer ist er dabei freilich nicht geworden. Da sind die Zecken, *Ixodidae*, Tierchen von wenigen Millimetern Größe, die die Natur mit äußerstem Raffinement für einen einzigen Lebenszweck ausgestattet hat: sich mit dem Blut von Wirbeltieren, Hund und Mensch inklusive, auf zehnfache Größe vollzupumpen, dann abzufallen, Tausende von Eiern zu legen, damit der Wahnsinn weitergeht – und zu sterben. Die Zecke liegt im Unterholz auf der Lauer, riecht ihr Opfer und bohrt ihm ihr Stech-Saug-Organ in die Haut. Dabei sondert sie ein Betäubungsmittel ab, damit der Gestochene nicht auf die Idee kommt, sich ihrer zu erwehren, dazu einen Klebstoff, der den festen Sitz in der Haut verbürgt; und Widerhaken für den schlimmsten Fall hat der saugende Stachel auch. Nicht genug damit, deponiert die Zecke bei ihrem Blutspender gern ein paar Bakterien, die ihrerseits Haut-, Hirnhaut- und Gelenkentzündungen hervorrufen können, im Spätstadium mit Lähmungen und Herzinsuffizienz.

Die Erhabenheit der Schöpfung zu preisen fällt auch bei der Schraubenwurmfliege *Cochliomya hominivorax* nicht leicht – «menschenfressend» ist sie, wie der Name sagt, vor allem aber Schafe quälend bis in den Tod, indem sie ihnen Hunderte von Eiern in Augen, Nasenhöhlen oder Wunden legt. Dem Fadenwurm *Dracunculus medinensis*, dem «Guinea-Wurm», erklärte ein leibhaftiger Präsident der Vereinigten Staaten den Krieg, Jimmy Carter, nachdem er seine Amtszeit 1981 beendet hatte, und fast ausgerottet ist sie in der Tat, die widerliche Kreatur; Millionen Jahre lang aber war sie als Parasit von Wasserflöhen mit dem Trinkwasser in den Magen von Säugetieren eingedrungen, im Darm bis zu einem Meter lang geworden, hatte sich durch Beine oder Füße ins Freie gefressen und sogleich Hunderttausende von Larven in die Welt gesetzt.

Was ist das Leben? «Nur eine organisiertere Fäulnis», lässt Georg Büchner seinen Danton sagen, und seinen Eltern schrieb der Dichter: «Die Geschichte ist vom lieben Herrgott nicht zu einer Lektüre für junge Frauenzimmer geschaffen worden.» Ja – auch die Vorgeschichte nicht. Wenn Schimpansen im Rudel einen kleinen Affen, ein Flussschwein, eine Zwergantilope gefangen haben, dann beginnen sie die Beute aufzuessen, ohne sie getötet zu haben. Schlägt das Tier noch um sich oder versucht es gar zu beißen, so reißen die Esser ihm Gliedmaßen aus oder brechen ihm die Beine. Kreischt oder wimmert es aber, ohne sich zu wehren, so lassen die Schimpansen sich nicht in ihrer Mahlzeit stören – die berühmte englische Forscherin Jane Goodall, die 26 Jahre unter ihnen lebte, hat es protokolliert.

«Der Gott, der sich in der Natur offenbart», schrieb der Theologe, Tropenarzt und Friedensnobelpreisträger Albert Schweitzer, «ist die Verneinung von allem, was wir als sittlich empfinden.» An solcher Verneinung kräftig mitzuwirken, fiel unseren Ahnen offenbar nicht schwer. Nur deshalb existieren wir. Nur deshalb haben wir die Chance, die Grausamkeit des Lebens zu beweinen.

Die Unterwerfung der Natur

4 Wie sich der Mensch vom Affen trennte

Seit wann gibt es ihn, den Menschen – und wer zieht die Grenze zwischen Menschenaffen, Affenmenschen und solchen Ahnen, die wir als unsere Urgroßväter akzeptieren würden? Klar ist allein die Antwort der Bibel: Seit 6000 Jahren gibt es ihn, und nach Adam und Eva würde sich heute keiner auf der Straße umdrehen, angepasste Kleidung vorausgesetzt.

Wie kamen die 6000 Jahre zustande? Gelangweilte Mönche hatten das aus den Ahnenreihen des Alten Testaments errechnet, wenn auch mit mehr als tausend Jahren Unterschied, weil die überlieferten Texte lückenhaft und widersprüchlich sind; auch weil man schon rätseln durfte, ob Noah wirklich 950 Jahre alt geworden ist, wie die Bibel behauptet. Am populärsten wurde die Rechnung des irischen Erzbischofs James Usher von 1654: «Es werde Licht» habe Gott am 23. März 4004 v. Chr. gesprochen.

Da gab es freilich einen Umstand, der, schon lange vor Charles Darwin, einige Naturwissenschaftler und sogar Theologen irritierte: die schwer vorstellbaren Zustände auf der Arche Noah. Die «zu entlasten» war der Antrieb solcher Grübler, wie der Große Meyer von 1890 schrieb. Denn wer die Schöpfungsgeschichte wörtlich nahm, der musste annehmen, dass Noah von allen heutigen Tieren «je ein Paar nach seiner Art» an Bord genommen hatte, wie es sein Auftrag war; und da 1766 der schwedische Naturforscher Carl von Linné 4387 Arten benannt und beschrieben hatte, wären Noah also 8774 Tiere anvertraut gewesen – einschließlich der Fische, denn die Vermischung von Süß- und Salzwasser durch die

Sintflut hätte die meisten getötet. Dazu tausend Sorten Futter für die einjährige Isolation, Schutzzäune zwischen Schafen und Wölfen und Tücher vor den Mäulern der Kälber, damit sie die beiden Fliegen nicht verschluckten – kurz, ein aberwitziges Gedränge und Geblöke. So tauchte im 18. Jahrhundert die Frage auf: Hatte Gott doch nicht alle Tiere so erschaffen, wie wir sie kennen? (Mehrere Millionen Arten sind inzwischen identifiziert.)

Seit die Wissenschaft an die allmähliche Evolution des höheren Lebens glaubt, muss sie mit anderen Zeiträumen rechnen. Der Mensch spaltete sich vom Affen ab vor rund 600 000 Jahren – so schätzten noch um 1950 die meisten Paläoanthropologen. Inzwischen sind sie überwiegend bei etwa 6 Millionen Jahren angelangt. Das Alter der immer neuen Knochenfunde zu bestimmen, ist dabei längst nicht mehr das Problem, sondern sich auf Kriterien zu einigen, ab wann ein schlauer Affe «menschenähnlich» oder gar «menschenartig» zu heißen verdient. Betrachtet ein Laie die Köpfe, die aus den Funden rekonstruiert worden sind, so hat er alles Recht zu sagen: «Nein, diesen mäßig fortentwickelten Gorilla will ich noch nicht ‹Mensch› nennen», und widerlegen kann man ihn nicht.

Verfolgen wir einfach die Stationen. Bevor unsere Ahnen von den Bäumen herabkamen, waren sie erst einmal die Bäume hinaufgeklettert – und einen größeren Gefallen hätten sie uns nicht tun können: In den Wipfeln entwickelten sich die Talente, ohne die der Frühmensch das Leben am Boden nicht hätte meistern können. Vor rund 40 Millionen Jahren könnte es gewesen sein, dass eichhörnchengroße Säugetiere (nach Art der heutigen Spitzhörnchen) sich die Baumkronen als Zuflucht und Jagdraum eroberten; zunächst mit Krallen über Zweige laufend, dann aber von ihrer neuen Umwelt zu einem Entwicklungssprung provoziert: Entscheidende Überlebensvorteile hatten da oben diejenigen Tiere, die erstens statt der Klauen nach und nach Greifhände entwickelten und zweitens räumlich sehen lernten – sie konnten von Zweigläufern zu Asthanglern werden, größer, schneller und in jeder Hinsicht überlegen.

Perspektivisches Sehen, die Fähigkeit, Tiefe wahrzunehmen und Entfernungen zu schätzen, ist an zwei nebeneinanderstehende Augen gebunden. Ein Einäugiger sieht nie dreidimensional, und ein Zweiäugiger kaum, wenn seine Augen an den Kopfseiten liegen wie bei Pferd und Fisch: Dann hat er zwar ein größeres Gesichtsfeld als der Mensch, aber in diesem Feld nur eine schmale Zone, die von beiden Augen abgedeckt wird. Zwei verschiedene Bilder desselben Gegenstands aber, die das Gehirn zu *einem* Bild verschmilzt: Sie sind das Geheimnis des räumlichen Sehens. Diejenigen Affen, deren Augenstellung sie mehr und mehr zur Perspektive befähigte, hingen auch nach einem großen Schwung sicher am nächsten Ast; solche Affen, die sich verschätzten, stürzten ab und schieden damit aus der Reihe unserer möglichen Urgroßväter aus.

Auf den Bäumen also haben sich zwei der drei wichtigsten Vorzüge des Menschen herausgebildet, und noch heute wirken sie königlich zusammen bei jedem Handwerker, Baseballspieler, Sonntagsjäger, Harfenisten, ja bei jedem, der einen Faden durch eine Öse zieht: das perspektivische Sehen und die hoch organisierte Hand mit ihren 27 Knochen, 36 Gelenken und dem Daumen für den Gegendruck.

Vom dritten unserer überlegenen Talente, dem Gehirn, blieben die Affen noch weit entfernt; doch wer zufällig mit einem größeren Gehirn geboren wurde, dem gab die Natur wiederum die besseren Überlebenschancen: Es galt ja eine Fülle neuartiger optischer Eindrücke zu verarbeiten, und dies bei einem Baumwipfelschwinger in einer Geschwindigkeit, wie noch kein Tier sie benötigt hatte.

Das Leben auf dem Boden blieb vielen Affen dabei durchaus vertraut, wie das Familienleben der Schimpansen zeigt. Der große Schritt auf dem Weg zum Menschen war also nicht der vom Baum auf den Grund des Waldes, sondern der vom Wald in die Savanne, jenes Grasland mit Bäumen und Sträuchern, das das Ziel jeder Safari ist: die Heimat von Zebras, Giraffen, Antilopen, Löwen, Elefanten – eine gefährliche Region für einen Affen, der im Gestrüpp des Urwalds auch am Boden vor großen Tieren sicher war und im Notfall allen Verfolgern davonturnen konnte. Aber ein Klimawechsel ließ die Regenwälder schrumpfen und die Savannen wachsen, und außerdem hatte das Leben im Grasland auch Vorteile; für diejenigen Baumaffen jedenfalls, die der Natur etwas anzubieten hatten.

Das war vor allem zweierlei: ein neuartiger Zusammenhalt in der Sippe oder Horde und der aufrechte Gang – unerlässlich, wenn die meist nur 1,20 bis 1,40 Meter großen Wesen im Steppengras den Überblick behalten wollten, und mit der welthistorischen Folge, dass die Affenhände, in den Baumkronen zum Hochleistungsgerät gezüchtet, nun frei wurden zum Tragen, Werken und Kämpfen. «Kaum ein Tier außer einem Elefanten kann einen Handkoffer fünf Kilometer weit tragen», sagt der Philosoph Carl-Friedrich von Weizsäcker, «wenn es die Kräfte hat, fehlt ihm das Organ zum Anfassen.»

Die Sprache zeigt uns noch heute, wie sehr die Hand unser Leben ausmacht: Wir *handeln*, handhaben, behandeln, treiben Handel und sind in blutige Händel verstrickt; wir *greifen* nach etwas, begreifen einen Zusammenhang und machen uns einen «Begriff» davon; wir *fassen* einen Gegenstand an, erfassen ein Problem, hatten einen Papst zum Anfassen, und wenn wir etwas «unfassbar» finden, dann sagen wir im Grunde nur, dass wir es nicht betatschen können.

Und dann, vor fünf bis sechs Millionen Jahren, soll es geschehen sein: 1994 haben die Knochensucher in Äthiopien Reste eines so alten Lebewesens gefunden, das sie schon der von ihnen erdachten Gattung *Homo* zurechnen, den «Menschenartigen» also: *Ardipithecus* haben sie's getauft, «Bodenaffe». Aber warum noch «Affe»?

Klingt da der Zweifel mancher Wissenschaftler an, ob die Trennung der Familien «Menschenaffen» und «Menschenartige» überhaupt zu halten ist? Die Brockhaus-Enzyklopädie von 2006 hat diesem Zweifel Raum gegeben; und wer die Reproduktionen betrachtet, die das Hessische Landesmuseum 2001 nach Schädelfragmenten hat herstellen lassen, wird ihnen beipflichten: Da sehen uns teils ziemlich dreiste Affen, teils irritierende Mischwesen an, die wir nicht einmal im Zoo hätten besuchen wollen.

Das gilt auch für den meistgenannten ersten «Menschenartigen», den *Australopithecus*, den «Südaffen» (also immer noch Affen?): mächtig vorspringende Schnauze, kleines Hirn, die Arme länger als die Beine, nur 1,20 bis 1,50 Meter groß, der Gang nicht immer aufrecht, dem Baumklettern weiter zugetan. Es ist «Lucy», die diesen Vorfahren einen gewissen Bekanntheitsgrad verschafft hat. 1974 entdeckten amerikanische Fossiliengräber in Äthiopien das erstaunlicherweise zu 40 Prozent erhaltene Skelett einer jungen Frau (wie sie meinten – aber es könnte auch ein Mann gewesen sein), nur gut einen Meter groß und auf ein Alter von 3,2 Millionen Jahren geschätzt; und da im Forschungscamp gerade der Beatles-Song «Lucy in the Sky with Diamonds» erklang, hatten die Knochen ihren Namen weg – einprägsamer als *Australopithecus afarensis*. Das Äthiopische Nationalmuseum nutzte die kleine Popularität und schickte das Skelett 2007 auf eine Reise durch zehn amerikanische Museen – gut für den Etat des Absenders und gut zur Ankurbelung des spärlichen Fremdenverkehrs in ein Land, das sich nun brüstet, die Wiege der Menschheit zu sein.

Wie hat «Lucy» einst gelebt? Vorstellen dürfen wir uns das so: Über das Gras der afrikanischen Savanne ragen die kleinen Köpfe von sechs, acht eher schmächtigen Affenmenschen. Stunde um Stunde folgen sie einer grasenden Antilopenherde, mit einer Art Watschelgang wie jemand, der an Land Schwimmflossen trägt, denn ihre Füße sind unverhältnismäßig groß. Misstrauisch äugen sie in die Runde, stets darauf bedacht, sich nicht zu weit vom nächsten Baum zu entfernen, damit sie auf ihn fliehen können, wenn ein Leopard auftaucht oder ein anderes Tier, das stärker ist als sie. Dabei sind die Raubtiere zugleich ihre Partner: Wenn eines eine Antilope reißt, kann es sie meist nur zum Teil verspeisen, schlägt sich dann satt und träge in die Büsche und überlässt den Kadaver den Geiern, den Hyänen – und unseren Ahnen.

Da gibt es oft ein rechtes Gedränge, doch mehr und mehr setzen sich die Affenmenschen durch, indem sie mit Steinen und Knüppeln nach den Konkurrenten schmeißen, und auf die hartnäckigsten schlagen sie mit Wurzelstrünken ein. Eine solche Art Mahlzeit hat zwei entscheidende Vorteile für ein so schwaches Lebewesen: Man braucht das Beutetier nicht zu erjagen, und man findet sein Fleisch bloßgelegt – wie sonst kommt man durch das zähe Fell ans Fleisch heran, wenn man keine Krallen und keine Reißzähne mehr, aber noch kein Werkzeug hat?

Am Rand der Serengeti in Tansania haben drei von Lucys Zeitgenossen uns ein merkwürdiges und anrührendes Abbild hinterlassen: ihre Fußspuren, in vulkanische Asche gedrückt, die von Regen durchnässt und von der Sonne gebacken wurden und sich so nach 3,2 Millionen Jahren noch identifizieren lassen: Ein großes Lebewesen ist auf zwei Beinen nordwärts gegangen, und es war kein Affe, denn die großen Zehen sind nicht abgewinkelt. In jedem Abdruck zeichnet sich ein zweiter ab: offenbar von der Frau, die in die Fußstapfen des Mannes trat. Daneben die Spuren eines Kindes, nicht nur kleiner, sondern auch mit einer verspielten Abweichung von der Geraden: das erste Familienbild.

5 Der erste Werkzeugmacher

Der bis dahin größte Überlebenskünstler in einer feindlichen Welt tauchte vor gut zwei Millionen Jahren in der afrikanischen Savanne auf – ob als Nachfahre des *Australopithecus* oder gemeinsamen Vorfahren entspringend, ist umstritten. Zwar war er immer noch schmächtig, wie «Lucy» eine Million Jahre zuvor; doch seine Mundpartie muss man nicht mehr «Schnauze» nennen: Sie war deutlich weniger vorgewölbt, die Nase mit großen Nüstern freilich noch an einen Gorilla erinnernd, die Stirn merklich höher.

Denn das Gehirn dieses Künstlers war fast doppelt so groß wie das des Menschenaffen und des Vormenschen nach Lucys Art und damit schon etwa halb so groß wie unseres. Das machte ihn trotz seiner körperlichen Schwäche zu einem Raubtier, das man in der Savanne fürchten lernte. Vor allem befähigte ihn dieses Hirn, steinerne Werkzeuge auf Vorrat herzustellen und mit sich zu führen – weshalb die Wissenschaft ihn *Homo habilis* getauft hat, den geschickten, den kunstfertigen Menschen.

Wie es mit den Werkzeugen *davor* aussah, ist gänzlich unklar und ein Graus für alle, denen es ein Herzensanliegen ist, den Menschen von den Tieren abzugrenzen – ein Bestreben, bei dem das Werkzeug eine führende Rolle spielt, zusammen mit der Sprache, der moralischen Einsicht und dem göttlichen Funken. Doch Werkzeug und Sprache sind in Jahrmillionen entstanden, der Funke ist eine Glaubensfrage und «die Einsicht» Milliarden unserer Mitmenschen offensichtlich heute noch verschlossen.

Werkzeuge sind ja den Schimpansen nicht fremd: Auf Feinde

dreschen sie mit Knüppeln ein, zwei Schilfrohre stecken sie ineinander, um nach einer Frucht zu angeln; Nüsse schlagen sie mit Steinen auf, gelegentlich sogar benutzen sie einen größeren Stein, um einen kleineren zuzuspitzen – womit ihnen, auch nach enger Auslegung, der Werkzeuggebrauch nicht abgesprochen werden kann; ja 2007 beobachteten amerikanische Forscher im Senegal Schimpansen, die einen Stock mit den Zähnen schärften und ihn so in einen Spieß für die Jagd verwandelten – die Waffe hatte er erfunden!

Wann aber unsere Ahnen wirklich begonnen haben, Werkzeuge oder Waffen aus Steinen herzustellen, lässt sich den meisten Funden nicht entnehmen. Denn Feuerstein zum Beispiel, das bevorzugte Material der urzeitlichen Werkzeugmacher, splittert nicht nur dann scharf, wenn ein Mensch es mit einem anderen Stein bearbeitet, sondern genauso, wenn es in einem Wildbach oder in der Brandung mit anderen Steinen zusammenprallt. Vielen Steinen, die aufgrund ihrer Härte und Schärfe zum Werkzeug getaugt hätten, können wir also nicht ansehen, ob die Natur sie produziert und kein Mensch sie je angerührt hat, oder ob ein Mensch sich bückte, weil er im Naturprodukt das Werkzeug erkannte, oder ob sie von Menschenhand geformt sind.

Habilis, «geschickt», nennen wir daher jenen Homo, von dem die Wissenschaft endlich und eindeutig sagen kann: Er *machte* Werkzeuge. Ihre beiden primitivsten, aber schon überaus wirksamen Formen waren der Faustkeil und der Abschlag. *Abschläge* entstehen, wenn man auf einen leicht splitternden Rohling wie einen Feuerstein oder einen Bachkiesel mit einem anderen Stein so einschlägt, dass Stücke mit starken Kanten abspringen. Der amerikanische Archäologe Nicholas Toth hat 1986 im Experiment bewiesen, dass sich mit solchen Abschlägen die Haut vom Leib eines Elefanten schneiden, rohes Fleisch zerteilen und das Fell von Fleischresten und Haaren reinigen lässt, und Äste kann man mit ihnen so zuspitzen, dass sie sich als Wurfspeere für die Kleintierjagd eignen – wozu die wenigen noch nicht zivilisierten Pygmäen im tropischen Afrika und die Uraustralier sie heute noch verwenden.

Faustkeile, auch Zweiseiter genannt, sind Steine von Birnengröße und annähernder Birnenform, deren obere Rundung gut von der Faust umklammert werden kann, während sie unten mit einem Hammerstein auf zwei Seiten unregelmäßig behauen und grob geschärft werden. So entsteht ein Schlagstein mit den Funktionen von Beil und Meißel, mit dem man Nüsse, Knochen, Hirnschalen zertrümmern kann, auch ein verfeinerter Schlagstein zur Erzeugung neuer Faustkeile und Abschläge – ein Universalgerät bis in die Zeit des Neandertalers vor 100 000 Jahren.

Da hatten sich nun unsere Ahnen für die verlorenen Reißzähne nicht nur einen Ersatz verschafft, sondern zwei Geräte ersonnen, die ungleich mehr leisteten als das Gebiss irgendeines Tieres. Zwar mussten sie erst mühsam bilden, was den anderen aus der Schnauze wuchs: Australische Steinzeitmenschen wurden noch im 20. Jahrhundert dabei beobachtet, wie sie an die 300 Abschläge herstellten, bis einer ihren Ansprüchen genügte. Aber damit setzten sie jene Zuchtwahl nach dem Können von Hand und Hirn in Gang, die sie zu Herren der Erde machte: Die geeigneten Rohlinge aufzuspüren, die richtige Hämmertechnik anzuwenden, die vielen Möglichkeiten dieser Geräte zu entdecken – das verschaffte jenen Individuen einen Überlebensvorteil, die mit einem leistungsfähigeren Gehirn zur Welt gekommen waren.

Homo habilis, Urahn aller Handwerker auf Erden! Und Windschirme hat er sich schon geflochten oder Erdmulden gegraben, um es in seiner Nacktheit auch nachts etwas wärmer zu haben; weiter haben es die Indianer von Feuerland und Patagonien am äußersten Südzipfel Amerikas und die Ureinwohner von Tasmanien südlich von Australien auch nie gebracht.

Wie aber können Gehirne über die Jahrhunderttausende hin ihre

Leistungsfähigkeit vergrößern? Durch die Auslese, die die Natur betreibt, die Zuchtwahl, die Selektion – von Charles Darwin zuerst beschrieben und von keinem seriösen Wissenschaftler mehr bestritten. Zuchtwahl hat der Mensch mit dem Hund betrieben, seinem ersten Haustier: Gut 10 000 Jahre reichten ihm, um aus dem Wolf an die 200 Hunderassen herauszuzüchten, vom Zwergpinscher bis zur Dänischen Dogge. In 8000 Jahren haben die Bauern aus dem Wildrind, dessen Milch nur für sein Kalb reichte, die Hochleistungskuh gezüchtet, die mit 45 Litern pro Tag ganze Kindergärten ernähren kann, aber brüllend eingeht, wenn sie nicht gemolken wird.

Eben an die Zuchtwahl, die Englands Bauern unter ihren Haustieren vornahmen und unter den Kulturpflanzen ebenso, knüpfte Darwin an; sie sei der Schlüssel zum Siegeszug des Menschen gewesen. «Aber wie kann die Zuchtwahl bei Lebewesen funktionieren, die im Naturzustand leben?», fragte er. Die Antwort fand er bald darauf, und sie stützt sich auf drei Einsichten: Kein Tier gleicht völlig dem anderen, und seine Unterschiedlichkeit vererbt es weiter; alle Tiere produzieren mehr Nachkommen, als überleben können (Mäuse bis zu vierzig im Jahr, ein Kabeljauweibchen legt sechs Millionen Eier); von den viel zu vielen Nachkommen überleben nur diejenigen, die am besten in ihre Umwelt passen. Dies ist eine ständige Zuchtwahl durch die Natur, die eine ständige Veränderung der Art bewirkt, bis schließlich eine neue Art entstanden ist.

Und wie sind die Umweltbedingungen beschaffen, an die eine Tierart sich anzupassen hat? Die Natur selektiert vor allem nach dem Geschick, Beute zu machen, aber nicht die Beute anderer Tiere zu werden; nach der Widerstandskraft gegen Hitze und Kälte, Dürre, Nahrungsmangel und Krankheiten; nach dem Talent, möglichst viele Nachkommen großzuziehen; bei Bullen, Böcken, Männchen nach der Kraft und der Rücksichtslosigkeit, mit der sie sich bei der Fortpflanzung vordrängen.

Außerdem kann es sein, dass eine Tierart eine ökologische Nische entdeckt, «eine freie Planstelle», wie Konrad Lorenz es beschreibt. So werkelten die Billionen Ameisen auf Erden eine Planstelle für den Ameisenbären frei: ein Lebewesen, das in der Lage war, eine rüsselförmige Schnauze und eine halbmeterlange klebrige Fangzunge zu entwickeln. Auch entstehen immer neue Anpassungszwänge: Klimaverschiebungen, das Aussterben eines Beutetiers, das Auftauchen eines neuen Räubers oder einer Seuche, die ein rätselhafter Virus verbreitet.

Bedeutende Züchter sind die Bienen: Ihnen und anderen blütenbestäubenden Insekten verdanken wir die Pracht der Blumen. Denn je mehr die Rose auffällt und je angenehmer sie für die Biene duftet, umso größer ist die Wahrscheinlichkeit, dass sie den Besuch bekommt, den sie zur Fortpflanzung braucht. Nicht nur das Starke, Listige und Rücksichtslose also wird durch die Zuchtwahl der Natur begünstigt, sondern, wenn wir Glück haben, auch das Schöne.

Von einem naheliegenden Missverständnis muss man sich bei all dem freihalten: Die Rose ist nicht schön geworden, um der Biene zu gefallen. Der Ameisenbär hat Rüssel und Klebezunge nicht entwickelt, weil er damit Ameisen fangen kann. Der Eisbär hat weder ein weißes Fell bekommen, weil er in der Arktis lebt, noch ist er in die Arktis ausgewandert, weil er ein weißes Fell hatte. Sondern aus den unendlichen Varianten, die der Zufall erzeugt, wählt der Bauer (die Biene, die Arktis) diejenige Variante aus, die das Überleben am wahrscheinlichsten macht. Es wird auch stinkende Rosen gegeben haben, aber sie wurden nicht befruchtet. Wenn sich am Rand der Arktis aus den dort streunenden Braunbären zufällig ein Grünbär entwickelt hätte, so hätte er keinen Vorteil davon gehabt; aber der Weißbär, der Eisbär, der hatte ihn: weil seine Beutetiere ihn nicht so rasch entdeckten. Eine scheußliche Schnauze, durch welchen Zufall auch immer entstanden, ist meistens ein Nachteil – nur nicht für Ameisenbären.

Die Natur plant nicht, sie erzeugt Unsinn in Mengen, sie ist völlig blind für die Zukunft; aber was hier und heute von Vorteil ist: das pickt sie treffsicher und gnadenlos heraus. Und so ist auch der Mensch natürlich nicht die Krone der Schöpfung (das macht ja Darwin vielen so ärgerlich), das Tierreich hat sich nicht mit irgendeiner Form von Zielstrebigkeit auf uns hin entwickelt – sondern Millionen Jahre lang hat die Natur aus Milliarden Affen immer wieder diejenigen herausgesiebt, die sich gegen Feinde, Konkurrenten, Raubtiere, Insekten, Parasiten und Not am besten behaupten konnten; so lange, bis dabei Marilyn Monroe und Alice Schwarzer, Albert Einstein und Arnold Schwarzenegger herausgekommen sind.

Und wer oder was stellt die Milliarden Zufälle bereit, auf die sich die Natur bei ihrer Zuchtwahl stützt? Es ist erstens der Mechanismus der Vererbung, den Darwin sozusagen forderte, aber noch nicht kannte. Die geschlechtliche Fortpflanzung basiert ja darauf, dass die Zahl der Chromosomen (der Fäden, auf denen die Erbinformationen aufgereiht sind, die Gene) sich bei der Bildung der Keimzellen *halbiert* (die Reduktionsteilung oder *Meiose*). Jede Keimzelle stellt also nur eine Auswahl, und zwar eine absolut zufällige Auswahl aus den Erbanlagen der beiden Elternteile dar.

Das neue Lebewesen, zu dem die beiden halben Chromosomensätze verschmelzen, ist folglich immer anders als der einzelne Elternteil, keineswegs immer eine Mischform aus dem Erscheinungsbild der beiden Eltern und immer ein bisschen anders als alle anderen Lebewesen vor ihm, mit ihm und nach ihm. Es ist diese ständige Umgruppierung der Erbanlagen, aus der die ungeheure Mannigfaltigkeit und Wandelbarkeit folgt, bei der die Zuchtwahl ansetzen kann. Rembrandts Vater war ein Müller, seine Mutter eine Bäckertochter. Shakespeare hatte einen Handschuhmacher zum Vater, Cervantes einen reisenden Quacksalber, Kant einen Sattlermeister, und einer der größten aller Mathematiker,

Carl Friedrich Gauß, ging aus der Ehe eines Gärtners mit einer Magd hervor.

Dann gibt es Missgeburten durch beschädigte Chromosomen oder durch eine sprunghafte, wieder total zufällige Veränderung der Erbanlagen, die sogenannte *Mutation*: der Mensch mit sechs Fingern, das Kalb mit zwei Köpfen. Mutationen sind nicht selten, doch fast immer bieten sie nur Nachteile beim Kampf ums Dasein. Eine *kleine* Veränderung indessen, zum Beispiel nur der Körperfarbe, mag plötzlich ein Vorteil sein. Die Eltern des ersten weißen Bären empfanden ihr Kind vermutlich als Missgeburt, und auf dem Balkan wäre er auch eine gewesen – nur in der Arktis eben nicht.

Umgekehrt beim Birkenspanner. Der war ein weißer Schmetterling, in England vom Aussterben bedroht, als in der zweiten Hälfte des 19. Jahrhunderts der Dreck der Industrie die Birkenstämme immer dunkler färbte: Die Vögel erkannten ihn zu leicht und verspeisten ihn. Da tauchten dunkle Birkenspanner auf, der veränderten Umwelt durch die nunmehr richtige Tarnfarbe angepasst, und hielten die Art am Leben. Wir wissen nicht und es ist auch egal, ob hier eine Mutation eingetreten war oder ob die andere Farbe im Spielraum dessen lag, was durch die ständige Umgruppierung der Erbanlagen ohnehin entstand – entscheidend war, wie immer, das Zusammenspiel von Zufall und Notwendigkeit: Die neue Farbe trat als schierer Zufall auf, aber zufällig traf dieser Zufall auf eine neue Not – den Schmutz – *und war von da an keiner mehr.*

Damit fällt auch ein Einwand zusammen, mit dem selbst manche gebildeten Menschen noch heute anschaulich zu machen suchen, dass es mit dem Darwinismus letzten Endes doch nicht stimmen könne: Wer behaupte, der Mensch sei ohne göttlichen Schöpfungsplan entstanden, der könnte ebenso gut sagen, man brauche einen Setzkasten nur lange genug durcheinanderzuschütteln, und eines Tages käme der «Faust» dabei heraus. Das ist sogar richtig – zur ersten Hälfte. Da mag einer ruhig Millionen Buchstaben vermengen, wenn nur ein anderer sich so verhält wie die Bauern und die Bienen: Dieses H ist zwar zufällig herbeigepurzelt, aber jetzt beginne ich damit ein sinnvolles Wort zu bilden, und nun ist es kein Zufall mehr, und bei einiger Ausdauer kriegen wir den «Faust» schon hin. Wie die Natur den Menschen.

Er, wie alle höheren Tiere, hilft der Natur dabei durch die *Gattenwahl* – und deren Rolle ist größer, als die meisten meinen. Die Bauern, die den Milchertrag ihrer Kühe steigern wollten, haben natürlich weder auf die Zufälle der Neugruppierung der Erbanlagen gewartet noch gar auf Mutationen – sie haben die Kühe, die die meiste Milch gaben, mit den Bullen gepaart, die von ebensolchen Kühen stammten. Um das Recht, sich fortzupflanzen, *kämpfen* bei vielen Säugetieren die Böcke. Das Rad des Pfaus ist ein Signal an die Weibchen: Ich bin groß und schön – paare dich mit mir! Und selbstverständlich hat der Mensch seit Jahrmillionen seine Geschlechtspartner nach Schönheit, Stärke, Tüchtigkeit ausgewählt und so den entscheidenden Beitrag zu seiner Entwicklung selbst geleistet.

So kam dann vor etwa 1,8 Millionen Jahren jener Urahn zustande, dessen wir uns, trotz einer ziemlich brutalen Visage, nicht mehr zu genieren brauchten: der *Homo erectus*. Das Feuer hat er in seinen Dienst genommen und damit den überhaupt dramatischsten Schritt in der Geschichte der Menschheit vollzogen.

Darwin und das «Fräuleinwunder»

Auch unter Menschen kommt bewusste Zuchtwahl vor, und sie muss nichts Schlimmes sein, obwohl Hitler ihr bekanntester Verfechter war. Selbstverständlich hing es mit bewusster Gattenwahl zusammen, dass die Familie Bach zwischen 1590 und 1845 rund vierzig namhafte Musiker hervorgebracht hat, darunter Johann Sebastian in der fünften Generation;

von seinen vier berühmten Kindern haben zwei seine Cousine zur Mutter und zwei eine Sängerin. Und selbstverständlich ist es am jüdischen Volk nicht spurlos vorübergegangen, dass in ihm über Jahrhunderte die Sitte herrschte, den besten Talmudschüler mit der Tochter des reichsten Kaufmanns zu vermählen, die mutmaßliche Erbmasse «Intelligenz» also an viele Kinder weiterzugeben.

Wenn heute amerikanische Samenbanken damit werben, dass sie das Sperma von Nobelpreisträgern verkaufen könnten, so appellieren sie an eine Hoffnung, die von der bäuerlichen Zuchtwahl schwer zu trennen ist. Und selbstverständlich haben die Bauern jahrtausendelang auch ihre Frauen nach Zweckmäßigkeit ausgewählt: nicht nur nach der Mitgift, sondern ebenso danach, ob ein robuster Körper sie zur harten Arbeit befähigte und ein breites Becken die Chance bot, viele Kinder problemlos zur Welt zu bringen.

Sollte auch das deutsche «Fräuleinwunder» so zu erklären sein – das Erstaunen zumal von Amerikanern und Franzosen in den ersten Jahren nach dem Zweiten Weltkrieg, in Deutschland so viele langbeinige, schmalhüftige Mädchen vorzufinden? Gewiss hing ihre Verblüffung damit zusammen, dass sie das Opfer ihrer eigenen Kriegspropaganda geworden waren, die die deutsche Frau stets als dickzöpfige Walküre gezeigt hatte.

Aber lässt sich ausschließen, dass ein gewisser Wandel hier tatsächlich stattgefunden hat? Je höher industrialisiert ein Land ist, desto eher können die Männer es sich leisten, sich vom bäuerlichen Schönheitsideal des breiten Beckens abzuwenden. Damit bieten sie schmalhüftigen Frauen eine bessere *soziale* Chance, sich fortzupflanzen; während gleichzeitig die Entwicklung der Chirurgie im 20. Jahrhundert den Kaiserschnitt zu einer halbwegs normalen Prozedur gemacht, also die *biologische* Chance verbessert hat, das Merkmal «Schmalhüftigkeit» zu vererben.

6 Der Herr des Feuers

Homo erectus – das ist in der Entwicklungsgeschichte der Älteste, den wir allenfalls als unseren Urgroßvater akzeptieren würden: sein Körperbau dem unseren schon ähnlich, der Kiefer nicht mehr ganz so äffisch vorgeschoben, und hinter der überraschend flachen Stirn ein Gehirn, dessen Größe sich dem unseren näherte. *Erectus*, «aufgerichtet», nennt ihn die Wissenschaft, obwohl auch der *Homo habilis* schon ziemlich aufrecht ging. Eine Zeitlang, vor etwa 1,8 bis 1,4 Millionen Jahren, lebten die beiden gleichzeitig in Afrika; der *habilis* kann also nicht der Ahn des *erectus* gewesen sein, und in welcher Art von Verwandtschaft sie zueinander standen, darüber wird bisher nur spekuliert.

Was uns dabei angeht, ist vor allem dies: In die Ära des *Homo erectus* fallen drei gewaltige Entwicklungssprünge. In seinen anderthalb Millionen Jahren vergrößerte sich das Gehirn fast bis aufs heutige Maß, er gewann die Macht über das Feuer – und mit Hilfe des Feuers schwärmte er von Afrika in kühle Länder aus, bis nach England im Nordwesten und Korea im Nordosten der Alten Welt. Es wäre vernünftig, die Geschichte des Menschen mit ihm und erst mit ihm beginnen zu lassen. Mit ihm hat sich der Homo als das Herrentier der Erde etabliert.

Dass eine biologische Art – und sie allein – das Feuer eroberte, war die tiefste Zäsur in der Entfaltung des Lebens. Die Herrschaft erwarb der *erectus* in drei Schüben: sich eines Feuers zu bedienen, solange die Natur es unterhielt; das Feuer zu bewahren, auch wenn es in der Landschaft längst erloschen war; und das Feuer selbständig zu produzieren – die Königsdisziplin, zu der etliche Menschengruppen es auch in historischer Zeit niemals gebracht haben: so die meisten Urbewohner Australiens, Neuguineas und die der Andamanen im Indischen Ozean.

Dass in der Trockenzeit ein Blitz den Busch entzündete und eine Feuerwalze durch die Savanne rollte: das geschah nicht selten, ein grandioses und zugleich mörderisches Schauspiel war es auch – jedoch, einer verbreiteten Vorstellung entgegen, für viele Tiere eine Wohltat. Krähen zum Beispiel tanzen mit gespreizten Flügeln vor den Flammen, um das Ungeziefer auszuräuchern, das in ihren Federn nistet. Pferde, Hunde, Rinder sind oft beobachtet worden, wie sie sich dem Qualm aus demselben Grunde nähern. Adler, Falken und andere Räuber fliegen an die Feuerfront, weil sie viele kleine Säugetiere vor sich hertreibt, und mästen sich an diesen. Geier und Hyänen wiederum folgen den Flammen und stürzen sich auf die verkohlten Kadaver.

Der Urmensch, zunächst ein Aasfresser wie sie, wird nicht lange gebraucht haben, um sich seinerseits dieser reichen Beute zu bedienen – wobei er die überraschende Entdeckung machte, dass geröstetes Fleisch besser schmeckt als rohes. Von dort war es vermutlich nur ein kleiner Schritt, diesseits der Feuerwalze auf die fliehenden Tiere Jagd zu machen wie die Falken. Da Blitzschlag und Buschfeuer nicht selten waren, hatten unsere Ahnen Gelegenheit, sich ans Feuer zu gewöhnen und seine Vorzüge zu nutzen, mit einem Überlebensvorteil für die, die dabei am beherztesten und geschicktesten zu Werke gingen.

Der nächste Schritt wird darin bestanden haben, dass der *Homo erectus* nicht nur die Beute suchte, die die Flammen hinterließen oder ihm zutrieben, sondern dass er sich für das Feuer selbst zu interessieren begann. Ein glimmender Strauch nach dem Ende des Brandes: mit dem wird es angefangen haben. Da schlichen sicher ein paar Männer herum, angstvoll, aber experimentierfreudig und neugierig nach bester Affen- und Menschenart; vielleicht schon fasziniert wie wir noch heute, wenn wir kokeln oder zündeln, Kerzen brennen, in Kamine starren, Sonnwendfeuer entfachen oder uns in solchen Massen zu einem Großbrand drängen, dass wir der Feuerwehr den Weg versperren.

Sich heranzutrauen an die letzte Glut, herumzustehen, Zweige, Steine oder Nüsse hineinzuwerfen, nur um zu sehen, was dann geschah – das war ja für den Anfang genug. Schaffte man weitere Zweige herbei, so konnte man das Feuerchen geradezu am Leben halten, und vielleicht war das für diesmal alles. Aber beim nächsten Buschbrand in derselben Generation oder hundert Jahre später, wir wissen es nicht: da begann dann die Entdeckung der ungeheuren Möglichkeiten, die in den Flammen stecken, wenn man sie planvoll nährt. Dies war der größte Schritt – vom Nutznießer eines zufälligen Naturereignisses aufzusteigen zum Hüter des Feuers, zu seinem Herrn.

Die ältesten Beweise für solchen kalkulierten Umgang mit dem unheimlichen Element sind 500 000 Jahre alt; viele Indizien sprechen jedoch dafür, dass der Gebrauch des Feuers schon vor mehr als einer Million Jahren begonnen haben könnte.

Was leistete das Feuer nicht alles für seinen Herrn! Die Tiere verscheuchte es: bei Tag war es ein Schutz für Frauen, Kinder und Greise, während die Männer jagten; bei Dunkelheit ein Trost und Schirm für die ganze Sippe. Der helllichte Tag mit dem ständigen Auf-der-Hut-Sein vor schlimmen Tieren war aufregend genug; aber das halbe Leben verlief ja in der Finsternis, die das Auge lahmlegt und die doch «ein aus Augen gemachtes Ungeheuer» ist, wie die Griechen sagten. Werden nicht noch heute spätabends viele Menschen fromm, weil Gott, ihr Schirm und Schild, verspricht, «dass du nicht erschrecken musst vor dem Grauen der Nacht» (Psalm 91,5)?

Obendrein hatte man nun in kühlen Nächten eine Wärmequelle,

die nicht nur angenehm war, sondern auch den Kalorienbedarf verminderte; und schließlich war das Feuer eine Einladung zum geselligen Beisammensitzen, zum Palaver – und so ein Pate der Sprache. Traute sich indessen ein großer Räuber doch zu nah heran, so schlug man ihn todsicher in die Flucht, wenn man ihm einen brennenden Ast entgegenstieß.

Fleisch konnte man rösten: Das erhöhte den Wohlgeschmack und die Bekömmlichkeit und machte die Fasern weich oder spröde, erleichterte also das Kauen und ließ alte Menschen mit schlechten Zähnen länger leben. Auch entlastete es Kaumuskeln und Kinnladen so, dass ein schmaler Schädel kein Nachteil mehr war – über die Jahrhunderttausende hin ein Beitrag zu unserem vergeistigten Erscheinungsbild. Noch mehr: geröstetes Fleisch verdirbt nicht so rasch, geräuchertes oder am Feuer getrocknetes Fleisch hält sich sogar ziemlich lange – ein erster Schritt zur Vorratswirtschaft, zur Unabhängigkeit vom wechselnden Jagdglück. Überdies verbesserte das Feuer bei der Jagd die Chancen: Manche Hölzer werden in der Glut härter, das machte die Holzspieße schärfer, also zu wirksameren Waffen.

Für diese erstaunlichen Vorteile war freilich ein hoher Preis zu zahlen: Das Feuer musste Tag und Nacht unterhalten, es durfte nie aus den Augen gelassen werden, denn jahrhunderttausendelang konnte der Frühmensch es nicht erzeugen, sondern nur bewahren. Und wer in ständig feuchtem Klima lebte, hatte kaum eine Chance, das extrem trockene Holz zu finden, mit dem er Feuer hätte bohren können – so unterhielten die Feuerland-Indianer ein Feuer in jedem ihrer Kanus, und danach hat Magalhães das Inselreich benannt.

Man musste nun also nicht nur Nahrung herbeischaffen wie früher, sondern auch Brennholz in beträchtlichen Mengen, und während der Mensch notfalls ein paar Tage hungern kann – die Glut erlischt ohne Nahrung oft in wenigen Stunden. Dazu die Bedrohung durch Regen und Wind: Gruben musste man ausheben, Wälle aufschütten oder Steine aufschichten, damit nicht eine Bö das Feuer ausblies, und gegen den Regen hat der Urmensch aus Ästen, Zweigen, Blättern und Rinde vermutlich seine ersten Dächer erbaut – fürs Feuer, versteht sich, nicht für sich. Es war also Planung nötig, Vorsorge, Umsicht, Beharrlichkeit, ein nie zuvor gekannter Zwang zur Kontinuität. Wer von diesen Eigenschaften am meisten besaß, der wurde zum Anführer einer erfolgreichen Horde und bekam die Chance, seine Erbanlagen entsprechend weiterzugeben; wer davon am wenigsten hatte, der fiel bei der Zuchtwahl durch.

Aber dann konnte ein einziger tropischer Wolkenbruch alle Mühsal zunichtemachen, oder gegen Ende der Regenzeit war alles Holz so triefend nass, dass es nur noch Qualm erzeugte und nach verzweifelter Plage auch den nicht mehr. Da wird es ein Heulen und Wehklagen gegeben haben, wie wenn heute eine Familie ihr mühsam zusammengespartes Häuschen niederbrennen sieht, und alle Errungenschaften von Jahren oder Generationen waren vertan.

Die trauernde Horde wird dann losgezogen sein, um bei einer anderen Horde Feuer zu stehlen, zu erbetteln oder gegen eine Jagdbeute zu tauschen. Dann galt es, die Glut zu transportieren, denn nie hätte man sich im Jagdrevier der Nachbarn niederlassen dürfen. Und wahrscheinlich mussten Generationen unter vielen Rückschlägen lernen, wie man Feuer Stunde um Stunde *trägt* – einen Ast suchen, der lange glimmt, oder für die Glut einen Käfig aus feuchten Zweigen und Blättern bauen. War aber in der Regenzeit das Feuer in einer ganzen Region erloschen, so konnte es Jahre oder Generationen dauern, bis die Natur ein neues anbot, und bis dahin herrschten Verzweiflung, Angst und Finsternis, und die Großmütter malten den Enkeln aus, wie viel Schutz, Wärme, Licht und Wohlgeschmack sie einst besessen hätten.

Wahrscheinlich geht auf so uralte Schrecknisse die in vielen Völkern verbreitete Sage vom Retter zurück, vom Feuerbringer, wie es für die Griechen Prometheus war. Und aus derselben Tiefe der Not werden die ewigen Flammen gespeist: das heilige Feuer auf dem Brandopferaltar im alten Israel, in Rom das Feuer im Tempel der Vesta, gehütet von sechs Priesterinnen, denen Geißelhiebe drohten, wenn sie es erlöschen ließen. Wie in Rom die Vestalinnen, so war in den meisten Kulturen die Frau die Hüterin des Feuers. Damit wurde sie zum Mittelpunkt der Familie, zum Heimchen am Herde, aber auch zum Lastesel, der das Holz herbeizuschleppen hatte – eine Entwicklung mit welthistorischen Folgen.

Und dabei ist das nur eine der Entwicklungslinien, die sich von der altsteinzeitlichen Feuerstätte bis in die Gegenwart ziehen. Eine andere: die Scheiterhaufen der Inquisition, die Feuerstürme von Hamburg, Dresden, Hiroshima, die Napalmbomben von Vietnam; wieder eine andere der Schmelzofen, die Schmiede, die Dampfmaschine, die Eisenbahn.

Eine ganz frühe und besonders folgenreiche Entwicklung schließlich war der Zug nach Norden, in die kühlen Länder, in denen der Mensch ohne Feuer nicht hätte überleben können. Unsere nackten Ahnen waren bis dahin auf die Tropen angewiesen, auf Regionen also, in denen der *Winter* ideale Temperaturen bot, um den Preis lähmender Sommerhitze und schrecklicher Krankheiten wie Gelbfieber, Aussatz, Malaria, der Bilharziose oder der Ägyptischen Augenkrankheit, die noch heute jeden vierten Uraustralier nach langen Schmerzen erblinden lässt. Und das Ungeziefer! Stechmücken, Blutegel, Vogelspinnen! In manchen Regionen Afrikas ist es noch heute üblich, alle paar Tage den Kopf unter den Harnstrahl eines Rindes zu halten, weil der Urin die Kopfhaut frei von den stechenden, beißenden Bestien hält.

Für den Menschen, der sich am Feuer wärmen kann, haben sich daher diejenigen Regionen der Erde als die günstigsten erwiesen, in denen der *Sommer* angenehme Temperaturen bietet, während man gegen den Winter anheizen muss. Weniger Krankheiten, mehr Arbeitslust – freilich auch mehr Arbeitszwang, schon weil der Winter sich nur mit Vorratswirtschaft, mit langer Planung, mit Kleidung und Behausung überleben lässt. Frost bedeutet: Arbeit, Fleiß, lateinisch *industria*. Noch heute reisen ja die Germanen in den Süden, wenn sie die Faulheit suchen.

7 Der Herr der Jagd

Vom Feuer gewärmt, geschützt und beflügelt, wagte der *Homo erectus* den Sprung nach Europa und sogar über die Alpen hinweg: Vielleicht schon vor einer Million Jahren war er in Spanien, bestimmt vor etwa 650 000 Jahren in Mauer bei Heidelberg angelangt, daher auch «Heidelbergmensch» genannt, *Homo erectus heidelbergensis* (ein Unterkiefer, gefunden 1907). In Bilzingsleben, dreißig Kilometer nördlich von Erfurt, hat er vor 400 000 bis 350 000 Jahren sogar ein ganzes Lager hinterlassen: eine Feuerstelle, Werkzeuge und Jagdwaffen aus Stein, Holz und Knochen, fünf steinerne Ambosse, auf denen die Steinwerkzeuge zurechtgeschlagen wurden – und zweieinhalb Tonnen Knochen von verspeisten Tieren.

Wie kam unser Urahn an so reiche Beute: er, der sich weder mit Pflanzenkost begnügte noch die Überlegenheit der Löwen über die anderen Tiere besaß? Er musste sich für die Jagd in Gruppen organisieren, «Hetzjäger» werden wie Wölfe und Schakale. Er lernte im Rudel zu jagen, und da er viel mehr Hirn besaß als die Wölfe, war dieses Sozialverhalten nicht eine Endstation, sondern nur der Anfang einer Entwicklung, an deren Ende Dörfer, Städte, Staaten, Vereine und Armeen stehen.

Gemeinsam also zogen die sechs bis acht Männer einer Sippe auf die Jagd. Sie spähten einen Einzelgänger aus, ein junges, altes oder lahmes Tier – ein Zebra, eine Antilope –, und kreisten es ein; fand sich keine versprengte Beute, so schlichen sie sich an eine grasende Herde heran und versuchten das schwächste Tier zu isolieren. Dann wurde das Opfer gehetzt, oft stundenlang, manchmal einen ganzen Tag; meist konnte es schneller rennen als der Mensch, doch nicht so lange wie er. Und wenn es endlich müde war – in dem Stadium, in dem Wölfe es in die Beine beißen: dann wurde es mit Steinen beworfen, mit Holzspießen gespickt und schließlich mit Keulen aus Wurzeln oder Oberschenkelknochen erschlagen.

Da war nichts «waidgerecht», und einem Tierschützer müssten die Haare zu Berge stehen; nur dass der *Homo erectus* auf diese Weise den Kampf ums Überleben gleich doppelt bestand: Er verschaffte sich hochwertige Nahrung, und er übte ein, wie er durch Bündelung seiner schwachen Kräfte Übermacht herstellen konnte – wozu weder die Löwen noch eine Urgesellschaft von Vegetariern einen Grund oder eine Chance gehabt hätten. Dass unsere Vorfahren Millionen Jahre lang *rennen* mussten, um satt zu werden, bevor in den letzten zehntausend Jahren Viehzucht und Ackerbau die Rudeljagd entbehrlich machten – das steckt uns immer noch in den Knochen, und jeder Jogger profitiert davon.

Auch die Konstitution und die Rolle der Geschlechter wurden von der Jagd geprägt: Fast zwei Millionen Jahre lang gingen nur die Männer jagen, und ebenso lange wurden sie demgemäß von der Natur auf Dauerlauf gezüchtet – auf mehr Muskeln, mehr Schweißdrüsen, weniger Unterhautfettgewebe als die Frauen. Der kenianische Anthropologe Richard Leakey leitet auch die Vorherrschaft der Männer aus dem Jagdmonopol ab: Fleisch war «die harte Währung», schreibt er; wer das wertvollste Nahrungsmittel heranschaffte und zuteilte, dem wuchsen daraus Macht und Ansehen zu (ein Grund, der im Zeitalter der Schlachthäuser entfallen ist). Diese Läufer mit der Rudeltaktik und dem Tötungswillen kassierten die Prämie, die die Zuchtwahl der Natur auf Mordlust und Tücke oder Gift und malmende Gebisse setzt: Der Kampf ums Überleben, das hat schon Darwin seufzend eingestanden, begünstigt diejenigen Arten, die es verstehen, sich allen anderen Arten möglichst gefährlich zu machen.

Sogar an die Riesen des Tierreichs wagte der *Homo erectus* sich heran: 1966 legte ein Bagger in Würzburg in einem alten Sumpf einen Berg Knochen frei, die von Mammut, Bison, Flusspferd und Säbelzahntiger stammen – und dazu die Faustkeile, mit denen der *Homo erectus* vor einer halben Million Jahren das Knochenmark freigelegt, die Schädel zertrümmert, die Schädelkappen abgetrennt hatte; Hirnschalen waren ja die einzigen Trinkgefäße, wo es nicht Kürbisse, Kokosnüsse oder Straußeneier gab.

Vielleicht hatten sich die Tiere in den Morast verirrt – vielleicht aber beherrschten unsere Ahnen schon damals die Technik, das *Feuer* in den Dienst der Großwildjagd zu stellen: Wildwechsel beobachten, Windrichtung ermitteln, Windstärke schätzen, an strategischen Punkten brennende Äste ans Steppengras halten, mit diesen Ästen und Gebrüll die Lücken schließen und die Opfer ins Moor jagen. So oder so brauchten die Jäger ihre Steine, Spieße und Keulen nur noch gegen hilflose Riesen zu wenden – ein Triumph der tückischen Gehirne über die Stoß- und Säbelzähne und die zwanzigfache Muskelmasse.

Wenn die Männer von der Jagd heimkehrten zum Lager, mit Beute beladen, wurden sie mit den Früchten der Arbeitsteilung begrüßt: mit den Nüssen, Beeren, Wurzelknollen, die die Frauen gepflückt und ausgegraben hatten. Auf den Fleischgenuss musste man ja *warten*, seit man das Feuer besaß und die Vorzüge des Röstens kannte. Wie viel Familienleben folgte allein aus dieser Prozedur! Sich ums Feuer hocken, die Fleischbrocken wenden, den Duft immer verführerischer in der Nase spüren – anders als die Kuh, die ihre Halme rupft; anders als die Löwen, die sich gierig um die Beute raufen, das Männchen vorneweg; die Jungen müssen selber sehen, wie sie zu ihrem Anteil kommen.

Die Schimpansen sind da rücksichtsvoller und auch hierin dem Menschen näher: Vier bis fünf Jahre lang schafft die Mutter die Nahrung für ihr Kind herbei (der Vater oder die möglichen Väter kümmern sich nicht darum), und die ganze Zeit trägt sie es auf dem Rücken, weil das Leben auf den Bäumen sonst zu gefährlich wäre. Wie fürsorglich im Vergleich zum Löwen – wie nachteilig im Vergleich zum Menschen! Der Urmensch war in die Savanne herabgestiegen, sodass die Absturzgefahr entfiel, und bei ihm sorgten auch die Männer dafür, dass die Kinder satt wurden.

Allein dank so viel Fürsorge und Arbeitsteilung konnte es der Natur gelingen, eine teils geniale, teils halsbrecherische Lösung für das Problem zu finden: Wie kann ein lebendgebärendes Säugetier ein immer größeres Gehirn entwickeln, ohne dass der entsprechend größere Kopf eine normale Geburt unmöglich macht? 400 Kubikzentimeter misst das Gehirn des Schimpansen, 600 waren beim *Homo habilis* erreicht, von 750 bis zu 1200 entwickelte es sich beim *Homo erectus*, gut 1300 Kubikzentimeter sind es im Durchschnitt heute – welch ungeheurer Vorteil im Kampf ums Überleben! Doch wie sollte die Mutter beschaffen sein, die einen solchen Kopf noch zwischen Schambein und Steißbein herauspressen kann? Wo hätte unsere Entwicklung geendet, wenn gerade die intelligentesten Kinder bei der Geburt mit der höchsten Wahrscheinlichkeit gestorben wären?

Da muss im Lauf der Jahrmillionen zweierlei geschehen sein: Der Kopf des Menschenkindes wurde stärker verformbar, und immer wieder kamen Kinder zu früh zur Welt, also mit einem noch nicht voll entwickelten Gehirn und einem entsprechend kleineren Schädel. Das löste das Problem der Geburt – doch wie sollte dieses Würmchen sich in der Welt behaupten? Bei Löwen und Affen wäre es gestorben; in der Menschensippe, die sich die Arbeit teilte und am Feuer lebte, konnte es gedeihen.

Und so setzte die Zuchtwahl der Natur allmählich jenen Menschentypus durch, der einerseits das größte Gehirn besaß und andererseits mit dem kleinsten Gehirn zur Welt kam, das ihm das Überleben im Schoß einer sorgenden Familie gerade noch ermöglichte: mit nur 23 Prozent seiner späteren Hirnmasse, während Schimpansen mit 40 Prozent und Kälber mit fast 100 Prozent des künftigen Gehirngewichts geboren werden. Ein ganzes Jahr zu früh erblicken wir das Licht, gemessen am Reifezustand anderer Säugetiere – welche Hilflosigkeit des Babys im Vergleich zu dem Fohlen, das noch am Tag seiner Geburt über die Wiese trabt! Und welche Chance.

Denn zum Ersten nötigte der Siegeszug der frühen Geburt dem Urmenschen ein engeres Familienleben auf, noch mehr Fürsorge und Arbeitsteilung – also jene Sozialordnung und jenes planende Verhalten, die ihn allen anderen Tieren überlegen machten. Zum Zweiten wurde dem unreifen Gehirn des werdenden Menschleins ein erstaunlicher Dienst erwiesen: In einem Stadium, da das Schimpansenbaby noch in der Dunkelheit des Mutterschoßes verbringt, dringen auf das Menschenkind alle Reize der Außenwelt ein: Sonne und Schatten, Wind und Regen, Fingerspiele, zärtliches Geplapper – und arbeiten muss es auch schon, beim Saugen.

Überdies sind die Jahre der Abhängigkeit von den Eltern, die Zeit bis zur Geschlechtsreife beim Menschen gegenüber allen Tieren drastisch verlängert, und das bedeutet wiederum beides: für das Kind die Chance, viele Jahre lang seine Neugier zu befriedigen und Wissen aufzuhäufen; für die Erwachsenen den Zwang, ein warmes und sicheres Nest zu bauen und zu verteidigen; schließlich eine enge Mutter-Kind-Beziehung, aus der später so vieles folgte: die bekannten Lieder und Gedichte, der Muttertag und sogar etliche Heldentaten – da es unstreitig der Antrieb manches großen Mannes war, dass er seiner Mutter imponieren wollte.

Warum aber ließen sich die Männer auf so viele Pflichten ein, statt in den Tag hineinzuleben wie das Schimpansenmännchen? Wohl, weil ihnen ein Lohn winkte: der Sex – die ständige Liebesbereitschaft der Frauen, während bei allen Tieren die Weibchen nur zu bestimmten Brunstzeiten willig und empfänglich sind. Einen schweifenden Jäger an sich zu ketten und ihn in die Brutpflege einzubinden, gelang denjenigen Frauen am besten, die ihm dafür das ständige Vergnügen bieten konnten – wogegen die nur im tierischen Rhythmus «heißen» Frauen mit geringerer Wahrscheinlichkeit einen Beschützer fanden, also die Überlebenschancen ihrer Kinder schmälerten. Mithin dient die Sexualität schon seit Jahrhunderttausenden nicht nur der Kinderzeugung, sondern ebenso der Partnerbindung und dem Schutz der Brut; auch wenn die katholische Kirche das bis heute nur widerstrebend würdigt.

Der Partner wurde stets außerhalb der Sippe oder Horde gesucht: in einer der etwa zwanzig anderen Sippen, die zusammen einen Stamm ausmachten – eine Gruppe von Nachbarvölkchen, deren Jagdreviere aneinandergrenzten und die durch eine ähnliche Sprache verbunden waren. Solche Nachbarschaftsverbände von etwa 500 Köpfen mussten sich auch deshalb herausbilden, weil das Verhältnis zwischen männlichen und weiblichen Kindern oder zwischen Geburten und Todesfällen erst bei solcher Kopfzahl leidlich ausgeglichen sein konnte; und zur Treibjagd mit Feuer wäre eine Sippe ohnehin zu klein gewesen.

Studieren lässt sich das an den wenigen Jägern und Sammlern, die noch überwiegend so leben wie vor 10 000 Jahren: so an den letzten nomadischen Buschmännern in der Kalahari, der Trockensteppe in Namibia und Botswana in Südwestafrika. Sechs- bis achtmal im Jahr wechseln sie den Lagerplatz, weil die Früchte gepflückt sind und die Trockenheit sie zu einer neuen Wasserstelle treibt. Mit der Arbeitsteilung nehmen sie es so genau, dass die jagenden Männer den Frauen niemals das Heimschleppen der Früchte abnehmen; wenn sie über Melonen förmlich stolpern, sagen sie den Frauen, wo sie die Melonen holen könnten.

Diese Lebensweise braucht Platz: von zwei Quadratkilometern pro Kopf im fruchtbaren Brasilien, als die Europäer landeten, bis zu 40 Quadratkilometern am trockenen Südrand der Kalahari. So dünn besiedelt sind heute nicht einmal die Sahara-Staaten, sondern nur noch die Wüsten von Australien und die arktischen Regionen von Kanada und Sibirien. Eine Horde oder Sippe mit ihren durchschnittlich 25 Köpfen benötigte also ein Jagd- und Sammelrevier von mindestens 50 Quadratkilometern (etwa so groß wie der Starnberger See), meistens von 200 Quadratkilometern (fast so groß wie Frankfurt, wo heute 25 000-mal so viele Menschen wohnen) und in dürren Zonen von 1000 Quadratkilometern, größer als Berlin oder die Insel Rügen.

Platz hatten sie ja, selbst in Europa. Aber dann stießen dort die Gletscher vor. Einer weniger tüchtigen Überlebensmaschine als dem Neandertaler hätten sie den Garaus gemacht.

8 Der Herr des Eises

Fast eine Million Jahre lang, in mehreren gewaltigen Schüben, lag die Nordhälfte Europas unter einem Eispanzer begraben. Er war bis zu drei Kilometer dick, und zeitweise reichte er bis zu der Linie Nordengland – Düsseldorf – Harz – Sudeten, während sich von Süden die Alpengletscher bis nach München und Basel schoben.

Die letzte dieser Eiszeiten ging erst vor 10 000 Jahren zu Ende, und erst vor rund 3000 Jahren war in Mitteleuropa das Pflanzenkleid komplett, wie wir es heute kennen (soweit wir es nicht inzwischen selbst verändert haben). Dabei ist es noch lange nicht wieder so warm wie vor ein paar Jahrhunderttausenden bei Deutschlands erster Besiedlung durch den *Homo erectus*, und auch der *Neandertaler*, dessen älteste Spuren 400 000 Jahre zurückreichen, wird sich nördlich der Alpen in einer der Zwischeneiszeiten eingerichtet haben.

Warum die Nordhälfte von Europa und zwei Drittel von Nordamerika rhythmisch vereisen, darüber gibt es viele Theorien: Staubwolken im All, Veränderungen in der Erdumlaufbahn, Schwankungen der Erdachse, die Wanderung der Kontinente oder das periodische Wachsen und Schrumpfen des Eispanzers der Antarktis, der gegenwärtig 91 Prozent alles Eises der Erde enthält: Wächst er, so strahlt die Erde mehr Sonnenwärme in den Weltraum zurück, die Temperaturen sinken, auf die nördlichen Landmassen fällt mehr Schnee, die Gletscher nehmen zu – so lange, bis die Eisdecke die Verdunstung einschränkt, also weniger Schnee fällt, also die Gletscher zu wenig Nachschub bekommen; und so weiter.

Uns interessiert vor allem, wie es zur Eiszeit in Europa aussah und wie unsere Ahnen dieses eisige Inferno überleben konnten. Die mächtigen Wälder der vorangegangenen Warmzeit wurden teils vom Eis niedergewalzt, teils starben sie in der Kälte ab. Zwischen dem nördlichen Eisschild und den Alpengletschern blieb nur eine Tundra frei, ein Land wie heute der bewohnte Küstenstreifen von Grönland: Flechten, Moose und Wacholder wachsen da und Krummholz aus Birken, Erlen und Fichten, mehr als das halbe Jahr von Schnee bedeckt; die Durchschnittstemperatur des wärmsten Monats beträgt 7 Grad (etwa wie bei uns im April), die des kältesten minus 8 Grad (gegen 0 Grad im deutschen Durchschnitt von heute), und dabei ist Grönland durch die Meeresnähe begünstigt.

Jahresdurchschnitt unter 0 Grad wie gegenwärtig auf dem Gipfel der Zugspitze, 40 Grad Kälte nicht ungewöhnlich – das muss das Klima zwischen den Alpen und dem Harz gewesen sein. Mit festen Häusern und großen Öfen wie in Sibirien lässt sich ja in solchem Klima leben, auch in Iglus und mit anliegender Kleidung aus dem Fell von Jungtieren, wie die Eskimos sie tragen. Doch wenn die Eiszeitmenschen nähen konnten, dann höchstens in der groben Form, dass sie die Pelze mit Sehnen oder Riemen festzogen; und sie wohnten in Höhlen, in Zelten aus Fellen oder unter einem Zeltdach, das sich an einen Felsüberhang anlehnte. Oft wird es da Schnee hereingeweht haben auf die Berge von Fellen, unter denen die Menschen sich verkrochen hatten, und kein heißer Tee linderte das Morgengrauen: ein Gefäß, in dem man hätte kochen können, war ja noch nicht erfunden. Um auch nur an Wasser zu kommen in dem langen Winter, wurde Schnee geschmolzen, vermutlich in Lederbeuteln, die an einem Dreibein überm Feuer hingen.

Neandertaler nennen wir den Menschentypus, der im größten Teil der letzten Eiszeit in Europa lebte – weil seine Überbleibsel zuerst in einer Grotte im Neandertal bei Düsseldorf gefunden wurden: ein Schädeldach, zwei Oberschenkel- und zwei Oberarmknochen, eine Beckenhälfte und fünf Rippen. Das war 1856, drei Jahre vor Darwins Buch über die Zuchtwahl durch die Natur – zu einer Zeit also, als der Mensch noch als fertiges Produkt der Schöpfung ohne primitive Vorfahren galt. Sieben Jahre lang waren deutsche und englische Experten nicht imstande, den Fund einzuordnen: Sie sprachen von einem pathologischen Idioten oder einem mongolischen Kosaken, der 1814 aus der russischen Armee desertiert sei, die Napoleon folgte; einem kranken Kosaken überdies, denn seine auffallenden Überaugenwülste seien einer schweren Rachitis zuzuschreiben.

Doch Rachitis hätten sie dann alle haben müssen, die vielen «Neandertaler», von denen in den folgenden Jahrzehnten Knochenreste in ganz Europa südlich der damaligen Eisgrenze gefunden wurden und im Nahen Osten ebenso. Nein: die Wülste über den Augen waren Natur; dazu eine breitere Nase, als wir sie haben, ein vorspringendes Gebiss, eine flachere Stirn – und ein größeres Gehirn als unseres.

Vor allem aber war der Neandertaler ein Schwerathlet wie kein Mensch vor ihm und nach ihm – im Durchschnitt nur 1,60 Meter groß, aber grobknochig und muskelbepackt. Doch ging er nicht vornübergebeugt, wie man ihn häufig gezeichnet sieht, und ebenso wenig gibt es ein Indiz dafür, dass er noch von jenem Zottelpelz bedeckt gewesen wäre, in den die Steinzeit-Illustratoren verliebt sind. Spätestens die Herrschaft über das Feuer, die unsere Ahnen seit mindestens einer halben Million Jahren besaßen, machte eine äffische Behaarung überflüssig, ja gefährlich, weil Haare leicht entflammbar sind; auch behinderten sie die notwendige Abkühlung des Dauerläufers. Ein Haarkleid machte das Überleben unwahrscheinlicher.

Der gedrungene Körper des Neandertalers verminderte den Wärmeverlust, seine bärenhafte Stärke kam ihm bei der Jagd auf überlegene Tiere zugute – beides also Antworten auf die Lebensbedingungen der Eiszeit. Dass die Anpassung an die Umwelt wieder einmal funktioniert hatte, lässt indessen immer noch die Frage offen: Warum harrte der Mensch in der Kälte aus, obwohl es noch so viel Platz in wärmeren Ländern gab? Die Abkühlung verteilte sich doch auf Jahrhunderte – hätte diese Zeit nicht zu einer Völkerwanderung in den Süden ausgereicht?

Gewiss; und wenn einer den Neandertalern gesagt hätte: In Mitteleuropa warten auf euch mal wieder 50 000 Jahre Eis, hier ist eine günstige Wanderroute zum Mittelmeer – wahrscheinlich hätten sie sie eingeschlagen. Doch weil das Eis so langsam herankroch, zunächst noch mit vielen warmen Sommern dazwischen, bestand ja kein Grund zur Panik und war andererseits viel Zeit, sich auf die Kälte einzustellen. Wer aber südwärts zog, der stieß auf den tausend Kilometer langen Eiswall der Alpen. Bis zu 500 Kilometer weit hätte er nach Osten oder Westen ziehen müssen, um das Ende dieser schrecklichen Barriere zu erreichen – und woher hätte er wissen sollen, ob sie überhaupt ein Ende nahm?

Dazu kam der merkwürdige Umstand, dass die Eiszeit nicht nur Nachteile hatte. Je üppiger die Pflanzenwelt, desto weniger Platz für große Tiere – wogegen sich in Grönlands Tundra Moschusochsen, Rentiere, Polarwölfe, Hasen und Füchse tummeln und vor der Küste Wale, Walrosse, Robben und hundert Arten von Fischen nebst zweihundert Vogelarten, die sich von ihnen nähren.

Und so wuchs auch in Mitteleuropa der Reichtum an Säugetieren in dem Maß, in dem die Wälder starben – ein Vorrat an Fleisch, für den ein raffinierter Jäger schon einigen Frost in Kauf nehmen konnte. Da lebten in zum Teil riesigen Herden das Mammut, ein Verwandter des Elefanten mit rotbraunem Pelz und gewaltigen geschwungenen Stoßzähnen, mit denen es im Winter die Pflanzen unter der Schneedecke freischaufelte; der Wisent, ein Wildrind mit mächtigem Kopf, dem amerikanischen Büffel verwandt; Wollnashörner, Rentiere, Wildpferde, Riesenhirsche; und Bären vermutlich in jeder Höhle, die auch der Mensch bewohnen wollte, wobei seine Fackeln meist ihn zum Sieger machten.

Waffen und Werkzeuge des Neandertalers zeigten noch immer nur jenen unendlich langsamen Fortschritt, der für die längste Zeit der Vorgeschichte typisch ist: die Faustkeile feiner bearbeitet und regelmäßiger geformt; die Feuersteinabschläge mit einer geraderen und schärferen Arbeitskante, sodass sie wirksame Schaber oder Kratzer waren, mit denen sich das Fell besser vom Fleisch trennen und von haftendem Fett- und Bindegewebe befreien ließ, wie der Kürschner dies heute mit dem Schabeisen tut. Mehr und mehr wurden auch Knochen als Werkzeuge verwendet, zum Beispiel Stücke vom Rengeweih als eine Art Hammer.

Für die Jagd gab es immer noch nur Steine, Keulen und Wurfspieße, ergänzt durch lange Stoßlanzen aus feuergehärtetem Holz. Vermutlich war aber nun die Technik der *Fallgrube* bekannt, ein gewaltiger Fortschritt gegenüber der Treibjagd ins nächste Moor: im kurzen Sommer unter unsäglichen Mühen mit Geweihschaufeln, flachen Steinen und bloßen Händen eine Grube ausheben, groß genug für ein Mammut, sie mit Zweigen und Laub abdecken, auf die Beute lauern und diese dann von oben niedermetzeln mit Triumphgeheul.

Auf die vielen jagdbaren Tiere kam überdies eine verschwindende Zahl jagender Menschen. Der eisfreie Teil Deutschlands hatte eine ähnliche Ausdehnung wie im 19. Jahrhundert die eisfreie Region von Grönland, und dort lebten 1880 rund 10 000 Eskimos. Manche Schätzungen über die Zahl der Eiszeitmenschen zwischen Harz und Alpen gehen sogar bis auf 2000 hinab, und auch dies ist an einem jungen Beispiel anschaulich zu machen: So viele Einwohner hatte 1960, vor dem Abbau der Zink- und Bleierze, die Insel Baffinland in der kanadischen Arktis, die teilweise eisbedeckt und größer als Deutschland ist.

Wie aber konnten aus 2000 Menschen jene 60 Millionen werden, die 1914 in Deutschland lebten? Selbst wenn es keine Völkerwanderungen gegeben hätte, wäre das kein Problem gewesen: Bei einem Geburtenüberschuss von nur einem Prozent – erheblich weniger als heute in den Entwicklungsländern – würde eine solche Vermehrung schon in 1036 Jahren möglich sein, das lehrt die Zinseszinsrechnung; ein Grund mehr, sich vor dem derzeitigen Wachstum der Menschheit zu fürchten.

2000 Menschen – dann kamen auf jeden rund 170 Quadratkilometer, zweimal der Chiemsee; im ganzen Saarland hätten fünfzehn Neandertaler gelebt, und zwischen einer Sippe und der nächsten lagen wahrscheinlich oft zehn Tagesmärsche, sodass die möglichen Jagdreviere nicht einmal alle besetzt gewesen wären. Gerade diese extrem dünne Besiedlung aber, diese Verlorenheit in der Tundra, die Eisbarrieren gegen die Außenwelt – sie waren eine ungeheure Chance für die Fortentwicklung des Menschen.

Jeder Tierzüchter weiß, dass er eine erwünschte Eigenschaft in seiner Herde nur dann durchsetzen kann, wenn er die geeigneten Tiere isoliert und zwischen ihnen eine gesteuerte *Inzucht* betreibt. «Inzucht» hat für die meisten einen schlechten Klang, weil ihr Extremfall der Inzest, die Blutschande, ist und weil wir wissen, dass es in abgelegenen Alpendörfern bis weit ins 20. Jahrhundert eine Häufung von Kretins und Missgeburten gab. Doch dem Risiko, dass schlechte Erbanlagen sich durch Inzucht kombinieren, steht die Chance gegenüber, dass gute Erbanlagen sich verstärken – wie in der generationenlangen Vettern- und Cousinenheirat der Familie Bach. Hätten die Bachs ihre Erbanlagen über Mitteleuropa ausgestreut, so wäre die durchschnittliche Musikalität der Mitteleuropäer sicher nicht gestiegen.

Was die Tierzüchter mit Zäunen und die Bachs mit Heiratssitten erreichten: die Isolierung einer kleinen Gruppe – das bewirkten in der Eiszeit die Gletscher. Der Austausch der Erbmassen blieb auf maximal ein paar hundert Menschen beschränkt, und wenn da –

durch Gattenwahl, durch die ständige Neukombination der Erbanlagen bei der Zeugung oder durch Mutation – ein Mehr an Gehirn, Geschick oder Zähigkeit entstand, dann bot sich ihm die Chance, sich rasch durchzusetzen. Hatte aber die Inzucht negative Folgen, so wurden diese durch die Zuchtwahl des mörderischen Klimas umgehend ausgelöscht.

Hing es damit zusammen, dass die Neandertaler Kannibalen waren? Die Menschenfresserei, man möchte es nicht glauben, ist ein politisches Thema bis in unsere Tage. Denn: Wenn unsere Ahnen wirklich ihresgleichen aßen, geraten die Anhänger von Rousseau und Marx in Bedrängnis, weil dann der Urzustand der Menschheit nicht besonders gemütlich gewesen wäre; also könnte die moderne Gesellschaft auch nicht so viel verdorben haben, wie diese Ideologie ihr nachsagt. Wenn aber umgekehrt die «Wilden» bei ihrer Entdeckung durch die Europäer *keine* Kannibalen waren, dann würde eine damals verbreitete moralische Rechtfertigung für ihre Unterwerfung entfallen. Viele, auch aktuelle Publikationen sind parteiisch: Wer es mit Rousseau und Marx hält, ist an Beweisen *gegen* den Kannibalismus interessiert; wer Indizien *für* die Menschenfresserei sammelt, will möglicherweise bloß die Missionare und die Kolonialherren in Schutz nehmen oder noch heute europäischen Hochmut kultivieren.

Die Wahrheit liegt – ganz unoriginell – zwischen den Extremen: Von kannibalischen Negern zu berichten war in der Tat ein Stück Verteidigung für eine rücksichtslose Kolonialpolitik, bei den Entdeckungsreisenden vermischt mit Leichtgläubigkeit und in Europa mit der Freude an Gruselgeschichten. Die Berichte des 16. bis 19. Jahrhunderts sind also mit Sicherheit übertrieben und großenteils erlogen. Aber zugleich gibt es eine überwältigende Fülle von Indizien dafür, dass Menschenfresserei bei den meisten Völkern irgendwann einmal praktiziert worden ist, nur nicht in dem früher oft behaupteten Umfang und gewiss nie in der Form, dass dem Wilden ein Fuß aus dem Mund ragte, wie auf alten Darstellungen mit Vorliebe zu sehen (denn natürlich wurde ein Mensch vor dem Verzehr ebenso zerlegt wie ein Schwein).

Es sind diese Einsicht und das Bild vom stiernackigen Jäger mit dem vorgewölbten Gebiss, die ein verbreitetes Vorurteil begünstigen: der Neandertaler sei vor 30 000 bis 40 000 Jahren ziemlich plötzlich ausgestorben, verdrängt oder erschlagen vom *Cro-Magnon-Menschen*, seinem aus Afrika eingewanderten Nachfolger; er gehöre also nicht zu unserer Ahnenreihe. Zum Beweis fehlen in keiner Ausstellung der Vorgeschichte die beiden Schädel: der grobe des Neandertalers und ein sehr feiner, wie er in der Tat in der letzten Eiszeit auftauchte und seither auf Erden häufig ist.

Aber *typisch* für die fast sieben Milliarden Menschen von heute ist dieser zarte Schädel nicht. Es ist ein geringes Kunststück, neben den Schädel des Neandertalers Köpfe von heute zu stellen, die ihm sehr ähnlich sehen, so die vieler Uraustralier. Und das sagt nichts gegen die Australier, aber eine Menge gegen jene Anthropologen, die ein Stück unserer Erbmasse wegmogeln wollen, weil sie es zu grobschlächtig und zu grausam finden. «Mit moderner Kleidung und Frisur versehen», sagt der australische Nobelpreisträger John Eccles, «würde der Neandertaler heute höchstwahrscheinlich überhaupt nicht auffallen.»

In Wahrheit unterscheiden sich heute die zwei Meter langen Watussi, die 1,40 Meter großen Pygmäen und die vierschrötigen Eskimos äußerlich voneinander mehr als der Neandertaler von seinem Nachfolger in unserem Stammbaum; und überall auf Erden, wo europäische Kolonialherren landeten, gab es alsbald Mischlingskinder, selbst zwischen arroganten Holländern und Hottentotten-Frauen, die wirklich sehr weit weg von allen abendländischen Schönheitsidealen waren. Und da sollten die Neandertalerinnen ungeschwängert geblieben sein, als aus Afrika die neuen Herren kamen – in all den 10 000 Jahren, in denen sie vermutlich nebeneinander lebten? «Die verwandtschaftliche Stellung zum heutigen *Homo sapiens* ist weiterhin umstritten», schrieb die Brockhaus-Enzyklopädie 2006, und Eindeutigkeit war auch nach dem Stand von 2008 nicht hergestellt.

Ahnentafel

PRIMATEN: Oberbegriff von Biologen, Zoologen, Anthropologen für Affen, Menschenaffen und Menschen. (Carl von Linné, der 1735 die biologische Systematik begründete, rechnete auch die Fledermäuse dazu.)

HOMINOIDEN, Anthropoiden, *Menschenähnliche*: entbehrlicher Oberbegriff für Menschenaffen und Menschen (also ohne Affen und Halbaffen).

HOMINIDEN, *Menschenartige*, Echtmenschen, Eu-Homininen: die Mitglieder der von der Wissenschaft konstruierten Gattung HOMO, von der nur der Jetztmensch (*Homo sapiens sapiens*) noch existiert. Ob und inwieweit die beschriebenen Arten sich auseinander- oder nebeneinander entwickelten, ist in den meisten Fällen umstritten. Die drei ältesten Arten der Gattung HOMO (*Ardipithecus, Australopithecus, Homo habilis*) sind, gemessen an den Rekonstruktionen, den Schimpansen und den Gorillas zu ähnlich, als dass der Laie sie als nahe Verwandte anerkennen möchte.

Ardipithecus ramidus: 5,8 Millionen bis 4,2 Millionen v. Chr. (Fund in Äthiopien 1994).

Australopithecus («Südaffe», nach den Fundorten in Ost- und Südafrika), Affenmensch, Vormensch: 4,3 bis 1,5 Millionen Jahre v. Chr. Maximal 1,50 Meter groß, 70 kg schwer, 500 g Gehirngewicht (wie beim Schimpansen), äffisch vorspringende Schnauze, die Arme länger als die Beine. Richtet sich auf im Lauf der Jahrmillionen. Besitzt noch kein Werkzeug. Bekanntester Vertreter: «Lucy».

Homo habilis («der geschickte Mensch»), 2,1 bis 1,4 Millionen Jahre v. Chr.: der Erste, der eindeutig Steinwerkzeuge benutzte. Maximal 1,45 Meter groß, nur 40 kg schwer, aufrecht gehend, mit etwas größerem Gehirn (bis 650 g) und riesigen Nüstern.

Homo erectus («der aufrechte Mensch» – irreführend, denn der *Homo habilis* war das auch), früher *Pithecanthropus*; auch *Archanthropus*, Frühmensch, Peking-Mensch, Java-Mensch, Heidelberg-Mensch (nach den Fundorten): 1,8 Millionen bis 250 000 Jahre v. Chr. Maximal 1,70 Meter groß, 65 kg schwer, im Körperbau als Erster dem Jetztmenschen ähnlich. Gehirn im Lauf der anderthalb Millionen Jahre von 700 auf 1200 g gewachsen (Jetztmensch: gut 1300 g), bei auffallend flacher Stirn. Der *Homo erectus* hat die Gewalt über das Feuer erworben und ganz Afrika, die Südhälfte Europas und die Südhälfte Asiens besiedelt.

Homo sapiens («der kluge Mensch»): entbehrlicher Oberbegriff für die drei jüngsten Stufen der Menschheitsentwicklung.

Homo praesapiens, auch *Archaischer Homo sapiens*, *Paläanthropus*, Steinheim-Mensch (nach dem Fundort bei Stuttgart): 350 000 bis 250 000 Jahre v. Chr., in Äthiopien 600 000 Jahre v. Chr. Gehirn 1100 g.

Neandertaler, *Homo sapiens neanderthalensis*: 400 000 bis 28 000 v. Chr. Bis 80 kg schwer, Gehirn bis 1700 g. Fundorte in ganz Europa südlich der Eisgrenze, in Asien bis zum Aralsee und zum Persischen Golf.

Homo sapiens sapiens, auch *Cro-Magnon-Mensch* (nach dem ersten Fundort östlich von Bordeaux), *Neanthropus*, Jetztmensch: in Afrika seit etwa 100 000 Jahren, in Europa seit 38 000 Jahren. Manchmal noch unterteilt in *Homo sapiens fossilis* für die uns nur aus Knochenfunden bekannten Formen und in *Homo sapiens recens*, den Menschen in historischer Zeit (seit etwa 3000 v. Chr.).

9 Der Herr der Sprache

Konnten die Neandertaler sprechen? *Natürlich*: denn Gott hat die Sprache in den ersten Menschen hineingelegt, gleich am ersten Tag seines Lebens gab Adam jeglichem Vieh und Vogel seinen Namen. *Natürlich nicht*: schließlich haben wir in dem französischen Film «Am Anfang war das Feuer» unsere Ahnen vor 80 000 Jahren bloß keuchen, schnalzen, grunzen hören. Doch die Bibel hat mal wieder unrecht und der Film ebenso. Der Neandertaler *konnte* sprechen – nur vielleicht etwas schwerfälliger als wir.

Schon die Affen sind ja schnatterfreudige Tiere; bis zu dreißig Laute und Ausrufe der Erregung, Warnung, Begrüßung, des Behagens und des Schmerzes kann selbst unser Ohr bei ihnen unterscheiden. Ein Schimpanse, von einem amerikanischen Forscherehepaar wie ein Kind aufgezogen, lernte immerhin vier Wörter verständlich hauchen: *papa*, *mama*, *cup* und *up*. Es gibt keinen Grund zu der Annahme, dass der *Australopithecus*, unser erster möglicher Urahn, auf diesem Weg nicht ein bisschen weitergekommen sein sollte. Jedenfalls scheint der *Homo erectus*, unser Vorfahr vor 1,8 Millionen bis 250 000 Jahren, die ersten Ansätze zu einer Wortsprache entwickelt zu haben. Aber wer wollte entscheiden, wann ein Zuruf, ein Warnschrei, ein fröhliches Lallen zum ersten Mal scharf genug artikuliert war, um unserer Vorstellung von einem «Wort» zu genügen? Mimik und Gestik sind ja für uns noch heute Mittel der beiläufigen Verständigung, und jahrhunderttausendelang könnten sie der Wortsprache überlegen geblieben sein an Mannigfaltigkeit und Ausdrucksstärke.

Beim Neandertaler lagen die anatomischen Voraussetzungen für eine artikulierte Sprache vor, das ist erwiesen; und es wäre kurios, wenn er davon keinen Gebrauch gemacht hätte. Doch selten denken wir darüber nach, welche Höchstleistung da von den Knorpeln, Sehnen, Bändern, Muskeln, Nerven, Schleimhäuten, Drüsen und Blutgefäßen erbracht werden muss, die in Kehlkopf, Kehldeckel, Stimmbändern, Zäpfchen, Gaumensegel, Zunge, Zähnen und Lippen tätig werden; gesteuert von einem Kommandozentrum im Gehirn, das für eine saubere Prozession all der Zisch-, Spreng-, Hauch- und Reibelaute sorgt – bis wir schließlich den *Ringstellknorpelmuskel* (der die Stimmritze öffnet und schließt) unfallfrei gegen den *Ringschildknorpelmuskel* abgrenzen können (der die Stimmbänder spannt).

Das alles will in einer langen Kindheit erlernt sein, wie nur der Mensch sie hat; und das Gehirn muss eine beträchtliche Größe haben, nicht nur um die Lautbildung steuern zu können, sondern vor allem, um ein Mitteilungsbedürfnis zu entwickeln, das durch Gestikulation und Mimik nicht mehr befriedigt werden kann – jedenfalls nicht bei einem so geselligen Wesen wie dem Rudeljäger mit dem engen Familienzusammenhalt. Für ihn war die Sprache angenehm und zugleich von höchstem Nutzen.

Ein Warnruf konnte nun sogleich die Art der Gefahr benennen: welches Tier, wie viele Feinde? Bei der Jagd drückte ein Zuruf mehr aus als jede Geste. Verabredungen konnte man treffen, Schlachtpläne entwerfen, gemeinsam planen für den nächsten Tag, den Winter. Die Erfahrungen der Vergangenheit weiterzugeben, wurde in ganz anderem Umfang möglich als bloß durch Beispiel und Gebärde; Greise mit gutem Gedächtnis konnten ihr gehäuftes Wissen auf die Jungen übertragen – wodurch sie ein Ansehen gewannen, das sie weder vorher besessen hatten, als sie nur lahme Jäger waren, noch nachher besaßen, als die Schrift erfunden war, also Erfahrungen unabhängig vom Erzähler weitergegeben werden konnten. Man musste nicht mehr selbst alles erlebt haben, um Bescheid zu wissen – welch ein Überlebensvorteil! Die Horde, die sich bei Jagd und Kampf am schnellsten und genauesten verständigen konnte, die die präzisesten Pläne schmiedete und die von ihren Alten die meiste Erfahrung übernahm – die siegte über die Nachbarn und ließ die Affen immer weiter hinter sich.

Auch standen Sprache und Geist in einer fruchtbaren Wechselwirkung: Je höher die Intelligenz, desto ausgereifter die Sprache – je reifer die Sprache, desto mehr Überlebensvorteile für die Klügsten; und außerdem zwang das Sprechenlernen dem Gehirn ein frühes, hartes Training auf, reizte also seine Möglichkeiten aus. Und wie tröstlich war das Reden, wie angenehm: das Plappern mit den Kindern, das Palaver am Lagerfeuer, das Schwatzen und Singen bei der oft mühsamen Handarbeit. Tiere enthäuten, Häute zurichten, Steine schärfen, Knochen durchbohren, Sehnen durch Felle ziehen, Windschirme flechten, Fallgruben bauen – das war mühsam und langwierig, Zeitvertreib also willkommen; und anders als die Gebärde ließ die Wortsprache die Hände zur Arbeit frei, weshalb Friedrich Engels 1876 zu Recht über den «Anteil der Arbeit an der Menschwerdung des Affen» schrieb.

Wie eng Arbeit und Sprache zusammenhängen, machen die *Arbeitslieder* deutlich, jene alten rhythmischen Gesänge, die noch aus der Zeit des Spinnens und Webens, des Dreschens und Hirsestampfens überliefert sind. «Rumpe, rumpe Döppche – aus jedem Haus e Dröppche» sang man beim Buttern an der Mosel und «Zippelde, zappelde, ratz» beim Weben in Sachsen. Das Arbeitslied koordiniert und beschleunigt die Arbeit und nähert sie zugleich dem Spiel an – eine glückliche Kombination, die nach aller Wahrscheinlichkeit schon für den Neandertaler galt. Zugleich veranschaulichen viele Arbeitslieder, dass bis in die jüngste Vergangenheit unser Geplapper keineswegs einen Sinn haben musste: «Zippelde, zappelde, ratz», das sind Zufallssilben mit dem passenden Rhythmus, ähnlich wie das «Hibadi, hotldi, howadi, hotldi», das beim Dreschen in der Steiermark gesungen wurde.

Genau aus solchen Quellen aber könnte die Sprache einst entstanden sein: aus einem zunächst sinnlosen Silbenfluss, in dem eine Runde am Lagerfeuer oder ein Häuptling plötzlich den Sinn aufspießte. Menschen, Tieren und Sachen ein Namensschild anzuheften war ja praktisch, und sehr wählerisch verfahren wir dabei noch heute nicht.

So entstanden die Wörter – und wann und wie wurden sie zuerst zu Sätzen verbunden? Wieder können wir's nicht wissen, und wieder wäre es eine Ermessensfrage, ob wir schon die Wortfolge «Arm gebrochen» oder erst «Ich habe mir den Arm gebrochen» als Satz gelten lassen wollen. Eines freilich scheint sicher: Von den Wörtern für alles, was man sehen, hören, anfassen konnte – den Ast, den Fuß, das Heulen der Wölfe – war ein weiter Weg zu den abstrakten Begriffen (der Angst, der Trauer, der Hoffnung), und den vermutlich haben die Neandertaler noch nicht zurückgelegt.

Der größte Trost, den die Sprache ihnen spendete, und damit ein entscheidender Überlebensvorteil lag im Murmeln magischer Formeln, in dem Versuch, überirdische Mächte durch Wortzauber zu gängeln oder gnädig zu stimmen. Aus 15 Vaterunsern und 150 «Gegrüßet seist du, Maria» besteht ja noch heute ein «Rosenkranz», in den Straßen arabischer Städte rufen die Bettler die hundert Namen Allahs zehntausendmal am Tag, und eine tibetische Gebetsmühle kann die Zaubersilben *Om mani padme hum* auch dann noch wiederholen, wenn ein betender Mönch vor der Heiserkeit kapitulieren müsste. Von der Insel Dobu bei Neuguinea berichtete die amerikanische Anthropologin Ruth Benedict 1934: Den Alltag der Insulaner begleitete eine verbissene Aneinanderreihung von Zauberformeln; ohne sie könnten nach ihrer Vorstellung die Feldfrüchte nicht wachsen und Kinder nicht geboren werden; ja dass Diebe selten Bäume stahlen, lag allein daran, dass der Eigentümer sie mit

Zaubersprüchen schützte, die dem Frevler Verderben gebracht hätten.

An welche Götter mag der Neandertaler seine Wortrituale gerichtet haben? Woher überhaupt wissen wir, ob er schon Religion besaß, und von welcher Art? Bewiesen ist, dass er eine Vorstellung vom Weiterleben nach dem Tode hatte; über den Rest können wir Vermutungen anstellen, gestützt auf unsere Kenntnis von Religionen und heidnischen Kulten in historischer Zeit wie auf den Kobold in uns selbst: Der mahnt uns ja, dreimal auf Holz zu klopfen oder «Unberufen!» zu sagen, wenn wir nicht die Geister gegen uns aufbringen wollen.

Die älteste religiöse Zeremonie, von der wir Kenntnis haben, ist das *Begräbnis*, und eben für den Neandertaler ist es zuerst nachgewiesen. Hing es mit seiner besonderen Not zusammen, dass er die Toten nicht mehr den Vögeln und den Hyänen zum Fraß überließ? Wenn in der Eiszeit der Ernährer im Schneesturm erfror, dann bedeutete das für die Familie den Hungertod. Und so hob sie, sobald der Boden nicht mehr gefroren war, eine Grube aus für den Toten oder schüttete einen Hügel aus Erde oder Steinen über ihm auf, um ihn zu ehren und vielleicht noch im Tod als Beschützer zu gewinnen. Wer konnte denn wissen, ob die Gestorbenen nicht weiterlebten, sei es an einem unbekannten Ort oder als Geister, die den Weg der Lebenden begleiten?

Also gab man ihnen Schmuck mit, zum Beispiel Ketten aus Muscheln oder aus den Eckzähnen von Fuchs oder Hirsch, dazu Steinwerkzeuge und eine Wegzehrung; jedenfalls sind mehrere der in Gräbern aufgefundenen Skelette von Tierknochen umringt. Ja, ein toter Neandertaler im heutigen Irak war auf Blumen gebettet, den Blütenstaub von sieben Blumenarten haben die Forscher analysiert. In späterer Zeit wurden die Leichen überdies mit rotem Ocker bestreut, wohl als Symbol für das Blut, für das Leben, das man dem Toten erhalten wollte. Dass die Neandertaler offensichtlich das Gehirn von Verstorbenen *verspeisten*, steht zu dieser Fürsorge nicht in Widerspruch: Auch der Kannibalismus lässt sich in jener Form ja deuten als Versuch, die Toten zu ehren und ihnen eine Art von Weiterleben zu ermöglichen.

Die Sorge für die Toten, die Angst um sie, die Angst vor ihnen hat die Menschheit seither begleitet. Für die meisten Urbewohner Polynesiens, Melanesiens und viele andere Völker waren es die toten Ahnen, die die Welt regierten, im Guten wie im Bösen. Sie halfen, schützten und bestraften, ihnen musste geopfert, sie durften nicht beleidigt werden, sonst schickten sie Krankheit, schlimme Träume und den Tod. Um sie zu ehren und sie vorsorglich zu besänftigen, gab es bei vielen Völkern die «Trauerverstümmelung»: Die Witwe ließ sich ein Fingerglied abschneiden, auf den Fidschi-Inseln bekam ein toter Häuptling hundert abgeschnittene Finger mit ins Grab, auf den Sandwich-Inseln wurde beim Tod eines Häuptlings jedem Untertan ein Vorderzahn ausgeschlagen, und das Volk Israel musste vom Herrn ermahnt werden: «Ihr sollt euch keine Wunden ins Fleisch reißen um eines Toten willen» (3. Mose 19,28).

Vier Jahrhunderte lang wütete in Europa der Hexenwahn, bis weit ins 18. Jahrhundert – Folter und Massenmord mit päpstlichem Segen. Noch 1976 trieben in Klingenberg am Main zwei Patres mit dem Segen des Bischofs von Würzburg einer Theologiestudentin den Teufel aus, leider mit der Folge, dass sie hungers starb; und noch 1978 ließ der Kölner Kardinal Joseph Höffner die Erklärung verbreiten: «Die katholische Theologie hält an der Existenz des Teufels und dämonischer Mächte fest.» Wenn dies in einer Welt des Fernsehens und der Computer möglich ist, sollte man an die religiösen Bemühungen des Neandertalers keine zu hohen Ansprüche stellen. Worauf kam es denn an, wenn man sich als Winzling in einer riesigen, undurchschaubaren Welt empfand – klug genug, um zu fragen, nicht klug genug, um rationale Antworten zu finden? Darauf: dass man sich so rätselhafte und grässliche Dinge wie

Blitz, Überschwemmung, Krankheit, Tod und Mondfinsternis *erklären* konnte, jede Erklärung war da besser als keine.

Dieses menschliche Grundbedürfnis konnte auch durch die unsinnigsten Erklärungen befriedigt werden – dafür gibt es ein erstaunliches Beispiel aus dem 20. Jahrhundert. In seiner ersten Hälfte bildete sich unter den letzten Steinzeitmenschen auf Neuguinea der sogenannte *Cargo-Kult* heraus, nach dem englischen Wort *cargo* für «Ladung». Was seit dem 19. Jahrhundert die Schiffe und seit 1942 die Flugzeuge aus Europa und Nordamerika ausluden an nie geschauter, rätselhafter Pracht, das überwältigte die Einheimischen dermaßen, dass sie es sich nur so erklären konnten: Dieser unvorstellbare Reichtum muss von guten Geistern kommen. Sie beschenken damit den, der das richtige Ritual beherrscht. Die Abendländer kennen das Geheimnis. Obendrein aber verstehen sie sich darauf, die Adressen zu fälschen: Eigentlich waren diese Gaben von jeher für sie, die Einheimischen, bestimmt. Über kurz oder lang würden die Geister den Schwindel durchschauen, und für diesen glorreichen Tag errichteten die Steinzeitmenschen Lagerhäuser und Feldflugplätze. Was uns als Aberwitz erscheint, bot den letzten Überlebenden einer versunkenen Ära eben eine plausiblere Erklärung, als wenn sie sich in die exotischen Rätsel von Industrie, Welthandel und Weltverkehr hätten hineindenken müssen.

Ein so verwirrender Zusammenprall mit einer anderen Epoche ist dem Neandertaler erspart geblieben. Da hat er vermutlich einfach das getan, was heute alle Naturreligionen tun und was noch die aufgeklärten alten Griechen taten: Alles um sich herum sah er *lebendig*, nicht nur Tier und Pflanze, auch Quelle, Stein und Mond – sie alle waren Freunde oder Feinde, von alters her oder je nachdem, ob man sich ihnen mit genügend Umsicht und den richtigen Ritualen näherte. War nicht selbst das Meer ein Dämon, den der Perserkönig Xerxes peitschen ließ, nachdem er 480 v. Chr. bei Salamis seine Flotte verloren hatte? Nennen wir nicht den Widerhall noch heute «Echo», also mit dem Namen einer Nymphe, die nach Meinung der Griechen ihren Schabernack mit den Menschen trieb? Erst der Glaube an den einen allmächtigen Gott hat die Götter, Geister, Elfen verscheucht, die in älteren Religionen die Welt zu Tausenden bewohnten; er hat die Natur *entseelt* – und es uns so erleichtert, ihr Ausbeuter zu werden.

Die engste Bindung an die außermenschliche Natur zeigte sich bei den meisten Jägervölkern darin, dass jeder Mensch sich einem bestimmten Tier verpflichtet fühlte. Von ihm glaubte er abzustammen, mit ihm unterhielt er ein Bündnis, töten durfte er es nicht. Wir nennen solche Tiere Totems, nach einem indianischen Wort dafür. Aus dem Totemtier eines Einzelnen konnte ein Gruppentotem entstehen, wenn die Nachkommen eines Mannes sich an sein Totem gebunden fühlten: Dann betrachtete sich eine ganze Horde, ein «Clan», als blutsverwandt mit dem Totemtier. Innerhalb des Clans durfte nicht geheiratet werden – eine nahezu in aller Welt befolgte Regel, deren Herkunft dunkel, deren Wirkung aber offenkundig ist: Sie schob der Inzucht einen Riegel vor, und sie knüpfte Verwandtschaftsbeziehungen zu Nachbarhorden, trug also dazu bei, die Reviergrenzen durchlässig und die Welt ein bisschen friedlicher zu machen.

Falls aber der Mensch den Lauf der Welt nicht beeinflussen konnte – wenigstens vorhersehen wollte er ihn. Von der ältesten Steinzeit an muss die Erde ein Ort voller Vorzeichen gewesen sein. Aus Kometen, Träumen und den Linien der Hand, aus dem Vogelflug und den Eingeweiden geschlachteter Opfertiere, aus Missgeburten, Hunden, Grillen und der Elster auf dem Dach wurde gefolgert, ob Heil oder Unheil bevorsteht; und ehe Ägypten seine sieben fetten und seine sieben mageren Jahre erlebte, träumte der Pharao von sieben fetten und sieben mageren Kühen (1. Mose 41).

Da noch heute Milliarden Menschen freudig oder angstvoll die Vorbedeutung zu erkennen glauben in Planeten, Spielkarten,

Scherben und Kaffeesatz, in verschüttetem Salz, schwarzen Katzen und der Spinne am Morgen – wie müssen unsere Ahnen in ihren Fellen zwischen den Gletschern nach Vorzeichen gedürstet und vor ihnen gezittert haben! Kein Wetterbericht, keine Versicherung, keine Konserve gab ihnen irgendeinen Anhaltspunkt, wie und wovon sie morgen leben würden, aber wissen wollten sie es noch dringender als wir in ihrer Angst und Not.

10 Von Afrika nach Feuerland

Wie alle Frühmenschen, so ist auch der Jetztmensch, der *Homo sapiens sapiens*, der doppelt Weise, der Urahn aller fast sieben Milliarden Erdbewohner von heute, aus Afrika gekommen: Dort hat vor mehr als 100 000 Jahren eine Horde mit leichten Knochen, steiler Stirn und schmaler Nase die Oberhand gewonnen. Alles könnte mit einer einzigen Urmutter begonnen haben; IBM und die amerikanische *National Geographic Society* spüren ihr seit 2006 in einem gemeinsamen Forschungsprojekt nach, «Genographic» genannt.

Jedenfalls waren sie wohl nur ein paar tausend, die Neuen Menschen, als sie auszuschwärmen begannen: von Äthiopien einerseits nach Nordwestafrika, andererseits über die Halbinsel Sinai und durch Arabien nach Indien; weiter über das heutige Indonesien (das damals zum asiatischen Festland gehörte – so tief hatte die Eiszeit den Meeresspiegel abgesenkt) und schließlich tollkühn über eine damals etwa 80 Kilometer breite Meeresstraße nach Australien, wo sie vermutlich vor etwa 60 000 Jahren Fuß fassten.

Warum diese ungeheure Reise? Nun: Wie ungeheuer lang sie war, das wusste keiner, und keiner wollte ausdrücklich in die Ferne schweifen. Sie waren einfach Jäger und Sammler, Nomaden also, die den Wasserläufen folgten und den Spuren der essbaren Tiere; sie bevorzugten Oasen und wechselten sie; die Lagerplätze im Lauf eines Jahres um zehn oder zwanzig Kilometer zu verlegen war völlig normal. So etwas wie «Heimat» kannten sie nicht (das haben erst viel später die Bauern erfunden). Für die Wanderung bis nach Indien und Australien musste also nur hinzukommen, dass sie überwiegend in einer Richtung zogen Jahr um Jahr. Für die mindestens 12 000 Kilometer, praktisch wohl eher 20 000 Kilometer Weg nahmen sie sich 40 000 Jahre Zeit: Das machte einen halben Kilometer pro Jahr oder etwa zwanzig Kilometer in einem ganzen, damals ziemlich kurzen Menschenleben – nichts also, was in einer Lebensspanne zu Aufregungen geführt oder auch nur Umgewöhnungen erzwungen hätte.

Dennoch bleibt die Frage, warum sie (anders als die letzten Nomaden, die wir aus der Neuzeit kennen) im Großen und Ganzen eine Richtung beibehielten über die Jahrtausende. Einerseits: Der Platzbedarf einer jagenden Sippe war enorm, wie in Kapitel 7 beschrieben, für eine Horde von 25 Köpfen manchmal so viel wie ganz Berlin. Andererseits: Das «Jagdrevier» ist keine Erfindung des Jagdrechts im 19. Jahrhundert, sondern eine Urtatsache der Menschheitsgeschichte – und das *Revierverhalten* sogar für die meisten Wirbeltiere typisch: Ein einzelnes Tier oder brütende Vögel oder ein Rudel Wölfe oder unser Ahn, der vom Jagen lebte – sie nahmen ein Revier, ein Habitat, ein Biotop, ein Territorium ganz für sich oder ihre Brut, ihre Sippe, ihre Horde in Anspruch.

Zunächst wird das Revier markiert: durch Duftmarken, das Gezwitscher der Vögel, das Geschrei der Paviane, durch Pfeile im Waldboden, durch Gartenzäune und Schlagbäume, ja durch das Schild «Stammtisch» oder durch die Sandburgen, mit denen deutsche Strandurlauber sich im Ausland unbeliebt machen. Wer die Grenzen nicht respektiert, der wird gewarnt – durch Drohgebärden, Zischen, Kriegsfarben, aufgestellte Stacheln, Stinkdrüsen und Alarmanlagen; und wer die Warnung ignoriert, der wird angegriffen. So schafft sich jede Gruppe ihren Raum zum Leben. (Ihn «Lebensraum» zu nennen ist zwar biologisch korrekt, doch politisch kaum erträglich, seit Hitler die Eroberung Osteuropas mit diesem Schlagwort begründete.)

Besitznahme und Behauptung des Reviers geschahen beim Menschen, geschehen beim Tier überwiegend friedlich und haben mehrfachen Nutzen: Die Besitzer halten ihre schärfsten Konkurrenten fern, nämlich ihre Artgenossen – nur sie wollen ja das Gleiche fressen und streben die gleichen Schlaf- und Brutplätze an. Die biologische Art aber verteilt sich durch diesen Druck allmählich über den gesamten Raum, in dem sie sich behaupten kann, vor Übervölkerung sicher und mit guten Chancen, satt zu werden. Zugleich war in der Frühzeit der Menschenhorden die Abstoßung der Andersartigen ein notwendiges Mittel, um die Gruppe homogen, selbstbewusst und schlagkräftig zu halten.

Wenn aber in einer günstigen Region, etwa einem Flusstal, alle Territorien vergeben sind, werden die Habenichtse günstigstenfalls in Landstriche abgedrängt, in denen sie auch noch überleben können, so wie einst die Buschmänner unter dem Druck der übermächtigen Bantus in die Kalahari zogen – doch um welchen Preis! Ihren Wasserbedarf konnten sie dort in der Trockenzeit nur aus Melonen decken, notfalls aus den ausgequetschten Pansen toter Antilopen, in letzter Verzweiflung aus Urin, den sie durch Moos filterten. Andere Arme aber gingen zugrunde, und wieder andere kämpften mit den Grundbesitzern auf Leben und Tod.

Und die Grenzkonflikte! Vielleicht war im eigenen Revier das Wasser knapp geworden, vielleicht folgten Jäger einer Antilope auf ein fremdes Territorium. Wenn die Eindringlinge Glück hatten, wurden sie nur verjagt; Schimpansen aber fallen über den Artgenossen her, oft bringen sie ihn um, und manchmal ziehen sie aus Rache oder Übermut in *sein* Revier und vertreiben seine Sippe. Bei unseren Ahnen vor 50 000 Jahren mag es ein bisschen anders zugegangen sein – sehr viel milder nicht. Die Horde, die überleben wollte, musste ja «raffinierter, aggressiver, effektiver kämpfen und töten», sagt der australische Nobelpreisträger John Eccles. «Mitleid gab es nicht. Wer nicht tötete, wurde selbst getötet.»

Für den langen Zug nach Australien wäre als Erklärung dann nur noch nötig, dass starke Horden lange genug den Weg nach Süden und Westen sperrten. Nach einer Wanderung von mehr als hundert Generationen in Australien angekommen, fehlte den ersten Menschen auf dem Kontinent notgedrungen jedes Bewusstsein von der Länge des Weges und jede Erinnerung an ihn; zu Hause waren sie überall, wo es Tiere und Früchte zum Essen, genügend Wasser, nicht zu viele Feinde und ein erträgliches Klima gab.

Erst 50 000 Jahre später als Australien betrat der Neue Mensch Amerika. Die häufigste, wenn auch immer wieder bestrittene Theorie darüber besagt: Nach der Durchquerung ganz Asiens erreichte er gegen 12 000 v. Chr. die Beringstraße, die heute Sibirien von Alaska trennt – mindestens 86 Kilometer breit, aber höchstens 90 Meter tief. Damals, kurz bevor die bisher letzte Eiszeit endete, blieb so viel Wasser in Form von Eis an Land gespeichert, dass Asien mit Amerika verschmolzen war.

Die ersten Menschen – frei von jeder Ahnung, wie unser Planet beschaffen sein könnte – zogen also, wie seit Jahrtausenden, ein paar Kilometer hierhin und dorthin, und schon nach rund 3000 Jahren hatten sie den ganzen Doppelkontinent Amerika, in der Luftlinie 15 000 Kilometer lang, durchstreift bis an seine südlichste Spitze: Patagonien und die Inselgruppe Feuerland. Den Weg auf 20 000 Kilometer geschätzt, hieß das immerhin im Durchschnitt sieben Kilometer pro Jahr – mehr als bei der Wanderung nach Australien, aber doch völlig im Rahmen dessen, worin eine Horde von Jägern sich ohnehin bewegte, und ohne Mühe für Weib und Kind, sich einer so mäßigen Veränderung anzupassen. Außer, dass eine derart karge, stürmische Region wie Feuerland wohl nur in der Not des Verdrängt-Werdens besiedelt worden ist; auch die Alpen waren ja einst eine Zuflucht der Verlierer im Kampf um gutes Land.

Durch einige Funde in jüngster Zeit wird die Bering-Theorie in Frage gestellt: durch 17 000, ja 40 000 Jahre alte Menschenspuren in Mexiko, Peru und Chile. Das könnte einfach heißen, dass die Beringstraße entsprechend früher überschritten worden ist; aber es gibt auch Indizien, dass in Chile damals Menschen *an Land gegangen* sein könnten, aus Japan oder der australischen Inselwelt über den gesamten Pazifik hinweg. Doch selbst wenn man dies als Leistung für möglich hält – das geringe Alter der frühesten Menschenspuren auf den pazifischen Inseln spricht dagegen: Ihre Besiedlung begann erst um 5000 v. Chr., hatte im 4. Jahrhundert *nach* Christus Hawaii und die Osterinseln erreicht und im 5. Jahrhundert Tahiti.

Ein paar tausend unbewohnte Inselchen sind ja immer noch über den Globus ausgestreut; die letzte größere Fläche Landes, die der Mensch in Besitz nahm, nennen wir heute Neuseeland, und dort haben sich unsere Artverwandten sogar erst vor gut 1000 Jahren niedergelassen, um 1000 n. Chr. Die große Landnahme durch den *Homo sapiens sapiens* war damit abgeschlossen; der Planet hat keine Landreserven mehr.

Eine ganz andere Frage ist, seit wann und durch wen zuerst sich die Kenntnis von der rundum besiedelten Erde herumgesprochen hat. Das geschah erst durch den erstaunlichen und oft mörderischen Ehrgeiz, den die Europäer im 15. Jahrhundert entwickelten: «Entdeckt», so entschieden sie de facto, ist erst, was Europa als entdeckt gemeldet hat. Gerade die sogenannte Entdeckung Amerikas bietet das schönste Beispiel dafür – und wem die Ehre gebührt, der «Entdecker» zu sein, ist weit strittiger als die Bering-These. 1977 bewies eine irische Expedition, dass der irische Abt *St. Brendan*, ein Hellseher und wundertätiger Mann, im 6. Jahrhundert Amerika in der Tat erreicht haben könnte, wie die Legende behauptete – mit ledernen Booten von Insel zu Insel hüpfend wie später die Wikinger (Island, Grönland, Baffinland, Neufundland), nirgends mehr als 400 Kilometer über offenes Meer. Einen ehrbaren Platz auf der langen Liste der möglichen Entdecker hat auch *Diedrick Pining* aus Hildesheim, der dänischer Statthalter von Island war und Amerika 1475 erreicht haben soll.

Unstrittig sind nur drei «Entdecker» – diese aber mit dem Nachteil, dass sie das Entdecken in ein Definitionsproblem verwandeln. Die *Wikinger*? Ja, denn sie landeten unstreitig schon 986 n. Chr. auf der heute kanadischen Insel Neufundland und legten 1001 dort eine Siedlung an; nein – denn irgendein Bewusstsein dafür, einen neuen Kontinent entdeckt zu haben, hatten sie nicht. *Kolumbus*? Ja, denn er landete 1492 auf einer Insel der Bahamas und betrat 1498 auf seiner dritten Reise auch das Festland (im heutigen Venezuela); nein – denn um keinen Preis *wollte* er einen neuen Kontinent entdeckt haben, in den «Indischen Landen» angekommen zu sein behauptete er bis zu seinem Tod, Ostasien verstand er darunter. *Pietro Martire d'Anghiera*, Priester am spanischen Hof? Ja, denn er war der Erste, der 1494 den Verdacht äußerte, Kolumbus sei «in einer Neuen Welt» gelandet; nein – es sei denn, wir würden denjenigen als den eigentlichen Entdecker würdigen, der zu Hause blieb und den Irrtum des «Entdeckers» korrigierte.

Nicht nur zu besiedeln – auch zu entdecken gibt es inzwischen längst nichts mehr auf dieser Erde; eines der Probleme, die den potenziellen Kolumbussen unter uns zu schaffen machen.

Die letzte Feuerland-Indianerin

Es geschah auf der Insel Navarino am Südrand des Feuerland-Archipels, dass ich, für die Zeitschrift *Geo* unterwegs, der letzten Überlebenden der Yaghans begegnete, der Kanu-Indianer, die einst Magalhães beeindruckt hatten mit ihrem Feuerchen in jedem Boot – und die uns imponieren müssen, weil sie der äußerste Vorposten des *Homo sapiens* waren, angekommen an der Endstation seiner ungeheuren Wanderung durch ganz Asien und ganz Amerika hindurch bis an den Zeh der Erde.

Goldsucher und Robbenjäger hatten die Yaghans im 19. Jahrhundert fast vollständig ausgerottet, und auch die Missionare hatten ihnen Tod gebracht: Sie führten ja die Bazillen, die Viren von Masern, Pocken, Grippe,

Tuberkulose mit und halfen so die dezimieren, die sie bekehren wollten. Hier auf Navarino traf 1963 ein dänischer Weltreisender den Missionar Kenneth Williams, «der dem Meer, den Bergen und dem Flusse predigte, denn seine gesamte Gemeinde lag unter kleinen, schäbigen Kreuzen begraben».

1972 hatten noch acht Indianer auf den Inseln südlich von Feuerland gelebt, und Rossa war die Letzte von ihnen. 1981 habe ich sie besucht, 1983 ist sie gestorben.

Ihre Hütte lag in der Barackensiedlung Ukika am Rand des chilenischen Flottenstützpunkts Puerto Williams, des südlichsten Städtchens der Erde – 1954 von der Regierung für die letzten Yaghans errichtet; Mischlingsfamilien waren nachgezogen und kümmerten sich um «la Abuela», wie sie sagten, Großmama; Kinder hatte sie nicht.

Knochig und gekrümmt watschelte Rossa mir entgegen, kaum 1,40 Meter groß, mit weniger Zähnen im Mund als Katzen in der Küche; wie zweihundert Jahre alt sah sie aus und wie die Großmutter aller Krankheiten auf Erden. Gegen Bargeld gab sie Auskunft in kargem, heiserem Spanisch, gegen Bargeld ließ sie sich fotografieren. Wie alt sie sei? No lo sé. Wann ihr Mann gestorben sei? (Ein dalmatinischer Fischer, wie ich von den Nachbarn wusste.) Das sei lange her. Ob sie lesen und schreiben gelernt habe in der Missionsstation? No. Ob die Nachbarn gut zu ihr seien? Claro.

Kinder und Hunde liefen währenddessen bei ihr aus und ein. Bald setzte sie sich wieder auf ihr Bett mit den vielen vollen und leeren Flaschen darunter und starrte auf den Fernsehschirm, wie fast immer in den elf Stunden des täglichen Programms – auf Kassetten per Flugzeug angeliefert aus Punta Arenas, immer um einen Tag versetzt. So sah sie Zahnpasta-Werbung, amerikanische Krimi-Serien und die Schmachtfetzen chilenischer Fernsehstars – die letzte «eines erbärmlichen Stammes».

Es war Charles Darwin, der die Yaghans so einstufte, er konnte sie 1833/34 auf seiner Weltreise studieren. Erblicke man «die elenden Herren dieses elenden Landes», so könne man sich kaum zu dem Glauben zwingen, «dass sie unsere Mitgeschöpfe und Bewohner derselben Erde sind», schrieb der englische Forscher. In einem Klima, das dem von Island entspricht, lebten sie völlig nackt, zum Schutz gegen die Kälte nur mit Seehundfett eingerieben, «ihre hässlichen Gesichter mit weißer Farbe beschmiert, ihre Haut schmutzig, ihr Haar verwirrt». Um Nahrung zu suchen, waren sie gezwungen, unablässig von Ort zu Ort zu wandern, «und die Küste ist so steil, dass sie dies nur in ihren elenden Kanus tun können» – denen mit dem ständigen Feuer darin, dem die Inselgruppe ihren Namen verdankt.

Da hatten sich ein paar tausend Menschen, als die Schwächeren, immer weiter abdrängen lassen müssen aus leidlich bewohnbaren Gebieten in diese Inselwelt, auf der kein Vogel zwitschert und keine Blume blüht zwischen sturmzerzausten Bäumen. Doch sie hatten sich diesem miserablen Stück des Globus angepasst und seiner monotonen Landschaft Leben gegeben, wie der Priester und Ethnologe Martin Gusinde aus Breslau schrieb, der von 1918 bis 1924 unter den letzten Yaghans lebte. Aber sie wurden vernichtet «durch die unersättliche Habsucht der weißen Rasse und die tödlichen Wirkungen ihres Einflusses ...». Es sei nur noch die Brandung vor Kap Hoorn, die das Lied von den verschwundenen Indianern murmele.

11 Der Künstler und der Schlächter

Um 38 000 v. Chr. war er in Europa angekommen, der Neue Mensch aus Afrika – viel später als in Australien, viel früher als in Amerika. Er kam der Eiszeit zum Trotz, die hier im Norden erst um 18 000 v. Chr. ihren letzten Höhepunkt erreichte, aber er war besser gegen sie gewappnet als der Neandertaler: Er entwickelte die Kunst, Hütten zu bauen und sich Kleider zu nähen, und er erfand die wirksamste Jagdwaffe vor dem Gewehr: Pfeil und Bogen. Dunkelhäutig war der Neue Mensch, schwarzhaarig mit hoher Stirn, schlanker als der Neandertaler und weniger muskelbepackt – und ihm offensichtlich überlegen. *Cro-Magnon-Mensch* heißt er auch, nach dem Dorf östlich von Bordeaux, in dem 1868 zum ersten Mal seine Reste gefunden wurden.

Und von diesem Menschentyp stammen wir alle ab: Weiße und Schwarze, Gelbe und Braune, Beduinen und Pygmäen. In den hunderttausend Jahren, seit er sich in Afrika entfaltete, war Zeit genug, die gesamte heutige Vielfalt der Menschheit entstehen zu lassen. Die jeweilige Umwelt wählte ja aus, was am besten in sie passte: starkes Unterhautfettgewebe als Kälteschutz für Eskimos, dunkle Haut als Sonnenschutz in Afrika; in Europa hellhäutig geworden sind unsere Ahnen vermutlich erst vor sechs- bis achttausend Jahren.

Zu den beiden klassischen Angeboten an die Zuchtwahl durch die Natur – die zufällige Neukombination der Erbanlagen in jeder Generation und gelegentliche Sprünge der Erbmasse – trat zunehmend (und mehr als bei den meisten Tieren) die Gattenwahl: die

Auswahl des Geschlechtspartners nach Stärke, Klugheit, Geschicklichkeit und dazu nach dem jeweiligen Schönheitsideal. Das, übrigens, muss sich im Lauf der Jahrtausende gewandelt haben: Die «Venus von Willendorf» (benannt nach dem Fundort in Niederösterreich, wo sie vor rund 25 000 Jahren aus Kalkstein gehauen wurde) wirkt auf uns erschreckend fett, und die ähnlich alte, sonst eher schlanke «Venus von Lespugue» (bei Toulouse), aus Mammut-Elfenbein, verblüfft uns durch ein unmäßiges Hinterteil.

Ja, schnitzen lernte der Cro-Magnon-Mensch mit seinen verfeinerten Steinwerkzeugen, zumal an Knochen übte er die neue Kunst: zugespitzt für den Speer, besonders schwierig für die Nähnadel; die ermöglichte es ihm, sich nicht nur Felle umzuhängen, sondern sich anliegende Kleidung zu schaffen – nach heikler Vorarbeit, denn zunächst galt es, eine Öse herzustellen, indem man das schlanke Knochenstück mit einer steinernen Ahle durchbohrte.

Im Sommer wohnten die neuen Herren oft noch unter freiem Himmel oder unter einem Felsvorsprung. Die langen, schrecklichen Winter verbrachten sie teils in Höhlen wie die Neandertaler, wobei sie den Eingang mit Steinen verkleinerten und wahrscheinlich mit Fellen verhängten; oder sie wohnten in Erdhäusern, zumal in Osteuropa: Eine mannshohe rechteckige Grube wurde ausgehoben, mit einem schrägen Zugang versehen, mit Baumstämmen abgedeckt und mit aufgeschütteter Erde isoliert. Und mehr und mehr wohnten sie in den ersten stabilen Hütten der Geschichte: In igluartigen Rundbauten aus jeweils 15 Tonnen Mammutknochen, deren Reste in der Ukraine gefunden worden sind; in Mittel- und Westeuropa vor allem in Behausungen aus Fellen über einem Holzgestell, vergleichbar den Jurten der letzten mongolischen Nomaden.

Ein Rundbau von zum Beispiel sechs Metern Durchmesser wurde so errichtet: Im Herbst, ehe die Erde wieder gefroren war, ein Stamm in der Mitte in den Boden gerammt, ein Dutzend Pfosten im Kreis drum herum, weitere Stangen oben von Pfosten zu

Pfosten und von Pfosten zum Mittelmast, jeweils mit Lederriemen zusammengebunden. Auf dieses Gestell dreißig bis vierzig Felle von Wildpferden oder Wisenten, mit Sehnen oder Därmen zusammengenäht. Steine wurden im Feuer erhitzt und dann als Fußboden ausgelegt, sodass sie in den Boden eintauten und festfroren; auf die Steine wurden Zweige gelegt und auf die Zweige Felle. Dabei sparte man eine Grube fürs Feuer aus, die die Hitze speicherte und Funkenflug verhinderte; über dem Herd, in den Fellen des Daches, lag der Rauchabzug. Manchmal gab es eine weitere, kleinere Grube, die vermutlich mit Leder oder Darm ausgeschlagen war: Da kam Schnee hinein, auf den wurde ein heißer Stein gelegt; und war der Schnee geschmolzen, so ließ das Wasser sich durch einen weiteren Stein sogar erhitzen.

Brennholz war knapp in der eiszeitlichen Tundra – mehr Büsche als Bäume und bald keins von beiden mehr in der Umgebung eines Winterlagers. Also wurde Holz nur verwendet, um Knochen zu entzünden; die hatte der Jäger ja genug, und sie entwickeln große Hitze. Nur der Geruch würde uns vermutlich penetrant in die Nase gestiegen sein in einer Unterkunft, in der sonst auch unsereiner eine sibirische Woche glimpflich hätte überstehen können.

Wer nach so viel Mühe ein so komfortables Quartier besaß, der musste den Winter über sesshaft sein. Wie aber konnten Jäger sich an den Boden binden – da sie doch seit Jahrmillionen davon lebten, den Herden nachzuziehen? Es traf viel zusammen, damals, vor 20 000 Jahren, als die Kälte ihr letztes Maximum erreichte. Auf 2000 bis 3000 Menschen in Deutschland, ebenso wenige in Frankreich und kaum mehr als 10 000 in ganz Europa kam ein Vielfaches an Wildpferden, Wisenten, Auerochsen, Rentieren, Hirschen und Hasen, und selbst das Mammut, ein Viertonner, dürfte zahlreicher als der Mensch gewesen sein.

Dieser gewaltigen Überzahl der Tiere traten unsere Ahnen um 15 000 v. Chr. mit ihrer furchtbaren neuen Waffe entgegen: Pfeil und Bogen. Ein langer Holzstab, eine Sehne, die ihn spannte, und ein kurzer Holzstab, auf den eine Spitze von Stein oder Knochen geleimt war mit Holzteer oder einem Gemisch aus Harz und Ocker – das klingt primitiv, doch es setzte Phantasie und Geschicklichkeit voraus, und es war die größte Revolution der Waffentechnik, bis im 14. Jahrhundert das Pulvergeschütz erfunden wurde.

Der Wurfspieß konnte ja nur aus größter Nähe, also kaum aus dem Hinterhalt auf das Beutetier geschleudert werden; die Buschmänner mussten sich einer Giraffe auf drei Meter nähern, um sie mit ihren Spießen durch ihr dickes Fell hindurch ernstlich zu verletzen. Also konnte man nur Tiere treffen, die vorher von der Horde halb zu Tode gehetzt worden waren. Selbst ein einfacher Bogen dagegen erreicht auf zwanzig Meter Entfernung, was der Spieß nur aus drei Metern schafft, und dies mit weniger Muskelkraft, ohne Anlauf, ohne Hetzjagd im Rudel, der Schütze einsam hinter einem Strauch verborgen.

Unheilvoll wirkte sich dieser Sprung in der Waffentechnik im Kampf gegen andere *Menschen* aus: Der Pfeil tötete ohne Warnung aus einer Distanz, die es dem Schützen ersparte, seinem Opfer ins Auge zu sehen, und die es zugleich dem Opfer unmöglich machte, durch einen Appell an das Mitleid oder durch eine Geste der Unterwerfung den Tod noch abzuwenden – der erste Schritt auf dem schlimmen Weg zum Maschinengewehr und zur Bombe.

Während einerseits der einsame Jäger eine ungeheure Überlegenheit über das gejagte Wild erworben hatte, verfeinerte der Cro-Magnon-Mensch andererseits die Technik der Massenjagd, die seine Ahnen bald nach der Gewalt über das Feuer erfunden haben müssen: Dutzende von Tieren mit Fackeln in einen Sumpf oder eine Schlucht zu treiben und dort niederzumetzeln. Unter einer steilen Felswand bei Solutré nördlich von Lyon liegen einen Meter hoch die Knochenreste von mindestens zehntausend, möglicherweise hunderttausend Pferden. Dafür bietet sich die Deutung an, dass sie wiederholt in straff organisierter Aktion auf die Höhe gescheucht und mit Feuerbränden, einem Pfeilhagel und Geschrei über den Rand des Abgrunds gejagt worden sind.

Aus diesem Gebirge von zerschellten Kadavern schnitten sich unsere Ahnen ihren Wintervorrat an Fleisch – vermutlich begeistert über solche Beute, vielleicht überdies im Rausch der frisch gewonnenen Übermacht über die Welt der Tiere. Freilich, mit dieser Art der Jagd hatte der Mensch alle bis dahin gültigen biologischen Gesetze auf den Kopf gestellt: Raubtiere töten immer nur die Alten, die Jungen und die Schwachen, begrenzen also den Nachwuchs ihrer Beutetiere und sorgen zugleich für die Kraft der Herde. Bei Solutré dagegen verhielt sich der Mensch wie Gott bei der Sintflut: Er vernichtete *alle*, auch die Stärksten.

Es ist ein Ammenmärchen, dass «der Wilde» sich instinktiv in ein ökologisches Gleichgewicht eingebunden hätte. Solange er schwach war, blieb ihm nichts anderes übrig; sobald er Macht gewann, hat er schon immer dieses Gleichgewicht zu seinen Gunsten verschoben und es lieber zerstört, als auf seinen Vorteil zu verzichten. Nur dass eben erfreulicherweise seine Macht nicht weit reichte, solange er keine Maschinen besaß und solange höchstens hunderttausend von seiner Sorte über den Planeten trabten, ein Siebzigtausendstel des heutigen Gewimmels.

So viel Fleisch an einem Ort, noch dazu gut konservierbar, denn bis wenige Meter unter der Oberfläche herrschte auch im Sommer Dauerfrost – das hieß: Die Jäger konnten für ein paar Monate sesshaft werden; sie mussten es auch, wenn sie ihre Vorräte nutzen wollten. Dass sie Hütten bauen lernten, machte sie unabhängig von den Felsdächern oder Höhlen, auf die der Neandertaler mindestens im Winter angewiesen war; nun wählten sie Plätze an einer Quelle, am Fluss, an einer Furt durch diesen, auf einem Hügel, der Übersicht gewährte, nahe am Wildwechsel oder an einem Abgrund für die Massenjagd.

Die Hütten standen meist in Gruppen, fast schon Dörfer zu nennen – und das bedeutete: noch mehr Zusammenhalt, aber auch noch mehr Reibung mit verhältnismäßig vielen Menschen, als ohnehin nötig war zur Treibjagd, zur Massenschlachtung, zur Verteilung des Fleisches. Wenn die Jäger im Frühling ihre Hütten abbauen und wieder auf Wanderschaft gehen konnten, wird mancher froh gewesen sein; hundert Leute auf einmal, das war ja das reine Großstadtleben. Winterdörfer also sind älter als jede Landwirtschaft, und den hemmungslosen Umgang mit den Gütern der Natur hat der Mensch nicht erst im 20. Jahrhundert, er hat ihn 20000 Jahre vorher mit den Wildpferden von Solutré betrieben.

Was er gleichzeitig oder gar noch früher erfand, war die bildende Kunst – und dies, wie es scheint, gleich im ersten Anlauf auf einem Niveau, das uns staunen macht. Da wurde 2006 in einer Höhle der Schwäbischen Alb die Nachbildung eines Mammuts in Elfenbein gefunden, kaum vier Zentimeter lang, aber schlüssig und dynamisch in der Form und vermutlich mehr als 30000 Jahre alt – ein Amulett? Ein Talisman? Jedenfalls eine Demonstration des Willens: Wir können und wir wollen mehr als jagen und essen.

Um dieselbe Zeit müssen in den finsteren Höhlen beiderseits der damals vereisten Pyrenäen die ersten der grandiosen Gemälde, Zeichnungen und Gravuren entstanden sein, die wir bewundern, seit 1879 in Altamira die Malkunst der Steinzeit entdeckt worden ist (und die Entdeckungen nahmen kein Ende: 1940 die Höhle von Lascaux, 1994 die von Chauvet, an die zweihundert sind es inzwischen). Tief in der Erde, im Licht von Funzeln aus Knochenöl, haben die Steinzeitkünstler Tausende von Tieren auf den Fels gebannt, Wildpferde, Wisente und Wollnashörner, Mammuts, Bären, Hirsche, Rentiere, Auerochsen und Hyänen, manchmal auch Frauen oder Maskentänzer, dazu insgesamt 217 Hände, denen auf 197 Abdrucken ein Finger fehlt; warum, wissen wir nicht.

Nichts wissen wir. Woher dieser jähe Ausbruch höchster Kunstfertigkeit – wozu dieser ungeheure Aufwand an Mühsal an so finsteren, schwer zugänglichen Plätzen? Winzig oder überlebensgroß, schwarz von Holzkohle oder bunt von Ocker, Manganpigmenten oder Hämatit, immer realistisch, oft perspektivisch gestaffelt, mal in wilder Jagd hoch über den Köpfen, mal in einem Kriechgang oder einem Schacht verborgen, in den man sich an einem Seil herunterlassen muss – so haben die Tiere 20 000 Jahre überdauert und sind das Staunen der Welt.

Die erste Antwort auf die Frage nach dem Wofür lautete: Es könnte sich um einen Jagdzauber gehandelt haben, eine spezielle Form des sogenannten Analogiezaubers, an den viele Völker glaubten: Steche ich eine Nadel in das Abbild eines Feindes, so wird der Feind auch in der Wirklichkeit durchbohrt und stirbt. In der Tat, viele der Tiere in den Höhlen sind getroffen von gemalten Spießen, sollten also vielleicht das Jagdglück mehren. Nur: Eigentlich brauchte der erfolgreiche Massenschlächter mit Pfeil und Bogen um seinen Erfolg nicht zu bangen; und wie erklärt es sich, dass die große Mehrheit der dargestellten Tiere *keine* Wunden trägt?

Oder wäre das Gegenteil der Fall: Wollten die Jäger den gemalten Tieren eine Ehre erweisen – vielleicht gestützt auf ein schlechtes Gewissen, so viele von denen schon umgebracht zu haben, die man doch gerade in mancher frühen Religion als Totemtiere verehrte oder als Mitgeschöpfe achtete? Oder war mit der Abbildung die Angst gebannt, die Angst des Urmenschen vor der ewigen Bedrohung durch Reißzähne und durch Stoßzähne, durch Hörner und durch Hufe – und der Triumph ausgekostet, eben diese Angst bei der Jagd überwunden zu haben, selbst einem Giganten der Tierwelt wie dem Mammut gegenüber, dem zottelhaarigen Eiszeitelefanten, der sechzigmal so viel wie seine Jäger wog?

Oder sollten die Malereien eine Art Lexikon gewesen sein, eine Fibel für die Heranwachsenden zum Kennenlernen der Welt? Tatsache ist, dass alle Naturvölker Mannbarkeitsrituale veranstalten, die nicht zuletzt diesem Zweck dienen: Die Jünglinge werden von der Gemeinschaft abgesondert, mit den geheimen Lehren des Stammes versehen und meist unter Schmerzen und Verstümmelungen, mit Beschneidung, Narben oder abgefeilten Zähnen in die Welt der Erwachsenen entlassen. Was sie da gelernt haben in ihrer Angst und Not, das vergessen sie nie – und unvergessbar lernen: das musste sein in schriftloser Zeit, wenn die Erfahrungen der Väter nicht verloren gehen sollten.

Zu den Höhlen würde das passen: Die Jünglinge tauchten hinab in ein Reich, das schon ohne Bilder unheimlich genug gewesen wäre, Symbol der Unterwelt und zugleich ein echtes Stück von ihr, bedrückend und gespenstisch still, dabei vom Echo der eigenen Schritte genarrt. Immer tiefer kletterten und krochen sie in den Bauch der Erde – und da: ein Wisent, sechs Meter lang, bewegt sich auf der Wand im Flackern der Fackeln, eine wilde Jagd galoppiert in den hintersten Schlund der Höhle, verstümmelte Hände zucken auf den Wänden, Knochenflöten und Knochentrommeln begleiten das Spektakel.

Das konnte keiner je vergessen. Was aber könnte es gewesen sein, das sich bei diesem erschreckenden Ritual ins Gedächtnis graben sollte? In einer Zeit des Umbruchs, mit den neuen Waffen, den ersten Hütten, den frühen Dörfern, dem immer noch drohenden Eis, gab es mehr zu lernen als zuvor, und schon früher war es genug: Tiere, Wildwechsel und Jagdmethoden, heilsame, nahrhafte und giftige Pflanzen, die Technik des Werkzeug- und des Feuermachens, der Umgang mit Schneesturm, Lawinen, Quellen, Jahreszeiten, nicht zuletzt der Kult der Ahnen und die Kenntnis der alles belebenden Geister.

Mehr wissen wir nicht. Aus den Malereien und Reliefs auf ihren Sinn zu schließen, sagt der französische Höhlenforscher André Leroi-Gourhan – «das wäre so, als müssten wir ein Theaterstück, das wir nie gesehen haben, aus ein paar gemalten Kulissen rekonstruieren». Es waren grandiose Kulissen, und sie umstanden eine sterbende Welt. Um 10 000 v. Chr. wich das Eis zurück, der Wald rückte von Süden vor und vertrieb die Riesenherden der Kältesteppe, und die brutale Jagd mit Feuer, Pfeil und Bogen tat das ihre, um die Nahrung knapp zu machen.

In seiner Not erfand der Mensch die Landwirtschaft. *Immer* hat er erfunden, was ihn überleben ließ – unser Trost, wenn wir einer bedrängenden Zukunft entgegenblicken.

12 Der Herr der Tiere

Am Anfang war der Hund – unter allen Tieren das erste, das der Mensch weder ignorierte noch bekämpfte, sondern in seinen Dienst nahm. Der Wolf also – von unseren Vorfahren, den Höhlenmalern, schon vor rund 15 000 Jahren durch Auslese und Züchtung in den zahmen Haushund verwandelt, ein Fund im Siebengebirge bei Bonn hat es 1914 bewiesen: kürzerer Kiefer, kleinere Zähne – und damit dem Menschen als Wächter willkommen und als Partner bei der Jagd.

Den Anfang müssen wir uns so vorstellen: Der Mensch machte sich nicht nur gefährlich für die anderen Tiere – er war für einige auch von Nutzen. An seinen verlassenen Lagerplätzen gab es Gekröse zu fressen und Knochen abzunagen, und Asche ist reich an Salzen und anderen Mineralien, daher als Dünger geeignet und wird von vielen Tieren gern geleckt.

Da mag sich nun in der Nähe einer Menschenhorde ein Wolfsrudel regelrecht niedergelassen haben: durch die Aussicht auf eine spätere Mahlzeit angelockt und bis dahin durch das Feuer auf Distanz gehalten. Dabei erwiesen sich die Wölfe zugleich als nützlich für den Menschen: Lange vor ihm witterten sie die Annäherung einer möglichen Jagdbeute oder eines größeren Räubers; und zum Lohn für die Signale bekamen sie vielleicht auch einmal einen Brocken Fleisch zugeworfen. Bei der Jagd könnte sich eine ähnliche Interessengemeinschaft zwischen den beiden Arten von Rudeljägern herausgebildet haben: Die Menschen waren erfolgreicher, sodass die Wölfe ihnen nachschlichen; aber witterten die Wölfe eine Spur, so vertauschten sich die Rollen, die Menschen würdigten das und gaben den Wölfen von der Beute ab.

Seit etwa 9000 v. Chr. taucht der Haushund auch im Nahen Osten auf, in Syrien, dem Irak und der Türkei, und wenig später wurden dort die ersten wilden Schafe, Schweine und Ziegen in Obhut genommen. Gewiss zunächst wieder in Mischformen, wie wir sie noch heute beim Rentier kennen: Eskimos, Sibirer, zum Teil auch noch die Lappen ziehen mit den langsam wandernden Herden dorthin, wo *die* wollen, aber sie melken das Ren und schlachten es, sie steuern die Paarung und halten Raubtiere fern.

Der Auerochse oder Ur, der Stammvater unserer Rinder, ließ eine solche halbe Zähmung nicht zu: dafür rannte er zu schnell – ein Problem, das der Mensch erst im 1. Jahrtausend v. Chr. löste, als er das Pferd so groß gezüchtet hatte, dass es einen Reiter tragen konnte (Kapitel 15). Wenn unsere Ahnen *vor* dieser Zeit den Auerochsen unterjochen wollten, mussten sie ihn einzeln einfangen und in ein Gehege stecken. Sich auf solche Weise Fleischvorräte anzulegen, möchte uns nur vernünftig scheinen für eine Zeit, in der das Mammut durch rücksichtslose Jagd schon fast ausgerottet war und andere große Fleischspender wie der Wisent und eben der Auerochse mehr und mehr vertrieben wurden durch die Wälder, die seit etwa 10 000 v. Chr. den weichenden Gletschern nach Norden folgten.

Doch ein Jäger kommt nicht so leicht auf den Gedanken, seine Beute zum Haustier zu machen; wenn aber, dann kann er kaum der Versuchung widerstehen, das Tier alsbald zu verspeisen. (Wir sprechen ja nicht von den Sonntagsjägern mit Fernglas und Doppelbüchse, sondern von Menschen, die überlegene Tiere niederrangen, um ihre Familie zu ernähren.) Es war vermutlich ein Tabu, das der Fressgier den Weg verlegte und so die Haustierhaltung erst möglich machte: In vielen alten Kulturen war das Rind ein heiliges Tier, in Indien ist die Kuh es noch heute; die altägyptischen Könige ließen sich in Stiergestalt abbilden, dem Symbol von Fruchtbarkeit und Kraft, Zeus konnte sich in einen Stier verwandeln, und das Volk Israel tanzte um das Goldene Kalb.

Rindfleisch zu essen war dabei schon erlaubt – jedoch nur als feierliche Handlung zu religiösen Festen. So scheint es, als sei seit etwa 6000 v. Chr. der Auerochse zunächst aus kultischen Gründen gefangen, gezähmt, vor dem sofortigen Verzehr bewahrt und sodann feierlich gegessen worden – ehe unsere Ahnen erkannten, was das zahme Rind noch sein konnte: Fleischvorrat, Milchlieferant und später, als der Wagen und der Pflug erfunden waren, das erste Arbeitstier. Auch vernünftiges Handeln hat eben oft einen magischen Ursprung.

Ins 4. Jahrtausend v. Chr. fallen die Zähmung des Kamels (in Arabien und Zentralasien) – und des Esels, des ewigen *underdog* unter den Haustieren. Er wurde vermutlich zuerst im Niltal domestiziert, breitete sich aber als geduldiges Last- und Reittier zügig im Orient und im südlichen Europa aus; auf einem Esel ritt Jesus ein in Jerusalem (Johannes 12,14). Einen Tierfreund kann es grausen, wenn er noch heute sehen muss, wie vollkommen mitleidlos manche Bauern und Kleinhändler in Südspanien, Süditalien, Griechenland ihren stummen Helfer behandeln. Für keine Religion ist der Esel ein heiliges Tier – wozu es doch auch Bären, Füchse, ja im Tempel von Deshnok in Nordindien sogar Ratten gebracht haben. Hindus und Buddhisten sind allerdings gehalten, *alle* Tiere mit Respekt zu behandeln: denn kein Mensch weiß, ob seine Seele sich nicht in einem Tier wiederverkörpern wird.

Zum Programm des Christentums gehört Tierliebe nicht – Franz von Assisi zum Trotz, der, der Legende nach, die Vögel mit «meine lieben Geschwister» anredete. Der alleinige Gott hatte der Beseeltheit aller Tiere den Garaus gemacht, den Totemkult beseitigt und den Menschen zum Herrscher eingesetzt über die Fische, die Vögel, das Vieh, «über alle Tiere des Feldes und alles Gewürm, das auf

Erden kriecht» (1. Mose 1,26); die tierfreundlichste Stelle der Bibel lautet gerade mal, am Sabbat solle auch das Vieh «keine Arbeit tun» (1. Mose 20,10). René Descartes, Frankreichs großer Philosoph, verkündete 1637 glasklar, Tiere hätten keine Seele und empfänden keinen Schmerz; sie seien wie Maschinen. «Tierquälerei» war demnach schon begrifflich unmöglich. Die Massentierhaltung profitiert noch immer von Descartes, ebenso die Tierversuche (Kapitel 33).

Die Zähmung der erwünschten Tiere veränderte notgedrungen die Art unserer Ahnen, mit Zeit und Raum umzugehen. Hielten sie Rinder oder Kamele, so konnten sie ihre nomadische Lebensweise beibehalten – freilich schwerer beweglich und auf große Weiden, gute Quellen angewiesen; die Besetzung, die Behauptung eines geeigneten Reviers (Kapitel 10) wurde dadurch wichtiger und schwieriger, ein Kriegsgrund mehr trat in die Welt. Die letzten dieser sogenannten Hirtenvölker leben heute in Zentralasien und im mittleren Afrika.

Wo sich eine Sippe eine Herde von Ziegen, Schafen, Schweinen zulegte, da blieb ihr nichts übrig, als sesshaft zu werden. Wie aber wurde man satt am immer selben Ort? Dazu musste der Mensch seine folgenschwerste Erfindung machen: den Ackerbau. Und in fruchtbarer Wechselwirkung halfen ihm seine Tiere, den großen Feind aller Äcker zu vernichten: den Wald. In den schickten unsere Ahnen ihre neuen Diener, zur Selbstversorgung. Sie fraßen die Gräser, Kräuter und Pilze auf dem Waldboden, Wurzeln und Würmer in der Erde, Baumfrüchte wie Eicheln und Bucheckern – und dazu Blätter, Knospen, Zweige, Rinde; und für den Winter schnitten die Tierhalter noch mehr Laub von den Bäumen.

Lindenblätter gaben das beste Futter. So verschwanden die reinen Lindenwälder rasch, und die heutige Waldarmut der Mittelmeerländer hat damit angefangen, dass die zahmen Ziegen der ersten Bauern in der Jungsteinzeit den Wald kaputtzufressen begannen; so wie Island erst im Mittelalter durch die Schafe der Wikinger zu einer kahlen Insel geworden ist.

Wo heute tropische Wälder vernichtet werden – und das geschieht in erschreckendem Umfang, zumal in Brasilien und in Indonesien –, da sollte man erst fragen: Betreibt ihr Raubbau zugunsten der Holzverwertung oder des 2007 in Mode gekommenen Biosprits? Dann begeht ihr ein Verbrechen an der Bewohnbarkeit der Erde. Oder wollt ihr Platz für Äcker und Weiden schaffen, wie am Amazonas großenteils der Fall? Dann richtet ihr zwar denselben Schaden an, aber die gesamte Menschheitsgeschichte habt ihr zum Verbündeten: Erst aus der Landwirtschaft folgten die massenhafte Vermehrung der Menschen und alle höhere Kultur – und Landwirtschaft kann sich nur entfalten, wo kein Wald im Wege ist.

13 Der Herr der Felder

Wo bei uns Almen lächeln und Kornfelder wogen, da haben Bauern einst den Wald niedergebrannt, der Mitteleuropa fast völlig bedeckte. Sie sind die größten Landschaftsverwandler – genau genommen: Naturzerstörer – der Geschichte. Sie haben es gewagt, sich der Umwelt nicht mehr anzupassen, sondern sie nach ihrem Willen zu gestalten. Und wenn einer makrobiotischen Landbau betreibt, ist er nicht zum ökologischen Urzustand zurückgekehrt, sondern nur zum vorletzten Stadium menschlicher Übermacht, also vergleichsweise zur Dampflokomotive.

Übermacht und Übermut haben einst damit begonnen, dass unsere Ahnen erst die Tiere und dann die Pflanzen in gute und böse schieden: Die guten nahmen sie in ihren Dienst und veränderten sie durch Züchtung bis zur Unkenntlichkeit; die bösen nannten sie selbstherrlich *Unkraut*, *Raubzeug*, *Ungeziefer* und versuchen seit 11000 Jahren, sie auszurotten – heute mit Pestiziden, die unser Grundwasser verseuchen, zusammen mit den Düngesalzen, und beide laufen mit der Nahrung durch unsere Körper im Verein mit den verschwenderisch verfütterten Antibiotika.

Nahmen die Bauern die Vernichtung des Waldes für ihre *Tiere* zunächst nur in Kauf – für ihre *Pflanzen* wüteten sie gegen die Wälder mit Feuer und Axt. Es war der Ackerbau, der in aller Welt das große Waldsterben eingeleitet hat. Erfunden wurde er freilich in zwei Wüstenländern, und das ist eines der erstaunlichsten Kapitel der Weltgeschichte.

Auch der Ackerbau trat nicht mit einem Paukenschlag ins Leben;

er hatte drei Vorläufer. Der erste: Eine Pflanze, deren Früchte seit Generationen begehrt sind, kann man hegen, zum Beispiel gießen, wenn sie zu vertrocknen droht, oder ihr Platz schaffen gegen konkurrierende Gewächse, wie bis in die Gegenwart unter Uraustraliern üblich. Zweite Stufe: Der *Grabstock*, mit dem sich die Frauen seit Jahrhunderttausenden das Aufspüren und Aufsammeln von Wurzeln und Kleintieren erleichterten, ließ sich auch anders benutzen – um nämlich ein Loch zu bohren, in das man den Samen oder den Schössling einer begehrten Pflanze senkte, sodass der Grabstock zum *Pflanzstock* wurde. Noch schüchtern tat der Mensch damit einen dramatischen Schritt: Zum ersten Mal entschied er selber, was die Erde tragen sollte; er begann zu produzieren; aus der Sammlerin wurde die Gärtnerin.

Dritte Stufe: Im 9. Jahrtausend v. Chr. lernte man, in einen geschärften Stein ein Loch zu bohren, in das ein hölzerner Stiel passte. So entstanden Hacke und Axt; so konnte auf den Grabstockbau der *Hackbau* folgen, wie er in Gärten und Gärtnereien noch heute üblich ist: Der Boden wird schon ein wenig umgegraben, doch jede Pflanze einzeln gesät oder gesetzt. Dabei blieb es, bis zu Anfang des 3. Jahrtausends v. Chr. der hölzerne Hakenpflug aufkam, den ein Ochse zog; er riss die Erde auf, aber er wendete sie nicht.

Nirgends wurde die neue Kunst so wichtig wie für die Sumerer im heutigen Irak und die Ägypter. Dort war die Eiszeit eine Regenzeit gewesen, und nun dehnte sich die Wüste aus. Als um 6000 v. Chr. ihre einst fruchtbaren Grasländer vollends verdorrt waren, zogen Ägypter und Sumerer zu den mächtigen Strömen in ihrer Nachbarschaft hinab, hier zum Nil, dort zum Euphrat und zum Tigris, in die Sümpfe, in denen noch nie ein Mensch gelebt hatte – «tollkühn und verzweifelt», wie Arnold Toynbee schreibt. Doch auf diese *challenge* folgte die *response*, die die Menschheit wie nichts sonst verändert hat: Von der Wüste in die Sümpfe hinabgedrückt, ersannen Sumerer und Ägypter in ihrer Not ein Ent- und Bewässerungssystem und damit die erste intensive, großflächige Feldbestellung – ein Netz von Kanälen, Gräben, Teichen und Deichen, die das Hochwasser verteilten und zugleich einen Wasservorrat für die Trockenzeit zurückhielten.

Die wilden Gräser, schon zu Hirse, Gerste, Weizen verfeinert, wurden weitergezüchtet, die Halme mit sichelähnlichen Erntemessern aus Knochen oder Holz geschnitten, in die als Schneide Splitter von Feuerstein eingepasst waren; die Ähren wurden gedroschen, die Körner in Gruben gelagert, bei Bedarf gemahlen, mit Wasser verrührt und auf heißen Steinen zu Fladen gebacken – das neue Weltnahrungsmittel Nummer 1.

Erstaunlich schnell, schon im 5. Jahrtausend v. Chr., breitete sich diese Erfindung in Europa aus; auch dorthin also, wo zwar genügend Regen fiel, aber die Wälder zunächst wenig Ackerland freiließen. Da nun begann der große Kampf gegen den Wald – eine der in ihrer Fülle und Verästelung kaum überschaubaren Wirkungen jener irakisch-ägyptischen Revolution.

Die folgenschwerste war die sprunghafte Vermehrung der Menschen. In der letzten Eiszeit hatten in Europa kaum mehr als 100 000 gelebt, weniger als heute in Heidelberg; mit der Ausbreitung des Cro-Magnon-Menschen über die gesamte Erde war rasch die Grenze dessen erreicht, was unser Planet an Jägern ernähren kann: wahrscheinlich nur 5 bis 10 Millionen. Das also war die Menschenzahl, die die Erde haben wollte. «Naturschutz» und «natürlich leben» sind heikle Begriffe: Wir müssen ja entweder behaupten, es gebe fast 7 Milliarden Menschen zu viel auf der Welt, oder uns klarmachen, dass die «Natur», die viele meinen, in Wahrheit vor 8000 Jahren gestorben ist.

Bei den Jägervölkern gebar die Frau nur alle drei bis vier Jahre ein Kind, mehr kleine Kinder auf einmal hätten das nomadische Leben behindert. Die Bäuerin dagegen konnte sich Kinder in rascher

Folge leisten, weil sie sesshaft war und genügend erntete, und Kinder wurden auch gebraucht als Helfer bei all dem mühsamen Graben, Hacken, Säen, Gießen, Jäten, Ernten, Schleppen, Dreschen, Mahlen, das nun zu bewältigen war. So vervielfachte sich innerhalb weniger Jahrhunderte die Einwohnerzahl der ersten Ackerbauregionen.

Schon ein ärmliches Agrarland wie Irland um 1700 ernährte eine Million Menschen, das hieß: Auf einem Quadratkilometer mehr als hundertmal so viel wie in Jägerzeiten; Holland, das die Landwirtschaft mit allen Mitteln der modernen Technik und Chemie zum Äußersten treibt, beherbergt heute auf jedem Quadratkilometer 392 Menschen, mehr als das Viertausendfache der Wildbeuter-Ära, und erzeugt dabei noch einen Überschuss an Nahrungsmitteln (wovon freilich die überseeischen Anbauflächen für das importierte Kraftfutter abzuziehen sind). Überproduktion heißt unser Problem. Die EU gibt Milliarden aus, um sie erst zu subventionieren, dann zu lagern und oft genug zu vernichten.

Es leuchtet ein und es ist oft zu lesen, zu welcher Katastrophe die wuchernde Art «Mensch» für Millionen anderer Arten von Tieren und Pflanzen geworden ist, die auf derselben Erde ein Wohnrecht haben wollten. Seltener macht man sich klar, wie viel Unglück der Mensch mit der Landwirtschaft über sich selber gebracht hat: die Fron, die Armut, die großen Kriege – und sogar den Hunger.

Denn wie, wenn die Überschwemmung ausblieb an Euphrat oder Nil, wenn Dürre, Hagel oder Heuschrecken die Ernte vernichteten? Der Jäger hatte nur etwas fleißiger jagen müssen in schlechten Zeiten; der Bauer mit der Missernte stand vor dem Hungertod, wie in den ärmsten Ländern Afrikas und Asiens noch heute. «Auf meinem hohen Throne traure ich über das unermessliche Unglück», ließ der Pharao Djoser um 2600 v. Chr. in sein Grab auf der Nilinsel Sahal meißeln. «Sieben Jahre lang sind die Fluten des Nils ausgeblieben. Jeder ist seines Nachbarn Dieb geworden. Das Kind schreit, der Greis schleppt sich dahin. Aufgerissen sind die Vorratskammern, aber statt Nahrung enthalten sie Luft.»

In Irland starben von 1846 bis 1849 mehr als eine Million Menschen den Hungertod, und mehr als 700 000 wanderten verzweifelt nach Amerika aus, darunter der Urgroßvater der berühmten drei Brüder Kennedy – weil das Grundnahrungsmittel, die Kartoffel, von der Knollenfäule befallen war. Mit der Einführung der Kartoffel hatte Irlands Einwohnerzahl sich binnen 150 Jahren von einer auf acht Millionen erhöht; von dem Schock der Seuche ist die Insel nie genesen: Nur noch vier Millionen Bewohner hat sie heute.

Die da auswandern mussten oder Hungers starben, waren die Kleinbauern, die Pächter auf den Ländereien der englischen Großgrundbesitzer – und dieser drastische Unterschied zwischen Reich und Arm, zwischen Freiheit hier und Hörigkeit, Erbuntertänigkeit oder Leibeigenschaft dort ist ebenfalls erst mit der Landwirtschaft entstanden. Das Jagdrevier gehörte der Horde gemeinsam, und in ihr gab es wohl eine Hackordnung, doch keine Armen und keine Diener; das Bauernland aber ließ sich häufen und horten – von Häuptlingen oder Priestern, die die Macht dazu hatten oder umgekehrt durch Grundbesitz zu Macht gelangten. Die Grundherren verpachteten die Äcker oder ließen sie von Arbeitskolonnen bebauen.

An Nil und Euphrat war eine gewisse Ballung von Macht sogar unvermeidlich: Die Bewässerungssysteme einzurichten und zu unterhalten bedurfte einer zentralen Planung und Organisation. So fielen die Anfänge der Landwirtschaft, der Staatsgründung und des Großgrundbesitzes zusammen, und zwischen Halmen und Hülsenfrüchten, zwischen Kanälen und Institutionen starb die Freiheit des schweifenden Jägers.

Zwar war auch das Jägerleben an Plagen reich gewesen, jedenfalls in kalten Ländern, einer heute populären Vorstellung entgegen: Für eine Hütte drei Dutzend lange, gerade Äste suchen, zurichten und mit Lederriemen verbinden, dreißig Wildpferde enthäuten, die Häute sauberkratzen, mit Steinmessern zuschneiden und dann zusammennähen, die Därme oder Sehnen reinigen, die man zum Nähen brauchte, die Nähnadeln zurechtschnitzen und Ösen in sie bohren – das war Arbeit genug vor Erfindung der Landwirtschaft, und dazu die Mühsal des Werkzeugbaus, des Feuermachens, des Holzschleppens, des Kampfes gegen die ewige Kälte.

Doch das Leben war bunter gewesen, beim Jagen ein immer neues Abenteuer – während der Bauer mit gekrümmtem Rücken in seiner Furche ging, ein Pensum vor sich, dem er Tag für Tag, Jahr um Jahr nicht entrinnen konnte. Zur Eintönigkeit kam die ständige Sorge von der Aussaat bis zur Ernte, und wenn sie eingebracht war, die Angst, beraubt zu werden, und wenn sie missraten war, die Gewissheit langen Hungerns. Aus dem Gefühl der totalen Abhängigkeit von der Gnade der Götter, gegen deren Spruch kein Jagdeifer mehr half, entstand zusammen mit dem Ackerbau der grässliche Brauch der *Menschenopfer*. Kinder oder Jungfrauen zu ersäufen, zu verbrennen oder einzumauern, um die Götter zu besänftigen, war Sitte in Kanaan und in Karthago, im alten China und bei den Mayas in Mittelamerika.

Und noch eine Perversion brachte der Ackerbau: die *Sklaverei*. Was hätte ein Jäger mit einem Sklaven angefangen? Doch auf dem Feld war er die ideale Arbeitskraft. Kriegsgefangene wurden dafür eingesetzt; und sie waren so nützlich und machten das Leben ihrer Herren so bequem, dass die mitunter eigens Kriege führten, um neue Sklaven heranzuschaffen. Die vielbewunderte Kultur der Griechen und der Römer war auf Sklaverei gegründet, und noch der Amerikanische Bürgerkrieg von 1861 bis 1865 entzündete sich daran, dass die Südstaaten ihre Baumwoll-, Tabak- und Zuckerplantagen ohne ihre vier Millionen Sklaven nicht betreiben konnten oder nicht betreiben wollten.

Doch auch wenn der Bauer Herr auf seinem Boden ist, macht der

Ackerbau den Kampf von Menschen gegen Menschen wahrscheinlicher. Dies galt zunächst für die Phase des Übergangs, weil die Bauern den wandernden Jägern und den ziehenden Hirten plötzlich den Weg versperrten, ein Flussufer mit Beschlag belegten, Tiere verscheuchten – welch ein Frevel! So müssen es die Indianer der Prärien und der Pampas gegenüber den europäischen Siedlern empfunden haben; so empfanden es die Israeliten, als sie nach ihrer vierzigjährigen Wanderschaft das Gelobte Land von Bauern blockiert sahen, und alle Männer erschlugen sie und alle Frauen nahmen sie zur Beute im Namen des Herrn (5. Mose 20).

Der Bauer kann nicht weichen. Der angegriffene Jäger konnte weiterziehen in ein anderes, notfalls schlechteres Revier; wer gesät hat und auf die Ernte wartet, der *muss* um seinen Boden kämpfen, wenn er nicht verhungern will. War die Ernte eingebracht, so traten zwei neue Kriegsanreize auf: Bauern wurden überfallen, weil ihre Vorräte Begehrlichkeit weckten; und umgekehrt hatten Bauern im Winter mehr Zeit und Kraft übrig als Jäger, ihrerseits kriegerisch zu werden. Jedenfalls zogen die Heere der Antike meist bei gefüllten Scheunen los, und Friedrich der Große brach seine drei Kriege zweimal Ende August und einmal im Dezember vom Zaun. Blieb jedoch die Scheune leer wegen einer Missernte oder einer Klimaverschlechterung oder weil die Zahl der Esser gar zu schnell gewachsen war, so entstand die Versuchung, einen halben Kontinent mit Krieg zu überziehen, wie die Germanen bei ihrer Völkerwanderung.

Und schließlich ist das Menschengedränge, wie die Landwirtschaft es hervorgerufen hat, auch in sich ein Grund zur Aggressivität – im Großen, wenn die Zahl der Menschen über die Tragkraft des Bodens hinausgewachsen ist, im Kleinen, weil wir im Alltag einander auf die Füße treten. Einödbauern werden nun einmal selten des Hausfriedensbruchs oder der Zusammenrottung bezichtigt.

Doch sprechen wir endlich vom Segen des Ackerbaus. Dass er Milliarden Menschen zusätzlich die Chance gab und gibt, ins Leben zu treten, ist ja nichts Geringes; und nicht zuletzt haben sich aller Komfort und alle höhere Kultur erst auf der Basis der Feldbestellung entwickelt.

Der erste und folgenreichste Schritt dorthin war die nun mögliche *Arbeitsteilung* – und erst um 23.52 Uhr wurde sie möglich: wenn wir nämlich die Geschichte der Menschheit gleich 24 Stunden setzen (und sie, misstrauisch und anspruchsvoll, erst mit dem Homo erectus beginnen lassen, also vor 1,8 Millionen Jahren). Der Homo sapiens sapiens wäre dann um 23.28 Uhr in Erscheinung getreten, und Christi Geburt wäre auf 100 Sekunden vor Mitternacht gefallen – so kurz ist die Zeitspanne, in der wir so aufgeregt herumfuchteln, als ob sie die Weltgeschichte wäre. Fast 1,8 Millionen Jahre lang also wurden alle Erwachsenen für die Jagd auf Tiere oder das Einsammeln von Pflanzen gebraucht; bei primitiver Landwirtschaft auf kargen Böden müssen noch heute alle Väter, alle Mütter darum kämpfen, die Familie satt zu kriegen – so bei Hunderten von Millionen Bauern in Indien und China.

Die fruchtbaren Äcker im Schwemmland an Euphrat und Tigris aber, wenig später auch am Nil und am Indus im heutigen Pakistan – sie warfen so reiche Ernte ab, dass jeder Bauer einen Stadtmenschen miternähren konnte; eine Relation, wie sie in Deutschland noch um die Mitte des 19. Jahrhunderts herrschte, während heute ein Bauer sogar 40 Städter sättigt. Damit konnte im 4. Jahrtausend v. Chr. im Irak die Stadt im heutigen Sinn entstehen: eine Ansammlung von Menschen, die etwas anderes produzierten als Lebensmittel, also von Handwerkern, und solchen, die nichts zu produzieren brauchten: Händlern, Priestern, Höflingen, Bürokraten und Soldaten.

Wahrscheinlich hatte schon der Cro-Magnon-Mensch die Künstler der Höhlenmalerei und einige begabte Steinbearbeiter von der Jagd freigestellt; doch in der Stadt sammelte sich nun ein ganzer Stand von Spezialisten. Da waren die Seiler und die Schneider, die Künstler des Spinnens und Webens, das in der Jungsteinzeit entwickelt worden war, die Gerber und die Schuhmacher, die Töpfer und die Ziegelbrenner.

Die Aufspaltung der Menschen in Nahrungserzeuger, Handwerker und Unproduktive lässt sich mit Marx und Engels deuten als der Anfang der Verselbständigung der Produkte, der entfremdeten Arbeit, der Klassengesellschaft überhaupt. Doch sie brachte auch ein schönes neues Element in die Welt: die Möglichkeit, innerhalb gewisser Grenzen den Beruf zu wählen. Die Jäger und die Sammlerinnen hatten nie eine Wahl gehabt, die meisten Bauern der Dritten Welt haben sie noch heute nicht. In den Städten Mesopotamiens entstand die späte und seltene Chance, unter glücklichen Umständen einen Zipfel von jenem Luxus zu erhaschen, von dem heute Parteiprogramme widerhallen und Millionen Abendländer träumen: der Selbstverwirklichung.

So ist er göttlich, teuflisch und sklavisch zugleich, der Sämann, der mit spendender Hand über die Scholle schreitet, oft gemalt und viel bewundert: Teuflisch vernichtet er unerwünschte Arten zu Zehntausenden, seiner eigenen Art bringt er Hunger und Krieg, und Kain, der erste Ackermann der Bibel, schlug seinen Bruder Abel tot. Sklavisch ist er gekettet an sein Stückchen Erde und seine immer gleiche Fron. Gottähnlich entscheidet er, was wachsen soll, nährt Milliarden, wo früher nur Millionen leben konnten, und bereitet aller höheren Kultur den Boden.

Immanuel Kant: Ackerbau sät Zwietracht

Der Anfang war, dass der Mensch aus dem Zeitabschnitte der Gemächlichkeit und des Friedens in den der *Arbeit und der Zwietracht*, als das Vorspiel der Vereinigung in Gesellschaft, überging. Hier müssen wir einen großen Sprung tun, und ihn auf einmal in den Besitz gezähmter Tiere und der Gewächse, die er selbst durch Säen oder Pflanzen seiner Nahrung vervielfältigen konnte, versetzen; obwohl es mit dem Übergang aus dem wilden Jägerleben in den ersten, und aus dem unsteten Wurzelgraben oder Fruchtsammeln in den zweiten Zustand langsam genug zugegangen sein mag. Hier musste nun der Zwist zwischen bis dahin friedlich nebeneinander lebenden Menschen schon anfangen, dessen Folge die Trennung derer von verschiedener Lebensart und ihre Zerstreuung auf der Erde war.

Das *Hirtenleben* ist nicht allein gemächlich, sondern gibt auch, weil es in einem weit und breit unbewohnten Boden an Futter nicht mangeln kann, den sichersten Unterhalt. Dagegen ist der *Ackerbau* oder die Pflanzung sehr mühsam, vom Unbestande der Witterung abhangend, mithin unsicher, erfordert auch bleibende Behausung, Eigentum des Bodens und hinreichende Gewalt, ihn zu verteidigen; der Hirte aber hasst dieses Eigentum, welches seine Freiheit der Weiden einschränkt …

Ein Boden, von dessen Bearbeitung und Bepflanzung der Unterhalt abhängt, erfordert bleibende Behausungen; und die Verteidigung desselben gegen alle Verletzungen bedarf einer Menge einander Beistand leistender Menschen. Mithin konnten die Menschen bei dieser Lebensart sich nicht mehr familienweise zerstreuen, sondern mussten zusammenhalten und Dorfschaften (uneigentlich *Städte* genannt) errichten, um ihr Eigentum gegen wilde Jäger oder Horden herumschweifender Hirten zu schützen. Die ersten Bedürfnisse des Lebens, deren Anschaffung eine verschiedene Lebensart erfordert, konnten nun gegeneinander vertauscht werden. Daraus musste *Kultur* entspringen und der Anfang der *Kunst*, des Zeitvertreibes sowohl, als des Fleißes; was aber das Vornehmste ist, auch einige Anstalt zur bürgerlichen Verfassung und öffentlicher Gerechtigkeit.

«Mutmaßlicher Anfang der Menschengeschichte» (1786)

14 Der Herr der Mauern

Mauern durchs Land ziehen – welche Anmaßung gegenüber den Mitmenschen, welcher Hochmut gegen die Natur! Wir grenzen uns ab – wir grenzen euch aus, ihr Menschen, ihr Tiere, alle, die wir nicht wollen!

Die ersten Mauern, von denen wir wissen, wurden im 8. Jahrtausend v. Chr. rund um die Siedlung *Jericho* in einer Oase nördlich des Toten Meeres erbaut, östlich des heutigen Jerusalem: sechs Meter hoch, zwei Meter dick und von einem neun Meter hohen Rundturm überragt – und der war, so bescheiden seine Maße heute klingen, das mächtigste, das provokanteste Bauwerk, das ein Lebewesen auf Erden bis dahin errichtet hatte.

Die herrische Befestigung sollte die etwa 3000 Bewohner und ihren Wohlstand vor Räubern schützen – denn Jericho lag nicht nur in einer begehrten Oase, es war auch ein Umschlagplatz für den Handel mit Salz aus dem Toten Meer, mit Schnecken und Muscheln aus dem Roten Meer und mit Obsidian, dem vulkanischen Gestein, aus dem sich die schärfsten Klingen schlagen ließen. Die meisten Bewohner lebten indessen immer noch vom Hackbau, vom Fischfang und von der Jagd; sie wohnten in Rundhäusern aus Kalkstein, mit Lehm abgedichtet und vermutlich mit Schilfmatten gedeckt.

Die Bibel hat überliefert, was es für Nomaden bedeutete, wenn eine Stadt ihnen den Weg versperrte, nach Kanaan, ins Gelobte Land: Wir hassen die Stadt – wir erobern sie – wir plündern sie aus! Jahwe hatte solche Städte den Juden «in die Hand gegeben» (5.

Mose 20), und so vollstreckten sie an Jericho «den Bann an allem, was in der Stadt war, mit der Schärfe des Schwertes, an Mann und Weib, Jung und Alt, Rindern, Schafen und Eseln», und die Stadt verbrannten sie und alles, was darin war. Und verflucht sei der Mann, der sie wieder aufbaut! Das soll ihn seine Söhne kosten (Josua 6). Was ändert es, dass die Zerstörung Jerichos durch Josua und die Seinen vermutlich eine Legende ist? So viel Wut zog eben auf sich, wer das Zeitalter des schweifenden Jägers beenden wollte.

Jericho war erst ein schüchterner Anfang. Um 2700 v. Chr. umgab sich die Stadt *Uruk* (südlich des heutigen Bagdad) mit einer Mauer, die war neun Kilometer lang. Im 2. Jahrtausend wurde Uruk von *Babylon* übertroffen, der ersten Prachtstadt auf Erden, der Urmutter aller Riesenstädte: «die große Stadt, die bekleidet war mit köstlicher Leinwand und Purpur und Scharlach und übergüldet mit Gold und Edelgestein und Perlen – die große Babylon, die Mutter der Hurerei und aller Greuel auf Erden» (Offenbarung Johannis 17,5; 18,16).

Hammurabi, König von Babylonien (1728 bis 1686 v. Chr.), erhob das Städtchen *Bab-ilu*, «die Pforte Gottes», zwischen Euphrat und Tigris gelegen, zur Hauptstadt seines Reiches, versah sie mit Tempeln und einem Königspalast – und hinterließ der Menschheit das erste Gesetzbuch der Geschichte, in sumerischer Keilschrift in einen 2,25 Meter hohen Steinpfeiler gemeißelt, der 1902 gefunden wurde und im Louvre zu besichtigen ist: Recht, allen Launen entrissen und für ein ganzes Reich fixiert.

Der *Codex Hammurabi*, wie wir ihn nennen, ersetzte die Blutrache, die private Vergeltung durch die Bestrafung von Staats wegen. Bestraft werden durfte nur der, dessen Schuld klar erwiesen war. Dann galt der Grundsatz «Auge um Auge, Zahn um Zahn» – einerseits mit einer brutalen Wörtlichkeit, die uns erschreckt: Das Auge, das in ein verbotenes Geheimnis eindrang, wurde ausgestochen; die Hand, die einen Diebstahl beging, wurde abgehackt, ebenso die

Hand, die sich gegen den eigenen Vater erhob. Ja noch mehr: Baute ein Baumeister ein Haus so nachlässig, dass es einstürzte und dabei den Sohn des Besitzers erschlug, so wurde der Sohn des Baumeisters hingerichtet. Andrerseits waren damit der Vergeltung Grenzen gesetzt und der Willkür erst recht – die Basis alles menschlichen Zusammenlebens, aus dem eine höhere Kultur hervorgehen soll.

Hammurabis Babylon kennen wir nicht mehr, viermal wurde es zwischen 1531 und 648 v. Chr. von übermächtigen Feinden verwüstet. Doch sein Mythos lebte weiter, bis zu jenem Babylon, dessen Ruinen erhalten sind, von Nebukadnezar zwischen 604 und 562 v. Chr. errichtet; und da der 587 v. Chr. Jerusalem zerstörte und die Juden ins babylonische Exil verbannte, wurde seine Weltstadt von Hass überzogen wie keine davor und keine danach. «Und ich will über sie kommen, spricht der Herr, und zu Babel ausrotten ihr Gedächtnis, ihre Überbliebenen, Kind und Kindeskind, und will Babel machen zum Erbe den Igeln und zum Wassersumpf und will sie mit einem Besen des Verderbens kehren» (Jesaja 14). Und der 137. Psalm schließt mit dem grässlichen Fluch: «Du verstörete Tochter Babel, wohl dem der deine jungen Kinder nimmt und zerschmettert sie an dem Stein!»

Drei Mauern ließ Nebukadnezar um seine Metropole ziehen, 18 Kilometer lang und drei bis sieben Meter dick, zum Schutz all der Tempel und Paläste und der schätzungsweise 300 000 Bewohner. Er baute Dämme, Stauseen, Kanäle und eine steinerne Brücke über den Euphrat, über die der griechische Historiker Herodot, der sie um 450 v. Chr. sah, berichtete: «Auf die Steinpfeiler ließ man bei Tag auf beiden Seiten Zugbrücken aus Holz herab; in der Nacht aber zog man sie auf, damit die Babylonier sich nicht gegenseitig bestehlen.»

Der Palast des Nebukadnezar soll einen 45 Meter langen Thronsaal enthalten haben, der Park von einer mehr als einen Kilometer langen Mauer umgeben gewesen sein, und die «Hängenden Gärten» – eines der sieben Weltwunder der Antike – könnte es durchaus gegeben haben: als eine terrassenförmig ansteigende Flucht von Dachgärten wurden sie beschrieben, künstlich bewässert und von Backsteingewölben getragen – diese ohne einen Sonnenstrahl, zum Schutz gegen die mörderische Hitze.

Auch eine Prunkstraße für religiöse Prozessionen ließ Nebukadnezar bauen, 20 Meter breit und mit großen Steinplatten gepflastert, die aus dem fernen Norden in das steinlose Schwemmland Babylonien transportiert werden mussten; eingefasst von sieben Meter hohen blau glasierten Mauern, auf denen als gelbe Reliefs 120 schreitende Löwen glänzten, jeder zwei Meter lang. Straße – das war doch bis dahin ein bloßer Hohlweg zwischen den Häuserreihen gewesen, meist schmutzig und krumm und immer so schmal wie möglich, schon weil innerhalb der Stadtmauern kein Platz verschwendet werden durfte. Und nun ein Boulevard! Betreten durch das monumentale, mit blau glasierten Ziegeln verkleidete, mit mehr als 500 Reliefs geschmückte Ischtar-Tor (eine Nachbildung ist in Berlin im Pergamon-Museum zu bewundern).

Auf Kähnen und Schiffen, auf Kamel- und Eselsrücken, auf Ochsen- und Eselskarren strömten die Reichtümer aller damals bekannten Länder in Babylon zusammen: Gold und Kupfer aus Ägypten, Silber aus Spanien, Zinn aus Britannien, Weihrauch aus Arabien, Purpur aus Phönizien, Wein aus Armenien, aus Persien Seide und Juwelen, aus Indien Gewürze und Elfenbein – eine Üppigkeit, die bis dahin auf Erden unvorstellbar gewesen war und die bis heute den meisten Menschen verwehrt geblieben ist.

Und dann noch der *Turm zu Babel* – zuerst von Hammurabi errichtet, viermal von Invasoren zerstört und nun von Nebukadnezar trotzig, protzig wiederaufgebaut – ein Klotz von 92 Metern Seitenlänge und ebensolcher Höhe, ungeschlacht wie ein riesiger Hochbunker. «Wohlauf, lasst uns eine Stadt und einen Turm bauen, des Spitze bis an den Himmel reiche, dass wir uns einen Namen machen!» heißt es in der Bibel (1. Mose 11). Da fuhr der Herr hernieder, verwirrte die Sprache der Männer am Bau und zerstreute sie in alle Länder, «dass sie mussten aufhören, die Stadt zu bauen». Das war eine Wunschvorstellung. Natürlich hatten die Bauleute, überwiegend Sklaven aus aller Herren Länder, von Anfang an ein Dutzend verschiedener Sprachen gesprochen, und aufhören mussten sie keineswegs: Er wurde vollendet, der Turm, *Etemenanki*, «Grundstein des Himmels und der Erde», Tempel des höchsten Gottes – und Sinnbild des Anspruchs von Babylon, der Nabel der Welt zu sein.

Zerstört wurde er erst durch den Perserkönig Xerxes um 480 v. Chr., und da war das babylonische Exil der Juden längst vorbei. Alexander der Große ließ 323 v. Chr. die Ruinen abtragen, um den Turm neu aufzubauen, denn von Babylon aus wollte er die Welt regieren; ein Jahr später war er tot. 2222 Jahre danach, 1899, begann der deutsche Archäologe Robert Koldewey, die Reste des Turms und der Metropole Babylon aus dem Wüstensand zu kratzen.

Wenn man die Schlankheit heutiger Türme bedenkt, so würde der Turm zu Babel mit seiner Masse vermutlich immer noch fast jedes Stadtbild beherrschen. Und eben dies sollen sie ja, die Türme, Verkünder von Macht wollen sie sein. Rationale Gründe für den Turmbau gab und gibt es auch: einst beim Wachturm; heute beim Fernseh-Spargel, weil mit der Höhe die Reichweite wächst; auch bei getürmten Wohnwaben wie in Chinas Riesenstädten. Die meisten Hochhäuser und alle Kirchtürme aber sind, über den jeweils angegebenen Zweck hinaus, immer ein Ausdruck von Geltungssucht gewesen. Auf dieser Erde bloß zu wohnen, genügt uns nicht – wir wollen sie schmücken, überhöhen, mit Ausrufungszeichen und Namensschildern versehen.

Als der arrogante, militante Kölner Erzbischof Konrad von

Hochstaden (Adenauers Namenspatron) 1248 den Grundstein zum Dom legte, geschah dies in der erklärten Absicht, die größte Kathedrale der Welt zu bauen. Als in der reichen Hansestadt Stralsund der Turm der Marienkirche zusammengekracht war und das Langhaus zerschlagen hatte, wurde er 1478 neu errichtet und auf 151 Meter hochgetrieben, wiederum in der erklärten Absicht, den Turm des Straßburger Münsters zu übertreffen. Und als die Ulmer 1890 endlich ihr Münster vollendeten, hatten sie es elf Meter höher gemacht als geplant, damit der Turm die Türme des Kölner Doms übertrumpfte. Der weltliche Mutwille war nicht geringer: Die dreizehn «Geschlechtertürme» des toskanischen Städtchens San Gimignano dienten nicht nur dem Schutz der untereinander verfehdeten regierenden Familien – sie stellten mit ihrer Höhe (bis zu 54 Metern) auch eine Rangordnung zur Schau.

Dass die Hochhäuser von New York entstanden wären, um aus den horrenden Grundstückspreisen das Äußerste herauszuholen, ist auch nur die halbe Wahrheit. Schon die ersten Bürotürme wurden als eine Art Super-Litfaßsäule von drei der größten Firmen der Welt errichtet: 1908 begann die gleichnamige Nähmaschinenfabrik mit dem *Singer Building*, 187 Meter hoch und das übrige Manhattan so weit überragend, dass sich dafür die Metapher *Skyscraper* (Himmelsschaber, Wolkenkratzer) einbürgerte. Schon 1910 wurde das Singer Building von dem Turm der Lebensversicherung *Metropolitan Life* überboten, 213 Meter hoch. Dieser Rekord ließ Frank W. Woolworth keine Ruhe, dem Gründer des gleichnamigen Weltunternehmens, und gegen den Widerstand seiner Architekten ließ er das schon im Bau befindliche *Woolworth Building* 1913 auf 241 Meter wachsen.

Als 1996 in Taipeh, der Hauptstadt von Taiwan, drei Hochhäuser von maximal 66 Stockwerken in Planung waren, setzte der Bürgermeister der Hauptstadt und spätere Präsident des Inselstaats seinen Wunsch durch, die Stadt stattdessen mit dem höchsten Turm der Welt zu schmücken: 509 Meter wurde er hoch; eine 660 Tonnen schwere Stahlkugel ist im 92. Stock aufgehängt, um bei einem Erdbeben eine gegenläufige Pendelbewegung zu erzeugen; 63 Fahrstühle überwinden die Vertikale mit 60 Stundenkilometern. 2004 wurde der Turm eröffnet – und 2007 vom *Burj Dubai* in dem arabischen Emirat übertroffen; der sollte nach dem Stand von 2008 auf mehr als 800 Meter wachsen.

Weder in Taipeh noch in Dubai war das Höhenstreben das Produkt von Platznot (denn einsam überragen die Türme Zehntausende von flachen Dächern) oder auch nur einer nüchternen Abwägung der Wirtschaftlichkeit: Die liegt fast nie vor, und vor Wolkenkratzern warnen alle Feuerwehren der Welt. In Dubai, Taipeh, Shanghai geht es um dasselbe wie einst in Babylon: um hochmütige Selbstdarstellung – und dazu vermutlich um Asiens Signal ans Abendland: Bei uns spielt die Musik. Ist schon die Stadt mit ihren Mauern die Stein gewordene Arroganz gegenüber der Natur – der Turm steigert sie zur leuchtenden Demonstration der Selbstherrlichkeit.

Mit seinem Turm und seiner Pracht wurde Babylon das Urbild aller Metropolen. Erst Rom konnte an Ruhm mit ihm gleichziehen und es an Größe übertreffen. Vermutlich im 2. Jahrhundert n. Chr. wurde es zur ersten Millionenstadt der Geschichte. Nichts dergleichen existierte bis ins 20. Jahrhundert im größten Teil Amerikas, in Afrika südlich von Ägypten, in der Nordhälfte Asiens, in ganz Australien. Zugleich hatte der Mensch in Babylon bei der Massenorganisation von Individuen die Ameisen und die Bienen eingeholt – doch, anders als diese, empfand er sich sogleich als Herr der Welt.

Richtig: Wanderameisen organisieren sich in bis zu 20 Millionen Exemplaren. Aber an die größten Stadtagglomerationen von heute reichen sie auch damit nicht heran (Kapitel 35 stellt sie vor).

15 Der Herr der Pferde

Der Pferde? Ja! Sie gezähmt zu haben und in seinen Dienst zu nehmen, war der größte Trumpf des Menschen in seinem Kampf um die Vorherrschaft auf der Erde, vier Jahrtausende lang. Dreimal schneller als er ist das Pferd, mindestens sechsmal so schwer, an Zugkraft aber ihm um das Zehnfache überlegen – und auf Gutmütigkeit ließ es sich züchten! So wurde das Pferd zum Rückgrat aller Lastenbeförderung und aller Fortbewegung über lange Strecken, zum Inbegriff der Schnelligkeit; für Millionen Männer zum Freund, zum Unterpfand der Macht, zur Quelle des Stolzes und des Glücks: «Das Paradies der Erde liegt auf dem Rücken der Pferde» (was 1851 zwar der deutsche Lehrer Friedrich von Bodenstedt gereimt und einem Tataren nur in den Mund gelegt hat, aber immerhin nach einer Asienreise).

Nicht nur wurde das Pferd der wichtigste Helfer des Menschen bei seinem Versuch, sich die Erde untertan zu machen, es war auch von Anbeginn sein Verbündeter im Kampf gegen andere Menschen. Dreimal hat es Weltgeschichte gemacht – dreimal donnerten asiatische Heere gegen Europa an: die *Hunnen* unter Attila, den Römer und Germanen erst östlich von Paris besiegen konnten (Schlacht auf den Katalaunischen Feldern, 451 n. Chr.). Von 552 bis 626 n. Chr. die *Awaren*, die sich schließlich im heutigen Ungarn niederließen, nachdem sie jahrzehntelang als unbesiegbar gegolten hatten – nicht zuletzt, weil sie etwas mitbrachten, was Europas Reiter nicht kannten: den metallenen, fußumfassenden *Steigbügel*, der fest am ledernen Sattel hing. Er veränderte dramatisch die militärische Wirksamkeit des Pferdes: Nicht mehr frei aus dem Arm warf der Reiter seine Lanze, sondern im Steigbügel stehend, das Ende der Lanze in die Achselhöhle eingeklemmt, stieß er zu und trieb so die Schwungkraft des Pferdes in den Leib des Feindes – «die wichtigste Erfindung der Waffengeschichte vor Erfindung des Schießpulvers», sagt die Encyclopaedia Britannica. Und ein Zeichen mehr, dass der Mensch, je weniger er die Tiere noch fürchten musste, sich desto vehementer gegen seinesgleichen wandte.

Das größte Pferde-Imperium der Geschichte schließlich errichteten im 13. Jahrhundert *Dschingis Khan* und seine Söhne: Auf dem Pferderücken stampften die Mongolen ihr Weltreich aus der Steppe, einen Land-Ozean von Korea bis zum Thüringer Wald. Nur zu Pferde, eine Infanterie besaßen sie nicht. Mit dem Pferd aber verbanden sich nicht nur das Tempo, der Angriffsschwung und das Entsetzen der Angegriffenen über die apokalyptischen Reiter – es wirkte damit auch auf den Reiter selbst zurück, es war eine galoppierende Einladung an ihn zu Jagd, Raubzug und Überfall. «Ein berittenes und hiemit kriegerisches Volk», sagt Kant in seiner Schrift «Zum ewigen Frieden» lakonisch über die Mongolen. Einen Grund mehr nannte Elias Canetti in seinem Standardwerk «Masse und Macht»: Die mongolischen Reiter konnten eine Disziplin von beispielhafter Strenge deshalb leicht ertragen, weil sie den «Befehlsstachel» sofort an ein Objekt *ihrer* Befehle weitergaben, das Pferd zwischen ihren Beinen: Angriff! Galopp!

Noch zweimal in der Geschichte wurden auf dem Pferderücken ganze Kontinente durchquert und unterworfen: Zwischen 1587 und 1648 eroberten jagende, plündernde, mordende Kosaken im Namen des Zaren ganz Sibirien bis zur Beringstraße, und im 19. Jahrhundert nahmen reitende Jäger, Abenteurer, Siedler, Soldaten von ganz Nordamerika Besitz mit dem Pferd als ihrer Goldwährung.

Wie war es gelungen, aus dem Wildpferd, der klassischen Jagdbeute, ein williges Nutztier zu machen? Hatte nicht noch der Cro-

Magnon-Mensch die Pferde zu Zehntausenden umgebracht, wie in Kapitel 11 beschrieben? Wann und wo die Idee auftauchte, das Pferd zu benutzen statt es aufzuessen, und dazu das Talent, es zu zähmen, wissen wir nicht. In seinem Naturzustand war es zu klein, um einen Reiter zu tragen; vermutlich wurde es zuerst als Packtier benutzt wie der Esel und in den Anden das Lama. Seit etwa 2000 v. Chr. ist es in Ägypten als schnelles Zugtier bezeugt: zu zweien oder zu dreien vor einen zweirädrigen Karren gespannt, den Streitwagen, auf dem ein Kämpfer, ein Schildträger und ein Wagenlenker standen – eine fürchterliche Waffe: die Schnelligkeit und der mächtige Anprall der Pferde, der Kampf mit Schwert und Lanze aus überlegener Höhe, und noch dem fliehenden Gegner wurde die überlegene Schnelligkeit zum Verhängnis. Aus dem Trojanischen Krieg, der im 13. Jahrhundert v. Chr. stattgefunden haben könnte, heißt es in der «Ilias»:

> So vor Achilles dort, dem Erhabenen, trabten die Rosse
> Stampfend auf bäuchige Schilde und Leichname; unten besudelt
> Troff die Achse von Blut und die zierlichen Räder des Sessels.

Im 1. Jahrtausend v. Chr. war das Zugpferd groß genug gezüchtet, um einen Reiter zu tragen, eine Art Zaumzeug war erfunden, und mit einer Decke auf dem Pferderücken ließen sich die schnelle Fortbewegung und der kriegerische Einsatz wagen. Nur mit Hilfe des Pferdes konnte im 6. Jahrhundert v. Chr. das erste Riesenreich der Geschichte entstehen, das der Perser, das sich von Indien bis nach Griechenland erstreckte: Dareios I., der Große, König von 522 bis 486 v. Chr., hielt es mit Hilfe eines Nachrichtennetzes aus Kurierreitern zusammen, die im Abstand eines Tagesritts mit gesattelten Pferden aufeinander warteten. Das Heer Alexanders des Großen durchmaß die 5000 Kilometer zwar zu Fuß, aber die Schlachten entschied der König an der Spitze seiner Kavallerie.

Ein trabendes Pferd bringt es auf 10 bis 20 Stundenkilometer, ein galoppierendes auf 20 bis 50; der Geschwindigkeitsrekord für Rennpferde liegt bei 70 Kilometern. Damit gehört das Pferd zwar keineswegs zu den schnellsten Tieren (das sind Strauße, Geparden, Gazellen), aber der Mensch hatte mit ihm eine neue Dimension erobert: Der Weltrekordläufer im Marathonlauf schafft 20 Stundenkilometer, im schnellsten Teilstück der Weltrekordstaffel über 4 × 100 Meter das Doppelte. Aber das gilt für Ausnahmemenschen in Ausnahmesituationen. Mit Schwert, Lanze, Schild und Notgepäck behangen war der Mensch ein träger Traber.

Rom hatte sein Imperium im Wesentlichen durch Legionen zu Fuß erobert, aber es war wiederum das Pferd, das den Zusammenhalt des Reiches ermöglichte. 5000 Kilometer weit erstreckte es sich im 2. Jahrhundert n. Chr. von Armenien bis Portugal, von Ägypten bis Britannien, und von 80 000 Kilometer Straßen wurde es durchzogen – die größte Organisationsleistung, die der Mensch bis dahin vollbracht hatte. Die Römerstraßen besaßen einen mehr als einen Meter dicken Unterbau und eine Decke aus Pflastersteinen oder Kiesmörtel, die jedem Wetter trotzte. Sie waren in den Alpen zwei Meter, im Flachland bis zu acht Meter breit, mit Bord- und Meilensteinen versehen und von Stationen für Pferdewechsel und Übernachtung gesäumt. Seit Augustus wurden sie regelmäßig von pferdegezogenen, meist offenen Kurierwagen befahren, in denen im Notfall ganze Truppenverbände reisten, und zwar im Durchschnitt 80 bis 100 Kilometer pro Tag, in eiligen Fällen auch 180 Kilometer; reitende Kuriere konnten es bei mehrfachem Pferdewechsel auf eine Tagesleistung von 300 Kilometern bringen (auf 400 Kilometer angeblich die Boten Dschingis Khans). Mehr Raum und Zeit ließ sich nicht überwinden bis zum Siegeszug der Eisenbahn.

Bis ins 20. Jahrhundert blieb das Pferd weithin das schnellste Mittel der Fortbewegung. Reiche Leute besaßen Kutschen, Kutscher und einen Pferdestall. In großen Städten konnte man an festen Plätzen eine Kutsche mieten (zuerst in London 1625). Öffentlicher Überlandtransport entstand in Deutschland erst nach dem Dreißigjährigen Krieg, und meist fand er in offenen Leiterwagen statt. Die *Postkutsche*, wie Goethe sie benutzte (und wie sie in jedem zweiten Western zuverlässig überfallen wird), kam erst gegen Ende des 18. Jahrhunderts in Gebrauch. 1819 wurde sie in Paris, 1829 in London zum *Pferdeomnibus* für bis zu 14 Fahrgäste vergrößert.

Kurioses aber geschah 1832 – sieben Jahre, nachdem die erste Personeneisenbahn von Darlington nach Stockton an der englischen Ostküste getuckert war: Da erst wurde die *Pferdebahn* populär, in englischen Bergwerken seit langem für den Lastentransport verwendet. Bei gleicher Zugkraft lässt sich ja auf Schienen eine mindestens fünfmal so große Last bewegen, und davon machte nun die Stadt New York für den öffentlichen Personenverkehr Gebrauch; im selben Jahr wurde in Österreich eine 127 Kilometer lange Pferdebahn von Linz nach Budweis eröffnet. Ein Vierteljahrhundert blieb sie in Betrieb – bis in eine Zeit also, in der es eine englische Dampflokomotive schon auf 132 Stundenkilometer gebracht hatte.

In Berlin fuhr die erste Pferdebahn gar erst 1865 (dreißig Jahre nach der ersten deutschen Eisenbahn von Nürnberg nach Fürth); man mochte halt keine Dampflokomotiven mitten in der Stadt, und das Pferd liebte man im Grunde. 1881 ratterte in Berlin die erste *elektrische* Straßenbahn. Aber 1890 zockelten durch die Großstädte der USA noch 105 000 Pferde und zogen 18 000 Schienenwagen. Kein Wunder, dass die Verkehrsplaner von New York über jene *Pferdemist-Prognose* erschraken, die uns ins vorletzte Kapitel dieses Buches als ein Stück Hoffnung begleiten wird.

Den Pferdemist auf den städtischen Straßen verminderte die U-Bahn (London 1863, Berlin 1902) – das Auto aber, 1886 erfunden, setzte sich sehr langsam durch. In Berlin wurde 1899 die erste «Kraftdroschke» zugelassen, erst 1919 in Amerika die letzte Pferdebahn stillgelegt. Noch im Ersten Weltkrieg zerrten Millionen Pferde die Kanonen und schleppten den Nachschub vom nächsten Bahngleis an die Front; im Zweiten Weltkrieg ritt die polnische Kavallerie gegen deutsche Panzer die letzte Attacke der Kriegsgeschichte, und im Winter 1944/45 verschafften requirierte Bauernpferde den versprengten Resten der großdeutschen Wehrmacht einen kläglichen Rest Beweglichkeit.

Heute sind Pferde im Abendland nur noch zum Vergnügen da: zum privaten Reiten, zum öffentlichen Rennen, vor den Schlitten oder den Fiaker gespannt – die schönen, starken, geduldigen Tiere, die den Menschen bei seinem Triumphzug enger begleitet, stärker unterstützt, schlimmer verführt, mehr beflügelt haben als jedes andere Lebewesen.

16 Aber die Pest!

Als der Mensch längst aller Raubtiere Herr geworden war und sich mit den Quälgeistern des Tierreichs halbwegs arrangiert hatte – da erst schlugen sie zu: die Viren, Bakterien, Parasiten, die ihn mit den Pocken, dem Gelbfieber, der Malaria infizierten, dem Typhus, der Cholera, der Tuberkulose und der Pest. Den aggressiven Winzlingen kam der Mensch mit Vergesellschaftung und Zusammenrottung arglos entgegen: Nun erst konnten sie sich bequem massenhaft verbreiten, und der Flugtourismus versetzt sie ins Schlaraffenland.

Wie für die meisten Tiere das Gefressenwerden, so waren für den Homo sapiens bis ins 20. Jahrhundert die *Seuchen* die häufigste Todesursache, in fast allen Kriegen fielen ihnen mehr Soldaten zum Opfer als den Waffen des Feindes, und in der Dritten Welt stirbt noch heute mehr als die Hälfte der Menschen an ansteckenden Krankheiten. In 90 Staaten der Erde ist weiter die Malaria endemisch; an Tuberkulose sterben rund fünf Prozent aller Erdbewohner.

Im 14. Jahrhundert hatten die Bakterien in Europa und Asien einen Sieg erfochten, der sich als ein Großversuch der Natur deuten ließe, sich der herrischen, maßlosen Menschenart vielleicht doch noch zu entledigen: Die Pest ging um – so, dass sie unbestritten ein Drittel aller Europäer, vielleicht aber sogar ein Drittel aller Menschen tötete (dies die Schätzung der Encyclopaedia Britannica), ein Vielfaches aller Kriege und Völkermorde des 20. Jahrhunderts.

Schon mehrfach hatte die Pest schrecklich gewütet, vor allem 542 n. Chr. in Konstantinopel, der Hauptstadt des Oströmischen Reiches und glänzendsten Stadt auf Erden. Nun, 1347, belagerte ein mongolisches Heer eine Handelsniederlassung der Republik Genua am Schwarzen Meer – und katapultierte Pestleichen in die Stadt. Als danach das erste genuesische Schiff in Messina anlegte, waren alle Matrosen krank oder tot, die überlebenden Ratten sprangen fröhlich an Land – todbringend, aber wenig beachtet in den Gassen der Städte, in denen sie sich von jeher zwischen Hunden und Schweinen tummelten.

Von Italien wanderte die Pest 1348 nach Frankreich und Spanien, 1349 nach Deutschland, Österreich, in die Schweiz und nach England, 1350 nach Skandinavien und in den Ostseeraum. Gerüchte aus dem Umland schoben eine Welle der Panik vor sich her; dann wuchsen den ersten Nachbarn eiternde Beulen, dann krümmten sich die ersten Sterbenden mit blutigem Auswurf auf den Straßen, dann verrammelte man sich in seinem Haus und wusste doch, dass der Tod nicht auszusperren war, und es starben die Kinder; und wenn es aus dem Haus bis auf die Straße stank, waren auch die Eltern tot. Leichenträger lasen die aufgedunsenen Kadaver von den Straßen auf und schütteten sie in die frisch ausgehobenen Massengräber. «Es war so weit gekommen, dass man sich um die Menschen, welche starben, nicht anders kümmerte, als man es bei Ziegen täte», schrieb der Dichter Boccaccio, der die Pest in Florenz miterlebte, wo wahrscheinlich drei Viertel der Einwohner der Seuche erlagen (in Hamburg waren es 60 Prozent).

Leere Paläste, vernichtete Vermögen oder solche, für die kein Erbe mehr am Leben war; verödete Städte, ausgestorbene Dörfer, verwahrloste Äcker, verrecktes Vieh. Es dauerte Jahrzehnte, bis der Massentod und das Entsetzen überwunden waren. Hatte sich da «der zornige Wille Gottes, die Schlechtigkeit der Menschen mit dieser Pest zu strafen», offenbart? fragte Boccaccio. Damit sprach er eine verbreitete Überzeugung aus: Beten wir! Büßen wir! Geißeln wir uns! In vielen Städten zogen Flagellanten durch die Straßen, mit bloßem Oberkörper selbst im Winter; sie beteten laut, sangen Psalmen und hielten immer wieder inne, um sich blutig zu peitschen.

Oder hatte eine ungewöhnliche Konstellation von Mars, Saturn und Jupiter das Unheil gebracht, wie Gelehrte der Pariser Universität dies öffentlich behaupteten? Oder hatten *die Juden* unsere Brunnen vergiftet? Juden umbringen! Das war vielerorts das einzige Rezept, das den Leuten einfiel. In Straßburg und vielen anderen Städten wurden alle Juden öffentlich verbrannt, in Frankfurt, Mainz und Worms begingen sie kollektiv Selbstmord, indem sie ihre Häuser anzündeten. Es traf sich, dass damit die verhassten reichen Geldverleiher beseitigt und alle Schulden getilgt waren.

Was wirklich geschehen war, wurde erst 1894 klar. Da machte der schweizerische Tropenarzt Alexandre Yersin während einer Epidemie in Hongkong die entscheidende Entdeckung: Die Pest ist eine Krankheit der Ratten! Und vier Jahre später erkannte ein Kollege Yersins, Paul Louis Simond, bei einer Epidemie in Bombay, wie sie auf den Menschen überspringt: durch den Rattenfloh. Sind die Ratten an ihrer Pest in Massen gestorben, so sehen sich die Flöhe um ihre Nahrung betrogen und hüpfen von den erkaltenden Rattenleichen zur nächstbesten Quelle warmen Blutes hinüber: auf den Menschen vorzugsweise, der ja oft in enger Nachbarschaft mit Ratten lebt; und durch ihren Stechrüssel infizieren sie ihr Opfer mit dem Rattenpestbazillus (ein Blick in die Abgründe der Tierwelt, der schon manchen Tierschützer ins Grübeln gebracht hat). Der Pestbazillus könnte aber ebenso – eine neue Theorie – in Läusen und Menschenflöhen gewohnt haben, Tieren also, die damals die meisten in der Kleidung mit sich führten, was die rapide Ansteckung besonders gut erklären würde.

Mit Antibiotika kann man inzwischen den Erreger töten, mit DDT die Rattenflöhe; durch Schutzimpfung lässt sich der Ausbruch der Krankheit unwahrscheinlich machen. Ausgerottet aber, wie die Pocken, ist die Pest bis heute nicht; in vielen Teilen der Dritten Welt tritt sie endemisch auf. Ja, das Risiko verheerender Seuchen könnte sich geradezu erhöhen: Immer mehr Menschen stellen immer mehr Kontakte immer schneller erdteilübergreifend her. Die 2,1 Milliarden Flugpassagiere pro Jahr (und es werden unaufhörlich mehr) zählte die Weltgesundheitsorganisation in ihrem «Report 2007» ausdrücklich zu den Gefahren, dazu das mögliche Auftauchen unbekannter Erreger oder die plötzliche Veränderung ihres Erbguts unter dem Anprall der Antibiotika. «Die Welt ist verwundbarer geworden», sagte die Generaldirektorin der WHO (nicht «die Welt» – die Menschheit meinte sie).

Erst 1918 hatte sich die *Spanische Grippe* innerhalb weniger Monate über alle Kontinente (außer Australien) ausgebreitet, ein Viertel der Menschheit infiziert und mindestens 20 Millionen Menschen umgebracht – mehr als doppelt so viele wie der Weltkrieg, der gerade zu Ende gegangen war. 2007 veranstalteten die deutschen Innenminister, die Bundeswehr, Wirtschaftsverbände, Apothekerkammern und der Flughafen Frankfurt eine Großübung, die die Frage klären sollte: Wie organisieren wir uns gegen ein neues Grippe-Virus, das die Hälfte aller Deutschen niederstreckt und 100 000 Menschen tötet?

1976 ist das *Ebola-Fieber*, 1981 ist *Aids* dazugekommen, 2002 die Lungenkrankheit *Sars*, und seit 2004 verfolgen die Experten den Weg der *Vogelgrippe*, in der Sorge, dass sie massenhaft auf den Menschen übergreift. Und in vielen streng abgeschirmten Laboratorien hochgerüsteter Staaten harren die Bakterien und die Viren zu Milliarden des Tages, an dem es einem Staatsmann einfallen könnte sie zum Angriff oder zur Vergeltung freizusetzen – begleitet von der panischen Angst, Bio-Terroristen könnten sich der Todesbringer bemächtigen.

Dass aber der Kampf um die Vorherrschaft auf dem Planeten Erde noch nicht zu Ende ist, macht nichts so deutlich wie die dramatisch zunehmende Resistenz vieler Bakterien gegen die *Antibiotika*. Auf das menschliche Trommelfeuer, das da seit 1941 auf sie niedergeht, haben immer mehr der Mikroorganismen mit fröhlichen Mutationen und anderen Abwehrstrategien reagiert und sich so – in bestem Darwin sozusagen – der scheinbar übermächtigen neuen Umwelt angepasst. In den USA wird seit 2005 mit zunehmender Sorge der Weg des antibiotikaresistenten Bakteriums *Staphilococcus aureus* beobachtet: Mehr als 90 000 Neuerkrankungen pro Jahr, ein Fünftel tödlich – und es befällt nicht, wie die meisten, nur Krankenhauspatienten, sondern zunehmend junge Leute in Schulen, Kasernen, Gefängnissen und Umkleidekabinen.

«Gesundheit!», rufen wir unterdessen immer noch, wenn einer niest – ahnungslos: denn einst galt das Niesen als der erschreckende Vorbote des blutigen Hustens, der Lungenpest.

Die Unterwerfung der Menschheit durch die Europäer

17 Portugal und Spanien teilen sich die Erde

Die ungeheuerlichste Anmaßung der Weltgeschichte fand am 7. Juni 1494 im Kloster von Tordesillas statt, zwischen Valladolid und Salamanca im nordwestlichen Spanien gelegen: Da beschlossen die Könige von Kastilien und von Portugal, die Erde unter sich aufzuteilen – die ganze. Sie kannten sie kaum, aber sie nahmen sie sich. Und so begründeten sie für ein halbes Jahrtausend die Herrschaft Europas über den Rest der Welt.

Sie hatten es eilig: Zwei Jahre zuvor hatten spanische Truppen dem maurischen Königreich Granada an Spaniens Südküste den Garaus gemacht und damit nach 700 Jahren die letzten Araber aus Europa verjagt; fünfzehn Monate vorher, im März 1493, war Kolumbus, in spanischen Diensten, von seiner ersten Reise zurückgekehrt und hatte die Bahamas, auf denen er gelandet war, dreist als das gesuchte «Indien» angepriesen. Portugal war beunruhigt, denn seit Jahrzehnten suchte es den anderen Seeweg nach Indien, den um Afrika herum, und war doch nicht weiter vorgestoßen als in den Süden des Indischen Ozeans. Andrerseits besaß es die stärkere Flotte, und portugiesisch waren drei der vier Inselgruppen, die die Passage über den Atlantik frei hielten: die Azoren, Madeira und die Kapverdischen Inseln (vor der Küste Senegals); nur auf die Kanaren hatte Portugal 1479 zugunsten Spaniens verzichtet.

Daher suchten die beiden Seemächte in der Südwestecke Europas den Schiedsspruch des Papstes Alexander VI., und der fällte ihn so: Die noch nicht unter «christlicher Herrschaft» stehenden Teile der Erde – alles also, was zu entdecken und zu erobern war – gehören Portugal bis zum 46. Grad westlicher Länge, der durch Grönland und die Osthälfte des heutigen Brasilien geht; was westlich davon liegt und was noch als «Indien» galt (in Wahrheit ganz Nord- und der größere Teil Südamerikas), wird spanischer Besitz.

Am Anfang dieser tollkühnen, schamlosen Besitzergreifung stand der portugiesische Königssohn Dom Henrique o Navegador, Heinrich der Seefahrer – in beiden Sprachen falsch benannt, denn das Meer befahren hat er nie. Aber er war es, der die Portugiesen hinaus auf nie zuvor befahrene Meere jagte, «por mares nunca de antes navegados» (nach dem Heldenepos des Camões) – bis sie, ausgerechnet dieses kleine Volk im fernen Europa, für ein Jahrhundert alle Küsten des Indischen Ozeans beherrschten. 340-mal so groß wie Portugal ist Afrika, das sie dabei umrunden mussten.

Die Weichen hatte Dom Henrique schon 1419 gestellt: Da war er, der dritte Sohn des Königs, 25 Jahre alt, an die äußerste Südwestspitze Europas gezogen, auf die stürmische Halbinsel Sagres, die den Römern als das Ende der Welt gegolten hatte. Forschungsstätten, Vorratshäuser, ein Observatorium ließ er dort errichten, Kartographen, Astronomen, Schiffsbauer rief er herbei, Spanier, Italiener, Araber und Juden. Seekarten und Chroniken ließ er durchforsten. Alle Kapitäne hatten exakte Logbücher zu führen und sich nach großer Fahrt in Sagres zum Rapport zu melden.

So entstand zum ersten Mal ein leidlich korrektes Bild der bekannten Küsten der Erde – das Rüstzeug, mit dem die unbekannten Teile dieser überwiegend unbekannten Welt erschlossen werden sollten. Dass sie eine Kugel ist, hatte schon Ptolemäus von Alexandria im 2. Jahrhundert n. Chr. gelehrt; bewiesen war das nicht – und so erschien, hundert Jahre vor Kopernikus, nicht das Weltall als der Inbegriff der Unendlichkeit, sondern die Erde selbst.

Das größte Hindernis für Heinrichs Pläne war ein unscheinbarer Punkt an der Nordwestküste Afrikas: Kap Bojador. Die Kapitäne weigerten sich, über dieses Kap hinaus nach Süden zu fahren.

Hatte doch Aristoteles gelehrt, zwischen den Wendekreisen werde alles Leben von der Sonne versengt – und der nördliche Wendekreis verläuft knapp hinter Kap Bojador! Gab es nicht Gerüchte, im Süden *koche* das Meer, oder es sei ein salziger Brei, den ein Schiff nicht mehr zerteilen könne? Und die Sonne brenne alle Weißen zu Schwarzen? Angst durfte man wahrlich haben. Aber warum heftete sie sich gerade an dieses Kap? Weil es da Sandbänke und Riffe gibt, Brecher, Strudel und bei Ostwind eine Wolke von rotem Saharasand, die sich, mit Nebel vermischt, zu einer finsteren Mauer verdichten kann.

Nichts also war für Heinrich wichtiger, als den Bann von Kap Bojador zu brechen. 1422 schickte er zum ersten Mal eine Flotte los – sie kehrte um. Jahr um Jahr wiederholte sich das, fünfzehnmal in dreizehn Jahren. Im zwölften Jahr ernannte Heinrich seinen Schildknappen Gil Eanes zum Kapitän des nächsten Schiffes, und auch der gab auf, «von gleicher Angst befallen». 1434 startete Eanes zum zweiten Mal, und diesmal überlistete er das Kap der Finsternis: Mit seinem Zweimaster segelte er von der Küste weg nach Westen, dann nach Süden, dann nach Osten zurück – und merkte, dass das Kap hinter ihm lag.

In Sagres wurde Gil Eanes im Triumph empfangen. Das Meer entzaubert, die zähe Strategie belohnt! Vielleicht war dieses Jahr 1434 eine ähnliche Zäsur in der Geschichte wie das Jahr 1969, als der erste Mensch einen anderen Himmelsköper betrat, den Mond: Das Weltmeer steht uns offen, auf Erden gibt es keine Schranken! Die Kapitäne mussten das natürlich strikt verschweigen. Nur Abschreckendes berichten!, ordnete Henrique an. Sonnenglut verbrennt die Schiffe! Durch eine einzige Reise werden alle Haare grau!

Heinrich starb 1460, ohne die Krönung seines Lebenswerks erlebt zu haben. Aber alle Pläne hatte er gemacht, die Erschließung der Erde vorab in seinem Kopf vollzogen, die Tore aufgestoßen, das

Ziel gesteckt: Das Meer wird portugiesisch! Einen ungeheuren Aufwand an Wissenschaft hatte er betrieben und eine unvergleichliche Fähigkeit, Menschen zu begeistern, an den Tag gelegt. So fuhren die Portugiesen voran. Wie selbstverständlich bemächtigte sich das winzige Volk der unermesslichen Räume – während das Heilige Römische Reich Deutscher Nation vollständig mit sich selbst beschäftigt war und Martin Luther, der zu dieser Zeit die Universität Erfurt bezog, es vorzog, die Reise in sein Inneres anzutreten.

1498 errang Portugal seinen größten Triumph: Nach einer Fahrt von mehr als 20 000 Kilometern in 318 Tagen legte Vasco da Gama in Indien an. Die Tat, die Kolumbus vollbringen wollte, war vollbracht. 1500 entdeckte Pedro Alvares Cabral die Küste von Brasilien, setzte dort zwei Sträflinge an Land – und legte damit den Grundstein dafür, dass heute 190 Millionen Brasilianer Portugiesisch sprechen.

Warum waren die Araber, den Portugiesen weit überlegen an Volkszahl, Reichtum und der Kenntnis aller Küsten, nicht imstande, die Störung ihres Handelsimperiums durch den vorwitzigen Zwerg aus Europa zu verhindern? Als Navigatoren waren sie eher besser, das Lateinsegel hatte Heinrich ihnen nachgemacht. Aber nicht durch Bolzen, sondern durch Kokosstricke waren die Planken ihrer Schiffe verbunden – verhängnisvoll bei Orkan oder Artilleriebeschuss, doch meist betrieben sie ja Küstenschifffahrt, und im Indischen Ozean waren sie seit Jahrhunderten unangefochten die Herren. Auf Feinde nicht eingestellt, bestückten sie – zweiter Nachteil – ihre Schiffe mit viel weniger Kanonen als die Portugiesen. Was ihnen völlig fehlte und für sie ein Rätsel blieb, war die rabiate Entschlossenheit, sich einen fremden Teil der Erde zu unterwerfen, mit unsäglichen Strapazen und höchstem Risiko. Die Araber waren reich seit Jahrhunderten, arglos und zufrieden, die Portugiesen arm, gierig, rücksichtslos und gesteuert von einem zentralen Willen zur Macht.

Zwei weitere Umstände fielen ihnen dabei in den Schoß: die Rivalität der lokalen Fürsten in Indien und Ostafrika, die ihnen einen gleichwertigen Gegner ersparte, und der kuriose Verzicht auf die Macht zur See, den das Riesenreich China übte. Nach jahrhundertelanger Seefahrtstradition unterhielten die Chinesen zwischen 1405 und 1433 die größte Flotte mit den bei weitem größten Schiffen, die es bis dahin gegeben hatte, «Neunmaster» darunter, und fast den gesamten Indischen Ozean fuhren sie ab wie später die Portugiesen – jedoch gänzlich ohne den Wunsch, zu entdecken, zu erobern, zu missionieren oder auch nur sich zu bereichern: Kaiserliche Macht stellten sie zur Schau, Geschenke verteilten sie, Seide, Porzellan, fortschrittliche Geräte für die Landwirtschaft.

Dieser kostspieligen Prachtentfaltung machte ein kaiserliches Dekret 1433 ein Ende: Es verbot allen Chinesen, ins Ausland zu reisen, und im Jahre 1500 wurde sogar der Bau hochseetüchtiger Dschunken mit dem Tod bedroht – offenbar aus totalem Desinteresse an der ganzen Welt, soweit sie nicht aus China bestand; in jener Selbstgenügsamkeit, die es im 19. Jahrhundert den europäischen Kolonialmächten ermöglichte, China zu demütigen und auszuplündern. Die Portugiesen stießen im Indischen Ozean also in ein Vakuum; aus einer zufälligen Konstellation zogen sie zielstrebig äußersten Nutzen – mit einer erstaunlichen Organisation und einem brutalen Siegeswillen, den man ihnen nicht zutraut aus heutiger Sicht, verbunden mit dem christlichen Hochmut, der für ihr Jahrhundert typisch war. 1542 hatte eine portugiesische Flotte Japan erreicht, eine andere 1557 mit Duldung des Kaisers von China die Handelskolonie Macao gegründet. 1999 gab Portugal sie an China zurück – nach 442 Jahren; ein Markstein für das Ende der europäischen Weltherrschaft.

Eines hatten die Portugiesen bei ihrem unglaublichen Siegeszug gar nicht im Sinn: sich der Kugelgestalt der Erde zu vergewissern oder von ihr Gebrauch zu machen wie Kolumbus. Der irrte sich zwar, was die Lage Indiens auf dem Globus anging, aber er war der erste Mensch, der aus der Einsicht des Ptolemäus, dass die Erde eine Kugel ist, eine Tat ableitete. Diese Einsicht hatte der italienische Universalgelehrte Paolo Toscanelli populär gemacht und daraus 1474 in einem Bericht an den König von Portugal die falsche Konsequenz gezogen, auf die sich Kolumbus bei seinem Abenteuer stützte: da Indien von Europa zu Lande durch eine riesige Entfernung getrennt sei, könne der Seeweg, andersherum, nur sehr kurz sein; niemand hatte ja irgendeine Ahnung davon, dass die Erde zu 71 Prozent von Wasser bedeckt ist.

Auf diesen Irrtum setzte Kolumbus trotzig seinen eigenen: dass er «Indien» erreicht habe – und tat so doch den ersten Schritt zu jenem Bewusstsein, das schließlich in die Globalisierung mündete. Ja, auf seine Weise vollzog er sie schon: Den Indianern brachte er das Pferd, den Schnaps, die Pocken und das Verderben; dem Import des Tabaks, der Kartoffel, der Tomate, der Syphilis bereitete er den Weg.

Zu Unrecht weit weniger berühmt als Kolumbus ist der Mensch, der die Kugelgestalt der Erde beweisen wollte und bewies: der portugiesische Edelmann Fernão de Magalhães. Er hat mehr gewagt als irgendein Mensch vor ihm, und so Ungeheures zu wagen gab's nach ihm keine Chance mehr.

Vermutlich 1480 geboren, schiffte er sich 1504 zur ersten seiner zwei Reisen nach Portugiesisch-Indien ein, um Afrika herum, wurde zweimal verwundet, 1510 zum Kapitän ernannt und erreichte 1512 das eigentliche Ziel der meisten europäischen Könige und Handelsherren, wenn sie von «Indien» sprachen: die *Molukken*, eine Inselgruppe zwischen Celebes und Neuguinea, mehr als 5000 Kilometer östlich der Südspitze von Indien – «Gewürzinseln» genannt und mit jenen Reichtümern an Pfeffer, Nelken, Myrrhe, Ingwer und Muskat gesegnet, die in Indien nur umgeschlagen wurden.

1513 wurde Magalhães bei einem portugiesischen Feldzug in Marokko durch einen Pfeil verwundet und hinkte für den Rest seines Lebens; 1514 fiel er beim König in Ungnade; 1517 bot er dem spanischen Hof seine Dienste an – 37 Jahre alt und einer der erfahrensten Kapitäne auf Erden. Da schlug er das doppelt Ungeheuerliche vor: die Molukken, die er, von Westen kommend, vor sieben Jahren für Portugal in Besitz genommen hatte, nun für Spanien einzufordern, indem er von Osten kam, wieder um den halben Globus, nur andersherum; und dafür eine Durchfahrt durch die ungeheure Barriere «Amerika» zu suchen, auf die Kolumbus versehentlich gestoßen war.

Globaler hat nie ein Mensch gedacht, geschweige denn gehandelt – kaum je ein anderer auch so unermessliche Strapazen vorausahnend in Kauf genommen. Monat um Monat in diese Nussschalen von höchstens 100 Tonnen eingepfercht, die auf den Wellen tanzten – der Kapitän in der Achterhütte, die Matrosen schliefen auf Deck, bei Regen unter Deck auf dem Ballast (meist Sand, der immer feucht und nach langer Fahrt von Abfällen durchsetzt war). Das Plumpsklo hing über der Bordwand, Ratten und Flöhe gehörten zur Besatzung. Und alle wussten: Wenn die Hälfte von uns die Heimat wiedersieht, hat sie Glück gehabt.

Am 20. September 1519 stach Magalhães mit fünf Schiffen in Sanlúcar, dem Hafen von Sevilla, in See. Den Atlantik zu überqueren war inzwischen, 28 Jahre nach Kolumbus, fast Routine. Die Flotte fuhr in den Rio de la Plata ein (heute zwischen Argentinien und Uruguay) – in der Hoffnung, hier die Durchfahrt zu finden, die schon vier Jahre zuvor ein anderer spanischer Kapitän vergeblich gesucht hatte; bei einem Landgang wurde er von Indianern erschlagen und verspeist. Nach drei Wochen erwies sich: Nein, dies war nur der große Trichter einer Flussmündung.

Also weiter nach Süden! Notfalls bis 75 Grad südlicher Breite zu segeln hatte Magalhães versprochen – da hätte er die Antarktis erreicht. In San Juán an der stürmischen Küste Patagoniens bezog die Flotte für fünf Monte Winterquartier. Die Kapitäne dreier Schiffe, ohnehin voll Misstrauen gegen den ihnen vorgesetzten Portugiesen, meuterten und wollten nach Spanien zurück; einen konnte Magalhães durch einen Vertrauten erdolchen lassen, den zweiten ließ er hinrichten, den dritten setzte er aus im Niemandsland.

Am 21. Oktober 1520 öffnete sich unter 52 Grad südlicher Breite die nächste Meeresbucht. Wir wissen, dass es die Straße ist, die Feuerland von Patagonien trennt; Magalhães wusste nichts. Erst hoffnungsvoll, dann zweifelnd und schließlich der Verzweiflung nah segelte er westwärts durch ein Labyrinth von Buchten, Inseln und Riffen. Die vielen Schiffswracks, die noch heute die Meeresstraße säumen aus der Zeit vor der Eröffnung des Panamakanals, demonstrieren, welcher nautischen Höchstleistung es bedurfte, die Route überhaupt zu finden – und welch eisernen Durchhaltewillens! 600 Kilometer, 38 Tage in Nebel und Sturm, bis zuletzt in der Sorge, bloß in einen langen Fjord hineingesegelt zu sein, in dem die Reise endete. Eines der fünf Schiffe gab heimlich auf und machte sich nach Osten davon.

Am 28. November 1520 endlich öffnete sich der andere Ozean – «die Große Südsee», wie jene Spanier sie genannt hatten, die 1513 die Landenge von Panama als Erste durchquerten. Magalhães taufte die «Südsee» *Már pacífico*, weil der Wind so stetig und so friedlich blies. Die Mannschaft jubelte und dankte Gott.

Das Schlimmste aber stand ihr erst bevor. 98 Tage segelten vier Schiffe durch das unendliche Nichts – ohne irgendeine Ahnung, wann und wo diese schreckliche Fahrt ein Ende finden könnte; unvergleichlich viel einsamer als Astronauten auf dem Flug zum Mond: Die kannten ihr Ziel, sie sahen es, und keine Minute verloren sie den Kontakt zur Zivilisation. Zu der Angst nun und zu dem ewigen Elend von Enge, Nässe und Schmutz kamen der Hunger, der Durst und der Skorbut hinzu: verfärbte Haut, blutendes Zahnfleisch, das über die Zähne wucherte, die schließlich ausfielen. 19 Matrosen starben daran. Der Schiffzwieback war ein Brei von Mehlstaub, Würmern und Mäusekot. Die Matrosen verschlangen Sägespäne und das Leder von den Rahen, nachdem sie es drei Tage in Seewasser eingeweicht und dann gekocht hatten. Wer eine Ratte fing, wurde beneidet.

Nach mehr als einem Vierteljahr war endlich die Insel Guam östlich der Philippinen erreicht. Aber nach drei Tagen Erholung ließ Magalhães wieder Segel setzen; am 16. März 1521 betrat er die Insel Samar im östlichen Teil der Philippinen und nahm sie für Spanien in Besitz. In einen Hinterhalt gelockt, wurde Fernão de Magalhães, Großkapitän des Königs von Kastilien und von diesem mit der Umkreisung der Erde beauftragt, von Eingeborenen hingemetzelt.

Die Überlebenden reisten mit zwei Schiffen weiter, erreichten nun wirklich die Molukken von Osten und nahmen mehrere hundert Zentner Gewürznelken an Bord. Eines der beiden Schiffe schlug leck, die *Vittoria* allein segelte weiter – durch den ganzen Indischen Ozean, am Kap der Guten Hoffnung vorbei in den Atlantik; und am 6. September 1522, nach einer Reise von zwei Jahren und 350 Tagen, lief die *Vittoria*, wacklig und wurmzerfressen, mit 18 Überlebenden in Sanlúcar ein, den Hafen von Sevilla, von wo aus sie am 20. September 1519 ausgelaufen war. «Eure Majestät werden es zu schätzen wissen», schrieb Juan Sebastian del Cano, ihr Kapitän, an den spanischen König, «dass wir die ganze Rundung der Erde entdeckt und umfahren haben.» Nach seiner Rechnung habe die *Vittoria* dabei 14460 Leguas zurückgelegt – mehr als 80000 Kilometer, das Doppelte des Erdumfangs. Mehr hat ein Lebewesen nie vollbracht.

Wem aber gehörten die Molukken? Da zeigte sich, dass der Vertrag von Tordesillas auf der anderen Seite des Globus keine klare Grenze gezogen hatte. Das holten Spanien und Portugal 1529 im Zusatzvertrag von Saragossa nach: Der 132. Grad östlicher Länge sollte die Grenze sein – hart östlich der Molukken, die folglich wieder portugiesisch wurden. Zur Sicherheit aber kaufte Portugal sie dem König von Spanien auch noch für 350 000 Dukaten ab.

Nicht für lange: 1615 schossen niederländische Schiffe auf portugiesische, und im Lauf des 17. Jahrhunderts wurde die Inselgruppe eine niederländische Kolonie. Sehr rasch hatten die Niederländer, die Engländer, die Franzosen sich aufgemacht, an der spanisch-portugiesischen Weltherrschaft zu rütteln. Da begann es nun, das Wüten der Großen Vier der europäischen Kolonisation: die Unterwerfung, die Unterdrückung, die Ausbeutung und der Tod.

18 So macht man Kolonien

Hätten chinesische Seefahrer noch einen anderen Auftraggeber finden können als ihren Kaiser: vielleicht hätte das die chinesische Weltherrschaft bedeutet. Denn Wettlauf und Zwietracht sind natürlich nicht wegzudenken aus der Explosion von Kraft, die Europa seit Kolumbus und Magalhães an die Spitze warf: Der Genuese Kolumbus wollte ursprünglich für Portugal nach «Indien» segeln und wandte sich erst, als er dort abgewiesen war, an den spanischen Hof, in spanischen Diensten umfuhr der Portugiese Magalhães die Erde, und Niederländer, Engländer, Franzosen gründeten rund um den Globus neue Kolonien und jagten die alten einander ab.

Bei wem aber hätten sich enttäuschte chinesische Seefahrer verdingen sollen, als der Kaiser anno 1433 jäh beschlossen hatte, auf alle Seemacht zu verzichten? Den Kompass hatten die Chinesen erfunden, das Schießpulver, das Papier, das Porzellan sowieso, Riesenschiffe hatten sie gebaut, und vermutlich gab es eine Million Portugiesen, aber hundert Millionen Chinesen auf der Erde – ein Militärstützpunkt Chinas in Lissabon oder die Besetzung der Kanarischen Inseln wäre also weniger verblüffend gewesen, als es das Ausschwärmen der Europäer über den gesamten Globus war. Objektiv begünstigt wurden sie dabei nur durch die feingliedrige Struktur des Kontinents, die Küstennähe – eine Einladung zur Seefahrt also. Wie plump hängt auf dem Globus das ganze riesige Afrika unter dem italienischen Stiefel!

Nun hatten 1453 die Türken die tausendjährige Festung Konstantinopel erobert, die Hauptstadt des Oströmischen Reichs, die

Zitadelle des Abendlands gegen Asien – ein doppelter Schock: War es schon vorher für Europa schlimm genug, dass sich alle Karawanenstraßen aus dem Orient in der Hand der verhassten Ungläubigen, der Araber, befanden, so fuhren nun die Türken – fremdenfeindlich und fanatisch – mit Schikanen und noch höheren Steuern und Zöllen dazwischen und machten die Luxusgüter noch rarer, nach denen die Reichen des Abendlands gierten: Seide aus China, Juwelen aus Indien und die Gewürze von den Molukken, in Venedig und Genua gestapelt und ans übrige Europa verkauft. Einen Seeweg nach Indien zu suchen, um die islamische Welt herum: das war die fixe Idee, die nun durch die Königshöfe und die Handelshäuser Europas geisterte.

Auch rollten die Türken unterdessen den ganzen Balkan auf und besetzten die Küste der Adria, Venedig gegenüber. 1480 verwüsteten sie Otranto am Absatz des italienischen Stiefels, und 1529 standen sie vor Wien (wenn auch vergeblich – wie noch einmal 1683). Venedig und Genua, die großen Handelsmächte im Mittelmeer, sahen sich bedroht, der Atlantik winkte, genuesische Handelsherren ließen sich in Lissabon und Sevilla nieder. Leopold von Ranke beschrieb es in seiner «Weltgeschichte» so: «Indem das Abendland durch das Vordringen der Türken auf den engsten Umkreis beschränkt wurde, den es jemals gehabt hat, wurde ihm durch die abenteuerlichen Unternehmungen von ein paar Seefahrern eine neue, eine doppelte Welt im Orient und Okzident erschlossen.»

Der Fall Konstantinopels war zudem ein Schock für den Papst und für die Christenheit: Die Ungläubigen, die 1291 die letzten Kreuzritter aus Palästina vertrieben hatten, nun im Sturm auf Europa! Pius II. (Papst von 1458 bis 1464) rief in Mantua einen Fürstenkongress zusammen, der das Abendland zum Kreuzzug gegen die Türken mobilisieren sollte, ja, 1461 forderte er den Sultan auf, sich zum Christentum zu bekehren. Als sich aber 1464 das Ritterheer zu sammeln begann, starb Pius II., und der Schwung war dahin.

Noch einmal, 1525, wurde Europa aufgerufen, die Türken zu schlagen und Jerusalem zurückzuerobern – nun von Karl V., der seit 1516 König von Spanien war und 1530 auch noch Kaiser des Heiligen Römischen Reichs Deutscher Nation wurde, also der mächtigste Mann des Abendlands – «damit die ganze Welt unseren katholischen Glauben annehme und so die Worte des Erlösers sich erfüllen: Es wird ein Schafstall und ein Hirte sein.» Der Hirte – er! Vom *dominium mundi* träumte der Kaiser, der Herrschaft über die Erde.

So hatte Karl V. keine Mühe, zweien der wüstesten Eroberer der Geschichte seinen Segen zu geben: 1522 ernannte er den spanischen Edelmann Hernando Cortez, den Zerstörer des Aztekenreichs in Mexiko, zum Generalkapitän des Landes, das nun «Neuspanien» hieß, und 1528 erteilte er dem ehemaligen Schweinehirten Francisco Pizarro den Auftrag, das Reich der Inkas zu erobern.

In nie gesehenen hölzernen Burgen schwammen die Spanier heran, auf nie geschauten Riesentieren saßen sie (falls nicht Pferd und Mensch überhaupt eine Einheit waren?), mit Arkebusen und bronzenen Kanonen verbreiteten sie Donner und Entsetzen, und vor allem führten sie mit bestem christlichem Gewissen einen totalen Krieg, wie er in den Sitten der Einheimischen nicht vorgesehen war – «getrieben von leuchtender Sehnsucht nach fröhlichem Gemetzel und heldenmütiger Tat», wie Oswald Spengler schrieb. Und mit der Gier nach Gold, nach dem sie «wie die Affen griffen, das sie wie die Schweine suchten» (Bernardino de Sahagún in seiner «Geschichte Neuspaniens» von 1569).

Hatte Cortez noch 500 Spanier befehligt und war er begünstigt durch den Zweifel des Aztekenherrschers, ob er nicht die Wiederverkörperung eines aztekischen Gottes sei, so sah sich Pizarro dem Herrscher über das Riesenreich der Inkas mit nur 168 Mann und 67

Pferden gegenüber. Scheinheilig bot er dem Kaiser seine Dienste an und versprach, ihn «den wahren Glauben» zu lehren, und ein Pater inszenierte die widerliche Posse: Nach einer kurios gedolmetschten Predigt über die christliche Dreifaltigkeit forderte er Atahualpa auf, unverzüglich den Christenglauben anzunehmen und sich Karl V. ebenso zu unterwerfen wie dem Papst. Der Herrscher blätterte angewidert in der Bibel, die der Pater ihm entgegengestreckt hatte, und schleuderte sie wütend zu Boden.

Das war das Zeichen! Die Spanier sprengten aus ihren Verstecken hervor und ritten die Leibgarde des Sonnenkaisers nieder; Pizarro selbst zerrte ihn aus der goldenen Sänfte – und bot ihm die Freiheit an, falls er sein Versprechen wahr mache, sein Zimmer, vierzig Quadratmeter groß, mit Gold zu füllen bis zur Höhe seiner ausgestreckten Fingerspitzen. In der Tat: Lama-Karawanen schafften aus den Tempeln und Palästen des Riesenreichs goldene Platten, Teller, Vasen, Kelche, Schmuckstücke und Götzenbilder heran; einen Monat brauchten die indianischen Goldschmiede, um die Schätze einzuschmelzen. Dann hatte der Kaiser sein Versprechen erfüllt – und Pizarro ließ ihn mit der Garotte erwürgen, dem Halseisen, das bei langsamer Schraubendrehung den Kehlkopf zerdrückt. Das Todesröcheln des Inka-Kaisers begleiteten die versammelten Spanier mit dem Murmeln von Credos zum Heil seiner Seele.

So macht man Kolonien. Gold schickten sie nach Spanien und bald ganze Schiffe voll Silber, womit Karl V. seine Kriege finanzierte und seine Schulden bei den Bankhäusern von Antwerpen, Augsburg und Genua beglich. Seit 1545 kam das Silber größtenteils aus dem Silberberg über der Stadt Potosí, 4000 Meter hoch im heutigen Bolivien gelegen – bald zu einer Großstadt aus schuftenden Indios und spanischen Aufsehern aufgestiegen. Gegen Ende des 16. Jahrhunderts war die Hälfte des gesamten Doppelkontinents Amerika spanische Kolonie: im Norden von Kalifornien über

Texas bis nach Florida, im Süden bis zum Nordrand des kargen Patagonien unter 40 Grad südlicher Breite. Die Portugiesen beherrschten die Küsten Brasiliens.

All das europäisch usurpierte Land war ja längst besiedelt, von etwa 15 Millionen Menschen vor der Ankunft des Kolumbus, schätzt die Wissenschaft; in höchst unterschiedliche Stämme und Völkerschaften gegliedert, die überwiegend nichts voneinander wussten und auf Besucher aus Übersee am allerwenigsten gewartet hatten. *Indios* oder *Indians* nannte man sie in Europa, «Inder» also, weil Kolumbus ja in Indien gelandet zu sein behauptete (in korrektem Englisch werden sie als *American Indians* bezeichnet, während auf Spanisch Inder wie Indianer bis heute gleichermaßen *indios* heißen).

Kolumbus berichtete überrascht, dass er weder Ungeheuer noch Missgeburten vorgefunden habe. Doch sogleich geschah zweierlei: Die Missionare hatten keine Mühe, in den unvermuteten Erdenbürgern «Menschen» zu erkennen, also sie der Taufe für würdig zu befinden und ihnen die Gnade Jesu aufzunötigen; die spanischen Kapitäne, Matrosen und Soldaten aber waren sich unverzüglich darüber im Klaren: Sich selbst regieren, Eigentum besitzen durften Spaniens neue Untertanen nicht. 1533, vierzig Jahre nachdem Kolumbus die Insel Haiti betreten hatte, waren deren Urbewohner fast alle entweder umgebracht durch Sklavenarbeit und Menschenjagd oder an den Pocken gestorben – der wirksamsten Waffe der Europäer, denn das Virus war dem Immunsystem der Indianer unbekannt. Die Urbewohner Mexikos wurde zur Hälfte von den Pocken ausgerottet.

Es erhob sich durchaus Widerspruch: 1539 verkündete der Theologe Francisco de Vitoria an der Universität von Salamanca kühn, die Erde sei eine Gemeinschaft gleichberechtigter Völker, die keineswegs automatisch dem Kaiser oder dem Papst unterstünden; und 1542 hatte der Missionar Bartolomé de Las Casas nach schlimmen Erfahrungen auf Haiti und jahrzehntelangem Werben den Erfolg, dass die Spanische Krone dekretierte: Die Indianer sind Freie mit dem Recht auf Eigentum und eigene Gerichtsbarkeit; für die notwendige Zwangsarbeit sind Schwarze zu importieren (von diesem Unheil erzählt das nächste Kapitel). So geschah es. An der Gängelung und Ausbeutung der Indianer in Spanisch-Amerika änderte sich trotzdem bis ins 18. Jahrhundert nichts. Noch 1790 schrieb der Göttinger Philosophieprofessor Christoph Meiners: «In keinem andern Erdteil ist die ursprüngliche Dummheit der Eingeborenen allen Europäern so sehr aufgefallen.»

Als Papst Benedikt XVI. sich 2007 in Brasilien zu der Behauptung verstieg, die katholische Kirche habe die Missionierung Amerikas ohne Gewalt betrieben, hielt der Sprecher der Quechua-Indianer in Ecuador ihm entgegen, in Wahrheit sei sie «Komplize und Nutznießer eines der schrecklichsten Völkermorde der Geschichte» gewesen, und brasilianische Bischöfe erinnerten daran, dass Papst Johannes Paul II. im Namen Christi um Vergebung für den Völkermord gebeten habe.

Nach den Portugiesen und den Spaniern begannen zwei andere rivalisierende europäische Mächte, sich auf dem Globus umzusehen und möglichst große Stücke aus ihm für sich herauszuschneiden: Frankreich und England. Der erste französische Segler legte schon 1504 in Brasilien an, 1524 erkundete ein anderer die Ostküste Nordamerikas. 1535 gründete Jacques Cartier am Sankt-Lorenz-Strom im heutigen Kanada die Kolonie «Neufrankreich», die sich im 17. Jahrhundert den ganzen Mississippi-Lauf entlang bis zum Golf von Mexiko ausdehnte. Auch auf den Karibischen Inseln, an der Westküste Afrikas und in Indien setzte Frankreich sich fest.

Als in England 1558 Elisabeth I. den Thron bestieg für 45 Jahre, erspürte sie eine Welle der Ungeduld unter Kaufleuten, Seefahrern, Politikern und Geistlichen: Wann endlich würde England beginnen, es den Spaniern, den Portugiesen und den Franzosen gleichzutun? Die Königin lud die Kritiker ein, Ideen zu entwickeln, und ermutigte sie, selbst auf die Reise zu gehen zu ihrem Profit und zu Englands Nutzen. Schon 1562 hatte ein John Hawkins aus Plymouth die Order verstanden: Er segelte an die Westküste Afrikas, überfiel portugiesische Schiffe, lud die 300 Negersklaven, die sie an Bord hatten, auf seine Schiffe um und verkaufte sie auf Haiti mit riesigem Gewinn. Seeräuberei und private Bereicherung also mit dem Segen der Königin – wenn es darum ging, eine konkurrierende Macht zu schwächen, und wenn der Unternehmer seine Beute mit ihr teilte. «Kaperbriefe» stellte sie aus für solche Spielart der Piraterie; erst 1856 wurde diese List für völkerrechtswidrig erklärt.

1565 trat *Francis Drake* seine erste Piratenreise an, und er wurde Elisabeths erfolgreichster und berühmtester Diener. 1577 brach er zur zweiten Weltumseglung auf, überwiegend auf der Route des Magalhães und mit zwei Jahren und 269 Tagen um 81 Tage schneller als dieser. Sein Beutezug galt durchweg dem Erzfeind Spanien, der mit Hilfe der riesigen Gold- und Silberlieferungen aus Mexiko und Bolivien seine Flotte zu gefährlicher Macht und Größe aufgerüstet hatte; Drake plünderte spanische Stützpunkte an der Westküste Südamerikas und raubte spanische Schiffe im Dutzend aus. 1588, als Vizeadmiral, war Drake entscheidend am englischen Sieg über die spanische Armada beteiligt, der England den Weg zur Seeherrschaft öffnete. 1600 rief Elisabeth die *Ostindische Kompanie* ins Leben; sie wurde der Grundstock der Herrschaft über Indien, ja der englischen Weltmacht.

Wie Englands Herrschaft über Nordamerika begann – das ist kein ruhmreiches Kapitel der britischen Geschichte; es war eine Tragödie und eine Blamage in einem. «Kühne Geister träumten von einem neuen England jenseits des Ozeans», schreibt Winston Churchill in seiner Geschichte der englischsprachigen Völker, «in der Hoffnung, die bedürftigen Arbeitslosen an die Neue Welt loszuwerden und bei den Eingeborenen neue Absatzgebiete für englisches Tuch zu finden.» Europäische Handels- und Flottenstützpunkte gab es längst zuhauf an den meisten Küsten der Erde – nun aber sollte eine Siedlungskolonie gegründet werden, ein Vorläufer der europäischen Massenauswanderung des 19. Jahrhunderts.

So landeten 1585 die ersten 108 Siedler auf der Insel Roanoke vor der Küste des heutigen North Carolina; 1587 kamen noch einmal 150 an, darunter 17 Frauen. Aber als 1590 ein Versorgungsschiff auf der Insel eintraf, war die Siedlung verfallen und kein Kolonist mehr zu sehen, nicht lebendig und nicht tot. Seit 1937 schmückt sich die Insel Roanoke mit dem Sommerfestspiel «Die verschollene Kolonie».

Hätten sich Englands Kaufleute und der Königshof nun entmutigen lassen – Nordamerika wäre im Norden französisch, im Süden spanisch geblieben. Aber 1606 ließ eine Gruppe englischer Kaufleute sich das Recht verbriefen, eine *Virginia Company* zu gründen, nach dem Muster der Ostindischen Kompanie, die sechs Jahre zuvor begonnen hatte, sich an den Reichtümern Indiens zu mästen. Neben dem Monopol auf Produktion und Handel erhielt sie den Auftrag, die Heiden zu bekehren, «die noch in der Finsternis ihres elenden Unwissens leben».

Freundliche Eingeborene, die sich gern anleiten lassen, dazu keine Arbeit, aber Gold im Überfluss! Das hatte die Company versprochen. 105 Männer meldeten sich bei ihr: Matrosen, verarmte Bauern, Tagelöhner, Tagediebe. Am 14. Mai 1607 gründeten sie auf einer Halbinsel im Mündungstrichter eines Flusses im heutigen Virginia eine Siedlung, die sie *Jamestown* nannten, nach ihrem König Jakob I. Sie bauten Hütten, umgaben sie mit Palisaden – und konnten nicht ahnen, das dieser 14. Mai einmal als «Geburtstag der amerikanischen Nation» gefeiert werden würde; die berühmteren «Pilgerväter» auf ihrer *Mayflower* landeten ja erst 1620 in Amerika.

Vernünftigerweise machte eine Delegation der Kolonisten alsbald dem Häuptling in der Nachbarschaft ihre Aufwartung: Powhatan, Herr über 31 Stämme mit schätzungsweise 13 000 Untertanen, die in festen Siedlungen lebten und sich von Jagd, Fischfang und Hackbau ernährten. Er empfing sie freundlich, hinderte seine Männer aber nicht an gelegentlichen Überfällen. Ein halbes Jahr nach der Landung war mehr als die Hälfte der Siedler an Ruhr, Typhus, Malaria oder Unterernährung gestorben. «Sie hatten die Schwierigkeiten dieses vollständig neuartigen Unternehmens unterschätzt», schrieb Churchill – «schließlich ist es nicht vielen gegeben, eine Nation zu gründen.»

Durch neue Schiffsladungen wuchs die Kolonie 1609 auf 300 Siedler an – aber sie waren zerstritten, produzierten nichts und hingen weiter am Tropf der Virginia Company. Ja, sie überfielen indianische Dörfer und raubten, weil sie Hunger litten, Mais in großen Krügen; weiße Einzelgänger wurden von Indianern erschlagen. Hungertote, neue Übergriffe, noch mehr Kolonisten. 1622 schließlich brachten die Indianer in und um Jamestown in einer Nacht-und-Nebel-Aktion 347 weiße Männer, Frauen und Kinder um. England heulte auf. Die Virginia Company wies die überlebenden Siedler an, sich nunmehr *alles* indianische Land anzueignen und die Indianer auszurotten. «Die verräterische Gewaltanwendung durch die Wilden hat unsere Hände, die bisher durch Pflicht zur Güte und Fairness gebunden waren, frei gemacht», proklamierte sie.

Und so zogen die damals schätzungsweise 2000 Engländer in Nordamerika in den großen Krieg gegen die Indianer, der mehr als zweieinhalb Jahrhunderte währte und damit endete, dass die Menschen, denen Amerika gehört hatte, allesamt gedemütigt, allesamt enteignet und großenteils beseitigt waren.

19 So macht man Sklaven

Die Indianer also wollten den Europäern einfach nicht behilflich sein bei der Ausplünderung ihrer Heimat. Allen Kolonialherren galten sie als faul und hinterlistig, in Nordamerika auch noch als kriegerisch, und wenigstens das zu Recht. 1542 hatte Spanien, 1570 Portugal die Indianer für «frei» erklärt – und damit die Weichen gestellt für die gewaltigste und gewaltsamste Menschenverfrachtung der Geschichte: die von mindestens neun, vielleicht sogar fünfzehn Millionen Schwarzen aus Afrika in die Neue Welt (Statistiken führte keiner; Schätzungen bis zu 40 Millionen sind übertrieben).

Mildernd sollten wir dabei berücksichtigen: Sklavenhaltung galt überall bis ins 19. Jahrhundert als normal. Sesshaftigkeit und Landwirtschaft hatten den Wunsch nach billigen, willigen Arbeitstieren hervorgerufen, Kriegsgefangene wurden jahrtausendelang zu Sklaven degradiert, ja nicht wenige Kriege eigens geführt, um Nachschub für die niederen Arbeiten zu erbeuten. Sklaven hielten sich auch viele Indianer vor der Landung des Kolumbus: Von der Westküste Nordamerikas wie vom Gran Chaco in Südamerika ist bezeugt, dass Stämme einander überfielen, die Männer erschlugen, die Frauen als Sklavinnen hielten und Kinder verstümmelten, wenn sie widerspenstig waren.

Ganz selbstverständlich bewundern wir die griechische Kultur, obwohl sie ebenso selbstverständlich darauf beruhte, dass Nichtgriechen – «Barbaren» also – ihr als Sklaven dienen mussten, ja, Aristoteles hat um 330 v. Chr. in der «Politeia» die Sklaverei ausdrücklich gerechtfertigt: «Derjenige, der, obzwar ein Mensch, von

Natur aus nicht sich selbst, sondern einem anderen gehört, ist von Natur aus ein Sklave» (von Natur aus! Und das in klassischer Zirkeldefinition). Zwei Seiten später immerhin eine Art Erklärung: Sklave sei der, der nichts Besseres als seinen Körper anbieten könne – so habe er die Befehle seines Herrn «willen- und gedankenlos» auszuführen.

Nach römischem Recht war der Sklave eine bloße Sache, der Herr bestimmte über Leben und Tod. Und so, wie sich noch 1861 in den Südstaaten der USA die soziale Geltung der Weißen an der Zahl ihrer Sklaven maß (wer keine hatte, zählte zu den kleinen Leuten) – so wollten sich die reichen Bürger Roms mit möglichst vielen Sklaven brüsten, selbst wenn es nicht genug Arbeit für sie gab, «Prunksklaven» am besten, sagt Oswald Spengler: solche mit besonderen Fertigkeiten.

Keineswegs hat sich die Bibel gegen die Sklaverei gewandt: «Jeder bleibe in der Berufung, in die er berufen wurde», schrieb Paulus an die Korinther (1. Kor. 7,20). «Denn wer als Knecht berufen ist in dem Herrn, ist ein Freigelassener des Herrn» (und das musste ihm genügen). Der Kirchenvater Augustinus schob um 425 n. Chr. die Formel nach: Es sei besser, einem fremden Herrn zu dienen als den eigenen Lüsten. Da war es nur folgerichtig, dass Papst Nikolaus V. anno 1452 den König von Portugal ermächtigte, «die Länder der Ungläubigen zu erobern und ihre Bewohner zu vertreiben, zu unterwerfen oder zu versklaven». (Zur förmlichen Verurteilung der Sklaverei raffte sich die katholische Kirche erst 1965 auf beim Zweiten Vatikanischen Konzil.)

Neu an der Sklaverei des Kolonialzeitalters war erstens die Menge der Versklavten – und zweitens die Selbstverständlichkeit, mit der in einem Erdteil die Menschen zu Millionen eingefangen wurden, um den neuen Herren eines anderen Erdteils zu Profit und einem bequemen Leben zu verhelfen: den spanischen, portugiesischen, englischen, französischen, niederländischen Eroberern.

Die Jagd auf die Ware Mensch lag freilich – entgegen einer im heutigen Afrika gepflegten Legende – zum kleineren Teil in europäischen Händen: Die nomadischen Stämme der Sahara konnten nun einfach mehr Gewinn aus ihrer alten Sitte des Negerraubens schlagen; viele afrikanische Herrscher führten eigens Kriege, um Gefangene zu machen und sie den europäischen Händlern zu verkaufen, und mancher Häuptling bereicherte sich sogar, indem er eigene Untertanen verscherbelte.

Zum guten Gewissen der europäischen Händler und Käufer trugen nicht nur Aristoteles und der Apostel Paulus bei, sondern auch die in Europa allgemein herrschende Ansicht, dass es sich bei den Negern um eine schlechthin minderwertige Rasse handle. Selbst die nobelsten Geister trugen Rassenhochmut zur Schau. Der englische Philosoph David Hume (1711–1776) schrieb in seinem Essay «On National Character»: «Nie hat es eine zivilisierte Nation oder ein durch Taten und Forschergeist ausgezeichnetes Individuum gegeben, deren Merkmal nicht die weiße Hautfarbe gewesen wäre.» Voltaire verbreitete den Spott «Die Affen diskutieren, ob sie vom Neger oder die Neger von ihnen abstammen» und legte Geld im Sklavenhandel an.

Das 64-bändige «Universallexikon aller Wissenschaften und Künste» aus Halle schrieb 1732: «Man hat die Afrikaner schon von altersher vor unverschämte und untreue Menschen gehalten; anbei sind sie grausam, meyneidig, tückisch, leichtsinnig, geitzig und Gotteslästerer», dazu als Kriegsleute ohne Herz und Geschicklichkeit, «dass es also denen Portugiesen eine große Menge derselben unters Joch zu bringen mit wenigem Volke möglich gewesen». Samuel Thomas von Sömmering, berühmter Anatom und später Leibarzt des bayerischen Königs, schrieb 1785: «Der Neger hat weit mehr Übereinstimmung mit dem Affengeschlecht als der Weiße.» Und noch der Große Meyer von 1890 nannte die Schwarzen kindisch, grausam und habsüchtig: «Mit Tanz, Gesang und

Musik verbringt der Neger die Nächte, unbesorgt um den andern Tag, an dem er sich mit stumpfsinniger Gleichgültigkeit hinschlachten oder in die Sklaverei führen lässt.» Deutschland 1890, an der Weltspitze der Wissenschaften.

In Amerika dienten die Schwarzen vor allem als Landarbeiter in den Monokulturen, die die Siedler zugunsten ihrer Mutterländer anlegten: Tabak, Zucker, Reis, regional auch Kaffee und Bananen – und seit dem 18. Jahrhundert die Baumwolle, die Europa ursprünglich aus Indien und dem Nahen Osten bezogen hatte. Um 1780 wurden in England zwei Erfindungen gemacht, die eine peinliche Verwandtschaft begründeten: die zwischen der vielgepriesenen industriellen Revolution und der Sklavenarbeit auf den Baumwollplantagen im Südosten der jungen USA.

Englands wichtigste Erwerbsquelle, vor dem Eisenhandwerk, waren im 18. Jahrhundert die Schafzucht und das Tuchgewerbe. Doch vor der Weberei kam die Spinnerei, und die war der Engpass: Um einen Handwebstuhl mit Garn zu versorgen, mussten acht bis zehn Spinnräder surren, und in Zuchthäusern wie in Waisenhäusern war das Spinnen Zwangsarbeit. Da erfand der Perückenmacher Richard Arkwright 1769 die mit Wasserkraft betriebene Flügelspinnmaschine: Die Spinnerei, bisher in Heimarbeit betrieben, wurde nun in einer Spinnmühle am Fluss zusammengefasst. 1779 konstruierte Samuel Crompton eine Spinnmaschine, die das Spinnen so feinen Baumwollgarns ermöglichte, dass sie den in Handarbeit hergestellten indischen Baumwollstoffen Konkurrenz machen konnte. England, das klassische Land der Wolle, die im Lande war, entdeckte plötzlich, dass es sich rentieren könnte, Baumwolle in großen Mengen einzuführen und maschinell zu verarbeiten.

Zunächst aber hatte sich das Missverhältnis zwischen Spinnerei und Weberei umgekehrt – jetzt konnten die Handwebstühle nicht mehr so viel Garn verarbeiten, wie die Spinnmaschinen erzeugten. Da gelang es dem Landpfarrer Edmund Cartwright 1785, auch den

Webvorgang zu mechanisieren, als Kraftquelle nicht mehr die Füße des Webers, sondern eine Dampfmaschine zu benutzen. Diese Webmaschine leistete das Vierzigfache des Handwebstuhls. Die Massenproduktion war erfunden. Grobes Baumwollzeug aus Manchester, Kattun genannt, wurde zur bei weitem billigsten Kleidung, die es seit Feigenblatt und Bärenfell gegeben hatte; Kattun überschwemmte den Weltmarkt, 1835 erzeugte England 60 Prozent aller Baumwollprodukte der Erde – und der Hauptlieferant der Rohbaumwolle waren die Südstaaten der USA. Sie riefen nach immer mehr Sklaven zum Baumwollpflücken und führten noch ihren Bürgerkrieg von 1861 mit dem Ziel, sich die Sklaven für die Baumwolle für Manchester zu erhalten. Die erste globale Industrie stützte sich auf die brutale Ungleichheit der Menschen.

Da hatte doch die Amerikanische Unabhängigkeitserklärung von 1776 proklamiert, «that all men are created equal», dass alle Menschen gleich geschaffen sind und unveräußerliche Rechte haben: das Recht auf Leben, auf Freiheit, auf das Streben nach Glück. Also mussten die Schwarzen entweder eben dieses Recht besitzen – oder man musste beschließen, sie nicht als «Menschen» anzusehen. So ähnlich geschah es zwölf Jahre später in der amerikanischen Verfassung: Sie unterschied zwischen Bürgern (*citizens*) und «Personen für Dienstleistungen und körperliche Arbeit» (*persons held to service or labor*), also Sklaven. 1790 legte der Kongress noch einmal nach: Bürger der USA konnten nur «freie Weiße» sein – also auch die nicht, denen einst der gesamte Kontinent gehörte: die Indianer.

Als die Französische Nationalversammlung 1789 die Befreiung der Bauern und die Freiheit und Gleichheit aller Menschen verkündete, wählte sie die übliche Formel, der wiederum die Definition des «Menschen» fehlte. Das Parlament lieferte sie 1790 nach, indem es feststellte, seine Menschenrechtserklärung vom Vorjahr habe keinen Einfluss auf die innere Verwaltung der französischen Kolonien; mit anderen Worten: auf die Sklavenhaltung dortselbst;

es war erneut gelungen, die Schwarzen aus dem Oberbegriff «Mensch» herauszuhalten. 1794 bezog die Nationalversammlung die Neger dann doch ein – aber 1802 gab Napoleon dem Druck der Franzosen auf Guadeloupe und Martinique in der Karibik nach, dies zu widerrufen; unter den Schwarzen verhasst ist er dort bis heute.

In den Südstaaten der USA, wo die Sklaverei die Lebensgrundlage der weißen Plantagenbesitzer, ja das Rückgrat der Wirtschaft war, wurde sie erst durch den Bürgerkrieg (1861–1865) beseitigt. Wie ging es noch 1859 zu auf einem Sklavenmarkt in Savannah/Georgia? Ein Weißer, der die ererbte Plantage verkaufen wollte, inserierte in der örtlichen Presse: «460 Neger, im Anbau von Reis und Baumwolle geübt, zu verkaufen. Die Neger sind familienweise abzugeben und können spätestens drei Tage vor der Auktion besichtigt werden.» Die *New York Tribune* berichtete über das Spektakel: «Die Neger wurden wie Vieh beklopft und begutachtet. Die Interessenten öffneten ihnen den Mund, inspizierten die Zähne, kniffen sie in Arme und Schenkel, um die Muskeln zu prüfen, ließen sie herumgehen und sich verbiegen, um zu sehen, ob sie lahm oder wund waren, und stellten ihnen eine Menge Fragen über ihre Kenntnisse. Die Neger nahmen alle Demütigungen ohne Murren hin und bewegten sich gehorsam, einige sogar gutmütig, wenn der Interessent ihnen gefiel und sie hofften, dass er ‹ein guter Massa› sein würde – ja sie bettelten, dass er sie kaufe.»

Dass die Nordstaaten der USA den Bürgerkrieg geführt hätten, um in den Südstaaten die Sklaverei zu beseitigen, ist allerdings ein Mythos. In der Darstellung der Encyclopaedia Britannica: «Zu Beginn des Krieges hatten die Bewohner und die Politiker der Nordstaaten nicht die Absicht, sich in die Sklaven-Frage einzumischen. Präsident Lincoln verkündete, er wolle nach besten Kräften die Einheit der Union retten – durch Beibehaltung der Sklaverei, durch ihre Abschaffung oder durch beides zugleich.» Golo Mann spricht von einem «monströsen» Versuch Lincolns, elf Staaten, so groß wie Westeuropa, in eine Nation zu zwingen, der sie nicht angehören wollten. 1863 aber erklärte der Norden alle Sklaven des Südens für frei. Es waren etwa vier Millionen.

Die Einfuhr aus Afrika hatten die USA schon 1808 beendet (ohne Schmerzen, denn der Bestand genügte und vermehrte sich) – als Reaktion auf den Beschluss des britischen Parlaments von 1807, dass Sklavenschiffe aus britischen Territorien weder auslaufen noch in ihnen anlegen durften. Für England war das ein dramatischer Akt, erst nach jahrzehntelangem Druck von Quäkern und Pietisten zustande gekommen – denn er schnitt die Stadt Liverpool von ihrem seit 1700 blühenden Dreiecksgeschäft ab, dem sie ihren Aufstieg verdankte und Britannien einen erheblichen Teil seines Reichtums: Die Schiffe segelten mit englischen Manufakturwaren nach Westafrika, verkauften sie dort, luden Sklaven ein (drei- bis vierhundert, wie Sardinen gepackt, und dass zehn bis zwanzig Prozent von ihnen auf der Reise starben, war Bestandteil der Kalkulation), verkauften sie auf den karibischen Inseln und fuhren mit Zucker, Tabak und Rum nach Liverpool zurück. Profitabler und perverser ist Welthandel nie betrieben worden. Noch 1806 transportierten 185 Schiffe aus Liverpool 50 000 Sklaven über den Atlantik. Bis zu dieser Zeit waren bei weitem nicht so viele Weiße in die Neue Welt ausgewandert, wie Sklaven dorthin geschaufelt wurden, um für sie zu schuften.

Sklaven zu *halten*, blieb in den europäischen Kolonien noch ein paar Jahrzehnte erlaubt. Spanier und Portugiesen profitierten sogar vom angelsächsischen Handelsverbot: Dreimal so viele Schwarze luden sie nun in Afrika ein, die Sklavenhändler verdienten genug, wenn nur jedes dritte Schiff durchkam. Und näherte sich eine englische oder amerikanische Fregatte – die beiden Länder hatten 1814 vereinbart, *jeglichen* Sklavenhandel zu unterbinden –, so warfen die Matrosen ihre schreiende Fracht ins Meer, wie bis dahin nur mit Toten und Schwerkranken üblich. Der entsetzliche Gestank überführte sie, aber verhindern ließ sich nichts mehr.

Bald zeichnete sich ab, dass es nicht genügte, den *Handel* zu verbieten – die Sklaverei selbst galt es abzuschaffen, und dies gegen den erbitterten Widerstand der eigenen Landsleute, die in den Kolonien die Plantagen betrieben. England machte 1833 den Anfang: 20 Millionen Pfund zahlte es seinen Pflanzern in Übersee als Entschädigung. Frankreich folgte 1848, die USA 1863, Portugal 1878 und zum Schluss Brasilien (1888) – zu gut hatte der Massenumschlag von Portugiesisch-Afrika (Angola) nach Portugiesisch-Amerika (Brasilien) funktioniert; auch noch, als Brasilien 1822 die Unabhängigkeit ausgerufen hatte.

In der portugiesischen Universität Coimbra gibt es einen «Themenpark», eine Art Museum also, in dem die portugiesischen Kolonialherren noch 2008 als «Ritter der Christenheit und Vorkämpfer der Zivilisation» gefeiert wurden.

20 So betrügt man Indianer

Versklavt wurden die Indianer nicht – unterdrückt aber, gejagt, entwurzelt, gemordet, betrogen. Nie fühlten sich Europäer als Besucher oder wenigstens als Einwanderer mit gleichen Rechten; selbstverständlich waren sie die Eigentümer und die Herren, und den Indianern, den Heiden, den Wilden gehörte nichts. Wozu schließlich hatte Gott Amerika erschaffen? Zu dem einzigen Zweck, von den Europäern ausgebeutet zu werden. In Nordamerika vollzog sich das schlimmer als in Südamerika, unter englischer Kolonialherrschaft böser als unter französischer und am übelsten in den jungen Vereinigten Staaten. Die Fanfaren der Freiheit ertönen aus einer Nation, die auf der Basis eines gigantischen Landraubs und einer elenden Unterjochung groß geworden ist.

Die Indianer im dünnbesiedelten Nordamerika, in etwa 600 Stämme gegliedert, waren überwiegend noch Nomaden – ganz anders als in den mächtigen, weithin zivilisierten Staaten der Inkas (in den Anden von Chile bis Kolumbien) und der Azteken. Deren Bewohner unterwarfen sich fast kampflos, als ihr Gottkönig von den Konquistadoren gestürzt worden war, doch in fünf spanischsprachigen Staaten sind sie bis heute das Rückgrat der Bevölkerung: 60 Prozent beträgt der Anteil der Indios in Guatemala, um die 50 Prozent in Peru und Bolivien; die breite Schicht von Mestizen in den unterschiedlichsten Mischungsgraden dominiert in Mexiko und in Paraguay, und die rein «Weißen», die überwiegend spanischstämmige Oberschicht, machen in Peru zwölf, in Mexiko zehn, in Paraguay gar nur zwei Prozent aus.

So konnte es 1861 geschehen, dass ein Indianer Präsident von Mexiko wurde, Benito Juárez, und 2006 ein Indianer Präsident von Bolivien, Evo Morales – in den USA ein bis heute unvorstellbares Wahlverhalten. Nicht anders in Brasilien, wo nur noch gut 500 000 Indianer leben, kaum drei Promille der Einwohner. Nach der brasilianischen Verfassung von 1988 steht ihnen in ihren mehr als 600 Reservationen «das ausschließliche Nutzungsrecht aller Reichtümer» zu. Aber gegen diesen Verfassungsartikel wurden 1800 juristische Einsprüche erhoben, und gegen die Übergriffe von Goldgräbern, Holzfällern, Kraftwerksbetreibern und den «Pistoleiros» der Großgrundbesitzer geht die Zentralregierung traditionsgemäß vor allem mit Versprechungen an die Indianer vor.

Ungleich stärker war die weiße Übermacht in Nordamerika. Die Franzosen hatten sich schon 1535 im heutigen Kanada festgesetzt, sich im Lauf des 17. Jahrhunderts über den Mississippi breit nach Süden ausgedehnt und an seiner Mündung 1718 die Stadt Nouveau Orléans gegründet – in punktueller Herrschaft über ein riesiges, dünnbesiedeltes Areal, das fast die Hälfte der heutigen USA ausmachte. Gleichzeitig mit dem Siebenjährigen Krieg in Europa holte England zum Großangriff auf die französische Kolonialmacht aus: 1760 vertrieb es die Franzosen aus dem heutigen Kanada, und 1763 ging alles Land östlich des Mississippi in englischen Besitz über.

Noch im selben Jahr kam aus London die scheinbar humane Order: Nur ein etwa 400 Kilometer breiter Streifen an der Ostküste (nicht einmal ein Zehntel der heutigen USA) gehörte den Siedlern, bis zum langgezogenen Mittelgebirge der Appalachen – der viel größere Raum westlich des Gebirges bis zum Mississippi den Indianern. Doch was half ihnen das, wenn Sir Jeffrey Amherst, der neue Gouverneur von Britisch-Kanada, seine Soldaten 1763 anwies, aufrührerische Indianer mit pockenverseuchten Decken zu beschenken «und auch sonst alles zu tun, um diese verdammungswürdige Rasse zu tilgen». Einer ähnlichen Sprache bediente sich die amerikanische Unabhängigkeitserklärung von 1776: Sie beschuldigte den englischen König, er habe «die gnadenlosen indianischen Wilden, deren bekannter Kriegsbrauch das Töten ist» (auch von Frauen und Kindern), gegen die weißen Amerikaner aufgewiegelt.

Viele weiße Siedler nutzten die Wirren des Unabhängigkeitskrieges, über die Appalachen hinaus ins Indianerland vorzustoßen. 1787 schob der Kongress der jungen Vereinigten Staaten von Amerika dem scheinbar einen Riegel vor: «Den Indianern ist mit äußerstem Wohlwollen zu begegnen», verfügte er – Landnahme nur per Kaufvertrag, Gewalt nur «in einem gerechten Krieg, den der Kongress beschließt». Doch 1790 beschloss er erst einmal, nur «freie Weiße» könnten amerikanische Bürger sein. Und 1803 lief der nächste Akt in dem Drama «Die unbeschreibliche Anmaßung Europas»: Die Indianer, die *westlich* des Mississippi lebten, in der französischen Restkolonie Louisiana, sahen ihr Land für 27 Millionen Dollar von Frankreich an die USA verkauft; Napoleon brauchte Geld, und die Vereinigten Staaten verdoppelten so ihr Areal. Bis auf tausend Kilometer hatten sie sich damit der pazifischen Küste genähert, den «Wilden Westen» ins Leben gerufen – und Unmengen Land für die Zwangsumsiedlung der Indianer gewonnen, die noch östlich des Mississippi wohnten.

Die Große Vertreibung begann 1830 mit dem *Indian Removal Act*, dem Gesetz zum Abtransport, zur Entfernung, zur Beseitigung der Indianer, unmenschlich genug benannt: Damit ermächtigte der Kongress den Präsidenten, alle Indianer, die noch östlich des Mississippi lebten, an dessen Westufer zu verfrachten – gegen Entschädigung und dort natürlich «mit ewigem Bleiberecht», aber ohne Gelegenheit zum Widerspruch. Rund 100 000 Indianer wurden abtransportiert. Der französische Diplomat Alexis de Tocqueville, berühmt durch sein späteres Werk «Die Demokratie in Amerika», notierte 1831 in den USA: «Während die Wilden sich zu zivilisieren bemühten, fuhren die Europäer fort, sie auf immer kleinerem Raum zusammenzudrängen. Sie werden ruiniert durch einen Wettbewerb, den sie nur verlieren können. Sie sind isoliert in ihrem eigenen Land, nur noch eine Kolonie lästiger Fremder inmitten eines dominierenden Volkes.»

Während in Amerika die weißen Herren wüteten, machte sich unter Europas Dichtern und Intellektuellen kurioserweise eine fromme Mode breit: die Mär vom Edlen Wilden. Den Begriff («the noble savage») hatte schon 1672 der englische Dichter John Dryden geprägt; berühmt wurde das Schlagwort 1754 mit Rousseaus *Discours sur l'inégalité parmi les hommes*, wonach «der Wilde», der ursprüngliche Mensch, ein glückliches Leben geführt habe ohne Eigentum, ohne Laster, ohne Krieg; erst der Ackerbau und die Technik hätten das Idyll zerstört. Einen «Wilden» hatte Rousseau natürlich nie gesehen, und einen Naturzustand dieser Art hatte keiner der europäischen Entdecker und Eroberer je vorgefunden. Nur dass französischen Missionaren die schönen Körper der nordamerikanischen Indianer aufgefallen waren: Mit Gelassenheit und Würde träten sie auf, wie römische Senatoren.

Populär wurde der Edle Wilde durch die fünf «Lederstrumpf»-Romane des James Fenimore Cooper, erschienen zwischen 1823 und 1841: Da war viel vom «noblen Roten Mann» die Rede, und an der Ostküste der USA, wo es nur noch wenige Einheimische gab, verbreitete sich nun ein Hauch von Indianer-Romantik. Ähnlich in Frankreich 1826 durch den Roman «Les Natchez» des Schriftstellers und Politikers Vicomte de Chateaubriand: Es sei «die heile Welt der Wilden», die die Europäer in Amerika zerstörten, schrieb er, und er rühmte «die naive Sitte der Naturvölker, alle Menschen als miteinander verwandt zu betrachten» (das ist nun wirklich Unsinn, Kapitel 46 wird es demonstrieren).

Parallel hatte sich in Europa eine Südsee-Schwärmerei entwickelt, die ja mit ein paar Resten bis in die Gegenwart ragt: 1771 feierte der französische Weltumsegler Louis-Antoine de Bougainville die Insel Tahiti als «den Garten Eden», und noch 1928 rühmte die amerikanische Ethnologin Margaret Mead das heitere, sorglose Völkchen von Samoa, das frei von Herrschaft, Eifersucht und allen kriegerischen Tugenden sei. (Der australische Anthropologe Derek Freeman wies 1983 seiner toten Kollegin nach, dass sie gerade mal sechs Monate bei amerikanischen Freunden gewohnt und die Sprache kaum verstanden habe; in Wahrheit sei die Gesellschaft Samoas von alters her auf Konkurrenz und Krieg gegründet, und die Kriminalität liege höher als in den USA.)

Um 1965 flackerte auch die Indianerromantik noch einmal auf: Die Hippies, die «Blumenkinder» in den USA entdeckten in den Urbewohnern nachträglich den friedliebenden, den umweltschonenden Gegenpol der verhassten Leistungsgesellschaft, und gern zitierten sie, was Seattle, Häuptling der Suquamish an der Westküste, 1855 gepredigt haben soll gegen die Umweltzerstörung, für den Frieden! Die Rede war freilich nur bruchstückhaft überliefert; die Form, in der die Hippies sie zitierten, hatte ein mitschwärmender texanischer Drehbuchautor ihr gegeben. Auch die deutschen Hippies – durch Karl Mays «Winnetou, Häuptling der Apachen» konditioniert – lauschten dem ergriffen.

Die wahren Apachen galten als Amerikas schlimmste Räuber, Meuterer und Menschenjäger, von ihren indianischen Nachbarn mehr gefürchtet als der Weiße Mann; und Nordamerikas Indianer überhaupt waren mindestens so kriegerisch, räuberisch, brutal wie die meisten Völker. Ihre Frauen versklavten sie, und wenn sie ihre Umwelt schonten, dann überwiegend aus demselben Grund wie alle vortechnischen Menschen: weil ihnen zu unserer Umweltzerstörung die Machtmittel fehlten. In Mittel- und Südamerika nicht besser: Mit abgeschlagenen Feindesköpfen zu prunken, war in vielen Stämmen Sitte, in Ecuador bis ins späte 20. Jahrhundert, und unbestritten ist der schaurige Brauch der Azteken im heutigen Mexiko, alljährlich Zehntausenden von erbeuteten Gefangenen bei lebendigem Leib das Herz herauszureißen, es dem Sonnengott als Opfer darzubringen und die ausgeweideten Leiber zu verspeisen.

«Edel *sei* der Mensch ...» ist nicht zufällig ein Imperativ, als *Beschreibung* des Menschen untauglich auf allen Kontinenten. Ohnehin hatte der Mythos vom Edlen Wilden nicht den geringsten dämpfenden Einfluss auf die Eroberungslust der Europäer; die Grausamkeit war auf beiden Seiten vergleichbar. So bleibt nur die elementare Tatsache: Der eine war hier zu Hause und der andere fühlte sich ermächtigt, ihn zu verjagen – als ob ein Sitting Bull entschieden hätte, alle Brandenburger seien ins Land jenseits der Oder umzusiedeln, und auf ein paar Tausend Tote mehr oder weniger komme es dabei nicht an.

1835 standen die *Seminolen* in Florida gegen die Zwangsumsiedlung auf, sieben Jahre lang verteidigten sie sich erbittert, geschützt durch die Sümpfe, begünstigt durch eine Welle von Desertionen in der US Army. 1838 kamen bei der Zwangsumsiedlung der *Cherokee* 4000 von 18000 Indianern um. Es waren die Jahre, in denen die Einwanderung aus Europa Schwung gewann: Noch 1830 standen den etwa zwei Millionen Indianern auf dem Territorium der heutigen USA erst 13 Millionen Weiße gegenüber – aber nun strömten hunderttausend im Jahr oder mehr über den Atlantik, und die Ersten wagten sich auf der Suche nach Land über den Mississippi hinüber ins Indianerterritorium.

1848, als im Bach einer Sägemühle bei dem Dorf San Francisco Gold gefunden wurde, war kein Halten mehr: Ein Rausch erfasste die Amerikaner aus dem Osten und Abenteurer aus aller Welt, Hunderttausende zogen in langen Trecks – wochenlang mit dem Pferd, monatelang mit dem Planwagen – durch Prärie und Wüste und über die Rocky Mountains nach Kalifornien, ins Gelobte Land, unter klarer Verletzung des Vertrags von 1830 und insoweit von den bedrängten Indianern zu Recht attackiert.

Das vielleicht schrecklichste Ereignis der indianischen Geschichte fand 1869 statt: Da trafen sich bei Promontory im Territorium Utah die Eisenbahnschienen von der Ostküste mit denen von der Westküste. Die Durchquerung des gesamten Kontinents dauert nun nicht mehr Monate, sondern sieben Tage, der Strom der Weißen beschleunigte sich dramatisch, das Indianerland war zerschnitten, die unendlich überlegene Technik der Europäer drohend etabliert. Und was alles hatte schon der Bau angerichtet! Land brutal requiriert, an den Gleisen Forts, Stapelplätze, Handelsplätze, Siedlungen zu Hunderten angelegt, und dramatisch wirkte die Eisenbahn an der Ausrottung des Bisons mit, des mächtigen Wildrinds (nicht ganz korrekt auch «Büffel» genannt): Von Bisonfleisch ernährten sich die Gleisarbeiter, weiße Jäger hatten es hauptberuflich anzuliefern.

Buffalo Bill wurde der Berühmteste unter ihnen: 1867/68 schoss er in siebzehn Monaten 4280 Bisons ab, oft weit über den Bedarf hinaus. So erlegte er im Wettkampf mit einem Konkurrenten in vereinbarter Frist 69 Bisons und der nur 48. Oft verdarb das Fleisch, nur noch die Häute wurden verwendet oder den erlegten Tieren gar nur die Zunge als Delikatesse herausgeschnitten. Um 1700 hatten an die 60 Millionen Bisons auf den großen Prärien gegrast, für die Indianer waren sie Lebensgrundlage: ihr Fleisch, für die Kleidung und die Zelte ihre Häute. Um 1890 war der Bison so gut wie ausgerottet, eine der gewaltigsten Schlächtereien der Geschichte abgeschlossen.

1871, zwei Jahre nach dem Zusammenschluss der transkontinentalen Gleise, trieb der Kongress in Washington die Entmündigung der Indianer auf die Spitze: Er sprach ihnen die Vertragsfähigkeit ab. Kein Stamm hatte mehr die Chance, mit den weißen Herren bindende Abmachungen zu treffen; für deren Landraub war die letzte Hürde gefallen, die Indianer wurden in Reservationen abgedrängt.

1876 errangen sie noch einmal einen Triumph, ihren letzten: Am

Little Bighorn River im späteren US-Staat Montana machten die Sioux und die Cheyenne unter *Sitting Bull* und *Crazy Horse* die 259 Reiter des Colonel William Armstrong Custer und ihn selber nieder. Ihre Leichen fand man nackt und skalpiert. Amerika schrie auf, und die Armee zog aus, die Indianer zu vernichten. Crazy Horse wurde 1877 ergriffen – und erschossen, als er zu fliehen versuchte. Sitting Bull floh zunächst nach Kanada, aber der Hunger trieb ihn und seine Männer 1881 in den Süden zurück, in eine Reservation, in der er zunächst unbehelligt blieb. Als 1885 Buffalo Bill mit seiner Wildwest-Schau um die Erde zu ziehen begann, war Sitting Bull dabei. 1890 wurde er in North Dakota in einem Handgemenge erschossen, unklar, von wem. Kurz nach seinem Tod durchsiebten Polizisten seine letzten 200 Getreuen, Frauen und Kinder darunter, bei Wounded Knee in South Dakota mit Maschinengewehren.

Der Indianerkrieg war beendet, das gesamte Territorium der heutigen USA von den «Weißen» in Besitz genommen, verschwunden der Wilde Westen und damit das Freiheitserlebnis der *frontier*, wie der amerikanische Historiker Frederick Turner es 1893 definierte: die Lust, auf dem Wellenkamm zwischen Zivilisation und Wildnis hineinzureiten in einen Landozean, der scheinbar ohne Ende war. Den 1,3 Millionen Einwanderern, die im Rekordjahr 1907 ankamen, stand der Sinn nicht mehr nach Abenteuer, sondern nach Arbeit. (Es waren immer noch zu 90 Prozent Europäer, nur mit einem stärkeren Anteil aus Süd- und Osteuropa als im 19. Jahrhundert.)

1912 gelang es einem nordamerikanischen Indianer zum ersten Mal, ohne kriegerische Handlungen berühmt zu werden – aber man gönnte es ihm nicht. Jim Thorpe hieß er; ein im Reservat aufgewachsener Halbindianer war er, genau genommen. In Stockholm gewann er mit eindrucksvollem Vorsprung den ersten olympischen Zehnkampf. Der König von Schweden gratulierte ihm mit den Worten «Sie sind der größte Athlet der Welt» (worauf er

«Thanks, King» erwidert haben soll) – aber die amerikanische Amateur Athletic Union betrieb die Aberkennung der Goldmedaille, weil Thorpe vorher als Basketballspieler 15 Dollar pro Woche verdient hatte. Das IOC folgte dem Antrag – widerrief jedoch 1982 seinen Beschluss von 1913. Jim Thorpe war da lange tot. Erlebt hatte er noch, dass die amerikanischen Sportjournalisten ihn 1950 zum größten Sportler der ersten Jahrhunderthälfte wählten.

1924 verlieh der Kongress den Indianern, die in den USA geboren waren, die Staatsbürgerschaft. Nun durften sie in ihrem Mutterland tatsächlich die gleichen Rechte wie die Invasoren geltend machen. 1965 wurde in St. Louis am Mississippi ein 192 Meter hoher Stahlbogen errichtet, *the Gateway Arch*, das Tor zum Westen – zur Erinnerung daran, dass die gewaltsame Westwanderung der Weißen, also die endgültige Unterwerfung der Indianer, 1848 hier begonnen hatte.

Heute leben wieder gut zwei Millionen Indianer in den USA, etwa so viele wie bei der Ankunft der Europäer – nur dass sie sich nicht mehr ein paar tausend Eindringlingen gegenübersehen wie 1620, sondern 300 Millionen: den Nachkommen der etwa 60 Millionen Einwanderer und der 10 Millionen Sklaven. Bis ungefähr 1920 war die Zahl der Indianer ständig gesunken, so sehr, dass die Weißen schon vom *Vanishing American* sprachen, dem verschwindenden Urbewohner; beim Vertreibungsgesetz von 1830 und beim Entmündigungsgesetz von 1871 stand diese Vermutung Pate, die für viele Weiße vermutlich eine Hoffnung war.

Der bucklige Göttinger Physikprofessor Georg Christoph Lichtenberg hatte schon recht mit dem Satz, den er 1783 aufschrieb: «Der Indianer, der den Kolumbus zuerst entdeckte, machte eine böse Entdeckung.» Und es war nicht übertrieben, dass der überwiegend protestantisch geprägte Nationalrat der Kirchen in den USA 1992, mitten hinein in die Jubelfeiern zum 500. Jahrestag der Tat des Kolumbus, an «die Tragödie der Entdeckten» erinnerte.

Der Sioux-Indianer Vine Deloria, Politologe an der Universität von Arizona, schrieb in dem Buch «1492», das 1992 in New York erschienen ist: Es mehre sich die Zahl der Indianer, die die europäische Invasion als europäische Niederlage verstünden. Was seien schon 500 Jahre! Wäre am Ende das Schlimmste vorbei? Stehe der Weiße Mann nicht erkennbar im Begriff, sich selbst zu ruinieren?

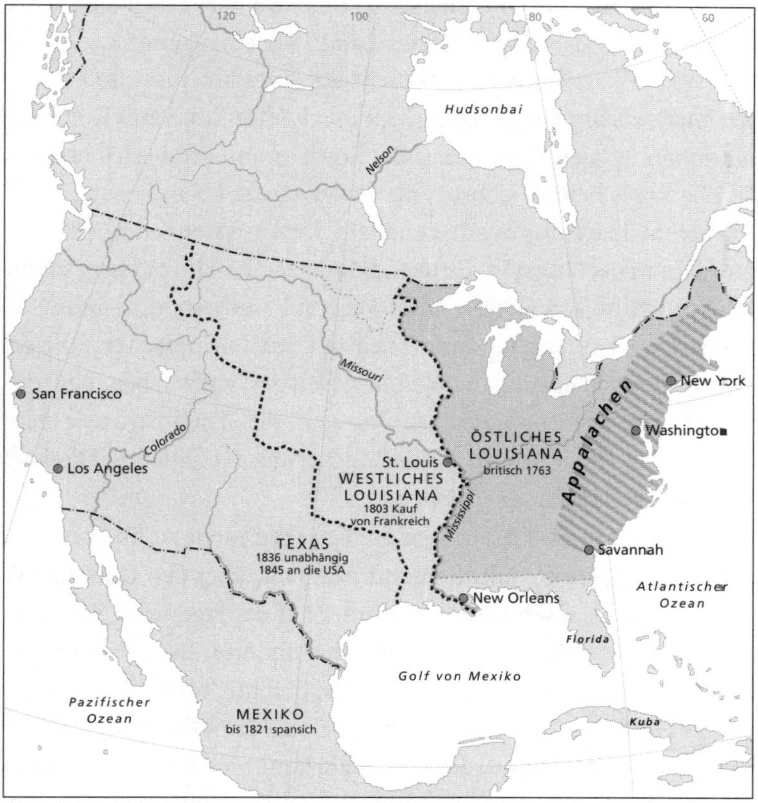

Nur der schraffierte Küstenstreifen war einst englisch geprägtes Land – fast die Hälfte der heutigen USA eine französische Kolonie; der Rest im Westen teils spanisch, teils herrenlos.

21 So nimmt man sich Asien

Die größte Kolonie Europas war und ist Sibirien. Ja, «Kolonie», in des Wortes klassischem, übelstem Sinn: von Europäern unterworfenes, rechtloses, ausgebeutetes Land, wie einst Amerika, Afrika und Australien, nur eben nicht jenseits eines Meeres – und damit der merkwürdig eingeengten Schulbuchdefinition von «Kolonie» enthoben. Das ermöglichte es der Sowjetunion (und erleichtert es Russland bis heute), sich aus der Uno-Debatte über die endgültige Entkolonialisierung herauszuhalten. Und während die Indianer Nordamerikas längst in die abendländische Folklore eingegangen sind mit Hilfe von Cooper, Karl May und Hollywood, ja während selbst die Ur-Australier anno 2000 mit den Olympischen Spielen von Sydney den Sprung ins Weltgewissen geschafft haben, sind die Samojeden, die Burjaten, die Jakuten, die Tungusen wie verschwunden irgendwo im Müllschlucker der Geschichte. Die hat, wie immer, Europa geschrieben.

Einen Ozean also brauchten die Kosaken nicht zu überqueren, als sie im späten 16. Jahrhundert begannen, über den Ural hinaus nach Asien auszuschwärmen – immer auf der Jagd nach Zobelfellen, Russlands Goldwährung auf Jahrhunderte. Es war der Pelzrausch, der den Sibirern das Verderben brachte, wie zuvor der spanische Goldrausch den Indianern. *Kosaken*, «Freie», nannte sich ein militanter Männerbund, der im 15. Jahrhundert im gesetzlosen Süden des heutigen Russland entstand, als das Mongolenreich der Goldenen Horde zerfallen war – aus versprengten Mongolen, russischen Flüchtlingen vor der Leibeigenschaft, entsprungenen

Sträflingen, Piraten vom Schwarzen Meer. Sie waren immer unter Waffen und lebten von Jagd und Raub – nach Nikolai Gogol «eine ungestüme, überschäumende Ausgeburt der russischen Natur», laut Tolstoi gekennzeichnet durch Lust an Raub und Krieg, Faulheit, Hochmut, Durst und Freiheitsdurst.

Auf Widerstand stießen die Kosaken kaum. Sibirien war noch ungleich dünner besiedelt als Nordamerika, vermutlich nur von 200 000 Menschen auf der 36fachen Fläche Deutschlands, nicht mehr als heute in Lübeck oder Oberhausen. In die armseligen Dörfer fielen die wilden Reiter ein, nie auf Tauschhandel eingestellt oder auch nur zu einer trügerischen Absprache bereit – sie säbelten einfach nieder, was sich ihnen in den Weg stellte, und nahmen Geiseln dafür, dass die Dorfgemeinschaft einen ständigen Tribut an Zobelfellen entrichtete. Sie jagten gar nicht selbst nach den Raubmardern mit dem seidenweichen, samtig glänzenden Fell, das im 17. Jahrhundert Russlands wichtigster Exportartikel war – sie ließen jagen.

Die Zaren hatten wenig Ahnung von dem Riesenland, das ihnen da vor die Füße kollerte, aber sie schickten Statthalter, die meist mit brutaler Willkür herrschten und die Ausbeutung der Einheimischen nun planmäßig vorantrieben. Zusammen mit den Kosaken taten sie das Mögliche, um die Sibirer zu ruinieren und zu dezimieren durch Enteignung, Pocken, Wodka und Mord. 1639 war das Ochotskische Meer erreicht – der Pazifik! Und 1696 der entlegenste Zipfel Asiens, die Halbinsel Kamtschatka.

Im 19. Jahrhundert wurde Sibirien zur Kornkammer und zum Bergwerk Russlands und zum Eiskeller der Verbannten – Heimstatt von etwa drei Millionen russischer Bauern, Bergarbeiter, Goldschürfer, Fuhrknechte, Sträflinge und Kosaken. Stalin machte Sibirien zur Basis des sowjetischen Weltmachtanspruchs: Bergwerke, Kraftwerke, Walzwerke, Aluminiumhütten, bedient von Millionen Zwangsarbeitern aus dem Gulag. Ruß, Zementstaub, Schwefeldioxid hüllten sie ein, verseucht wurden Böden, Flüsse und Seen, mit der Folge der höchsten Krebsrate und der meisten missgebildeten Kinder auf Erden. Es war immer schlimm, Europas Kolonie zu sein – doch Sibirien bildet wahrscheinlich die Spitze der Abscheulichkeit.

Dünn besiedelte Riesenländer zu erobern wie Sibirien oder Nordamerika – das war, gemessen an Europas Kräften, eine geringe Leistung, verglichen mit der, die England seit dem 18. Jahrhundert in *Indien* vollbrachte: Ein Volk von etwa fünf Millionen schaffte es, sich in einer Entfernung von mehr als 20 000 Kilometern (und das hieß: mehr als drei Segelmonate um Afrika herum) ein Volk von hundert Millionen Menschen gefügig zu machen – durch raffiniertes Spiel mit innerindischen Rivalitäten, eiskalten Geschäftssinn, blutige Kriege und die Ausnützung glücklicher Umstände.

Der glücklichste war, dass um 1700 das *Mogulreich* zerfiel, das fast ganz Indien beherrscht hatte – eine islamische Dynastie von türkisch-mongolischer Herkunft, gegen die die Hindus sich erhoben, als ein Erbfolgestreit das Herrscherhaus geschwächt hatte. Da gab es Fürstentümer, herrenloses Land, an der Küste ein paar portugiesische, französische und englische Handelsniederlassungen und kaum mehr als 1500 Engländer; die hatten 1686 die Faktorei Kalkutta gegründet, heute eine der größten Menschenansammlungen auf Erden.

Es war eine private englische Aktiengesellschaft mit königlichen Privilegien, die *Ostindische Kompanie*, die die Durchdringung Indiens vorantrieb – seit 1773 immerhin unter lockerer Aufsicht der britischen Regierung, sodass die Aktionäre *fragen* mussten, wenn sie ihre indischen Besitztümer durch weitere Kriege abrunden wollten. «Die Ostindische Kompanie war ein Handelsunternehmen», schreibt Churchill in seiner Geschichte der englischsprachigen Völker. «Sie wollten Dividende und keine Kriege, und jeder Penny, den sie für Soldaten und Annexionen ausgeben mussten, wurmte sie. Aber die Unruhen in diesem Riesenland zwangen sie gegen ihren Willen, die Kontrolle über immer mehr Territorien zu übernehmen, bis sie schließlich fast zufällig ein Reich geschaffen hatten. Es wäre Unsinn, dies eine ‹imperialistische Expansion› zu nennen. Auf Indien trifft voll zu, was über das britische Weltreich insgesamt behauptet worden ist: Es sei in einem Augenblick der Gedankenlosigkeit entstanden.»

Hübsch gesagt und charmant übertrieben: Auf ihre Kriege verwendete die Kompanie durchaus Geld, Sorge und das Blut britischer wie einheimischer Soldaten. 1757 entriss sie einem indischen Fürsten Bengalen, das Land beiderseits des Ganges im nördlichen Indien; im Jahr darauf schlug sie an der Südostküste die Franzosen; die gaben wenig später Indien vollends preis (mit Ausnahme der Handelsniederlassung Pondichéry bei Madras). 1813 verlor die Ostindische Kompanie ihr Handelsmonopol, aber erst 1857 wurde sie aufgelöst und Indien – der Welt größtes Aktienpaket – von der britischen Krone übernommen.

Den Anlass dazu gab «die indische Meuterei». Die einheimischen Soldaten, ihren britischen Vorgesetzten um das Fünffache überlegen und schon immer ein Quell der Unruhe, weil Soldaten aus höheren Kasten von solchen aus niederen Kasten keine Befehle entgegennehmen wollten – sie gerieten in Aufruhr, als die Armee 1857 neue Gewehrpatronen einführte, die mit Rindertalg eingefettet waren: ein Affront gegen die Hindus; und als sich das Gerücht verbreitete, das Fett bestehe aus einer Mischung von Rindertalg und Schweineschmalz, waren auch die Moslems entsetzt. Das genügte für eine blutige Erhebung mit Ermordung vieler Europäer und einem Sturm auf Delhi, das die Briten unter schrecklichem Blutvergießen zurückeroberten. Die oft gehörte Behauptung, viele der Aufständischen seien hingerichtet worden, indem man sie vor die Mündung von Kanonen band, ist wahr – ja, Churchill fügt ausdrücklich hinzu, manche Engländer hätten die Leichen der Meuterer zum Zweck der besonderen Erniedrigung in Kuh- oder Schweinehäute eingenäht.

Im Jahr darauf ernannte Queen Victoria für Indien einen Vizekönig, und auf ihren Wunsch hin verlieh ihr das britische Parlament 1876 den Titel «Kaiserin von Indien». Das zweitgrößte Volk der Erde einer Königin im fernen Europa untertan – so hochmütig hatte Europa sich nur vierhundert Jahre zuvor im Kloster von Tordesillas verhalten. Aber der Menschheit war das damals verborgen geblieben; nur die Folgen hatte sie zu tragen.

Das größte Volk der Erde, die Chinesen – mehr als 300 Millionen in der Mitte des 19. Jahrhunderts – wurde keine europäische Kolonie, aber für siebzig Jahre zum Spielball einer europäischen Hemmungslosigkeit, die heute die Vorstellungskraft der meisten Menschen übersteigt. 1839 setzte der Kaiser von China auf die Einfuhr von Opium die Todesstrafe. Das war ein Schlag, den die britische Ostindien-Kompanie nicht hinnehmen konnte: Sie hatte den Opiumanbau in Indien kräftig gefördert und am Export nach China glänzend verdient. Also setzte sie eine Kriegsflotte in Marsch. Sie blockierte, an der portugiesischen Kolonie Macao vorbei, den Hafen von Kanton, und 1842 nahm ein Landungskorps von 2000 Mann gegen eine angeblich vierzigfache chinesische Übermacht die Stadt Shanghai im Sturm. Daraufhin öffnete der Kaiser die wichtigsten Häfen für den Handel, trat Hongkong an England ab und zahlte der Ostindischen Kompanie eine «Entschädigung».

Als die Chinesen 1856 ein englisches Schiff beschlagnahmten, brach der zweite Opiumkrieg aus: Die Engländer stürmten Kanton und zerstörten die kaiserliche Flotte. Zusammen mit einem französischen Expeditionskorps (die Franzosen hatten begonnen, sich in Indochina festzusetzen) schlugen sie vor den Toren Pekings die kaiserliche Armee, zogen in die Hauptstadt ein, plünderten den Sommerpalast und brannten ihn nieder. Hilflos lag der asiatische

Riese am Boden, dem Opiumhandel und aller Willkür der abendländischen Großmächte geöffnet.

Für Europas Gier und Allmachtsanspruch blieb nun nicht mehr viel zu tun auf Erden. Für den Rest noch fünf leuchtende Beispiele: die Treibjagd auf die Uraustralier – Cecil Rhodes, Großmeister europäischer Arroganz, ja angelsächsischen Rassenwahns – der Kongo als Privatschatulle des Königs von Belgien – der Aufstand der Hereros in «Deutsch-Südwest» – und der Abgesang auf das Kolonialzeitalter: Mussolinis lächerlicher, mörderischer Krieg in Abessinien.

22 So teilt man sich den Rest der Welt

Australien – ein ganzer Erdteil britisch! 225-mal so groß wie Nordrhein-Westfalen, aber noch heute von nur wenig mehr Menschen bewohnt als dieses Bundesland – das ist der eine Superlativ europäischer Weltherrschaft; der andere: Nirgends sonst haben die weißen Herren die Urbewohner dermaßen missachtet, misshandelt und als Jagdwild freigegeben. Die Einheimischen hatten an die 60 000 Jahre lang in einer Isolierstation der Evolution gelebt: mit einer hohen Kultur der Felsmalerei, aber ohne Pfeil und Bogen, ohne Metall, ohne Töpferwaren, mit Windschirmen als einziger Behausung und vermutlich ohne die Kenntnis des Feuermachens; das Feuer mussten sie bewahren, wie in Kapitel 6 beschrieben.

In diese Steinzeit brachen am 26. Januar 1788 nach einer Seereise von acht Monaten elf britische Schiffe ein, beladen mit 717 Sträflingen (darunter 180 Frauen): Mördern, Dieben, Fälschern, Wilderern, Vagabunden und irischen Rebellen; dazu 200 Wachsoldaten. In der Bucht des späteren Sydney wurden sie ausgeschifft an einem Ort, der «waldig, unwirtlich und unheimlich» war, wie ein Offizier später erzählte. Portugiesische Seefahrer hatten den fünften Kontinent im 16. Jahrhundert entdeckt, niederländische ihn wiederholt besucht und «Neu-Holland» getauft, James Cook die Südostküste (das Land rings ums heutige Sydney) 1770 für England in Besitz genommen.

Dabei herrschte in London keineswegs Appetit auf neue Kolonien. Gerade erst, 1783, hatte Großbritannien seine Kolonie Neu-England (den Nordosten der heutigen USA) in die Unabhängigkeit entlassen müssen – aber wohin mit den Verbrechern, die bis dahin nach Virginia deportiert worden waren? Da kam der Bericht des Captain Cook gerade zupass. Und wieder einmal scheint Churchill recht zu haben, wenn er schreibt: «Das britische Weltreich wurde beinahe zufällig gegründet», jedenfalls ohne einen ausdrücklich formulierten politischen Willen.

1793 öffnete die britische Regierung ihre neue Kolonie *New South Wales* – praktisch also den ganzen scheinbar herrenlosen Kontinent – auch für freie Siedler und stellte ihnen sowohl Land zur Verfügung als auch Sträflinge für die Arbeit. 1803 wurden die ersten Schafe aus England importiert. Langsam und unerbittlich sahen sich die Einheimischen von ihren besten Jagdgründen vertrieben. Offenen Kampf um Land gab es zunächst nicht: Es schien ja reichlich davon da zu sein, sesshaft waren die Australier nicht, und allzu offensichtlich war die Überlegenheit der Weißen. Nur strömten sie in immer größerer Zahl herein, 1828 gab es schon 15000 Sträflinge, 21000 Freie und Schafe zu Millionen. Der Wollexport hatte begonnen. 1843 resümierte der Große Brockhaus in Leipzig: «Die Bewohner Australiens werden in die unwirtlichen Tiefebenen abgedrängt und in nicht ferner Zeit ein Opfer ihrer Abneigung gegen die höhere Bildung der eingewanderten Kolonisten werden.»

Höhere Bildung! Insgesamt 160000 Sträflinge wurden vom Mutterland nach Australien transportiert (erst 1868 endeten die Deportationen). Den Schaffarmern galten die Einheimischen als tierisches Gesindel, das man peitschte, für einen Hungerlohn beschäftigte, mit Pferden jagte und nicht selten in Treibjagden zusammenschoss; «menschlich» nur insofern, als es sich offenbar anbot, die braunen Mädchen zu schwängern – eine Sitte aller weißen Kolonialherren, die in Australien vom chronischen Mangel an weißen Frauen beflügelt wurde.

Erst allmählich drangen die Weißen vom Südosten Australiens nach Westen und nach Norden vor, primär an den Küsten entlang, seit 1860 auch mit Expeditionen durch die riesige australische Wüste, die den halben Erdteil einnimmt (botanisch überwiegend als Halbwüste eingestuft mit Salzbusch und Eukalyptussträuchern). Noch heute liegen im Inneren weite Areale mit *einem* Einwohner auf hundert Quadratkilometer – einem Fünftausendstel von Nordrhein-Westfalen. Und über mehr als 4000 Kilometer erstreckt sich der Kontinent von West nach Ost.

Die Uraustralier («Aborigines») wurden unterdessen immer mehr zu Parias oder zu gejagtem Wild. Heute sind sie wohl das traurigste Volk auf Erden. Kein anderes ist nach der hemmungslosen Zerstörung seiner Lebensgewohnheiten so tief im Elend versunken, und die Schikanierung setzt sich fort. Zwischen 1910 und 1970 wurden mindestens 35 000, vielleicht sogar 100 000 Kinder (offizielle Zahlen gibt es wohlweislich nicht) ihren Müttern in der offenen Hüttentür entrissen. Waren die Kinder dunkelhäutig, so wurden sie in christliche Kinderheime gesteckt, waren sie hell (weil sie vermutlich einen weißen Vater hatten), einer weißen Familie zur Adoption zugewiesen. «Deine Mutter ist verschollen», bekamen sie zu hören. Die Regierung rechtfertigte die Massenentführung mit dem Hinweis, die Urbewohner seien eine sterbende Rasse; es gelte also, zumal die Mischlingskinder vor dem Untergang zu bewahren. *White Australian Policy* hieß der Regierungskurs ganz offiziell. Liberale Politiker dagegen sprachen von Völkermord. Beide Kirchen haben im Jahr 2000 bei Müttern und Kindern um Entschuldigung gebeten.

1967 wurden die Urbewohner zu Bürgern Australiens ernannt und bei Volkszählungen von nun an mitgezählt; vorher also waren sie als Mitmenschen gar nicht existent. Bald setzte die Regierung Mindestlöhne für sie fest – gut gemeint, doch mit der Konsequenz, dass die weißen Farmer ihre bis dahin nur in Naturalien entlohnten Arbeiter zu Tausenden entließen. 1992 entschied Australiens oberstes Gericht: Der Erdteil sei bei seiner Annexion durch die

Engländer durchaus kein Niemandsland gewesen, sondern ein längst besiedelter Kontinent im Eigentum seiner Bewohner. 1999 sprach das australische Parlament sein «tiefes und ernstes Bedauern» darüber aus, was die Weißen den Urbewohnern angetan hätten; der erzkonservative Premierminister John Howard jedoch weigerte sich, sich seinerseits im Namen der Nation zu entschuldigen. Bei einer Massendemonstration im Mai 2000, im Vorfeld der Olympischen Spiele in Sydney, wurde er dafür ausgebuht.

Es war auch Howard, der 2007 Polizei und Armee ins Nordterritorium schickte, wo die Hälfte der Uraustralier wohnen: um den angeblichen massenhaften Kindesmissbrauch zu unterbinden, der in mehr als siebzig Siedlungen der Aborigines stattfinde. Die Liberalen wandten ein, in Wahrheit gehe es Howard darum, den Minengesellschaften den Zugriff auf die Bodenschätze in Nordaustralien zu erleichtern. Rechtsanwälte unter den Urbewohnern (die gibt es, ebenso wie einen Abgeordneten im Parlament) wiesen darauf hin, dass in ihrem Volk auf Kindesmissbrauch der Tod stehe.

Freilich, die alten Sitten sind längst zerbrochen. Die Mehrzahl der etwa 450 000 Uraustralier (Mischlinge eingeschlossen) haust in den Vororten und den Slums der Großstädte. Die Sozialhilfe, die sie beziehen, hat sich als Desaster erwiesen; *sitdown-money* wird sie genannt – Geld, um sich hinzusetzen und absolut nichts zu tun: biertrinkende Erwachsene am Vormittag, Schnapsleichen, räudige Hunde, verwahrloste Kinder, Halbwüchsige, die stundenlang Benzindämpfe inhalieren (*petrol sniffer* heißen sie), weil sie dies in einen Rauschzustand versetzt. Die Kindersterblichkeit ist fünfmal so hoch wie unter den weißen Australiern, die durchschnittliche Lebenserwartung um 15 bis 20 Jahre niedriger. Da hockt der Bodensatz der Menschheit, versammelt auf der Müllhalde der gewaltsamen Europäisierung.

Der neue australische Ministerpräsident Kevin Rudd raffte sich 2008 im Parlament zu einer Erklärung auf, die über alle Fernsehsender und auf Video-Schauwände übertragen und von Hunderttausenden mit Tränen vernommen wurde: «Wir entschuldigen uns für die Erniedrigung und Entrechtung eines stolzen Volkes und seiner stolzen Kultur», proklamierte er, und zu den Massenentführungen von Kindern sagte er: «Wir entschuldigen uns für den Schmerz, den wir der Gestohlenen Generation, den Müttern und den Vätern, den zerbrochenen Familien zugefügt haben.» Rudd versprach, die Lebensbedingungen und die ärztliche Versorgung der Aborigines zu verbessern; von irgendeiner Entschädigung sprach er nicht.

Während die Einverleibung Australiens sehr allmählich in Gang gekommen war, vollzog sich die Aufteilung *Afrikas* unter die europäischen Mächte nicht nur erstaunlich spät, sondern auch rasend schnell – im Wettlauf vor allem zwischen England und Frankreich; aber auch Deutschland, Belgien und Italien mischten mit. Spätestens 1868 war es vorbei mit Churchills Diktum, dass das Empire mehr aus Versehen entstanden sei. Da erschien das rasch berühmte Buch «Greater Britain» aus der Feder des Unterhausabgeordneten Sir Charles Dilke: Es lobte den Imperialismus als die Chance, «bei den dunkelhäutigen Rassen dieser Welt für freiheitliche Institutionen zu sorgen», und der «englischen Rasse» prophezeite Dilke, sie werde und solle eine zunehmend mächtige Rolle auf Erden spielen.

Noch 1997 schrieb John Hemming, der zuvor zwanzig Jahre lang Direktor der berühmten *Royal Geographical Society* in London gewesen war, im Vorwort zu einem Bildband über die Arbeit der Gesellschaft: «Als Rasse ragten die Briten unter den Entdeckern heraus.» Lord Selborne, Präsident der Gesellschaft und von mir 1998 auf diese Wortwahl angesprochen, sagte: Nun ja, das Wort «Rasse» sei etwas unglücklich. (*Race* steht im Muret-Sanders für Rasse, rassische Eigenart, Rassenzugehörigkeit, Rassigkeit, auch Kaste, Abstammung, Zuchthengst und Gestüt.)

Den Gipfel britischen Rassenhochmuts erklomm *Cecil Rhodes*

(1853 bis 1902), Premierminister der Kapkolonie, Beschaffer der Kolonie Rhodesien, Anstifter des Burenkriegs und größter Diamantenhändler der Welt. «Er war überzeugt», schreibt die Encyclopaedia Britannica, «dass die angelsächsische Rasse die Spitze der Evolution bilde und einen göttlichen Auftrag zu erfüllen habe: das Britische Empire über die gesamte Erde auszudehnen und dadurch Kriege unmöglich zu machen.» Die notwendige Ehe der Menschenliebe mit dem Geld beschrieb Rhodes mit dem rasch geflügelten Wort: «Philanthropie plus fünf Prozent.»

Sein unmittelbares Ziel war es, «vom Kap nach Kairo», von der Südspitze Afrikas bis zur Mündung des Nils ein durchgehendes britisches Territorium zu schaffen – und da schien Eile geboten, denn Franzosen, Deutsche und sogar Belgier waren ihm dabei im Weg. 1878 empfing der belgische König Leopold II. den Journalisten und Forschungsreisenden *Henry Morton Stanley* – weltberühmt, seit er sieben Jahre zuvor den verschollenen schottischen Missionar David Livingstone im afrikanischen Urwald aufgespürt hatte; und nun hatte Stanley gerade drei Jahre lang als erster Europäer, wahrscheinlich als erster Mensch, Afrika von Ost nach West durchquert – «eine der gefahrvollsten und merkwürdigsten Reisen, von welcher die Geschichte aller Zeiten berichtet», schwärmte der Große Meyer 1890.

Das muss man den Europäern lassen: Auch in der forschenden Neugier unter Einsatz des Lebens (und mindestens zunächst ohne die Absicht der Eroberung) übertrafen sie die Bewohner aller anderen Kontinente; es hätte ja nichts im Wege gestanden, dass statt Stanley ein Türke, ein Japaner, ein Chinese ins Unbekannte vorgestoßen wäre.

Stanleys farbiger und schwungvoller Bericht über die Durchquerung Afrikas («Through the Dark Continent») brachte Belgiens König auf die Idee: Er beauftragte Stanley, das Kongo-Becken im Herzen Afrikas, für das sich bisher keine europäische Macht interessiert hatte, für ihn, den König, zu bereisen und gleichsam mit Duftmarken zu versehen. In der Tat: Zwischen 1879 und 1884 errichtete Stanley kongoaufwärts 27 «Stationen», bestehend meist aus einem Weißen, ein paar schwarzen Dienern, Palisaden und einer belgischen Fahne. Außer Palmkernen, Palmöl und Erdnüssen war da zunächst wenig zu holen.

Doch Stanleys Expedition genügte für den Deal, den Leopold II. 1884 auf der Berliner «Kongo-Konferenz» der Großmächte unter Bismarcks Vorsitz zustande brachte: Ich garantiere freie Schifffahrt für alle und freien Handel auf dem Kongostrom – ihr garantiert mir das Riesenreich, das ich «Kongo-Freistaat» nenne, als Privatbesitz (77-mal so groß wie Belgien – aber ausgemessen hatte das noch keiner, und die Millionen Einheimischen wurden sowieso nicht gefragt). Noch 1890 wurde der Kongostaat von genau 46 Belgiern bewohnt, bewacht, regiert und ausgebeutet.

Im selben Jahr fing Deutschland – als letzte Großmacht – mit dem Erwerb von Kolonien an: Kamerun, Togo und «Deutsch-Südwest» (das heutige Namibia); im Jahr darauf Deutsch-Ostafrika (das heutige Tansania). Frankreich setzte sich auf der Rieseninsel Madagaskar fest und begann sich über die gesamte Sahara auszubreiten – in der Absicht, Nordafrika von der Westspitze bei Dakar bis zum Roten Meer französisch zu machen. In Faschoda im Sudan, nur noch tausend Kilometer vom Roten Meer entfernt, stießen 1898 die französischen auf die britischen Kolonialsoldaten, die die Nord-Süd-Achse Kairo – Kapstadt herstellen wollten. Krieg hing in der Luft. Im Jahr darauf verzichtete Frankreich auf den Sudan und holte sich zum Ausgleich den britischen Segen für alles Land westlich davon sowie für die Ausdehnung nach Süden bis zum Nordufer des Kongo.

Wenige Tage vor Faschoda hatte Sir Herbert Kitchener, der britische Oberbefehlshaber der ägyptischen Armee, nach zehnjährigem Krieg in der Schlacht von Omdurman den Traum des Sudan zerstört, sich gegen eine europäische Kolonialmacht behaupten zu können. Ägypten war de facto ein britisches Protektorat. Und von Südafrika aus hatte Cecil Rhodes inzwischen die britische Macht nach Norden vorgetrieben: Seit 1889 verleibte er die heutigen Staaten Simbabwe und Sambia dem Imperium ein, damals unter den Namen Süd- und Nordrhodesien – womit sein Eigenname reif für die Atlanten wurde. «Er war entschlossen», schreibt Churchill, «ein riesiges, allumfassendes südafrikanisches Dominion zu schaffen, und die Natur hatte ihn mit der Energie ausgestattet, die aus Träumen Wirklichkeit macht.» Die weißen Buren in Transvaal und dem Oranje-Freistaat durften dem einigen britischen Südafrika nicht im Wege stehen – umso weniger, als am Oranje-Fluss Diamanten und in Transvaal Gold entdeckt worden waren. Von 1899 bis 1902 wurden die Buren niedergerungen durch militärische Übermacht, verbrannte Erde und Konzentrationslager für Frauen und Kinder. Die Einheimischen (Bantus, Buschmänner, Hottentotten) hatte sowieso wieder keiner gefragt.

1904 fand in Deutsch-Südwestafrika eine der wenigen großen Erhebungen des Kolonialzeitalters gegen die Unterdrücker statt: Die Hereros, ein Volk von Rinderhirten, auf 80 000 Köpfe geschätzt, übernahmen im halben Land die Gewalt und brachten etwa hundert deutsche Siedler um. Der Große Generalstab in Berlin und der Kaiser persönlich waren entsetzt und schickten mit klarem Vorsatz einen ortsfremden Kommandeur nach Windhuk, den Generalleutnant Lothar von Trotha. Der tat, was von ihm erwartet wurde: Mit Kanonen und Maschinengewehren schoss er die 6000 Herero-Kämpfer zusammen, drängte das Volk in die Wüste und riegelte die mit einer Postenkette ab. Mehr als 60 000 Hereros verdursteten und verhungerten. Nun hatten die deutschen Kolonialherren an Brutalität mit den englischen gleichgezogen, ja vielen Historikern gilt der Herero-Krieg als der erste, sogar als der beispielgebende Holocaust des 20. Jahrhunderts.

1908 wurde des Königs «Kongo-Freistaat» in *Belgisch-Kongo* umgewandelt – unter dem Druck einer Weltöffentlichkeit, die inzwischen wusste, dass König Leopold die Schwarzen noch schlimmer behandelte und noch übler ausbeuten ließ, als das in europäischen Kolonien üblich war. Die «Kongo-Gräuel» wurden sprichwörtlich: Millionen Tote durch Sklavenarbeit, Hunger, Seuchen, Menschenjagd. Joseph Conrad, der den Kongo 1890 befahren hatte, beschreibt in seiner beklemmenden Erzählung «Herz der Finsternis» den todkranken Elfenbein-Eintreiber Kurtz, der seine Lehmhütte mit Elfenbein vollgestopft und mit aufgepfählten Totenschädeln dekoriert hat; Kurtz brüstet sich, nichts auf der Welt könne ihn hindern, zu töten, wen er wolle. «Rottet all diese Bestien aus!», kreischt er seinem Besucher entgegen, und mit dem letzten Atem krächzt er: «Das Grauen. Das Grauen.»

Zur Goldgrube für den belgischen König war der Kongo seit dem Import von Kautschukbäumen aus Brasilien geworden; exportiert wurden auch Edelhölzer, Elfenbein, Kaffee, Diamanten und schließlich Kupfer aus den Minen in der Südprovinz Katanga.

Europas letzter kolonialer Eroberungskrieg fand 1935/36 statt: Mussolini überfiel das Kaiserreich Äthiopien, das noch 1896 bei einem früheren Annexionsversuch die Italiener vernichtend geschlagen hatte. Nun wurde das uralte Reich, fast viermal so groß wie Italien, zusammen mit den flankierenden italienischen Kolonien Eritrea und Somaliland in «Italienisch-Ostafrika» verwandelt. Italiens lächerlichem König Viktor Emanuel III., einem Liebling der Karikaturisten im ganzen Abendland, gab das die Chance, sich «Kaiser von Äthiopien» zu nennen.

1936 also war es geschehen: Afrika sah sich vollständig in europäische Parzellen zerstückelt, mit einer Ausnahme, die indessen auch noch eine Art Spätgeburt des Kolonialismus war: Liberia an der Westküste – 1822 von amerikanischen Philanthropen, denen das Land keineswegs gehörte, freigelassenen Sklaven aus den USA zum Geschenk gemacht. Die führten sich in bester Kolonialmanier unverzüglich als die Herren über die riesige Mehrheit der einheimischen Schwarzen auf. Erst 1980 kam zum ersten Mal ein «Afroliberianer» an die Macht; er errichtete eine Militärdiktatur, und es folgten zwei Jahrzehnte Bürgerkrieg und Massenmord.

Britisch waren 1939 (die Dominien Kanada, Südafrika, Australien eingeschlossen) 23 Prozent der Landfläche der Erde, 109-mal die Ausdehnung des Mutterlands. Holland besaß das 61fache (vor allem Niederländisch-Indien, das heutige Indonesien), Frankreich das 24fache (darunter 40 Prozent von Afrika). Weiter konnten es ein paar Staaten im Westen und Süden eines Erdteils, der eigentlich nur eine Halbinsel von Asien ist, nicht bringen.

23 So zieht man sich zurück

Die Eroberung der Erde, lässt Joseph Conrad seinen Kapitän Marlow sagen, habe im Wesentlichen darin bestanden, «dass man sie denen wegnimmt, die eine andere Hautfarbe oder etwas plattere Nasen haben als wir». Dieser Ära machten die Turbulenzen des Zweiten Weltkriegs ein Ende. Von ihm erschöpft, vielleicht sogar von einem Quantum Einsicht geleitet, entließ England 1947 Indien in die Unabhängigkeit; dieser gewaltigste Bissen im Maul der europäischen Mächte war ihm zu groß geworden. Indien teilte sich, unter blutigen Kämpfen und zu Gandhis Verzweiflung, in die Staaten Indien und Pakistan. Am 22. Juni 1948 legte König Georg VI. den Titel «Kaiser von Indien», den Queen Victoria 1876 angenommen hatte, förmlich ab.

Holland gab seine Riesenkolonie Niederländisch-Indien erst nach vierjährigem Guerrilla-Kampf frei; *Indonesien* heißt sie seitdem. (Dort wütete von 1967 bis 1998 der Diktator Suharto mit Korruption und Massenmord – und ließ viele Indonesier von der Kolonialherrschaft träumen.) Aus Südwest-Afrika wurde 1960 das freie *Namibia*, aus Belgisch-Kongo *Zaire*, seit 1997 amtlich «Demokratische Republik Kongo» – ein etwas zu schönes Wort für einen der am brutalsten zerrissenen Staaten auf Erden (in Kapitel 42 mehr darüber).

Nach sechs Jahren eines Krieges, der beide Länder an den Rand des Abgrunds brachte, räumte Frankreich 1962 Algerien. 1975, nach fast fünfhundert Jahren Kolonialherrschaft, entließ auch ihr Begründer, das kleine Portugal, seine afrikanischen Besitzungen

Angola und Mozambique in die Unabhängigkeit; und 1980 geschah das Kuriosum: Das britische Mutterland zwang die englische Oberschicht in Südrhodesien, die Herrschaft über das Cecil-Rhodes-Land preiszugeben. *Simbabwe* heißt es seitdem. In puncto Misswirtschaft und Unterdrückung belegt es einen Spitzenplatz auf Erden. Doch dass es den Namensbestandteil «Rhodes» aus der Welt schaffen wollte, kann man ihm nachfühlen.

Anlässlich dieser größten Zäsur in der neuesten Geschichte – der Entkolonialisierung – stellen sich zwei große Fragen: Was hat sie einst hinausgetrieben rund herum um die unbekannte Erde, die Portugiesen, die Spanier, die Engländer, die Niederländer, die Franzosen? Und was ist geblieben von dem halben Jahrtausend europäischer Weltherrschaft?

Getrieben wurden sie zunächst von der Gier nach Gold, Gewürzen, Seide, Pelzen, Elfenbein. Bei den Spaniern wirkte wohl wirklich die Vorstellung, sie müssten die Heiden bekehren, bei den Engländern im 19. Jahrhundert der unverhohlene Rassenhochmut mit. Früh kam der Wettlauf um Macht und Prestige hinzu, ebenso der Reiz der tropischen Gewächse, vor allem Kaffee, Tee und Zucker («Kolonialwaren» genannt bis weit ins 20. Jahrhundert). «Bedürftige Arbeitslose» loszuwerden, nannte Churchill schon für das 17. Jahrhundert als Motiv (Kapitel 18) – Sträflinge erst recht: Nicht nur Australien trat als Strafkolonie ins Leben; schon 1710 hatte der Zar Sibirien zum Land der Verbannten gemacht, und von 1854 bis 1938 war Cayenne im Nordosten Südamerikas der berüchtigte Ort, an dem Frankreich sich seiner Zuchthäusler entledigte.

Mit der industriellen Revolution, die sich im 18. Jahrhundert in England vollzog, wuchs rasch alles zugleich: die Machtmittel der europäischen Staaten, ihr Bedarf an Rohstoffen aus den Kolonien und der an Absatzmärkten in ihnen, wobei die Rohstoffe von Sklaven oder ausgebeuteten Einheimischen unvergleichlich kostengünstig angeliefert wurden. «Der imperialistische Kapitalismus, zumal der *koloniale Beutekapitalismus* auf der Grundlage direkter Gewalt und Zwangsarbeit, hat zu allen Zeiten die weitaus größten Gewinnchancen geboten» – so steht es in Max Webers nachgelassener Schrift von 1922 «Wirtschaft und Gesellschaft».

Schließlich war die Hochzeit des Kapitalismus zugleich die Zeit der europäischen Bevölkerungsexplosion: Deutschland hatte im Jahr 1900 seine Einwohnerzahl binnen sechzig Jahren verdoppelt (auf 57 Millionen), England sie in hundert Jahren verdreifacht – und da waren schon Millionen ausgewandert. Man stelle sich vor, unserer überfüllten Erde würde sich ein riesiges, dünnbesiedeltes neues Amerika öffnen! Vorbei.

Und was bleibt? Nicht nur der Kapitalismus (und der Marxismus in seinem Gefolge). Es bleibt auch die Idee der *Menschenrechte*: Die Uno hat sie in ihre Charta aufgenommen und in ihrer Deklaration von 1948 präzisiert. Als Ideal in die Welt gesetzt wurde sie von Engländern und Franzosen, und nie haben Asien oder Afrika einen Beitrag dazu geleistet. So oft sich die europäischen Mächte auch gegen die Menschenrechte versündigt haben – sie wenigstens als Ziel, als Anrecht zu proklamieren hat sie ihrer Verwirklichung ein bisschen näher gebracht, und wo immer sie sich durchsetzen, hat Europa einen nachträglichen Sieg errungen.

Es bleibt dabei, dass fast die Hälfte der Landfläche der Erde vollständig europäisch geprägt ist (Amerika, Australien, Sibirien und Europa selbst). Es bleiben die Universalsprache Englisch und die erdteilübergreifenden Sprachen Spanisch, Französisch, Russisch, Portugiesisch. Kurioserweise ist auch ein auffallendes Symbol europäischen Lebensstils in aller Welt präsent geblieben: die *Krawatte*, zumal in ihrer seit hundert Jahren modischen Form, dem «Langbinder». Alle Generalsekretäre der Uno haben ihn getragen, ob aus Burma, Korea oder Ghana; etliche afrikanische Potentaten tragen ihn, sogar Robert Mugabe, seit 1980 Diktator von Simbabwe; alle japanischen Geschäftsleute tragen ihn und seit Maos Tod sogar die chinesischen Politiker.

Bleibt noch etwas? Gab es vielleicht vor dem Goldrausch, dem Missionsdrang, dem Rassenhochmut – und gibt es zeitlos über ihnen eine Eigenschaft, die dem Menschen wohl anstehen würde und die wiederum in Europa kulminiert: Wissbegierde – Neugier – Forschergeist? Die Gesinnung: Ja, diesen Planeten wollen wir bis in seine entlegensten Winkel betrachten, betreten, ergründen, damit er wirklich unser wird? Sollte das bei Heinrich dem Seefahrer, bei Kolumbus, bei Magalhães etwa nicht im Spiel gewesen sein? Mindestens war es der Antrieb jener Europäer, die das Fernste, Schwierigste, Menschenfeindlichste anstrebten, was auf Erden zu erreichen ist: Nordpol, Südpol und Mount Everest.

Natürlich, gerade bei solcher symbolischen Besitzergreifung toter Punkte spielte nationaler Ehrgeiz mit – ja, Wettläufe fanden da statt, heißer ausgetragen als um jede Kolonie. Aber hierbei schädigten die Europäer niemanden, sie blieben unter sich: die Nansen, Amundsen, Scott, Hedin und Hillary. Dass der aus Neuseeland kam, ändert nichts: Schließlich war er kein einheimischer Maori, sondern *a white subject of Her Majesty the Queen*, der er mit seinem Triumph stilsicher zur Krönung gratulierte.

Hillary machte gleichsam reinen Tisch: Die Eroberung der Erde war 1953 beendet – die Raumfahrt konnte beginnen. Und wirklich: Nur vier Jahre lagen zwischen diesen beiden Daten.

24 Und dann noch die drei Pole

Alles, was zu besitzen sich auf Erden lohnte, war aufgeteilt am Ende des 19. Jahrhunderts, überwiegend zwischen Europäern. Unter den bewohnten Arealen blieb nur noch eines, wovon Europa wenig wusste: das Innere von Asien. Das erforschte von 1893 bis 1908 in vier Expeditionen der Schwede Sven Hedin, im Lexikon gefeiert als «der letzte große Landreisende der Entdeckungsgeschichte».

Wie aber stand es um die Arktis, die doch für die Schifffahrt von Interesse war, und die Antarktis, die zwar keiner wollte, die aber doch dem europäischen Entdeckerdrang nicht auf ewig verschlossen bleiben durfte? Durchs Nördliche Eismeer zogen sich zwei begehrte potenzielle Schifffahrtsrouten: Einerseits die *Nordost-Passage* von der Nordsee um Sibirien herum nach Wladiwostok (und die war auch noch nach der Eröffnung des Suezkanals 8000 Kilometer kürzer als die Route durchs Mittelmeer und den Indischen Ozean); der Norweger Erik Nordenskjöld eröffnete sie 1878/79, aber befahrbar blieb sie nur drei Sommermonate lang. Andererseits die *Nordwest-Passage* durch die kanadische Arktis, und die war für die Weltschifffahrt von höchstem Interesse, vor allem für die USA: Denn bis 1914 der Panama-Kanal eröffnet wurde, ließen sich schwere Lasten von New York nach Kalifornien nur um Südamerika herum transportieren.

Der erste Versuch, die Durchfahrt zwischen Grönland und Kanada zu finden, scheiterte dramatisch: Der britische Konteradmiral Sir John Franklin brach im Mai 1845 mit 138 Mann auf zwei Seglern mit Hilfsdampfmaschinen auf, wurde im September 1846 vom

Eis eingeschlossen – und nie wieder freigegeben. Im Juni 1847 starb Franklin an Bord; im April 1848 verließen die 105 bis dahin noch Überlebenden ihre halbzerquetschten Wracks und traten einen hoffnungslosen Hungermarsch nach Süden an. Keiner überlebte. Elf Jahre später fand eine Suchexpedition einige Skelette, ein paar silberne Löffel aus der Offiziersmesse und zwei Seiten aus einem Tagebuch. Die Nordwest-Passage fand von 1906 bis 1908 der Norweger Roald Amundsen; aber es zeigte sich: Für die Handelsschifffahrt war sie viel zu schwierig – und mit dem Panama-Kanal auch überflüssig.

Die Erforschung des Eismeers hatte noch überwiegend der Hoffnung gegolten, von ihr würde der Handel profitieren. Was aber blieb dem Ehrgeiz derer, die noch das Kolumbus-Feuer in sich spürten? Nur drei tote, völlig sinnfreie Ziele: zwei rein mathematische, die als Landschaften eintöniger nicht hätten sein können, der Nord- und der Südpol – und der erdfernste, der am schwersten zu erreichende, der fürchterlichste Punkt: der Gipfel des Mount Everest, oft als «dritter Pol» bezeichnet. Bei allen dreien ging es um das, was der große französische Bergsteiger Lionel Terray, der 1965 zu Tode stürzte, als die *conquête de l'inutile* bezeichnete, die Eroberung des Unnützen. Nun ja, und um einen Wettlauf der Nationen.

Der Erste, der nach dem Nordpol strebte, war *Fridtjof Nansen*, wieder ein Norweger; es ließe sich also, frei nach Cecil Rhodes, behaupten, das ganze letzte Aufräumen auf der Erde sei eine germanische Veranstaltung gewesen. 1888 hatte Nansen in 41 Tagen das grönländische Inlandeis durchquert, im unbewohnten Osten der Insel beginnend, um sich den Rückzug abzuschneiden; und 1893 ließ er sich mit einem speziell konstruierten Schiff, der «Fram» (mit rundem Kiel, damit das Eis sie hob, statt sie zu zerdrücken) an der Nordküste Sibiriens vom Packeis einschließen, in der Hoffnung, die Drift des Eises würde ihn über den Nordpol nach Spitzbergen treiben. Aber sie schob die «Fram» zu weit am Pol vorbei; mit Schlitten näherte sich Nansen ihm auf 400 Kilometer.

Roald Amundsen war der Nächste, der den Nordpol bezwingen wollte – aber enttäuscht, ja wütend stellte er sich auf den Südpol um, als ihn 1909 die Nachricht erreichte, der Amerikaner Robert Peary habe es schon geschafft. Pearys Ruhm wiederum wurde durch die Behauptung seines Landsmanns Frederick Cook geschmälert, er sei schon 1908 am Nordpol gewesen. Die beiden stritten sich bis in den Tod, mit klarem Vorteil für Peary; doch 1988 stellte die *New York Times* klar: Es sei nicht zu ermitteln, ob beide den Pol erreichten und folglich Cook als Erster, oder nur einer, und welcher, oder ob keiner von beiden. (Das Weltblatt widerrief damit nach 79 Jahren ausdrücklich seine Darstellung von 1909, Peary sei es gewesen.)

Amundsen wusste von den Hintergründen nichts, hielt den Nordpol für erreicht und setzte sich 1911 statt in die Arktis in die Antarktis in Marsch – so, als hätte ein Kolumbus gesagt: «Wenn Amerika schon gefunden ist, entdecke ich eben Australien.» In der Antarktis aber waren schon die Engländer gefährlich weit gekommen: Von 1901 bis 1904 hatte *Robert Scott* ihre Ränder erforscht, 1909 Ernest Shackleton sogar 88 Grad südlicher Breite überwunden, dem Südpol auf 150 Kilometer nah. Klar also, dass Captain Scott für Großbritannien den Rest besorgen musste: Am 1. Juni 1910 schiffte er sich in London ein.

Zehn Wochen später stach in Bergen Roald Amundsen in See. Erst auf Madeira ließ er seine Männer wissen, dass er, entgegen dem veröffentlichten Plan, nicht die Nordwest-Passage (diesmal von Westen) ansteuere, sondern die Antarktis. An Scott schickte er von Madeira aus ein entsprechendes Telegramm. Der Wettlauf war eröffnet.

Am 4. Januar 1911 ging Scott am Südrand der Antarktis vor Anker, zehn Tage später Amundsen rund 600 Kilometer entfernt. Am

24. Oktober, nach Anlegung der notwendigen Proviantdepots, brach Scott auf – mit drei Motorschlitten, 33 Hunden und 19 angeblich winterfesten Ponys aus der Mandschurei. Die Motorschlitten waren rasch ausgefallen, das letzte Pony wurde am 9. Dezember erschossen: Alle waren verletzt durch die Schneekruste, in die sie fortwährend einbrachen, und das Futter war verbraucht. Warum Scott dann auch auf die Hunde verzichtete, ist umstritten: Die letzte Etappe legte er mit Schlitten zurück, die er und seine Männer auf Skiern zogen.

Als die sechs Engländer am 18. Januar 1912 auf dem Südpol standen, fanden sie dort ein Zelt und die norwegische Flagge. Amundsen hatte die Nachricht hinterlassen: Wir waren hier am 15. Dezember 1911, und für den Rückweg alles Gute! Der Norweger hatte sich völlig auf seine grönländischen Polarhunde verlassen, 52 von ihnen zogen die vier Schlitten. Den notgedrungen nur grob berechneten südlichsten Punkt der Erde hatte er vorsorglich in einem Radius von 18 Kilometern umkreist, damit der exakte Südpol in jedem Fall eingeschlossen war, und in seinem späteren Bericht über die Expedition hielt Amundsen fest: Es habe wohl noch nie ein Mensch in so radikalem Widerspruch zum eigentlichen Ziel seines Lebens gestanden wie er – dem Nordpol nämlich.

Scott und die Seinen traten verzweifelt und erschöpft den Rückzug an. Einer starb geistig verwirrt, ein Zweiter wankte mit erfrorenen Füßen aus dem Zelt in den Schneesturm hinaus, um den vier anderen nicht zur Last zu fallen. Der Proviant wurde knapp, die Tagesleistung immer geringer. Am 20. März, nach 60 Tagen Kampf, schlugen die vier zum letzten Mal ihr Zelt auf, 18 Kilometer vor dem Proviantdepot, das sie in einem letzten Tagesmarsch gerettet hätte. Ein Blizzard wütete. Vom 29. März 1912 stammt Scotts letzter Tagebucheintrag. «Das Ende kann nicht mehr fern sein», heißt es darin.

Hatte Scott die vielleicht noch mögliche Rettung hintertrieben, weil er den Tod im Eis, mit der Chance entsprechenden Nachruhms, der bitteren Heimkehr vorzog, bei dem er sich für sein Scheitern und den Tod zweier Gefährten hätte verantworten müssen? Dieser Verdacht ist seither in England mehrfach aufgetaucht. Indem Scott sich im Zelt zum Sterben legte, fand er Zeit, heroische Botschaften zu formulieren: dass er diesen Kampf um Britanniens Ruhm ohne Schuld verloren habe, und wie er und seine Männer zeigten, dass Engländer noch immer kühnen Sinnes zu sterben verstünden.

Wenn nun schon der Norweger Amundsen den Engländer Scott und das ganze Empire blamiert hatte, dann war eines klar für Albions stolze Söhne und zumal für die *Royal Geographical Society*: Der dritte der entlegensten Punkte der Erde – ihr höchster Gipfel – musste um jeden Preis von einem Engländer erobert werden. Neun Expeditionen in 32 Jahren schickte die Gesellschaft los. War es doch der britische Landvermesser Sir George Everest, der 1849 den höchsten Punkt der Erde ermittelt hatte. Und es waren Engländer, die im 19. Jahrhundert auf vielen Viertausendern der Alpen als Erste standen – wie der junge Schnösel Edward Whymper, der 1865 das Matterhorn bezwang und 1880 in Ecuador den Chimborazo – nach seinen Worten getragen von dem erstaunlichen Ausbruch britischer Energie, dem «die Unterjochung» (ja, *subjugation*!) solcher Gipfel zu danken sei.

Der britische Sturm auf den Mount Everest begann 1921 – und nie hat ein anderer Punkt der Erde so viel Geld und so viel Energie verschlissen, so viel Enttäuschung, so viel schauriges Gekeuche produziert wie sein Gipfel, 8848 Meter über dem Meer. In jenem Jahr setzte sich zunächst eine englische Erkundungsexpedition in Marsch. Sie näherte sich dem Berg von Norden, aus Tibet, und endete in 7100 Meter Höhe: gewaltige Eisbrüche waren schon überwunden, eine Gipfelroute erkennbar. Der 35-jährige George Mallory, ein bewährter Alpinist und gebildeter Mann mit geschliffenen

Manieren, schrieb aus dem Himalaja an seine Frau, der Weg sei nun klar, «und jeder kann ihn gehen, der das höchste Abenteuer wagen will». Mallory hatte den Lehrerberuf an den Nagel gehängt, um an dieser Expedition teilzunehmen und den folgenden auch.

1922 kämpften sich der australische Spitzenbergsteiger George Finch und der bergunerfahrene Engländer Geoffrey Bruce als erste Menschen in die Achttausender-Region empor; in 8320 Meter Höhe kapitulierten sie, erschöpft und in Panik, weil ihre Sauerstoffgeräte immer wieder streikten. Als ein paar Tage später eine Lawine sieben Sherpas in den Abgrund fegte, war die Expedition beendet. «Der Leiter schickte uns 15 Silbermünzen, damit wir für die Toten beten», schrieb der Lama des Rongbuk-Klosters am Fuß des Everest. «Ich hatte Mitleid mit denen, die für eine so überflüssige Sache mit so viel Leid bezahlen mussten.»

Die dritte Expedition machte Mallory im Tod berühmt. Eine Karawane von 300 Lasttieren, jedes mit 70 Kilo beladen, schlich im März 1924 der Nordostflanke des Everest entgegen, begleitet von 70 einheimischen Trägern und Dienern – «Kulis», sagten die englischen Herren. Den ersten Angriff unternahm der Expeditionsleiter, Major Edward Norton, gemeinsam mit dem Londoner Chirurgen Howard Sommervell. Sie stiegen ohne künstlichen Sauerstoff, denn das Gewicht der Flaschen war zum Fürchten, und schon damals gab es ein Bedenken, das Reinhold Messner 1978 in eine Weltsensation zu verwandeln verstand: dass es eigentlich englischem Sportsgeist widerspreche, den Sieg mit so viel Technik zu erringen.

Am 4. Juni brechen Norton und Sommervell von ihrem Zelt in 8150 Meter Höhe auf. Sie tragen sportliche Anzüge mit Knickerbockern, darunter zwei Pullover und wollene Wäsche, darüber «einen leichten Pyjama» aus winddichtem Gabardine, dazu Wickelgamaschen aus Kaschmirwolle, klobige Filzstiefel mit genagelten Ledersohlen und pelzgefütterte Lederhelme, wie Motorradfahrer sie damals benutzten. Sie steigen über mäßig geneigte Felsplatten und rutschiges Geröll; bald brauchen sie zehn Atemzüge oder noch mehr für jeden Schritt. Piloten in Flugzeugen ohne Druckkabine müssen schon in 3500 Metern Höhe nach 30 Minuten Sauerstoffmasken anlegen, weil das Urteilsvermögen nachlässt, und auf den sanften Firnhängen des Montblanc (4807 Meter) geben viele, auch durchtrainierte Alpinisten stöhnend auf – es gibt dort nur noch halb so viel Sauerstoff wie auf Meereshöhe; für Norton und Sommervell ist es weniger als ein Drittel.

Alle paar Minuten müssen sie sich hinsetzen, schmerzhaft hustend aus ausgedörrten Kehlen. Dann zockeln sie weiter – «ein trauriges Paar», schrieb Norton später, «zwei Schindmähren», meinte Sommervell. Bei 8534 Meter setzt sich Sommervell röchelnd unter einen Felsvorsprung und gibt auf. Geh weiter, sagt er zu Norton, das Gelände ist ja leicht. Norton kämpft sich zu einer Rinne hoch, wo er bis zur Hüfte im Pulverschnee versinkt, und kehrt nach einer Stunde um an einem Punkt, der später mit 8573 Metern vermessen wird. Das war der Höhenrekord bis 1952 (falls nicht Mallory und Irvine ihn vier Tage später brachen, aber das wissen wir nicht). Und dazu ein Rekord an Lungenkraft und Willensstärke, wie er vielleicht nie überboten worden ist: Allein Nortons Sturmanzug wog «das Vielfache unserer gesamten Ausrüstung», schrieb Peter Habeler, nachdem er 1978 gemeinsam mit Reinhold Messner, ebenfalls ohne Sauerstoffgerät, auch die letzten 273 Höhenmeter zum Gipfel geschafft hatte.

Nun war es an Mallory, den Sturm zu wagen. Den 22-jährigen Studenten Andrew Irvine nahm er sich zum Gefährten. Sie gingen mit Sauerstoffgeräten, denn ohne diese waren Norton und Sommervell ja gerade gescheitert. Am 8. Juni, zwei Tage nach ihrem Aufbruch vom Basislager, erspähte Noel Odell, ein weiteres Expeditionsmitglied, aus 7830 Meter Höhe zwei schwarze Punkte, die sich über ein Schneefeld rasch gipfelwärts bewegten; dann verschwanden sie in den Wolken. Odell wunderte sich, die beiden um

12.50 Uhr noch im Aufstieg zu sehen, fast fünf Stunden hinter Mallorys Planung zurück. Er kletterte zum obersten Zelt auf 8170 Meter Höhe. Eine Nachricht fand er nicht vor, wohl aber ein Durcheinander von Flaschen und Gestellen, aus dem er folgerte, dass es mit dem Sauerstoff Probleme gegeben haben musste. Mallory und Irvine sind verschollen.

Fünf Stunden zu spät auf der letzten Etappe! Wollte Mallory die Spitze dennoch erzwingen, so musste er einen nächtlichen Abstieg in Kauf nehmen. Hat er das getan? Warum sah man dann von keinem Lager aus die Magnesiumfackeln leuchten, die er für solche Fälle mit sich führte? Absturz also. Aber warum hätten sie abstürzen sollen? «Für Mallory war das Gelände kinderleicht, und auch Irvine ging sehr sicher», sagte Odell. Wenn aber abgestürzt, bliebe dieselbe Frage: vor oder nach dem Gipfel? Und wenn erfroren, bleibt sie wieder. Diesen Weg kann jeder gehen, «der das höchste Abenteuer wagen will», hatte Mallory 1921 geschrieben. Hatte er's gewagt? Er war ein Träumer, und umkehren, meinten seine Kameraden, hätte er schlimmer gefunden als sterben.

In der Londoner St.-Paul's-Kathedrale fand ein Gedenkgottesdienst für Mallory und Irvine statt. König Georg V. wohnte ihm bei, und der Bischof von Chester sprach: «Ihre Namen sind im Buch Gottes in goldenen Lettern geschrieben.» Doch ob sie auf dem Gipfel standen, bevor sie starben, das teilt auch dieses Buch nicht mit. Im März 1999 zog eine 15-köpfige Expedition unter Leitung des Amerikaners Eric Simonson eigens zum Mount Everest, um das Rätsel zu lösen. Und in der Tat: Am 2. Mai fanden sie in 8300 Meter Höhe die marmorweiß gefrorene Leiche eines Mannes mit doppelt gebrochenem Bein und den Lettern «G. Mallory» in der zerfetzten Unterwäsche. Was sie nicht fanden, war die Kamera, die Mallory mit sich geführt hatte. Hätte die Kälte den Film konserviert, so hätte er Gipfelfotos zeigen können – oder eben nicht. Das Geheimnis bleibt.

Nach Mallory machten sich zunächst vier weitere britische Expeditionen auf den Weg – vergebens. 1933 kaufte sich der englische Kriegsheld und Globetrotter Maurice Wilson ein einmotoriges Flugzeug, lernte dann auch wirklich fliegen, flog es in zwei Wochen abenteuerlich nach Indien, trekkte mit drei Sherpas illegal nach Tibet und zog im April und Mai 1934 dreimal aus, den Mount Everest zu bezwingen. In 6400 Meter Höhe fand die fünfte englische Expedition 1935 seine Leiche.

War Wilson nun die tollere Mischung aus Besessenheit und Narretei – oder waren es jene bewährten britischen Alpinisten, die 1935 – und 1936 – und 1938 auch die letzten 273 Meter noch «unterjochen» wollten? Dreimal vergebens. Eric Shipton, Teilnehmer der drei Versuche, schrieb 1942: «Es scheint fast, als wäre eine Sperrkette um die Gipfel der Achttausender gelegt. Die Wahrheit ist natürlich, dass der niedrige Luftdruck in Höhen über 7600 Meter eine wirklich schwierige Kletterei unmöglich macht, dass schon ein leichter Sturm tödlich sein kann und dass nur das beste Wetter und die allerbesten Schneeverhältnisse eine kleine Erfolgschance bieten.»

Die volle Wahrheit ist das nicht: Denn warum war von den 14 Achttausendern trotz Dutzender Versuche noch kein einziger bestiegen – obwohl elf der Gipfel *unterhalb* der Höhe liegen, die Norton und Mallory bereits am Everest erreicht hatten? Es muss etwas mit einer Art Sperre zu tun gehabt haben: Solange ein extremer Punkt der Erde noch nie betreten worden ist, legt sich denen, die ihn erobern wollen, offenbar ein Rest von Verzagtheit auf die Seele. Wie war es denn beim Matterhorn? Lange Zeit für unersteiglich gehalten, dann 1865 von Whymper gestürmt, heute an schönen Sommertagen von Hunderten bestiegen; ungleich steiler als der Everest und echtes Klettern erfordernd, das heißt die Zuhilfenahme der Hände, die am Everest so selten nötig ist wie am Montblanc.

Einige der Achttausender sind erheblich schwieriger als der

höchste von ihnen, voran der K2, mit 8611 Meter der zweithöchste Berg der Erde und als einsam ragende Pyramide eine eindrucksvolle Berggestalt. Der Anblick des Everest hingegen enttäuscht viele: ein plumper, breitschultriger Gipfel, von vier steileren Achttausendern flankiert. Nur der höchste ist er eben – am weitesten entfernt von aller irdischen Geborgenheit, der für Menschen ungeeignetste, der feindseligste Ort auf Erden. Sich gerade dieses Punktes zu bemächtigen, das macht stolz. Zugleich treibt es den Kult der Höhe auf die Spitze, den die meisten Kulturen und Religionen pflegen: Auf Andengipfeln wurden Kinder den Göttern geopfert, auf dem Berg Horeb im Sinai empfing Moses die Gebote.

Die Sperrkette um die Gipfel der Achttausender wurde 1950 endlich zerbrochen: Die Franzosen Maurice Herzog und Louis Lachenal standen auf der Annapurna, 8091 Meter hoch. Schneeblind, mit furchtbaren Erfrierungen, fürs Leben gezeichnet kehrten sie in die Menschenwelt zurück. Im selben Jahr fielen die Chinesen in Tibet ein. Damit war die Route der sieben britischen Expeditionen von 1921 bis 1938 blockiert. Doch gleichzeitig ließ zum ersten Mal Nepal, Tibets südlicher Nachbar, Expeditionen ins Land, und da die Grenze zwischen beiden Staaten über den Gipfel des Everest verläuft, konnte 1951 ein englisches Team – das achte – die Route über den Südostgrat erkunden: unten wie im Norden durch gewaltige Eisbrüche, die sich mit Seilen und Leitern zähmen ließen, im Mittelteil weniger steil und auf dem Gipfelgrat wiederum fast ohne Kletterprobleme. Unter den Kundschaftern befand sich der neuseeländische Imker *Edmund Hillary*.

1952: Eine schweizerische Expedition drängt sich ins englische Jagdrevier. Raymond Lambert und der nepalesische Sherpa Tenzing Norgay stapfen und kriechen, von Böen und Eiskristallen gepeitscht, auf der neuen Route 28 Meter höher, als Norton 1924 auf der alten gekommen war; 150 Meter unter dem Südgipfel geben sie auf. Erleichterung in England, 1953 die neunte Expedition. Der erste Sturmtrupp bringt es zu dem halben Triumph, den Südgipfel zu erklimmen, 8763 m über dem Meer; die letzten 85 Höhenmeter dort hinüber, zum Hauptgipfel, 350 Meter entfernt, schafft er nicht. Immer noch also könnte ein anderer kommen und sich der Erste nennen – und am 2. Juni, sieben Tage später, wird Elisabeth II. gekrönt!

Am 28. Mai bricht der zweite Trupp auf: Hillary und mit ihm Tenzing Norgay, der es bereits zum siebenten Mal versucht. In 8500 Meter Höhe biwakieren sie bei minus 27 Grad. Am nächsten Morgen starten sie um 6.30 Uhr, jeder mit dem vierzehn Kilo schweren Sauerstoffgerät beladen. Es ist wolkenlos. Auf dem Südgipfel angelangt, «schauten wir mit einigem Interesse auf den jungfräulichen Grat vor uns», schrieb Hillary. Eine einzige Barriere trennt sie noch von ihrem Ziel: ein zwölf Meter hoher Steilaufschwung – links Felsen, rechts Wechten, Schneewehen, die über dem Abgrund hängen, und dazwischen eine Eisrinne. Hillary kämpft sich, weil so die Steigeisen besser greifen, rückwärts die Rinne hinauf und betet, dass keine der Wechten in die Tiefe donnert. Er wird erhört.

Dann keine Hindernisse mehr, nur will der Grat kein Ende nehmen, «er krümmte sich nach rechts, und wir hatten keine Ahnung, wo der Gipfel war». Dann sehen sie den Grat plötzlich abkippen, schlagen mit dem Pickel noch ein paar Stufen – und stehen auf der Schneekuppe, die der höchste Punkt der Erde ist. Unter den Eiszapfen an Brille und Sauerstoffmaske sieht Hillary des Sherpas breites Grinsen, sie schütteln sich die Hände und umarmen sich. Sie trinken süße Limonade aus der Thermosflasche, Hillary fotografiert und forscht nach Spuren von Mallory.

Da waren also neun britische Expeditionen und eine aus der Schweiz jeweils monatelang dem Everest entgegengekrebst, hatten sich wochenlang durch die Gletscherbrüche emporgeschunden, von tausend Trägern und hundert Tonnen Material flankiert; in sturmzerzausten Zelten hatten die Bergsteiger Tag um Tag gewartet, eine Plage ohnegleichen war ihr Preis, Enttäuschung fast immer ihr Lohn; viele humpelten ohne Zehen heim, 13 blieben im Eis. Und dies alles, damit zwei Menschlein eine Viertelstunde lang ganz oben stehen konnten! Es war, als hätte ein Volk den Turm zu Babel errichtet zu dem einzigen Zweck, eine Viertelstunde lang eine Kerze auf ihm anzuzünden.

Nichts schien nun wichtiger, als zu erfahren, ob Hillary oder ob Tenzing als Erster dem höchsten Außenfort der Erde aufs Dach gestiegen war. England feierte natürlich, dass ein Bürger des Commonwealth und eine britische Expedition den Sieg errungen hatten – vom Team in chiffriertem Telegramm nach London übermittelt, damit die Nachricht dort bis zum 2. Juni, dem Tag der Krönung, zurückgehalten werden konnte; und dann erschien die *Times* mit der Schlagzeile «Der krönende Triumph».

Von den anderen 13 Achttausendern im Himalaja und im Karakorum war der letzte 1964 erobert. Auch die Eiger-Nordwand ist durchstiegen, der Atlantik im Ruderboot bezwungen, die Antarktis längst zu Fuß durchquert – schlechte Zeiten für die Whympers, die Amundsens, die Hillarys, die wir immer noch unter uns vermuten dürfen; von den Kolumbussen zu schweigen. Vorbei die Zeit, als es noch irgendeinen Punkt auf Erden gab, den Coca-Cola nicht erreichen konnte.

Die Herrschaft über den Planeten

25 Höhlen wir die Erde aus!

Kaum hatten unsere Ahnen angefangen, die Oberfläche der Erde eigenmächtig umzuformen, den Äckern zuliebe – da kratzten und bohrten sie auch schon ihre Kruste an, um Erz aus ihr herauszuklauben. Und als die Engländer im 18. Jahrhundert damit begannen, aus Schächten Kohle hochzuholen, da setzten sie in merkwürdiger Wechselwirkung die industrielle Revolution in Gang und bereiteten der britischen Weltherrschaft den Weg.

Noch tief in der Steinzeit, etwa im 8. Jahrtausend v. Chr., scheint der Mensch *das Metall* entdeckt zu haben – zunächst das Kupfer. Kupfererz tritt in manchen Weltgegenden in Klumpen an die Oberfläche, es glänzt, es lässt sich durch Hämmern formen, und offenbar wurde es jahrtausendelang nur als eine Art weicher und gefälliger Stein betrachtet, der sich gut zu Nadeln und Schnallen verarbeiten ließ. Fiel eine davon ins Feuer, bot sich die nächste Entdeckung an: dass aus dem Erz ein noch schöneres Material herausschmolz. Seit etwa 4000 v. Chr. sind Pfeil- und Lanzenspitzen aus Kupfer nachgewiesen.

Noch im selben Jahrtausend müssen die Sumerer entdeckt haben, dass das eher weiche Kupfer und das extrem weiche Zinn, wenn man sie im Verhältnis 9:1 verschmilzt, eine Legierung ergeben, die härter als beide, dazu verschleißfest und korrosionsbeständig ist: die Bronze. Als Schmuck, Gefäß, Werkzeug und Waffe eroberte sie rasch Europa, Nordafrika und das südliche Asien. Mit der Bronze schrieb der Mensch dem Material die Form einfach vor, statt sie durch Hämmern und Meißeln herbeizuzwingen. Mit Bronzeschwertern hieben die homerischen Helden aufeinander ein; stark müssen sie gewesen sein, denn Bronze ist noch um zehn Prozent schwerer als Eisen. Die Bronzeaxt erleichterte das Roden der Wälder, die der Landwirtschaft im Wege waren. Schließlich wurden aus Bronze Pflugscharen geschmiedet und damit der Ackerbau in großer Fläche ermöglicht.

Zinn also war in großen Mengen schon im Altertum begehrt; um Zinn aus Spanien stritten sich Rom und Karthago; und um es zu gewinnen, wurden sogar senkrechte Schächte in den Boden getrieben – nicht sehr tief, denn rasch war die Luft knapp und das Grundwasser im Wege. Auch Silber, Eisen, Blei holten die Anrainer des Mittelmeers aus der Erde.

Kohle (obwohl in römischer Zeit vereinzelt erwähnt) war bis weit ins Mittelalter nichts als ein weicher, fettiger Stein, der mancherorts zutage trat und den Bauern das Pflügen erschwerte. Aus dem 9. Jahrhundert in England, aus dem 12. in Deutschland ist überliefert, dass arme Leute ein paar Kohlenbrocken auflasen und sie zu Hause verfeuerten. Aber sie brannten schlecht und stanken dabei so abscheulich, dass der englische König Eduard I. um 1300 auf ihre Nutzung die Todesstrafe setzte.

Der Umschwung zeichnete sich erst im 16. Jahrhundert ab. Da wuchsen, im Zeitalter der Entdeckungen, die Segelflotten; der enorme Holzbedarf des Schiffbaus hatte schon im Altertum zur Entwaldung Griechenlands und Italiens beigetragen. Gleichzeitig blühte das Eisengewerbe auf und vergrößerte den Holzbedarf: Denn um das Eisen aus dem Erz zu schmelzen und es glühend zu formen, brauchte man Holzkohle, die erheblich größere Hitze als das Holz entwickelt und nahezu flammenlos verbrennt.

Da gelang es 1709 dem englischen Eisenhüttenbesitzer Abraham Darby, Steinkohle unter Luftabschluss stark zu erhitzen, wie es die Köhler mit dem Holz taten; und das Produkt, wie Holzkohle frei von Qualm und arm an Abgasen, hieß *cokes* (woraus unser «Koks» entstanden ist). Bald zeigte sich, dass Koks nicht etwa ein Ersatzstoff, sondern das überlegene Brennmaterial war: Denn seine große, während der Verbrennung gleichbleibende Härte gestattete es, eine vier, zehn oder gar zwanzig Meter hohe Erzsäule darauf zu laden und so den Verhüttungsvorgang zu rationalisieren. An die Stelle der Gruben oder Herde, in denen seit dem Altertum das Eisen aus dem Erz geschmolzen worden war, trat 1740 in England der Hochofen. So zerbrach die kahlgeschlagene Insel Großbritannien den uralten Zusammenhang zwischen Eisen und Holz und machte sich mit Hilfe ihrer gewaltigen Kohlenfelder zum Weltzentrum der Eisenindustrie.

Kohle durfte man nun nicht länger bloß so fördern, wie dies jahrhundertelang geschehen war – im «Bergbau», wörtlich verstanden. Der Begriff besagt ja: Bis in die Neuzeit boten lediglich Berge und Hügel die Chance, dass man in ihnen Erz oder Kohle fand, weil meist nur die Gesteinsabbrüche von Gebirgsauffaltungen eine Ader zutage treten lassen; er bedeutet ferner, dass auch allein der Berg mit seiner natürlichen Entwässerung zum Tal dem Bergmann den Kampf mit dem Grundwasser ersparte, der von jeher zu den größten Problemen des Bergbaus gehörte.

Stollen nicht mehr waagerecht in den Berg zu treiben, sondern Schächte in die Tiefe – das wurde in größerem Umfang erst 1698 möglich: Da erhielt der englische Bergwerksbeamte Thomas Savery ein Patent auf die erste praktisch verwendbare Dampfmaschine (eine bloß funktionierende hatte schon 1690 der französische Physiker Denis Papin gebaut, als er Professor der Mathematik in Marburg/Lahn war). Saverys Maschine begann das Problem zu lösen, wie man immer weiter in die Tiefe graben kann, ohne im Grundwasser zu ersaufen: Sie pumpte das Wasser in träger Bewegung ab.

Der erste berühmte Hersteller einer großen Zahl brauchbarer Dampfmaschinen war der englische Schmied Thomas Newcomen, dessen Erzeugnisse seit 1711 in vielen Kohlenschächten Englands und Schottlands installiert wurden und so dazu beitrugen, England für ein Jahrhundert in die Werkstatt der Welt zu verwandeln. Auch Newcomen baute sogenannte atmosphärische Dampfmaschinen, bei denen durch Abkühlung des Dampfes im Zylinder ein Sog entstand, der eine langsame, aber für Pumpzwecke brauchbare Bewegung hervorrief.

Dreiundsechzig Jahre lang, von 1698 bis 1761, blieben die Dampfmaschinen reine Hilfsmittel des Bergbaus: ausschließlich dazu verwendet, Wasser oder später Kohle aus der Tiefe zu fördern. Von Anbeginn zeigte sich die Wechselwirkung von Kohle und Maschine: Die Maschine half die Kohleförderung erhöhen, die Kohle heizte die Maschine. Je mehr Dampfmaschinen es gab, desto mehr Kohle *konnte* – *musste* aber auch gefördert werden, um die Dampfmaschinen zu füttern. Der Kohlenverbrauch der frühen, groben Pumpen war enorm: Um eine Leistung von tausend Kilowatt zu erzielen, braucht eine Dampfturbine heute weniger als eine halbe Tonne, während Newcomens Feuermaschinen über zehn Tonnen Kohle fraßen.

1761 wurde die erste Dampfmaschine in Betrieb genommen, die nicht dem Bergbau diente: eine Dampfpumpe für die Londoner Wasserversorgung. Von 1765 bis 1785 nahm dann der schottische Mechaniker James Watt an der Dampfmaschine so entscheidende Verbesserungen vor, dass er noch einmal als der Erfinder dieses Schrittmachers der industriellen Revolution gefeiert werden konnte. Nicht mehr der Unterdruck des abgekühlten, sondern unmittelbar der Überdruck des heißen Dampfes setzte nun die Kolben in Bewegung. Die Welt hatte ihre erste Hochleistungsmaschine. Sie arbeitete auch mit einer weniger billigen Kohle als der englischen rentabel, machte die Installierung in Fabriken lohnend und ließ sich schließlich auf Schienen stellen. Der Mensch verwandelte die Sonnenenergie, die in der Kohle vor Jahrmillionen aufgespeichert worden war, in Feuer zurück und vertausendfachte damit seine Kraft.

Zunächst verkaufte Watt seine Maschine natürlich dorthin, wo das Herz des Fortschritts schlug: in die Kohlengruben. Damit half er vielen Bergwerksunternehmen, die durch den ungeheuren Kohleverschleiß der alten Dampfpumpen an den Rand des Ruins geraten waren, wieder auf die Beine – denn bei gleicher Leistung verbrauchten seine Maschinen nur ein Viertel der Kohle. Dann aber zeigte sich, dass Watts doppelt wirkende Niederdruckdampfmaschine, indem sie nicht nur Hebe-, sondern auch Drehbewegungen erzeugen konnte, geeignet war, in den Gewerbebetrieben die Wasserkraft zu ersetzen. Die Kohle befreite mit Hilfe der Watt'schen Maschine jegliches Gewerbe aus der Abhängigkeit von Flüssen und deren schwankender Wasserführung und stellte eine Kraftquelle bereit, wie sie nicht einmal in den Utopien der Menschheit vorgekommen war. Man muss sich das vorstellen: Bei Krupp in Essen ruhte im ersten Vierteljahrhundert nach der Firmengründung in jedem heißen Sommer und jedem kalten Winter die Arbeit, weil der Bach, der das Wasserrad trieb, ausgetrocknet oder zugefroren war. Erst 1835, ein halbes Jahrhundert nach der englischen Konkurrenz, stellte Alfred Krupp die erste Dampfmaschine auf; bei seinem Tod stampften 370 davon in der Essener Gussstahlfabrik.

In England revolutionierte die Dampfkraft zusätzlich sein wichtigstes Gewerbe: die Weberei. Mochten Seefahrt und Handel Britannien auch berühmter machen – die größte Erwerbsquelle, weit vor dem Eisenhandwerk, blieben die Schafzucht und die Tuchproduktion. Um 1700 machten wollene Tuche zwei Drittel der englischen Ausfuhr aus, und wie die dampfbetriebene Webmaschine nun nach der Baumwolle schrie, die von den Sklaven in den Südstaaten der USA gepflückt wurde: das ist in Kapitel 19 nachzulesen.

Auch England erlebte seine Form von Sklaverei. «Das englische Maschinenwesen», wie man es im übrigen Europa nannte, befreite nicht etwa die Menschen von harter Arbeit (wie man hätte denken sollen), sondern zwang sie zwölf und mehr Stunden am Tag in die

Kohlenschächte und die qualmenden Fabriken, selbst Frauen und Kinder. Die politische Erfahrung, dass die Revolution ihre Kinder frisst, galt für die englische Revolution in grausamer Wörtlichkeit: 1842 starben in Liverpool mehr als die Hälfte aller Arbeiterkinder vor Vollendung des fünften Lebensjahres.

Alle Leiden der schmerzhaften Industrialisierung machte England ungleich krasser durch als seine Nachfolger, denen die britischen Erfahrungen wenigstens das Gröbste ersparten. Die Welt schrie nach Eisen und Kattun aus englischen Fabriken, die englischen Fabriken schrien nach englischer Kohle. Fördertürme, Kohlenberge, Kokereien, Schlackenhalden, Hochöfen, Fabrikschlote, Gasometer, rußgeschwärzte Elendshäuser, traurige Gemüsegärten, ausgemergelte Gesichter – für Planung, Vernunft, Hygiene, Menschenwürde hatte niemand Zeit. Mit Kolbenstößen trieb die Dampfmaschine ihr Mutterland voran.

George Orwell (berühmt erst dreizehn Jahre später durch den Roman «1984») schlich 1936 im Kohlenrevier von Lancashire bei Liverpool ein paar Wochen lang mit den Bergleuten durch die Stollen, um seine Sozialreportage «The Road to Wigan Pier» zu schreiben, und wenig hatte sich in hundert Jahren gebessert. Noch gab es den Walzenschrämlader nicht, der heute die Hauptarbeit unter Tage leistet; die Kumpels krochen unter der Erde herum «wie die Küchenschaben» und schwitzten sich die Seele aus dem Leib, «damit wir hier oben, die wir über ihnen stehen, auch über ihnen bleiben können», schreibt Orwell. Schon der Anmarsch zum Flöz war die Hölle: zwei, drei, fünf Kilometer Weg in Hitze und übler Luft durch Stollen, in denen man nirgends aufrecht gehen konnte – nicht gesenkten Kopfes, da hätte man sich überall gestoßen, sondern mit permanent gekrümmten Beinen, eine Höllenqual; dann erst begann die Arbeit, meist im Liegen oder auf den Knien. Und abends krochen sie heim in ihre armseligen, schmutzigen Häuser.

Ob einer Karl Marx heiße, schreibt Orwell, ein Dichter sei oder

der Erzbischof von Canterbury – «wir alle schulden unser vergleichsweise angenehmes Leben den Kulis da unten, die die Schaufel in die Kohle schlagen, geschwärzt bis an die Augen, die Kehle voll Kohlenstaub». In Wigan glaube man unwillkürlich, die Erde bestehe nur aus Qualm und aus Dreck, und es gebe kein Entrinnen.

In der Schlussphase seiner Revolution machte England der Welt eine weitere umwälzende Erfindung zum Geschenk: die Eisenbahn. Wie sie die Erde verkleinerte, die Völker bewegte und nach noch mehr Kohle schrie, ist in der Geschichte der industriellen Revolution das aufregendste Kapitel.

«Das Holz ist alle – zurück in den Süden!»

Georg Forster, Teilnehmer der zweiten Weltumseglung des James Cook (1772 bis 1775) und durch seinen grandiosen Bericht darüber berühmt geworden, bereiste 1790 zusammen mit Alexander von Humboldt die Niederlande. In der Sorge, dass nach dem Holz auch die neumodische Kohle bald erschöpft sein könnte, schrieb er darüber:

«Der immer steigende Mangel an den zur Feuerung unentbehrlichen Brennmaterialien droht den hiesigen Fabrikanstalten mit einer Erhöhung ihrer Kosten, welche den zu erwartenden Gewinn beträchtlich schmälern kann. Seit langer Zeit sind die Wälder in diesen Gegenden überhaupt durch den starken Anbau und die zunehmende Volksmenge verschwunden. Die Natur hat indes für das Bedürfnis der Einwohner durch unterirdische Wälder, ich will sagen: durch ansehnliche Steinkohlenflöze, reichlich gesorgt. Überall sieht man schon in hiesiger Gegend Kamine und Steinkohlenöfen, und niemand heizt noch mit Holz.

Wie aber, wenn auch die Gruben endlich sich erschöpfen lassen und kein neues Substitut erfunden wird, zu dessen Wärme wir im Winter unsere Zuflucht nehmen und wobei wir unsere Speisen bereiten können! Wahrscheinlich kommt es mir vor, dass der Mensch zuletzt die Eis- und Nebelländer und die von Waldung ganz entblößten Gegenden des sogenannten gemäßigten Erdstrichs als unbewohnbar wird verlassen müssen.

Wir fragen immer, wann doch endlich die Türkei, sowohl in Europa als in Asien, im schönen Lichte der sittlichen Kultur wieder aufblühen, wann gebildete Völker Afrika bewohnen werden? Mich dünkt, die Antwort könnte man sich leicht erträumen: Hunger und Kälte werden dereinst gewaltiger und unaufhaltsamer als vor Zeiten der Fanatismus und der Ehrgeiz wirken, um die Völker von Europa in hellen Haufen über jene barbarischen Weltteile hinzuströmen. Wir werden die Fackel der Wissenschaft wieder in jenen Kreis zurücktragen, in welchem sie zuerst dem Menschen in die Hand gegeben ward.

Zwar besteht alles nun schon so lange in unserm Norden; so schöne Blüten und in solcher Menge sind bei uns aufgegangen; so manche herrliche Frucht des Geistes ist gereift; das Menschengeschlecht hat hier eine Bildung gewonnen, die es, wenn wir eins ins andere rechnen, noch nirgends hatte; alles scheint unserer jetzigen Form des Wissens und unseren politischen Verhältnissen Dauer zu verheißen ... Die allgemeine Bildung und Entwicklung unserer Kräfte lässt sich fast nicht höher treiben.

Können wir den Bogen stärker spannen, ohne dass er bricht? Kann unsere Vernunft noch scharfsinniger geprüft, können unsere größeren und kleineren, öffentlichen und häuslichen Verhältnisse noch genauer berechnet werden? Sind wir dem höchsten Gipfel der Verfeinerung nicht nahe? Wenn man aber den Berg erstiegen hat, so bleibt nichts übrig, als wieder Kopf über, Kopf unter das Rad in die Tiefe zu rollen und von unten auf sich über ein neues Gebirge zu schleppen.

Töricht wäre es allerdings, eine allgemeine Revolution in Europa, die den Zusammensturz politischer, sittlicher und wissenschaftlicher Formen mit sich brächte, im Ernst *nur* vom Holzmangel herzuleiten. Aber als mitwirkende Ursache kann er immer bestehen, wenn schon das unübersehbare System unserer Kenntnisse, die Auflösung der Sitten, das Missverhältnis der Religionsbegriffe und der Regierungsformen zu dem jetzigen Zeitalter, der Verfall der Hierarchie, das zerstörte Gleichgewicht der Mächte, die Treulosigkeit der Politik, die Veränderungen des Handelssystems, die herannahende Blütezeit des Amerikanischen Freistaates und solche wichtige Ursachen mehr noch ungleich schneller und kräftiger zu jenem Ziele wirken. Übrigens sind vielleicht tausend Jahre zu einer solchen Revolution die kürzeste Frist.»

26 Seien wir endlich schneller als das Pferd!

Wer mit der Postkutsche reiste, hatte an diesem laut und heftig rumpelnden Gefährt fast immer irgendetwas auszusetzen; Goethe beispielsweise, dass sie zu schnell fahre: «Bei Zirl fährt man ins Inntal herab», schrieb er 1786 auf der Reise nach Italien. «Die Lage ist unbeschreiblich schön … Der Postillon eilte mehr, als ich wünschte.» Der französische Schriftsteller Xavier Comte de Maistre schrieb acht Jahre später, es sei nun einmal so, «dass ein Fußgänger viele Dinge sieht, welche dem entgehen, der mit der Postkutsche fährt».

In ebenem Gelände legte eine Kutsche selten mehr als zehn Kilometer in der Stunde zurück; die durchschnittliche Tagesleistung war auf 40 bis 60 Kilometer beschränkt, denn man schlief in Gasthöfen und rastete oft. Selbst diese bescheidene Reisegeschwindigkeit wurde erst in der Blütezeit der Postkutsche, dem 18. und beginnenden 19. Jahrhundert, erreicht, als die fortschrittlichsten Staaten Europas unter Anführung Frankreichs darangegangen waren, ein Netz befestigter Straßen – der sogenannten Chausseen – zu errichten. Nikolaus Lenau (1802–1850) sang das Hohe Lied der Kutsche:

Und von flinken Rossen vier
Scholl der Hufe Schlagen,
Die durchs blühende Revier
Trabten mit Behagen.

Wald und Flur im schnellen Zug
Kaum gegrüßt – gemieden;
Und vorbei, wie Traumesflug
Schwand der Dörfer Frieden.

Das schnellste Verkehrmittel bis zum Siegeszug der Eisenbahn dürfte der Prunkschlitten gewesen sein, mit dem die Zaren von Petersburg nach Moskau reisten – ein Salon auf Kufen, mit großen Fenstern, edlen Möbeln und einem Ofen ausgestattet: Von 23 wild gepeitschten Pferden gezogen, sauste er in drei Tagen durch 650 Kilometer weiße Steppe.

Die Wende kam erst 1831. Noch im Jahr zuvor hatte ein Fuhrunternehmer in Baltimore, zur Eröffnung der ersten Eisenbahnlinie Amerikas, dem Lokomotivführer eine Wettfahrt über die 20 Kilometer lange Strecke vorgeschlagen – und sein Vierergespann siegte mit vier Pferdelängen Vorsprung. Aber dann war der Triumph des Schienendampfwagens nicht mehr aufzuhalten: Bald übertraf er das Pferd in der Spitzengeschwindigkeit bei weitem, und da er sich nie auszuruhen brauchte, wurde die maximale Tagesleistung der Pferdekutsche um ein Vielfaches übertroffen. Binnen fünfzig, sechzig Jahren veränderte die Eisenbahn die Lebensgewohnheiten und das Lebensgefühl des Abendlands drastischer, als sie sich in den zwei Millionen Jahren davor gewandelt hatten. Entfernungen verloren ihren Schrecken, das Reisen seinen Expeditionscharakter, auch über Land ließen sich Massengüter transportieren – kurz: Die Kolben der Dampflokomotive stießen das Tor zu der Zeit auf, in der wir leben.

Entgegen vielen populären Darstellungen lässt sich nicht mit Vernunft behaupten, dass die Eisenbahn von einem bestimmten Menschen in einem bestimmten Jahr «erfunden» worden wäre. Jeder ihrer Bestandteile – das Rad, die Schiene, die Dampfmaschine und die sich auf Schienen fortbewegende Dampfmaschine –

hat sich allmählich über Generationen von Erfindern hin entwickelt.

Die älteste überlieferte Darstellung des Rades – eines Karrens mit Holzscheibenrädern – ist etwa fünftausend Jahre alt und stammt aus der Stadt Ur in Mesopotamien. Das Karren- und Kutschenrad war eine großartige Erfindung für die Fortbewegung von Lasten, auch von Menschen, die sich das Reiten nicht zumuten konnten; zur Überwindung von Entfernungen trug es wenig bei, solange der Mensch über keine bessere Zugkraft als die des Pferdes verfügte. Im gesamten Doppelkontinent Amerika blieb das Rad bis 1492 unbekannt.

Gleise, sorgfältig in den Fels gemeißelt und mit Ausweichstellen für entgegenkommende Fuhrwerke versehen, verwendeten schon die Griechen. Im 16. Jahrhundert kamen in deutschen Bergwerken Hohlgleise aus Holz, bald auch aus Eisen auf, in denen die Förderwagen leichter geschoben werden konnten. In England wurden die eisernen Schienen im Lauf des 18. Jahrhunderts allmählich ihrer heutigen Form angenähert und zum vorherrschenden Transportweg für Kohlenwagen gemacht, von Pferden oder Menschen gezogen.

Nicht James Watt, der Erfinder der Hochleistungsdampfmaschine, sondern der lothringische Artillerieleutnant Nicolas Cugnot stellte als Erster eine der bis dahin ortsfesten Dampfmaschinen auf Räder und erbaute damit der Welt erste selbstfahrende Kraftmaschine: einen dreirädrigen Straßendampfwagen, der 1769 in Paris eine Viertelstunde lang in Betrieb war, wobei er sich selbständig machte und eine Mauer einriss.

Der Mann, der den ersten arbeitstauglichen Dampfwagen baute, ihn auf die seit Jahrhunderten bekannten Schienen stellte und insoweit als der Erfinder der Eisenbahn bezeichnet werden kann, war der walisische Bergwerksingenieur Richard Trevithick: Am 25. Februar 1804 zog sein Schienendampfwagen, mit einem Zylinder und einem mächtigen Schwungrad versehen, zehn Tonnen Eisen in kleinen Loren mit acht Stundenkilometern über das Zechengelände – auch nicht langsamer als ein Pferd. Die Welt nahm von dieser Verfeinerung der ohnehin seit langem führenden englischen Bergwerkstechnik keine Kenntnis; an ein neues Verkehrsmittel dachte kein Mensch.

Der Durchbruch gelang erst dem Bergwerksingenieur *George Stephenson*, und auch dies erst, nachdem er Lokomotiven schon 15 Jahre lang gebaut hatte. Sein erster Schienendampfwagen von 1814 zog dreißig Tonnen Last. 1821, als Stephenson auf 53 Bergwerkslokomotiven eigener Konstruktion zurückblicken konnte, erhielt er die Chance seines Lebens: den Auftrag, die Kohlenstadt Darlington im Nordosten Englands mit dem 18 Kilometer entfernten Hafen Stockton durch eine Dampfeisenbahn für den Kohlentransport zu verbinden. Es war seine eigene, weltbewegende Idee, neben den Kohlenwagen auch Wagen für den Passagiertransport zu bauen, und am 27. Juni 1825 schnaufte zwischen Stockton und Darlington mit 17 Stundenkilometern die erste Personeneisenbahn der Welt. Zwei Jahre lang machten ihr auf ihren eigenen Gleisen Pferdewagen Konkurrenz; dann erst konnte Stephenson eine Lokomotive einsetzen, die es an Zuverlässigkeit mit den Pferden aufnahm.

In Deutschland gab es um diese Zeit zwar schon Dampfmaschinen – Dampfwagen noch nicht. Was einige Deutsche jedoch bereits besaßen, war die Einsicht in die großartige Entwicklung, die da von den englischen Kohlengruben ihren Ausgang nahm. Im März 1825, als die Strecke Stockton – Darlington sich noch im Bau befand, schrieb der Fabrikbesitzer Friedrich Harkort, ein Bahnbrecher der Industrialisierung im Ruhrgebiet und von 1848 an ein einflussreicher Parlamentarier: «Durch die rasche und wohlfeile Fortschaffung der Güter wird der Wohlstand eines Landes bedeutend vermehrt, welches Kanäle, schiffbare Ströme und gute Landstraßen hinlänglich bewähren. Größere Vortheile wie die bisherigen

Mittel scheinen Eisenbahnen zu bieten.» Nach einer Darstellung der englischen Projekte schloss Harkort: «Möge auch im Vaterland bald die Zeit kommen, wo der Triumphwagen des Gewerbefleißes mit rauchenden Kolossen bespannt ist und dem Gemeinsinn die Wege bahnt!» Und 1828 sagte Goethe im industriefernen Residenzstädtchen Weimar zu Eckermann: «Mir ist nicht bange, dass Deutschland nicht eins werde; unsere guten Chausseen und künftigen Eisenbahnen werden schon das Ihrige tun.»

Dieser Ausspruch zeugt umso mehr von Weitsicht, als der Weltruhm für Stephenson und für die Idee, mit Dampfkraft zu reisen, sich erst 1829 einstellte. In diesem Jahr setzten die beiden damals größten Industriestädte der Welt, Liverpool und Manchester, einen Preis von 500 Pfund für eine Lokomotive aus, die imstande sein sollte, den neuerbauten Schienenstrang zwischen ihnen regelmäßig zu befahren und dabei das Dreifache ihres Eigengewichts mit einer Geschwindigkeit von zehn Meilen (16 Kilometern) fortzubewegen. Am 6. Oktober 1829 traten die fünf gemeldeten Lokomotiven – vier englische und eine französische – zum Vergleichsfahren an. Eine wurde vor dem Start disqualifiziert, weil der Erfinder in sein eisernes Gehäuse ein Pferd geschmuggelt hatte, das die Lokomotive über ein Tretrad antreiben sollte. Die drei andern erfüllten eine der gestellten Bedingungen nicht. Stephensons «Rakete» aber übertraf alle Erwartungen: Sie zog ihr fünffaches Gewicht mit einer Stundengeschwindigkeit von 34 Kilometern. Die Eisenbahndirektion bestellte acht Maschinen dieses Typs und setzte die Eröffnung der Strecke für September 1830 an.

1833: Der deutsche Nationalökonom Friedrich List, soeben aus dem Exil nach Deutschland zurückgekehrt, veröffentlicht in Leipzig seine Schrift «Über ein sächsisches Eisenbahnsystem als Grundlage eines allgemeinen deutschen Eisenbahnsystems». Aber noch immer dampft in Deutschland keine Lokomotive. Friedrich Harkort schreibt: «Die Generation nach uns wird sich wundern, wie es möglich war, dass ihre Väter so bedenkliche Gesichter bei einer so einfachen und nützlichen Sache schneiden konnten.»

1835: Am 7. Dezember eröffnet die Lokomotive «Adler», von George Stephenson geliefert und von einem englischen Maschinisten bedient, die Strecke von Nürnberg nach Fürth und damit das Eisenbahnwesen in Mitteleuropa. «Der Wagenlenker ließ nach und nach die Kraft des Dampfes in Wirksamkeit treten», heißt es in einem zeitgenössischen Zeitungsbericht. «Aus dem Schlot fuhren nun die Dampfwolken in gewaltigen Stößen ... Die Wagen fingen an, sich langsam zu bewegen; bald aber wiederholten sich die Ausatmungen des Schlotes immer schneller, und die Wagen rollten dahin, dass sie in wenigen Augenblicken den Augen der Nachschauenden entschwunden waren.»

1837: Preußen baut eine Eisenbahn von Berlin nach Potsdam, Sachsen von Dresden nach Leipzig. Über sie schreibt drei Jahre später Andreas Schmeller, Professor der Germanistik an der Universität München: «Ich setzte mich auf eine der offenen Bänke der 3ten Wagenklasse. (Die Wagen 2ter Klasse sind mit Leder verhängt, die der 1ten haben Glasfenster.) Im Ganzen circa zehn Wagen. Wie in der Hölle zu ging es einige Minuten lang im Tunnel bey Oberau. Alles finster und schwarz bis auf den Rauch, der am Gewölbe furchtsam rückwärts zu fliehen schien. Einmal kam, da die Bahn schon zum Theil doppelt ist, ein Zug in entgegengesetzter Richtung an uns vorüber. Im Hui war's geschehen ...»

1840: Die Eisenbahngleise der Erde sind zusammen 8590 Kilometer lang (nicht ganz so lang wie die 1916 vollendete Transsibirische Eisenbahn). Ein Netz bilden sie nirgends: Es handelt sich um Stichbahnen ohne überörtlichen Zusammenhang, und auch dies nur in Großbritannien und Frankreich, Belgien und Holland, Deutschland und Österreich, Italien, Russland, den USA und Kanada.

1843: Die Linie Köln – Brüssel – Antwerpen wird in Betrieb genommen, die erste internationale Eisenbahnverbindung. Auch in Frankreich wachsen die Gleise, und in Paris singt Heinrich Heine einen Hymnus auf die Überwindung des Raumes: «Die Eröffnung der beiden neuen Eisenbahnen, wovon die eine nach Orléans, die andere nach Rouen führt, verursachte hier eine Erschütterung, die jeder mitempfindet, wenn er nicht etwa auf einem sozialen Isolierschemel steht. Die ganze Bevölkerung von Paris bildet in diesem Augenblick gleichsam eine Kette, wo einer dem anderen den elektrischen Schlag mitteilt... Während aber die große Menge verdutzt und betäubt die äußere Erscheinung der großen Bewegungsmächte anstarrt, erfasst den Denker ein unheimliches Grauen, wie wir es immer empfinden, wenn das Ungeheuerste, das Unerhörteste geschieht, dessen Folgen unabsehbar und unberechenbar sind. Wir merken bloß, dass unsere ganze Existenz in neue Gleise fortgerissen, fortgeschleudert wird, dass neue Verhältnisse, Freuden und Drangsale uns erwarten, und das Unbekannte übt seinen schauerlichen Reiz, verlockend und zugleich beängstigend. So muss unseren Vätern zumut gewesen sein, als Amerika entdeckt wurde. Es beginnt ein neuer Abschnitt in der Weltgeschichte, und unsere Generation darf sich rühmen, dass sie dabei gewesen. Durch die Eisenbahnen wird der Raum getötet, und es bleibt uns nur noch die Zeit übrig. Mir ist, als kämen die Berge und Wälder aller Länder auf Paris angerückt. Ich rieche schon den Duft der deutschen Linden, vor meiner Tür brandet die Nordsee...»

1844: Die durchschnittliche Geschwindigkeit der englischen Personenzüge beträgt 47 Kilometer. Der Große Brockhaus (mit vollem Namen: «Allgemeine deutsche Real-Encyklopädie für die gebildeten Stände») schreibt unter dem Stichwort «Eisenbahnen», sie seien «eine wahre Weltbegebenheit geworden» und könnten sich dem Kompass, dem Schießpulver und der Buchdruckerkunst an die Seite stellen. «Nach kurzem Kampfe gegen ihre Widersacher, welche entweder zu kurzsichtig waren oder, muthwillig die

Augen gegen die glänzenden Vortheile der Eisenbahnen schließend, sich diesem Culturfortschritte mit aller Gewalt entgegenstemmten, steht das Eisenbahnsystem überall siegreich da, und selbst die, welche früher sich isoliren wollten, müssen jetzt nothgedrungen dem allgemeinen Zuge folgen. Monate, die sonst zu Reisen erfordert wurden, schwinden jetzt zu Tagen, und die Cultur wird auf eisernen Schwingen bis in die fernsten Gegenden dringen, die Länder werden ihre Kenntnisse wie ihre Producte schnell austauschen, und manche isolirende Schranke wird fallen müssen, die sonst für Jahrhunderte errichtet schien.»

1849: Robert Stephenson, Sohn des Eisenbahnpioniers, hat das Problem gelöst, wie die schweren Lokomotiven seines Vaters Flüsse und Meeresstraßen überwinden können: Zwischen Wales und der vorgelagerten Insel Anglesay schlägt er eine 560 Meter lange Stahlbogenbrücke über die Menai-Straße. «Britannia-Brücke» heißt sie und ist rasch weltberühmt. Stephenson erhält Aufträge aus vier Ländern Europas, aus Kanada und sogar aus Ägypten.

1851: Im rekordsüchtigen, vom Eisenbahntaumel ergriffenen Amerika erreicht eine Dampflokomotive das begehrte Ziel, «eine Meile in einer Minute» zu durchrasen, das heißt mit 97 Stundenkilometern. Kein Pferd kann mehr mithalten. Die fünftausend Jahre alte, vielleicht großartigste Erfindung der Menschheit, das Rad, wird erst jetzt in ihren ungeheuren Möglichkeiten ausgeschöpft: Seit Cugnots Versuch von 1769 hat das Rad aufgehört, eine bloße Walze unter einer Last zu sein, es empfängt von Kolbenstangen die Kraft des Dampfes und setzt sie in kontinuierliche Vorwärtsbewegung um; und nun, 1851, lässt es alle dem Boden verhafteten Tiere hinter sich.

1854: In Österreich wird nach nur sechsjähriger Bauzeit die erste Gebirgsbahn eröffnet, die über den 980 Meter hohen Semmering, die Wien mit Klagenfurt und dem damals österreichischen Triest verbindet – eine Trasse mit 15 Tunnels und 16 Viadukten, die als

Weltwunder gilt (und ein Weltkulturerbe der Unesco geworden ist). Bei Baubeginn 1848 war keine Lokomotive bekannt, die die immer noch verbleibende Steigung von 2,5 Prozent hätte bewältigen können. Pferde spannte man vor die Dampfrösser, wenn ihnen bergauf die Kraft ausging. Zur Eröffnung aber werden keine mehr gebraucht – so schnell hat die Dampfkraft sich entwickelt.

1858: Der ehemalige Zimmermann und nunmehrige Eisenbahnunternehmer George Mortimer Pullman setzt in Amerika den ersten Schlafwagen ein. Das Reisen bei Nacht – mit der Postkutsche nicht üblich, bei der Eisenbahn bisher selten und eine Quälerei – kommt in Mode. Die Möglichkeit, Tag und Nacht zu rollen, und das vervielfachte Tempo erhöhen die Tagesleistung von 40, höchstens 50 Kilometern der Postkutsche auf bis zu 1000 Kilometer.

1862: Mitten im Bürgerkrieg gegen die Südstaaten unterzeichnet Präsident Lincoln ein Gesetz über Landschenkungen und Bundeskredite zur Herstellung einer Eisenbahnverbindung zwischen dem Osten der USA und Kalifornien. Der vierjährige Bürgerkrieg erweist den militärischen Nutzen der Eisenbahn: Beide Seiten setzen sie zur Verschiebung und Versorgung von Truppen ein. In der Schlacht bei Gettysburg (1863) siegen die Nordstaaten nicht zuletzt deshalb, weil sie bis dicht hinter die Front ein Gleis legen, das mitten im Gelände endet, aber mit fünfzehn Zügen täglich Nachschub heranschafft.

1869: Am 8. Mai treffen sich bei Promontory auf einer Halbinsel des Großen Salzsees im amerikanischen Wüstenstaat Utah der von Osten und der von Westen vorgetriebene Schienenstrang (in Kapitel 20 schon kurz vorgestellt als Beitrag zum Untergang der Indianer).Von sengender Hitze, eisiger Kälte und meterhohem Schnee gepeinigt, haben Zehntausende von Arbeitern, vor allem emsige Chinesen, die Gleise über die Rocky Mountains gelegt. Vom Ehrgeiz der Eisenbahngesellschaften und von der Ungeduld des ganzen Volkes angetrieben, stieß der aus Kalifornien kommende

Schienenstrang bis zu 16 Kilometer täglich nach Osten vor. Nie zuvor und nie danach ist eine Eisenbahn mit solchem Tempo und solcher Leidenschaft angelegt worden, keine andere Linie der Erde hat je eine solche politische und wirtschaftliche Bedeutung erlangt wie Amerikas erste Transkontinentalbahn. Die 5000 Kilometer vom Atlantischen zum Stillen Ozean – früher ein Trek von einem halben Jahr, ein Parforce-Ritt von vier Wochen oder eine mindestens dreimonatige Schiffsreise um Kap Hoorn herum: Sie ist 1870 plötzlich nur noch eine Fahrt von sieben Tagen.

Die Eisenbahn erst besiegt die Ferne, die Wüste, die Indianer, sie formt das Riesenreich der USA und beschleunigt seinen Aufstieg zur Weltmacht. In Amerika läuft die Schiene nicht, wie in Europa, neben den alten Handelswegen her – sie erschafft den Handel erst, sie schließt die Wildnis auf, sie erobert einen Kontinent. Die privaten Eisenbahngesellschaften, die Herren über den unerhörten Machtfaktor «Geschwindigkeit im Menschen- und Gütertransport», bekommen, wie der Große Meyer schreibt, «den Handel und Verkehr ganzer Staaten der USA in die Hand», und die Öffentlichkeit fordert Regierungsmaßnahmen zum Schutz «gegen die vorgekommenen Erpressungen von Seiten der Eisenbahngesellschaften». In den USA liegen 40 Prozent aller Gleise der Erde.

1871: Nach vierzehnjähriger Bauzeit wird nordwestlich von Turin der erste große Alpentunnel für die Eisenbahn eröffnet, der 13 Kilometer lange Durchstich unter dem Pass Mont Cenis (2084 Meter), beschleunigt durch Alfred Nobels Erfindung von 1867, das Dynamit: mit der Eisenbahn von Frankreich nach Italien! Es ist dieser Mont Cenis, über den sich im Januar 1077 der deutsche Kaiser Heinrich IV. von seinem Weg nach Canossa hatte hinwegquälen müssen: Die Männer krochen auf Händen und Füßen, die Frauen wurden auf die Rinderhäute der mitgeführten Zelte gelegt, sodass die Führer sie hinablassen konnten, die Pferde mit zusammengebundenen Beinen übers Eis geschleift. Jetzt sind die Alpen, die gewaltigste Barriere im Netz der neuen Eisenbahnen, überwunden.

1879: Ein Orkan reißt die sechs Jahre zuvor eingeweihte Brücke über den Firth of Forth in Schottland um, ein vollbesetzter Zug stürzt funkensprühend mit ihr in die Tiefe. War sie nicht ein Wunderwerk der Technik, zweieinhalb Kilometer lang, zwei Bögen mit einer Spannweite von 560 Metern? Die Welt ist entsetzt. Theodor Fontane dichtet noch im selben Jahr die Ballade «Die Brücke am Tay»:

> Ich komme trotz Nacht und Sturmesflug,
> Ich, der Edinburgher Zug! ...
> Und jetzt, als ob Feuer vom Himmel fiel,
> Erglüht es in niederschießender Pracht
> Überm Wasser unten – und wieder ist Nacht ...
> Wie Splitter brach das Gebälk entzwei.
> Tand, Tand ist das Gebilde von Menschenhand.

1882: Das Eisenbahnfieber des Abendlands erreicht seinen Höhepunkt: In den USA werden in diesem einzigen Jahr 18 600 Kilometer Gleise neu verlegt. Wichtiger als der Transport von Menschen ist der von Gütern, zumal der von Kohle: Sie heizt Häuser und Fabriken, sie bewegt die Maschinen, und in riesigen Mengen wird sie für die Verhüttung des Eisens gebraucht. Eisen und Stahl für Schienen, Maschinen und Kohlenschächte – Kohlen für Dampfmaschinen – Dampfmaschinen für Kohlenbergwerke, Fabriken und Lokomotiven – mehr Dampflokomotiven für den Transport von noch mehr Kohle: das ist das vielfältig verzahnte Getriebe, das die Oberfläche der Erde und das Leben der halben Menschheit verändert. In rasendem Wechsel schaukeln Kohle und Eisen sich empor.

Weiter 1882: Der wichtigste und berühmteste aller Alpentunnel wird eröffnet, der unter dem Gotthard hindurch, der ungeheuren

Barriere zwischen Zürich und Italien. Von blumengeschmückten Dampflokomotiven bergauf gezogen, bei der Talfahrt von zwanzig Eisenbahnern gebremst (je einem an den beiden Handbremsen jedes Waggons): So fährt der erste Zug von Zürich nach Mailand, begrüßt von Musikkapellen, Ehrenjungfrauen und Spruchbändern wie

Frei der Eiserne Pfad
Eile, geflügeltes Rad!
Rings um das Erdenrund
Knüpfe den Völkerbund.

Erst 1775 war es zum ersten Mal einer Postkutsche gelungen, über den 2144 Meter hohen Gotthard-Pass zu fahren – vierspännig, jedoch so, dass sie an mehreren Stellen zerlegt und in Einzelteilen bis zur Fortsetzung der Fahrstraße getragen werden musste; 78 Arbeiter standen jeweils dort, wo der Fahrweg endete, zum Zerlegen, Tragen und Montieren bereit. Erst 1824 war die Gotthardstraße so weit ausgebaut, dass sie mit Pferdewagen durchgehend befahren werden konnte.

Nun hat es – trotz des Dynamits und der modernsten Druckluftbohrmaschinen – elf Jahre gedauert, bis die 53 Tunnels auf den 41 Kilometern der Gotthard-Route, die 519 Brücken und Viadukte errichtet waren. Der Scheiteltunnel in 1155 Metern Höhe ist mit 14,9 Kilometern Länge die längste Röhre, die der Mensch bis dahin durch die Erde gebohrt hat. 177 italienische Bauarbeiter starben durch herabstürzenden Fels, durch Wassereinbrüche, Verbrennungen, Rauchvergiftungen im Tunnel oder durch Krankheit in den elenden Wohnbaracken – nicht gerechnet die Toten des Streiks von 1875, den das Schweizer Militär zusammenschoss (ihre Zahl blieb geheim), und die Opfer des Eingeweide-Hakenwurms, der im Tunnel durch die Fäkalien verbreitet wurde, denn an sanitäre Einrichtungen hatte niemand gedacht. Diese Toten zählte keiner: Sie waren längst invalide und entlassen, ehe sie starben.

1893: Eine amerikanische Dampflokomotive erreicht 181 Stundenkilometer. Damit ist die selbstfahrende Dampfmaschine hart an der Grenze ihrer Möglichkeiten angelangt. Eine stromlinienförmig verkleidete deutsche Dampflokomotive kommt 1936 auf 200 Kilometer, eine englische 1938 auf 203, eine amerikanische 1946 sogar auf 227 Kilometer in der Stunde. Dies ist das Ende der Entwicklung, die Nicolas Cugnot 1769 einleitete.

1903: Ein neuer Anfang – zwei elektrische Triebwagen bringen es auf einer Versuchsstrecke bei Berlin auf die phantastische Geschwindigkeit von 210 Stundenkilometern. «Plötzlich ein Geschrei: Er kommt, er kommt!», schreibt die *Berliner Illustrirte*. «Ein schreckliches Sausen und Zischen erfüllte im selben Augenblick die Luft. Kies stob auf – und dann wurde es wieder still. Und in weiter Ferne, wie ein Pünktchen, sah man den gespenstischen Zug verschwinden.»

1904: Die erste Lokomotive dampft in St. Moritz ein. Dort steht schon seit acht Jahren das schaurig-schöne, noch heute weltberühmte Palace-Hotel, das bis dahin nur per Kutsche oder Schlitten über den Julier-Pass hinweg zu erreichen war. Die Rhätische Bahn hat auf Zahnräder verzichtet, sie ist als «Reibungsbahn» konzipiert, demgemäß mit einer maximalen Steigung von 3,5 Prozent – also einer unglaublichen Fülle von Kurven und Spiralen über Rampen, Brücken, Viadukte, durch Tunnels und Galerien, um Abgründe zu meistern und die Steigung durch Streckung zu mildern. Derselbe Fluss erst rechts, dann links, dann wieder rechts in der Tiefe, Gleisschleifen irgendwo am Hang ohne erkennbaren Zusammenhang mit der Fahrtroute, Finsternis jäh mit Höhensonne wechselnd, Kehrtunnel, die Berge zu versetzen scheinen, dabei unverdrossen voranrollend mit der Emsigkeit einer rasenden Nähmaschine. Der erste Aussichtsberg ist schon seit 1871 mit Dampf befahrbar, der

Rigi über dem Vierwaldstättersee – nun aber sind die Alpen, einst eine feindliche Wüste von Eis und Geröll, kreuz und quer durch Schienen gezähmt.

1916: Die *Transsibirische Eisenbahn* ist vollendet. 9300 Kilometer misst die Strecke, 25 Jahre wurde an ihr gebaut, und mehr noch als die Schienen von 1869 quer durch Nordamerika demonstriert diese Linie, wie der Mensch es mit der Eisenbahn schaffte, sich die riesige Erde kleiner zu machen. Der erste Spatenstich fand im Mai 1891 in Wladiwostok statt. Der 23-jährige Zarewitsch war dazu angereist, der drei Jahre später als Nikolaus II. den Thron bestieg, der letzte Zar. Hinwärts dampfte er von St. Petersburg durch die Ostsee, die Nordsee, die Biskaya, das Mittelmeer, den Suezkanal, das Rote Meer, den Indischen Ozean und das Chinesische und Japanische Meer; heimwärts sollte er Größe und Einheit des Zarenreichs demonstrieren, indem er durch Sibirien fuhr. Und obwohl vorauseilende Quartiermacher jedes Hindernis beseitigt hatten, war er drei Monate unterwegs. So groß war sie mal, die Erde. Heute ist die Reise in einer Woche geschafft, und im Dezember 1941 machten die rasch nach Westen verlagerten sibirischen Divisionen Hitlers Hoffnung auf die Eroberung Moskaus zunichte.

Der Siegeszug des Autos für die kurzen und des Flugzeugs für die langen Stecken schien nach dem Zweiten Weltkrieg die Eisenbahn altmodisch zu machen. Aber nicht überall: Erst 2004 wurde das 2980 Kilometer lange Gleis von der Südküste zur Nordküste Australiens vollendet, und in dicht besiedelten Ländern, zumal für Entfernungen bis etwa 500 Kilometer, hat sich die Eisenbahn zum optimalen Verkehrsmittel entwickelt: Seit 1964 fährt in Japan der Shinkansen, seit 1976 in Frankreich der TGV, seit 1991 in Deutschland der ICE, seit 2000 in Spanien der Talgo mit Geschwindigkeiten zwischen 200 und 300 Stundenkilometern. 1994 überwand die Eisenbahn sogar den Ärmelkanal und schloss England durch den Eurotunnel ans Festland an – 3 Stunden 15 Minuten von Paris nach

London! (Es könnte noch eine halbe Stunde schneller gehen, wenn das Mutterland der Eisenbahn sich entschließen würde, den englischen Teil der Route für Hochgeschwindigkeitszüge auszubauen.)

TGV und ICE haben das Gesicht der Erde stärker verwandelt als alle Schienenstränge zuvor: Auf lange Gerade sind sie angewiesen, und so mussten Hügel eingekerbt oder abgetragen, noch mehr Tunnel gebohrt und Bahnhöfe abseits der Städte ins Land gestellt werden. Zu Lande ist eine noch raschere Überwindung des Raumes nun kaum vorstellbar. Freilich, die Bahnfahrer von 1880 glaubten das auch schon.

Aber zu Wasser – 71 Prozent der Erdoberfläche! Drei Monate von New York um Feuerland herum nach San Francisco, an die vier Monate gar von England nach Indien! Wann endlich gelang es dem Menschen, sich auch auf den Ozeanen die Erde kleiner zu machen?

27 Verkleinern wir die Ozeane!

Die Erde ist bedeckt von einem ungeheuren Meer, in dem die Kontinente wie Inseln schwimmen. Die Eisenbahnen bleiben auf die dürftigen 29 Prozent unseres Planeten beschränkt, wo sie Boden unter den Rädern haben (Hochgebirge, Sümpfe und Eiswüsten noch abzurechnen). Über 71 Prozent des Erdballs, über die wirklich großen Entfernungen, regierte das Schiff; bis zum Zweiten Weltkrieg herrschte es praktisch allein, und die Globalisierung der Weltwirtschaft hat es wieder an die Spitze geschoben.

Flüsse und Seen, später Flussmündungen und Meeresküsten hat der Mensch seit Zehntausenden von Jahren befahren, mit Flößen und Baumstämmen oder gebündeltem Schilf, mit Einbäumen, mit Kanus aus Fell oder Baumrinde – im Urstadium angetrieben mit einem Paddel, mit einer langen Stange, die man in den Grund einsetzte, oder einfach durch die Strömung eines Flusses. Für die Küstenschifffahrt, später auch für die Fahrt auf offenem Meer wurden Ruderschiffe verwendet, etwa 3000 v. Chr. tauchten in Ägypten die ersten Segelschiffe auf – Einmaster mit einem Segel, wie noch die Wikinger es benutzten. Vollgetakelte Zwei- oder Dreimaster kamen erst im 13. Jahrhundert in Gebrauch, zusammen mit der Einführung des hinteren Steuerruders; mit solchen Schiffen querte Kolumbus den Atlantik und brach Magalhães zur Umrundung der Erde auf.

Während auf Schienen, kaum dass die technischen Probleme gelöst waren, die Dampfmaschine ihre Überlegenheit über das Pferd binnen weniger Jahre bewies, hatte sie zur See einen langen Kampf gegen das Segelschiff zu führen. Sie brachte ja einen drastischen Nachteil mit: Während der Segler seinen Bauch für Fracht und Passagiere frei hatte, weil er seinen Antrieb vom Himmel nahm, musste der Dampfer den kostbaren Frachtraum halbieren, um Kessel, Maschinen und Kohlenvorrat unterzubringen. Zudem hatten die damals verfügbaren Dampfmaschinen einen so niedrigen Wirkungsgrad, das heißt einen so hohen Kohlenverbrauch, dass ein Dampfschiff auf langen Strecken nichts außer den Mitteln zur Erzeugung des Dampfes hätte transportieren können, also ein kostspieliger Unfug gewesen wäre.

Für den Passagiertransport mochte das noch angehen. So sah Paris auf der Seine 1775 der Welt erstes Dampfboot fahren, und 1807 eröffnete Robert Fulton mit Hilfe einer von James Watt gelieferten Maschine den Linienverkehr mit Dampfschiffen, und zwar auf dem Hudson von New York nach Albany. 1816 gelang die erste Kanalüberquerung per Dampfer, 1819 sogar schon die erste Überfahrt über den Atlantik. Das amerikanische Schiff «Savannah», das sie bewerkstelligte, war jedoch eigentlich ein Segelschiff mit nachträglich eingebauter Hilfsdampfmaschine. Die Reise dauerte 29 Tage, verglichen mit 35 Tagen, die ein guter Segler brauchte; dabei war die Dampfmaschine nur 85 Stunden in Betrieb – länger reichten die Kohlen nicht.

1838 erregte das erste ansehnliche Dampfschiff der Geschichte Aufsehen mit seiner Fabelzeit von 15 Tagen für eine Atlantiküberquerung: der englische «Great Western» (1320 Tonnen, vier Segelmasten). 1840 revolutionierte der englische Reeder Samuel Cunard die Atlantikschifffahrt, indem er den Ozean mit vier Raddampfern gleicher Größe und Bauart (mit der neuartigen Idee der «Schwesterschiffe» also) nach Fahrplan befuhr. Nach Amerika reisen und schon beim Aufbruch den Tag der Ankunft kennen – das hatte es in der Seefahrt noch nicht gegeben.

Die schnellsten Atlantiküberquerungen

Kolumbus	1492	71 Tage
Guter Segler	1830	35 Tage
Englischer Raddampfer «Great Western»	1838	15 Tage
Amerikanischer Schnellsegler «Sovereign of the Seas»	1853	14 Tage
«Oceanic» (englische Viermastbark mit Dampfmaschine)	1871	8 Tage
Englischer Luxusdampfer «Mauretania»	1907	5 Tage
Deutscher Luxusdampfer «Bremen»	1929	4 Tage 12 Std.
Amerikanischer Turbinendampfer «United States»	1952	3 Tage 11 Std.

Die Strecke Liverpool – New York war freilich unter allen Hochseerouten die kürzeste. Wie aber sollten die Kohlen bis nach Buenos Aires reichen, oder gar um Kap Hoorn herum nach Peru? Wie um die Südspitze Afrikas nach Indien, China und Australien? Man hätte die afrikanische Küste mit einer Kette von Kohlenhäfen überziehen können – aber wer sollte das bezahlen? Auf den wirklich großen Strecken der christlichen Seefahrt (und die Route England – Indien war eine der meistbefahrenen der Welt) hatte das Dampfschiff noch lange nichts verloren. Ja, hier entwickelte sich das Segelschiff, durch die im Nordatlantik heranwachsende Konkurrenz beflügelt, erst zu seiner höchsten Vollkommenheit. Für die neuen Schnellsegler, die seit 1833 in amerikanisch-britischer Rivalität entstanden, bürgerte sich der Name *Klipper* ein. Sie unterschieden sich von den herkömmlichen Segelschiffen erstens durch ihre auch den letzten Windhauch ausnutzende Takelage (bis zu dreißig Segel an vier Masten), zweitens durch ihren weit überhängenden Bug, drittens und vor allem aber durch die schlanke Form: Sie waren nicht mehr fünfmal so lang wie breit, sondern siebenmal.

1848 trat das Ereignis ein, das den Klippern eine neue, ungeheure Aufgabe zuwies: der Goldrausch in Kalifornien. Das Dorf San Francisco wuchs in drei Jahren von 700 Einwohnern auf 30 000 an. Zur Westküste fuhr keine Eisenbahn. Die neuen Städte mit Industrieprodukten zu versorgen, war immer noch nur möglich um Feuerland herum, und auch die Lieferung von Werkzeugen, Lebensmitteln, Luxusgütern, Schnaps vollzog sich auf diesem Weg schneller als mit dem Planwagen durch Prärie, Wüste und Indianerland. Ein Dampfschiff konnte diese ungeheure Entfernung natürlich nicht bewältigen. So übernahmen die *Californian Clippers* die Versorgung der vom Gold Besessenen. Sie werden nicht nur zu den elegantesten Seglern der Geschichte gezählt, sie gehören auch bis heute zu den schnellsten. 1854 segelte die «Flying Cloud» von New York nach San Francisco in 89 Tagen und 8 Stunden, voll beladen mit Goldgräbern und ihrer Ausrüstung.

Sogar den Teetransport auf der klassischen englischen Route Hongkong – London versuchten die amerikanischen Klipper an sich zu reißen, der «Oriental» schaffte die Reise um Afrika herum in der Rekordzeit von 97 Tagen und schlug dabei auch noch den Postdampfer von Hongkong nach Singapur. Nun taten die Engländer ihr Äußerstes, um die Konkurrenz auszustechen. 1854 legte der englische Klipper «Champion of the Seas» (Herr der Meere) auf seiner Jungfernfahrt von Liverpool nach Melbourne an einem Tag 748 Kilometer zurück; im gleichen Jahr übertrumpfte jedoch der amerikanische Klipper «Lightning» (Blitz) den «Herrn der Meere» noch mit der vermutlich in der Weltgeschichte einzigartigen Tagesleistung von 807 Kilometern.

Die Sterbestunde des Segelschiffs wurde 1869 eingeläutet, und zwar durch zwei zufällig gleichzeitige Ereignisse in verschiedenen Teilen der Welt: Am Großen Salzsee war die Eisenbahnverbindung zwischen New York und San Francisco hergestellt und machte die *Californian Clippers* arbeitslos; auf der Indien-Route wurde der Suezkanal eröffnet. Der Seeweg nach Indien, immer um das riesige

Afrika herum, für Vasco da Gama 318 Tage, für englische Segler immer noch mehr als drei Monate lang: Er halbierte sich nun – nur für Dampfschiffe, denn für Segler war der Kanal nicht geeignet. Die Dampferroute aber war nicht nur dramatisch verkürzt, sie führte auch an den vielen großen Häfen des Mittelmeers vorbei, die es ermöglichten, unterwegs neue Kohle zu laden. Und als 1871 die Eisenbahn im Mont-Cenis-Tunnel die Alpen durchbrochen hatte, bot sich englischen Offizieren, Kaufleuten, Kolonialbeamten die Route an: Mit dem Dampfer nach Calais, mit der Eisenbahn durch Frankreich und den Mont Cenis nach Italien, von Brindisi an der südlichen Adria per Dampfer nach Indien – in 25 Tagen. Ja, sie wurde überschaubar, die Erde; einen ganzen Kontinent hatte der Homo sapiens aus dem Weg geräumt.

Der Bau des Suezkanals, zehn Jahre lang, war problemlos verlaufen, frei von Schleusen quer durch 164 Kilometer platte Wüste, wovon 43 Kilometer auch noch auf Seen entfielen. Churchill tadelte im Nachhinein, dass man diese Lebensader des Empire zunächst dem Khediven von Ägypten und den Franzosen überlassen habe: dem Initiator Ferdinand Vicomte de Lesseps mit den Anleihen, die die Franzosen für das grandiose Projekt gezeichnet hatten; 1875 kaufte Großbritannien dem Khediven seine Anteile ab und wacht seither über den Kanal.

Es geschah in jenen Jahren, dass die Frage «Und wie schnell könnten wir nun die Erde umrunden?» ins öffentliche Bewusstsein trat. Die Weltumsegler der ersten drei Jahrhunderte hatten allesamt zwei bis drei Jahre gebraucht – allerdings nicht in der Absicht, möglichst schnell zu sein, sondern zu entdecken und in Besitz zu nehmen. Nun aber bot sich die Chance, die Reise um den Globus zum Gegenstand einer Wette oder eines Rekords zu machen. In seiner «Reise um die Welt in 80 Tagen», 1872 erschienen, hielt Jules Verne sich ziemlich realistisch an die schon vorhandenen Verkehrsbedingungen, und sein Held Phileas Fogg will gar keine

«Reise» unternehmen, sondern «nur als physikalische Masse nach den Gesetzen der Mechanik einen Kreis um den Erdball beschreiben».

1889 machte die amerikanische Reporterin Nelly Bly aus der Vision die Wirklichkeit: Im Auftrag der *New York World* startete sie zur schnellstmöglichen Reise um die Erde, und mit Schiff und Eisenbahn, in Asien streckenweise auch mit Pferd, Esel, Rikscha und chinesischen Küstenseglern, schaffte sie es in gestoppten 72 Tagen 6 Stunden 11 Minuten und 14 Sekunden; von San Francisco nach New York per Sonderzug auf allen Bahnhöfen gefeiert mit Böllern, Feuerwerk und Blasmusik. Da wurde ein Weltrekord bejubelt – und eine Zäsur markiert: Die größtmögliche Entfernung auf dem Planeten Erde war von zwei Jahren auf zehn Wochen geschrumpft, in menschlichen Maßen hatte die Riesenkugel sich radikal verkleinert. (Wie das dann weiterging bis zu den 31 Stunden der «Concorde», wird im nächsten Kapitel erzählt.)

Die schnellsten Erdumrundungen

Die «Victoria» des Magalhães	1519–1522	1080 Tage
Francis Drake	1577–1580	999 Tage
Louis-Antoine de Bougainville	1766–1769	820 Tage
James Cook	1768–1771	1051 Tage
A. J. v. Krusenstern	1803–1806	1107 Tage
Jules Vernes Idee nach dem Fahrplan von	1872	80 Tage
Weltreise der amerikanischen Reporterin Nelly Bly	1889	72 Tage
Luftschiff «Graf Zeppelin»	1929	20 Tage
Juri Gagarin	1961	89 Minuten
Passagierflugzeug «Concorde»	1995	31 Stunden

Dem reibungslosen Kreuz- und Querverkehr zu Wasser stand nun nur noch eine Barriere entgegen: der 15 000 Kilometer lange Doppelkontinent Amerika. Dass es in ihm eine überraschend schmale

Stelle gibt, hatte schon der spanische Eroberer Vasco Nuñez de Balboa 1513 bei der ersten Durchquerung der Landbrücke entdeckt und an den spanischen Hof gemeldet. Dem König Philipp II., der von 1556 bis 1598 regierte, lag dann eine Denkschrift vor mit der Empfehlung, diese Chance durch einen Kanal zu nutzen. Der König lehnte ab, angeblich aus zwei Gründen: Gegenüber den konkurrierenden Engländern und Portugiesen sei ihm die Barriere gerade recht, und wenn Gott sie hätte durchbrechen wollen, so würde er sie auch durchbrochen haben. Dieser zweite Grund lässt sich als ein nobler Abgesang auf die Weltvorstellung begreifen, dass der Mensch sich der Schöpfung einzufügen, nicht sie zu verändern habe.

1879, zehn Jahre nach der Eröffnung des Suezkanals, kam dessen Erbauer, der Vicomte de Lesseps, auf nicht ganz geklärte Weise in den Besitz einer Konzession für einen Kanal durch die Landenge von Panama, das damals zu Kolumbien gehörte. Er war 73 Jahre alt und hätte den Rest seines Lebens damit verbringen können, sich in seinem Weltruhm zu sonnen. Doch dieser umtriebige, ungestüme Mensch, der nicht einmal ein Ingenieur, sondern nur ein PR-Genie war, witterte die nächste Chance: Er berief einen internationalen Kongress nach Paris ein, der das Vorhaben wissenschaftlich begutachten sollte. Dabei behauptete er, man könne die Landenge in Meereshöhe durchschneiden – also, wie beim Suezkanal, auf den Aufwand und Umstand von Schleusen verzichten.

Nur lag bei Suez der höchste Punkt des Landes, durch den man sich graben musste, nur 16 Meter über dem Meer; in Panama dagegen war der Landrücken auf acht Kilometer mehr als 50 Meter hoch und sogar 102 Meter beim Cerro Culebra – dies alles abzuräumen also eine Erdbewegung, wie es in der Weltgeschichte noch keine gegeben hatte. Für Lesseps Grund genug zur Begeisterung, ja zu der Prognose: «Der Panamakanal wird in Bau und Unterhalt weniger Probleme machen als der Suezkanal!» Da konnte es nicht ausbleiben, dass die Franzosen ihren großen Sohn bedrängten, er selbst solle auch diesen Kanalbau leiten. Seine Frau beschwor ihn, die Finger davon zu lassen.

Dass die Banken ihm die Kredite verweigerten, irritierte ihn ebenso wenig – wieder forderte er alle Franzosen auf, Anleihen zu zeichnen, wie es ihm für Suez so glorios gelungen war. Da das Geld diesmal schleppend einging, reiste er nach Panama mit seiner 44 Jahre jüngeren Frau und dreien seiner Kinder, begrüßt mit Feuerwerk und Festbanketten. Am 1. Januar 1880 schlug er symbolisch eine Spitzhacke in den Lehm und erklärte das Jahrhundertbauwerk für begonnen – in acht Jahren werde es vollendet sein! Im Triumph kehrte Lesseps nach Frankreich zurück, und nun zeichneten 80 000 Franzosen mehr als eine Milliarde Francs, doppelt so viel, wie der Suezkanal gekostet hatte. Die Trasse wurde vermessen, der Dschungel gerodet. 1882 rückten die Dampfbagger an. 3000 französische Ingenieure und Techniker und an die 20 000 Arbeiter, überwiegend Schwarze von den Karibischen Inseln, machten sich ans Werk.

Kaum aber hatte die Regenzeit begonnen, da schlug das Gelbfieber zu – mit Schüttelfrost, Nierenversagen, blutigem Erbrechen und mindestens bei jedem Dritten mit dem Tod. Noch wusste niemand, dass dies eine Viruskrankheit ist, die durch Moskitostiche übertragen wird, und die Moskitos nisteten in Sümpfen und Pfützen, ja in den Wassernäpfen, die viele unter die Füße ihrer Betten schoben, um krabbelndes Ungeziefer abzuhalten. So verreckten sie ahnungslos, 22 000 insgesamt, Schwarze und Weiße, eine Zeitlang zwei von drei französischen Technikern. Doch neue rückten nach, getrieben offensichtlich von glühendem Patriotismus und dem Willen, den deutschen Siegern von 1871 und der ganzen Welt zu demonstrieren, was Frankreich zu leisten vermochte.

Zum anderen Unheil neben dem Gelbfieber geriet der Versuch, den 102 Meter hohen Culebra-Rücken zu durchstechen. Lesseps hatte kühn unterstellt, man werde eine fast senkrechte Schlucht aus den Felsen meißeln – schwierig genug. Niemand hatte bedacht, dass der Fels von Lehm durchsetzt und mit einer dicken Lehmschicht bedeckt war; und wenn nun die Tropenregen kamen, rutschte der Lehm in die Tiefe, begrub Bagger, Gleise und Lokomotiven und machte die Arbeit von Monaten zunichte. Nur mäßig geneigt also durften die Seitenwände sein, mehr als doppelt so viel Abraum wie geplant war wegzuschaffen, und nach dreijährigem Kampf gegen die Seuche und den Schlamm zeichnete sich ab, dass der Kanal nur mit jenem Schleusensystem zu retten wäre, das Lesseps hohnlachend verworfen hatte.

Der, inzwischen 80 Jahre alt, hielt in Frankreich feurige Vorträge und zahlte hübsche Summen an Journalisten, Verleger, Anlageberater und Abgeordnete. 1887 endlich gelang es seinen Ingenieuren, den Greis zum Verzicht auf die fixe Idee mit dem Kanal ohne Schleusen zu bewegen. Aber die Wahrheit begann in Frankreich durchzusickern, und 1888 machte Lesseps Bankrott. Zehntausende von Franzosen waren um ihre Ersparnisse gebracht, ein Minister gestand öffentlich, bestochen worden zu sein, im Abgeordnetenhaus gab es Prügelszenen, und Lesseps, 83 Jahre alt, wurde wegen Betrugs zu fünf Jahren Gefängnis verurteilt.

Fünfzehn Jahre lang geschah nichts mehr in Panama. Was der Dschungel sich nicht zurückholte von der Kanalruine, das zerfraß der Rost oder begrub der Lehm. Erst 1904 wurden die Bauarbeiten wieder aufgenommen, diesmal von einem amerikanischen Konsortium, und das ließ sechs Schleusen bauen. Am 15. August 1914 wurde der Kanal eröffnet – ohne Fanfarenstöße, anders als in Suez, denn inzwischen war der Weltkrieg ausgebrochen. Lesseps war da schon 20 Jahre tot. Die Strafe hatte man ihm erlassen. Seine letzten sechs Jahre verbrachte er im Lehnstuhl oder im Bett, körperlich verfallen und geistig verwirrt. Teurer wurde für eine mutwillige Veränderung der Erde nie bezahlt.

Seit 1962 wird der Kanal immer wieder verbreitert und vertieft: größere Tanker, größere Containerschiffe und eine unaufhaltsame Zunahme des Welthandels – unvorstellbar, dass es den Kanal nicht gäbe. Für die Güter sind die Schiffe so wichtig wie noch nie. Die Menschen aber fahren nur noch spazieren auf den Meeren; wer ein Ziel jenseits des Ozeans anstrebt, der geht seit einem halben Jahrhundert in die Luft.

Die Luftfahrt hat 1783 in Frankreich begonnen. Warum so spät, das bedarf der Erklärung.

28 Lernen wir endlich fliegen!

Lange ehe unsere Ahnen den Luftraum für die schnelle Fortbewegung nutzen konnten, mussten sie ein Wagnis auf sich nehmen, von dem wir nur noch schwer begreifen können, warum es eines war: von der Erde weg senkrecht in den Himmel aufzusteigen. Ist der nicht der Wohnsitz der Götter, der Engel, der Seligen? Man denke nur an das Gewimmel auf den Deckengemälden katholischer Kirchen! «Ehre sei Gott in der Höhe» (Lukas 2,14), und eine Wolke nahm Jesus weg, und sie sahen ihm nach, «wie er gen Himmel fuhr» (Apostelgeschichte 1,9). Der Himmel also war nichts für Menschen, nicht einmal der Gipfel der Berge: Auf dem Horeb empfing Moses die Gebote – aber die Priester und das Volk sollten niemals «hinaufsteigen zu dem Herrn, dass er sie nicht zerschmettere» (2. Mose 23,24).

Kann es Zufall sein, dass die Verletzung solcher Gebote zur selben Zeit im selben Land geschah, in Frankreich? 1783 der erste Freiballon – 1786 die erste Besteigung des Montblanc, Geburtsstunde des Alpinismus – 1789 die atheistische Französische Revolution. Offenbar brauchten die Pioniere der Luftfahrt und des Bergsteigens einen von allen Heiligen leergefegten Himmel.

Warum haben denn die alten Ägypter das Fliegen nicht erfunden? Sie kannten doch Leinen, Papyrus, Bast und Feuer, und im 3. Jahrhundert v. Chr. entdeckte und formulierte Archimedes von Syrakus noch dazu die Gesetze des Auftriebs. Aber die Ägypter verehrten ihren Sonnengott, und Griechenlands Götter tummelten sich auf dem Olymp. Was die zwei Söhne eines Papierfabrikanten namens Montgolfier 1782 in der französischen Provinz entdeckten: dass Papiersäcke in die Höhe steigen, wenn man über einem Feuer die erhitzte Luft in ihnen auffängt – das war ohne Zweifel auch im Altertum bekannt und technisch möglich. Aber der Himmel war nicht für die Menschen da. Vielleicht fehlte überdies etwas von der Kolumbus-Gesinnung: Wagen wir's! Etienne und Michel de Montgolfier haben es gewagt: Sie überzogen einen großen Papiersack mit Stricken, hängten eine Pfanne mit einem offenen Strohfeuer darunter und eine Gondel mit einem Schaf, einem Hahn und einer Ente darin. Die *Montgolfiere* war geboren, die Tür zum Himmel aufgestoßen.

Dass den Tieren gar nichts passiert war, machte zwei jungen Männern Mut, es selbst zu versuchen: dem Aufseher der naturwissenschaftlichen Sammlungen Ludwigs XVI., Pilâtre de Rozier, und dem Marquis d'Arlandes. Am 21. November 1783 erhob sich das erste bemannte Luftfahrzeug – ein papiergefütterter Leinensack von 18 Metern Durchmesser – aus dem Bois de Boulogne vor den Toren von Paris, und unter dem Jubel einer ungeheuren Menge, die sich die Hälse verrenkte, schwebte der Ballon in fast tausend Metern Höhe über die Dächer der Stadt und den Invalidendom hinweg.

Der uralte Menschheitstraum vom Fliegen war ja nur teilweise, oft auch gar nicht ein Traum vom Schnellsein, vom Überbrücken der Entfernung. Er war ein Traum von himmlischer Höhe, die den Vögeln und den Göttern vorbehalten schien; ein Traum von mühelosem, genüsslichem Schweben oder von einer verblüffenden Flucht über Mauern und Feinde hinweg wie der des Dädalus und des Ikarus aus dem Labyrinth von Knossos. Der Traum knüpfte sich an Märchen und an Wunderglauben, an die magische Kraft von Teppichen, Koffern, Lampen und Pantoffeln – ohne sich den realen Möglichkeiten des Fliegens auch nur in der Phantasie zu nähern. In dieser Gesellschaft nimmt sich die Dädalus-Sage schon beinahe realistisch aus, weil der kunstfertige Athener immerhin den Vögeln nacheiferte: Er fertigte für sich und seinen Sohn Schwingen aus Vogelfedern und Wachs.

Der lange Zeit verbreitete Glaube, der Mensch müsse sich die Flügelbewegung der Vögel zum Vorbild nehmen, erwies sich jedoch als falsch. Kein Schwerathlet hat so starke Arme, dass er mit Schwingen auch nur ein paar Meter weit flattern könnte wie ein Huhn. Um mit Muskelkraft ans Ziel zu kommen, musste man sich wenigstens der stärksten Muskeln, also der Beine bedienen, mit ihnen eine Tretkurbel drehen und damit eine Luftschraube antreiben. In der Tat, auf diese Weise sind einige Menschen geflogen, 1979 sogar über den Ärmelkanal (36 Kilometer weit).

Dem Warmluftballon der Brüder Montgolfier machte schon zehn Tage nach ihrem ersten Aufstieg das viel leichtere, also günstigere Wasserstoffgas Konkurrenz, der Himmel war ja leer und wartete: Der französische Physiker Jacques Charles stieg 2800 Meter hoch und trieb 40 Kilometer weit. Freilich, es blieb beim Schwimmen mit dem Winde – also bei einem bloßen wissenschaftlichen Experiment oder einer Jahrmarktsattraktion; das einzige bekannte Luftfahrzeug blieb antriebslos und damit steuerlos. 1852 war es wiederum ein französischer Ingenieur, der an einen Ballon von 44 Metern Länge eine Dampfmaschine hängte; er kreiste mit zehn Stundenkilometern über den Dächern von Paris und landete am vorher festgesetzten Ort.

Mit dem Luftschiff Entfernungen zu überbrücken, gelang als Erstem (und fast als Letztem) dem Millionär und General a. D. Graf Ferdinand von Zeppelin. Sein erster «Zeppelin» ging 1907 in die Luft und legte 350 Kilometer zurück. Im Ersten Weltkrieg bombardierten deutsche Marineluftschiffe London, sie erreichten 8000 Meter Höhe und 130 Kilometer Geschwindigkeit. 1917 wurde ein Zeppelin ausgesandt, um der deutschen Schutztruppe in Ostafrika Nachschub zu bringen; er kehrte zwar über dem Sudan um, legte jedoch in viertägigem Nonstopflug 7300 Kilometer zurück und hatte noch immer Brennstoff für zwei Tage an Bord. Das Luftschiff hatte damit als erstes Himmelsfahrzeug bewiesen, dass es ein zuverlässiges Schnellverkehrsmittel für lange Strecken sein konnte.

1928 startete am Bodensee das berühmteste Luftschiff der Geschichte: der «Graf Zeppelin». Er war 236 Meter lang; nicht mehr zigarren-, sondern stromlinienförmig, also bauchiger; 135 Kilometer schnell, mit 38 Mann Besatzung und Platz für 20 Passagiere. Unter Hugo Eckener umrundete «Graf Zeppelin» 1929 die Erde in 20 Tagen und 4 Stunden – zu einer Zeit, da ein eiliger Reisender unter äußerster Ausnutzung aller Eisenbahn- und Dampfverbindungen die Erdumkreisung bestenfalls in 39 Tagen hätte bewältigen können (Verspätungen und die dadurch verpassten Anschlüsse nicht gerechnet); eine Flugzeugverbindung rund um die Erde existierte nicht.

Seinen Höhepunkt und zugleich sein tragisches Ende erlebte das Zeitalter der Luftschifffahrt mit der «Hindenburg» – bis heute das größte Objekt von Menschenhand, welches sich je in die Luft erhoben hat. Der silberne Riese war 248 Meter lang und 41 Meter dick (was der Höhe eines zwölfstöckigen Hauses entspricht). 1936, als Verkehrsflugzeuge den Atlantik nur in mühseligem Inselhüpfen bewältigten, flog die «Hindenburg» in 43 Stunden ohne Zwischenlandung von Frankfurt nach New York. Am 6. Mai 1937, nach ihrer elften Amerika-Fahrt, ging sie während der Landung in Lakehurst aus unbekannter Ursache in Flammen auf. 36 Passagiere und Besatzungsmitglieder fanden im Feuersturm von 190 000 Kubikmetern Wasserstoffgas den Tod. Als brausende Brandfackel tilgte sich das Luftschiff aus der Weltgeschichte. Die Flugapparate *schwerer als Luft* machten das Rennen.

Der Anfang war, wie immer, mühsam. Die längsten und die ersten gesteuerten Flüge mit einem Apparat schwerer als Luft nahm von 1891 bis 1896 Otto Lilienthal vor – nur Gleitflüge zwar von Hügelkuppen hinab; aber auf diese Weise bis zu 350 Meter weit durch die Luft zu segeln, war ja ebenfalls eine neue Kunst, da es allen früheren Gleitfliegern so ergangen war wie dem Schneidermeister Berblinger aus Ulm, der 1811 von der Adlerbastei aus über die Donau gleiten wollte, doch stattdessen in sie fiel. Die Wissenschaft von der Aerodynamik erhielt durch Lilienthal entscheidenden Auftrieb. Sein Plan, in seinen Gleiter einen Motor einzubauen, wurde durch seinen Tod durchkreuzt: 1896 stürzte er aus siebzig Metern Höhe ab.

Der erste Motorflug der Geschichte fand am 18. August 1903 in der Lüneburger Heide statt: Der Allerwelts-Erfinder Karl Jatho aus Hannover flog mit einem selbstgebauten Dreidecker knapp einen Meter über dem Boden 18 Meter weit; im November brachte er es mit einem Doppeldecker auf 60 Meter Entfernung in zweieinhalb Metern Höhe. Die Leistung ist unbestritten – doch Um- und Nachwelt erwarteten vom Fliegen mehr und versagten dem deutschen Bastler die Anerkennung.

Am 17. Dezember 1903 – man sieht: Die Zeit war reif – gelang es zwei zuvor unbekannten Mechanikern aus Ohio, Wright mit Namen, ein Motorflugzeug in vier Versuchen viermal in die Luft zu bringen – das erste Mal 12, das letzte Mal 59 Sekunden lang und 260 Meter weit. Ihr Flugapparat flog, weil die Wrights den idealen Start erfunden hatten: Ihr Doppeldecker, von zwei Propellern geschoben, rutschte über eine Startschiene einen Hügel hinab und hob sich dann mühelos in die Luft, begünstigt durch einen starken Gegenwind, der mit 34 Stundenkilometern blies. Die großen Luftschiffe hatten einen kleinen, hopsenden, knatternden Konkurrenten bekommen. Dass er aber das Schiff der Lüfte einmal vom Himmel fegen würde, sah man ihm viele Jahre lang nicht an.

1909 überquerte der französische Ingenieur Louis Blériot in seinem selbstgebauten Eindecker in 27 Minuten den Ärmelkanal. 1910 erreichte eine Blériot-Maschine 107 Stundenkilometer – zu einer

Zeit, als der Geschwindigkeitsrekord für Automobile bei 203 Kilometern lag. Dann kam der große Krieg, der aus dem noch immer fast selbstmörderischen Luftfahrzeug sogleich eine Waffe zur Tötung anderer machte. Wenn es jedoch gelungen war, Flugzeuge unter schwerem Beschuss in der Luft zu halten, so mussten sie ohne diese Erschwerung zu desto größeren Leistungen fähig sein. Dazu kam, dass der Krieg viele flugtaugliche Maschinen und viele arbeitslose Piloten hinterlassen hatte.

1918 wurde der regelmäßige Postflugdienst zwischen New York und Washington, im Februar 1919 zwischen Berlin und Weimar aufgenommen – Weimar, weil dort die Verfassunggebende Nationalversammlung tagte und die Abgeordneten auf diese Weise schon zum Frühstück die hauptstädtischen Morgenzeitungen lesen konnten; die abgetakelten Kriegsflugzeuge knatterten fast mit der Höchstgeschwindigkeit eines alten Volkswagens durch die Luft. Im ersten Monat beförderten sie fünf Tonnen Zeitungen, vier Zentner Briefe und neunzehn dick vermummte Passagiere, darunter immerhin den Reichspräsidenten Friedrich Ebert. 1924 richteten die Vereinigten Staaten die erste transkontinentale Luftpostverbindung ein (von New York nach San Francisco). Am 21. März 1927 holte sich der 25-jährige Postpilot Charles Lindbergh den Preis von 25 000 Dollar, den ein New Yorker Millionär schon 1919 für den ersten Nonstop-Alleinflug von New York nach Paris ausgesetzt hatte; ihm gelang die Reise in knapp 34 Stunden.

Nach den heroischen zwanziger Jahren brachten die dreißiger den Durchbruch zum Weltluftverkehr. 1931 flog ein amerikanisches Flugzeug in 41 Stunden ohne Zwischenlandung von Tokio zur Westküste der USA. 1932 brachte die deutsche Firma Junkers die erste rundum brauchbare und zuverlässige Verkehrsmaschine auf den Markt: die dreimotorige Ju 52. Sie war bald dominierend im mitteleuropäischen Luftverkehr, mit ihrer Hilfe wurde in Südamerika eine rührige Luftfahrt aufgebaut, und bis in die sechziger

Jahre blieben einige unverwüstliche Exemplare im Liniendienst. Das amerikanische Gegenstück zur Wirtschaftlichkeit und Robustheit der «Tante Ju» wurde 1935 die berühmte, ebenfalls bis in die sechziger Jahre geflogene DC-3.

1938 umrundete der amerikanische Flugzeugfabrikant und spätere Filmproduzent Howard Hughes in einer zweimotorigen Maschine mit vier weiteren Besatzungsmitgliedern die Erde in 3 Tagen und 19 Stunden. Aus dem riesigen Himmelskörper mit seinen unendlichen Fährnissen war eine überschaubare Kugel geworden, zu umrunden in derselben Zeit, die Goethe einst für die Reise von Rom nach Neapel gebraucht hatte.

Die viermotorigen Bomber des Zweiten Weltkriegs, die über Deutschland und Japan das Verderben brachten, standen Pate für die großen Transozean-Passagierflugzeuge, die nach dem Krieg die Luft mit 550 Stundenkilometern pflügten – einem Kriegsgewinn von rund 200 Kilometern Geschwindigkeit. Damit war jenes Tempo erreicht, von dem Stendhal, der große französische Romancier, 1840 geträumt hatte. «Gott möge mir folgende Vorrechte verleihen», heißt das Schlusskapitel seiner Autobiographie, 23 solcher Privilegien wünscht er sich, darunter dieses: zehnmal im Jahr die Chance, mit einer Geschwindigkeit von 100 Meilen in der Stunde «überall hinversetzt zu werden». In Frankreich waren zu Stendhals Zeit verschiedene Meilenmaße in Gebrauch; die 100 Meilen, mit denen er überall hinzugelangen wünschte, bedeuteten je nachdem 390 bis 560 Stundenkilometer. Das haben wir längst geschafft.

Auf den Erfahrungen der Düsenjäger aufbauend, die in den letzten Kriegsmonaten Deutschland im Einsatz, England und Amerika in der Produktion hatten, stellte Großbritannien 1952 seinen «Comet» in Dienst, das erste Düsenflugzeug für Passagiere. Damit sprang die Verkehrsluftfahrt plötzlich auf 800 Kilometer in der Stunde. Nur bis 1954 allerdings: Denn für die Eile, mit der hier das

Tempo gesteigert worden war, zahlten bei mehreren rätselhaften Katastrophen viele Insassen mit dem Leben. 1958, als ein verbesserter «Comet» auf den Markt kam, waren auch die Amerikaner zur Stelle, und mit ihren Atlantikrouten eröffneten sie das Zeitalter des Massenverkehrs im 900-Kilometer-Tempo. 1959 wurde der Atlantik zum ersten Mal von mehr Menschen in der Luft als zu Wasser überquert. Schiff und Eisenbahn waren als Langstreckenverkehrsmittel entthront.

Von 1976 bis 2003 raste die «Concorde» in dreieinhalb Stunden über den Atlantik, bis zu 2180 Stundenkilometer schnell; 1995 umrundete sie die Erde in 31 Stunden und 28 Minuten – ein Rekord, der seither nicht mehr gebrochen worden ist. Unwirtschaftlich war sie immer, und als im Jahr 2000 bei einem Absturz in der Nähe von Paris 113 Menschen ums Leben kamen, flog die «Concorde» mit sinkendem Zuspruch nur noch drei Jahre weiter. Seit 2005 hebt sich der Airbus A 380 mit einem Startgewicht von 560 Tonnen in die Luft – mehr als dem Fünffachen dessen, was die Schiffe der Entdecker im 15. Jahrhundert wogen.

Im 19. Jahrhundert hatte der Dampf die Reisegeschwindigkeit zu Wasser verfünffacht, zu Lande verzwanzigfacht; im 20. Jahrhundert hat die Düse die Tagesleistung eines eiligen Reisenden noch einmal um das Zehnfache gesteigert. Wer mit der Postkutsche reiste, nahm sein Mittagessen im «Gasthof zur Post» ein und kam, während er die Suppe auslöffelte, seinem Ziel keinen Meter näher. Wer im Speisewagen isst, legt während des Menüs etwa 100 Kilometer zurück. Wer heute fliegt, ist beim Nachtisch 400 Kilometer weiter als bei der Vorspeise. Das Witzwort «Frühstück in Frankfurt – Mittagessen in New York – Gepäck in Hongkong» hätte Napoleon nicht zum Lächeln gebracht; man muss der Bewohner einer zusammengeschnurrten Erdkugel sein, um es zu verstehen.

Viel sehen wir von der Erde ohnehin nicht mehr, wenn wir fliegen: Land und Meer hängen tief und platt im Dunst, die Wolken ziehen ungleich langsamer vorüber als am Auto die Meilensteine, und über jede Stunde Verspätung maulen wir. «Während der Reise schläft er», hatte Stendhal vorausschauend über den Passagier seines Traumvehikels geschrieben; den Zeitvertreib durch Film und Fernsehen kannte er noch nicht. So oder so: Die Erde unter uns interessiert nicht mehr. Vermutlich trägt die Abgehobenheit des Vielfliegers dazu bei, dass wir unseren Planeten weder als so aufregend noch als so gefährdet erleben, wie er ist.

Der englische Geschichtsphilosoph Arnold Toynbee schrieb 1953 über seinen dreizehnstündigen Flug mit dem «Comet» von London nach Delhi: «Was hatte ich an diesem Tag gesehen, was wirklich menschlichen Interesses wert war? Wahrscheinlich weniger als der Mann auf seinem Ochsenkarren, den wir gerade auf der Fahrt vom Flugplatz zur Stadt überholen.»

29 Brieftauben und Morsezeichen

Nichts auf dieser ungeheuren Kugel namens Erde hat unsere Ahnen mehr beunruhigt, in Nachteil gesetzt und oft zur Verzweiflung getrieben als die Unmöglichkeit, Informationen in erträglichen Zeiträumen zu übermitteln oder auszutauschen – und auf keinem anderen Feld hat der Mensch die Dimensionen seines Planeten so spektakulär zum Schrumpfen gebracht wie auf dem der Kommunikation. Dass ein Schiff des Magalhães in 1080 Tagen die Erde umrundet hatte, davon war 1079 Tage lang in Sevilla nichts bekannt. Was in Paris geschah, erfuhr Napoleon in Moskau, 2400 Kilometer Luftlinie entfernt, mit Hilfe galoppierender Kuriere frühestens 18 Tage später, und auf eine Antwort aus Moskau mussten die Minister in Paris folglich mindestens 36 Tage warten.

Schlimmer noch: Als General Andrew Jackson, später siebenter Präsident der USA, am 8. Januar 1815 bei New Orleans ein britisches Expeditionskorps in blutiger Schlacht besiegte, da wussten beide Seiten, während sie ihre Gefallenen begruben, nicht, dass zwischen ihnen seit fünfzehn Tagen Frieden herrschte – unterzeichnet am Heiligen Abend 1814 zu Gent in den Niederlanden. Um diese Botschaft über den Atlantik zu tragen, brauchte ein guter Segler mindestens 35 Tage, und zwischen New York und New Orleans lagen noch einmal 2500 Pferdekilometer. Für den Präsidenten in der Bundeshauptstadt Washington trafen auf diese Weise die beiden Nachrichten ziemlich dicht nacheinander ein: dass seine Truppen gesiegt hatten – und dass der Sieg unsinnig war. Abstrus fanden das die Zeitgenossen nicht; schließlich rechnete man für einen

Brief von London nach Rom vier Wochen. Aber eine Qual war solche Nachrichtenverbindung für Politiker und Kaufleute schon.

Jahrtausendelang haben Häuptlinge, Feldherren und Könige verzweifelt versucht, ihre Befehle schneller durch die Lande zu tragen als zu Pferde und auf dem Schiff – mit Trommeln, mit Vögeln, mit Balken und mit Qualm. Die Trommel war in Afrika, Amazonien, Melanesien das Signal- und Befehlsinstrument des Häuptlings, vielfältiger abgestuft, als wir uns das vorstellen können, durch Tempo, Nachdruck, Dauer sowie durch den Wechsel zwischen Fingern, Knöcheln, flacher Hand und Faust. Einige Schallsignale verwenden wir immer noch: die Autohupe, das Nebelhorn, die Alarmsirene, die Trillerpfeife des Schiedsrichters.

Optische Signale reichen weiter. Das älteste und simpelste war das *Fanal* (ein Wort, das wir nur noch in seiner schreienden Bedeutung verwenden), ein Leuchtfeuer also, möglichst auf einem hoch gelegenen Punkt. Feuer ließ sich, so in Indien, durch Zusatz von Metalloxiden bengalisch färben; Rauch ließ sich durch Decken zu bestimmten Wellen formen wie bei den Indianern Nordamerikas.

Die originellste Idee zur körperlosen Nachrichtenübermittlung vor dem Einbruch der Elektrizität hatte der französische Pfarrer Claude Chappe. Er konstruierte 1789 den sogenannten Flügeltelegraphen: An einer Kette weithin sichtbarer Türme wurde außen ein dreiteiliges Balkensystem angebracht, dessen Glieder in mehr als hundert verschiedene Positionen geschoben werden konnten (ähnlich dem N, dem Z oder dem Y). 1794 gelangte eine kurze Botschaft auf diese Weise über zwanzig Türme von Paris nach Lille, und Preußen richtete eine Balkensignalverbindung von Berlin über Köln nach Trier ein, über die eine Nachricht binnen einer Viertelstunde übermittelt werden konnte.

Nur war dazu ein vorbereitender Aufwand an Turmbauten nötig, den Privatleute nicht erbringen konnten und der auch der Regierung im Bewegungskrieg nichts nützte. So blieben, bis der Telegraph allgegenwärtig wurde, nur drei schnelle Wege: die Läuferstafette, die Reiterstafette und die Brieftaube. Es war ein Läufer, der den Athenern die Nachricht vom Sieg bei Marathon überbrachte. Die olympische Disziplin des Marathonlaufs zeigt uns noch heute, wo die Grenzen der Übermittlung durch laufende Boten liegen: Selbst die zähesten Läufer der Welt brauchen für 42 Kilometer gut zwei Stunden. Durch eine Kette von Läufern, deren jeder eine kürzere Strecke zurücklegt, lässt sich zwar die Geschwindigkeit heraufsetzen – doch nur dann, wenn schon vor dem Eintreffen der Nachricht jeder Läufer an seinem Platz ist, wenn also bestimmte Kurierstrecken Tag und Nacht von einer Kette wartender Meldeläufer besetzt sind.

Es ist nur ein Staat bekannt, der ein so kompliziertes und kostspieliges System in großem Stil unterhalten hat: der Staat der Inkas, der die Kordilleren vom südlichen Kolumbien bis zum mittleren Chile umfasste und im 16. Jahrhundert von den Spaniern zerstört wurde. In ganz Amerika kannte man vor der Landung der Europäer weder das Pferd noch das Rad; es bestand also kein Grund, beim Straßenbau an Fahrzeuge und Reittiere zu denken, sodass die Straßen häufig über Stufen oder schmale Hängebrücken führten. Die Kuriere, zwei oder drei pro Station, wohnten mit ihren Familien in Hütten, die sich an den Staatsstraßen in Sichtweite, meist also einige Kilometer voneinander, entlangreihten. Sie lebten in ständiger Bereitschaft nach Art des Schrankenwärters im ersten Jahrhundert der Eisenbahn. Sah ein Kurier seinen Nachbarn angetrabt kommen, so lief er ihm ein Stück entgegen und übernahm während des gemeinsamen Laufs die mündliche oder nach Inka-Art in bunte Schnüre geknotete Botschaft.

«Die Boten mussten königstreu und sie durften nicht träge sein, sondern flink wie ein Damhirsch und ein Sperber», heißt es in einer spanischen Chronik des 17. Jahrhunderts. «Sie mussten eine verschwiegene Frau und ebensolche Söhne haben. Sie durften weder Tag noch Nacht rasten.» Und wie verschwiegen sie waren! Weder durch Bestechung noch durch Folter brachten die spanischen Eroberer sie dazu, das Postgeheimnis zu brechen. Erfolg des Systems: Ein Befehl brauchte von der Hauptstadt Cuzco nach Quito im heutigen Ecuador rund zehn Tage –1600 Kilometer Luftlinie durch das zweithöchste Gebirge der Erde, das heißt mindestens 200 Straßenkilometer pro Tag.

Das letzte große Stafettensystem trat erst 1860 ins Leben, 27 Jahre nach Erfindung des Telegraphen, aber die neuen Kabel hatten die USA noch nicht durchquert: der legendäre *Pony-Express* vom westlichen Endpunkt der Eisenbahn in Missouri nach San Francisco durch 3120 Kilometer Wildnis. Ein Privatunternehmer hatte längs der ganzen Strecke 157 Stationen zum Pferdewechsel eingerichtet und nahm 80 Reiter mit 500 Pferden in seinen Dienst. Drei- bis fünfmal wechselte der Kurier das Pferd – dann wechselte der Kurier. «Post nach San Francisco in zehn Tagen!», versprach das Unternehmen, und meistens gelang das auch. Ein Brief von höchstens 14 Gramm (einer halben Unze) kostete fünf Dollar (was wir wohl mit annähernd hundert Euro gleichsetzen dürfen). So viel ließ auch mancher kleine Kaufmann sich die schnelle Nachricht kosten. Doch schon nach anderthalb Jahren, im Oktober 1861, war das Telegraphenkabel bis nach San Francisco verlegt und das letzte Aufbäumen, die höchste Verfeinerung der physischen Nachrichtenübermittlung vorüber.

Zu spät unterwegs war auch jener Kundschafter der *Royal Geographical Society* in London, der noch 1862 die Wüste Gobi durchquerte und über Wetter, Schneehöhen und Marschzeiten penibel Buch führte – um zu prüfen, ob ein Kurierdienst auf dem Landweg vielleicht eine raschere Verbindung zwischen England und China herstellen könne als die Seeroute um Afrika herum. Dass 1869 der Suezkanal eröffnet wurde, machte den Seeweg kürzer, für Nachrichten aber alsbald überflüssig, weil die Absenkung von Telegraphenkabeln in die Ozeane schon im Gange war.

Die Erfindung des elektromagnetischen Telegraphen ist, wie die meisten großen Erfindungen, in vielen Etappen geschehen; einen technisch einwandfreien elektrischen Zeichenübermittler baute jedenfalls der berühmte Mathematiker Carl Friedrich Gauß 1833 in Göttingen. Die kommerzielle Auswertung des Telegraphenkabels geht auf den amerikanischen Maler und Erfinder Samuel Morse zurück, der auch zwei wesentliche Verbesserungen vornahm: Er führte ein rationelles Zeichensystem ein, das Morsealphabet, und er konstruierte 1837 einen Anker, der die langen und kurzen Stromstöße als Striche und Punkte mit einem Stift auf einen Papierstreifen zeichnete. 1843/44 legte Morse mit Unterstützung der amerikanischen Regierung die erste große Telegraphenlinie der Welt von Washington nach Baltimore; schon ein Jahr darauf waren die USA von 1500 Kilometern Telegraphenleitungen durchzogen.

1849 baute Werner Siemens eine Telegraphenlinie von Berlin nach Frankfurt am Main; 1851 wurde das erste Kabel ins Meer versenkt, um Dover mit Calais, England mit dem Kontinent zu verbinden; 1862 machte der Telegraph dem «Pony Express» den Garaus. Aber 1865, als der amerikanische Bürgerkrieg beendet und Präsident Lincoln ermordet wurde, eilten die Nachrichten noch immer nicht schneller über den Atlantik als mit dem schnellsten Schiff. Und es war die Ermordung Lincolns, die dem Kaufmann Israel Beer Josaphat aus Kassel zu seinem größten Triumph verhalf. In London hatte er eine Agentur gegründet, die sich darauf spezialisierte, die Lücken in der Telegraphie zu schließen. Der erste europäische Hafen, den die Schiffe aus Amerika anliefen, war Cork in Südirland, der erste Hafen der britischen Inseln mit einer Telegraphenstation aber Liverpool. Josaphat legte nun von Cork nach Liverpool ein eigenes Kabel und war dadurch imstande, die Schiffe aus Amerika, die von New York nach Cork mindestens zehn Tage brauchten, auf ihrer Weiterfahrt nach Liverpool um etliche Stunden zu überholen.

Als dies auch mit der Weltsensation von der Ermordung Lincolns geschah, war Josaphat endgültig ein gemachter Mann. 1871 wurde er geadelt und nannte sich nun Paul Julius Freiherr von Reuter. Diesen Namen trägt noch heute eine der größten Nachrichtenagenturen der Welt. «Der Liverpooler Telegraph», schrieben deutsche Zeitungen am 28. April 1865, «bringt folgende Nachricht aus New York, 15. April: Lincoln wurde in seiner Theaterloge ermordet. Der Sünder hat das Maß der Verbrechen und des schändlichsten Verrathes voll gemacht.» Genauer gesagt, meldete der Telegraph die Nachricht nur von Washington bis New York und von Cork über Liverpool zum Kontinent; dazwischen lag der Schiffsweg.

Bis 1866. Da endlich gelang dem amerikanischen Papierfabrikanten Cyrus Field, nach drei Fehlschlägen in neun Jahren, die ihn zu ruinieren drohten, das Ungeheure:

Er charterte das größte Schiff der Erde, die betagte «Great Eastern», riss die Einrichtung heraus und schaffte Platz für einen riesigen Tank, in dem viertausend Kilometer Kupferkabel eine siebentausend Tonnen schwere Spule bildeten, und mit acht Stundenkilometern von Irland nach Neufundland dampfend, verdrahtete die «Great Eastern» Amerika mit Europa. Die Nachrichtenentfernung war von elf Tagen auf wenige Minuten geschrumpft. Fünf Jahre später, 1871, erreichte das sibirische Telegraphenkabel Wladiwostok; was bis dahin nur per Kutsche oder Schlitten in drei bis vier Monaten von Moskau in den Fernen Osten übermittelt werden konnte, war nun in Minuten da.

Im selben Jahr lief ein uraltes Nachrichtenmittel noch einmal der Telegraphie den Rang ab: die Brieftaube. Schon den Ägyptern soll im 3. Jahrtausend v. Chr. der erstaunliche Ortssinn der Tauben aufgefallen sein, ebenso die Möglichkeit, ihnen einen Zettel an die Schwanzfeder zu heften und sie so zu einem fliegenden Briefträger zu machen. Die Griechen meldeten den Namen des Siegers der Olympischen Spiele mit Brieftauben seinem Heimatort, und noch anderthalb Jahrtausende später erhielt Nathan Rothschild, der Begründer des Londoner Zweigs der Bankiersfamilie, durch seine Agenten die Nachrichten über Napoleons Siege und Niederlagen mit Hilfe von Brieftauben so viel früher als die Konkurrenz, dass er an der Londoner Börse damit Millionen verdiente, zumal nach Waterloo.

Dennoch galt die Brieftaubenzucht, die vor allem in Belgien betrieben wurde, mehr als ein Steckenpferd. Die Militärs interessierten sich nicht dafür – bis die deutschen Truppen im Winter 1870/71 Paris belagerten. Natürlich zerschnitten sie die Telegraphenkabel. Wie sollte nun die bedrängte Hauptstadt noch Befehle ins Land hinaus erteilen und Informationen von dort empfangen können? Brieftauben suchen ja kein Ziel – sie können nur heimwärts fliegen. Also band die Nachrichtentruppe auf gut Glück Brieftauben an Warmluftballons, die französische Weltsensation von 1783. Aufgelassen wurden 534 Tauben – keiner wusste, wo sie niedergehen würden. Immerhin 100 kamen von den zufälligen Orten ihrer Landung zurück und informierten die Regierung in Paris in Stichproben über die Zustände in der Provinz. Die Militärs in aller Welt waren beeindruckt, und noch im Ersten Weltkrieg waren an den deutschen Fronten 120 000 Brieftauben stationiert.

Inzwischen hatte die elektrische Nachrichtenübermittlung allerdings entscheidende Fortschritte gemacht. 1861 baute der Deutsche Philipp Reis den ersten Fernsprechapparat, 1876 der Amerikaner Alexander Graham Bell den zweiten, der zum Ausgangspunkt der weiteren technischen Entwicklung wurde. 1877 ging in Boston die erste öffentliche Telefonlinie in Betrieb, schon 1881 war das Telefon in allen Großstädten der Vereinigten Staaten und Europas verbreitet. Länger dauerte der Ausbau eines Überlandnetzes, und erst 1927 war ein Fernsprechkabel zwischen Europa und Amerika verlegt.

Solange aber das Telegraphieren wie das Telefonieren an einen Draht gebunden blieben, mussten jeder Nachrichtenübermittlung langwierige Verlegungsarbeiten vorausgehen. 1902 lagen 380000 Kilometer Kabel kreuz und quer auf dem Meeresgrund – aber was half das den Tubuaiern und den Kraglfingern, wenn sie doch nicht angeschlossen waren! Kraglfing liegt zwischen Huglfing und Zeidlhaching und wurde 1908 von dem populären bayerischen Dichter Ludwig Thoma mit den Worten vorgestellt: «Wenn in Berlin oder in Wien ein großes Ereignis geschieht, so erfährt es der Gouverneur in Sydney um zwei Tage früher als der Bürgermeister in Kraglfing. Das macht: Kraglfing liegt fünfthalbe Stund entfernt von der nächsten Poststation, und wenn es recht stürmt oder der Botenseppl den Reißmathias kriegt, dann ist der diplomatische Verkehr aus und gar.» Wahr aber ist (angeblich) die Geschichte von den Tubuai-Inseln, 750 Kilometer südlich von Tahiti gelegen, im hintersten Winkel des französischen Kolonialreichs: Es war dasselbe Postschiff, das den Beamten anno 1919 die Nachricht überbrachte, in Europa sei 1914 ein Weltkrieg ausgebrochen – und 1918 sei er siegreich beendet worden. Zwar ließen sich Morsezeichen längst drahtlos übermitteln, doch gab es auf Tubuai natürlich noch kein Empfangsgerät.

1897 war es dem Italiener Guglielmo Marconi gelungen, mit elektronischen Wellen den Luftraum zu überbrücken. Ein Augenzeuge, der deutsche Physiker Adolf Slaby, schrieb über das erste drahtlose Funksignal der Weltgeschichte: «Es wird mir eine unvergessliche Erinnerung bleiben, wie wir, des starken Windes wegen in einer großen Holzkiste zu fünfen übereinandergekauert, Augen und Ohren mit gespanntester Aufmerksamkeit auf den Empfangsapparat gerichtet, plötzlich nach Hissen des verabredeten Flaggenzeichens das erste Ticken, die ersten deutlichen Morsezeichen vernahmen, lautlos und unsichtbar herübergetragen von jener felsigen Küste ... Es waren die Morsezeichen des ‹V›, welche der Verabredung gemäß herüberkamen.» Ort: die Insel Flatholm im Bristolkanal; überbrückte Entfernung: fünf Kilometer. Aber schon 1901 schickte Marconi den ersten Funkspruch über den Atlantik.

Auf die drahtlose Übermittlung von Morsezeichen folgte bald die drahtlose Übermittlung der menschlichen Stimme: 1906 wurde zwischen Berlin und Nauen das erste Telefongespräch durch die Luft geführt. Was seither geschehen ist, war nur noch Verfeinerung, Überbrückung immer längerer Strecken, automatische Aufzeichnung durch Fernschreiber und Übermittlung von Fernsehsignalen.

Einen kuriosen – und den vermutlich letzten – Rückfall in die Vorzeit der Informationstechnik erlebte die Erde 1953. James Morris, Reporter der Londoner *Times*, saß im Basislager der englischen Mount-Everest-Expedition, um die Nachricht vom erhofften Gipfelsieg als Erster, als Einziger und noch dazu pünktlich zur Krönung der Königin nach London zu schicken. 50 Kilometer vom Basislager entfernt gab es die erste Verbindung zur Welt: einen indischen Militärposten mit einem Funkgerät, das durch eine Art Fahrraddynamo betrieben wurde. Morris gewann den leitenden Offizier dafür, einen Funkspruch an die britische Botschaft in Nepals Hauptstadt Kathmandu durchzugeben, sobald ein Läufer ihm die Nachricht von Edmund Hillarys Erfolg überbringen würde – natürlich nur ein Code-Wort dafür, die Reporter der Konkurrenz lauerten in der Nähe.

Von Hillary zur Queen nahm die Nachricht nun folgenden Weg: Hillary und Tenzing erreichen nach dem Gipfelsturm den Südsattel des Mount Everest, auf dem ein drittes Mitglied der Expedition, Wilfried Noyce, sie erwartet. Sie legen im Schnee das vereinbarte Zeichen für das Basislager aus: zwei Schlafsäcke in Form eines T (für *top*). Vom Basislager trabt der dafür bereitstehende Läufer die 50 Kilometer zum Funkgerät. «Schneeverhältnisse schlecht», funken die Inder, wie vereinbart, nach Kathmandu. Der britische Botschafter funkt das Codewort ans Außenministerium in London, das informiert den Privatsekretär der Queen, und am 1. Juni, drei Tage nach dem Gipfelsieg, am Vorabend ihrer Krönung, hält Elisabeth II. den roten Umschlag mit der Siegesnachricht in der Hand.

1990 lief das anders: Da ging Hillary in Neuseeland ans Telefon, und sein Sohn grüßte ihn vom Gipfel des Mount Everest. Dazu freilich mussten erst Satelliten in den Raum geschossen – und davor musste die Raumfahrt überhaupt erfunden werden.

30 Gleichzeitig überall

Als am 4. Oktober 1957 der *Sputnik* – eine rätselhafte Kugel mit vier Spinnenarmen – aus 900 Kilometern Höhe Piepstöne zur Erde sandte, und zwar so, dass sie eine Viertelstunde später über einen anderen Erdteil hinwegflog, denn sie umkreiste den Planeten in 96 Minuten mit einer Geschwindigkeit von 28 500 Stundenkilometern: da gab es in Moskau Triumphgeschrei, denn die Sowjetunion hatte die Tür zum Weltraum aufgestoßen und dabei den Erzfeind Amerika überholt – in den USA einen Schock – und unter Laien in aller Welt ein Rätselraten, wie so ein Ding funktionieren könnte und wozu man es eigentlich brauchen sollte. Auch die Experten hatten keine Vorstellung davon, dass der Sputnik der Auftakt zu einer Revolution war, die uns nicht nur den Weltraum näher brachte, sondern binnen eines halben Jahrhunderts die Lebensgewohnheiten von Milliarden Menschen umstülpte, den Kommunikationsumfang der Erde von einst drei Jahren auf Bruchteile einer Sekunde schrumpfen ließ und schließlich Autofahrern dabei half, in München-Milbertshofen die Schafhäutlstraße aufzuspüren.

Die Hündin Laika, von den Sowjets als erstes Lebewesen in den Raum geschossen, war nach sieben Stunden gestorben an Sauerstoffmangel und Unterkühlung. Aber am 12. April 1961 umkreiste ein Mensch, Juri Gagarin, 108 Minuten lang die Erde, ein ganzes Mal und noch neunzehn Minuten mehr. Da versprach John F. Kennedy, Präsident der USA seit dem 20. Januar, seinem Volk: «Wir werden noch vor Ende dieses Jahrzehnts einen Menschen auf den Mond bringen.» Der Etat der Nasa wurde verfünffacht, und fast

20 000 Firmen wirkten mit Instituten und Universitäten zusammen, um Kennedys Versprechen zu erfüllen. Am 20. Februar 1962 endlich der erste amerikanische Erfolg: John Glenn umrundete in knapp fünf Stunden dreimal die Erde.

Mit Riesenschritten holten die Amerikaner auf. Im Gemini-Programm wurden 1965 fünfmal je zwei Astronauten in den Weltraum geschossen – beim ersten Start für drei, beim letzten für vierzehn Tage mit 206 Erdumrundungen. Auf den ersten, zwölfminütigen «Weltraumspaziergang» eines Kosmonauten am 18. März 1965 ließ Major Edward White an Bord von Gemini IV schon im Juni den zweiten folgen, doppelt so lang – und das wurde ein Volksfest, wie die USA noch keines erlebt hatten: Während der Major mit 28 000 Stundenkilometern über Kalifornien und Texas zu den Bermudas raste, hörten hundert Millionen Amerikaner an ihren Radio- und Fernsehapparaten aus dem Gewirr schnarrender Stimmen, die zwischen dem Weltraum und den Bodenstationen hin- und herschwirrten, das Gelächter des übermütigen fliegenden Menschen heraus. Nie ist es im Weltraum fröhlicher zugegangen.

Im Dezember 1968 umkreiste die bemannte amerikanische Raumkapsel *Apollo 8* zehnmal den Mond, und von ihrem Rückflug zur Erde brachten sie das Foto mit, das das Lebensgefühl der Menschheit verändert hat: die Erde, wolkenumschleiert, herzerwärmend, die Heimat – aber zugleich eine schrecklich einsame Insel im Ozean des Nichts – und überdeutlich: ein klar umrissener, ein endlicher Himmelskörper, die unentrinnbare Heimstatt von damals dreieinhalb Milliarden Menschen, die sich hemmungslos vermehren und alles, was auf Erden ist, herrisch für sich reklamieren. (Jetzt, nur vierzig Jahre später, sind es fast sieben Milliarden, und bescheidener geworden sind sie nicht.) Da machte das Schlagwort vom «Raumschiff Erde» die Runde: ein treffendes Bild, geeignet, die keimende Sorge um die Zukunft des Planeten zu verstärken, die zuerst die amerikanische Biologin Rachel Carson 1962 mit ihrem Buch

«Der stumme Frühling» zum Thema gemacht hatte – stumm, weil die in der amerikanischen Landwirtschaft verwendeten Pestizide die Vögel zum Schweigen brachten.

Am 20. Juli 1969, sechs Jahre nach Kennedys Ermordung, geht sein Versprechen («noch in diesem Jahrzehnt») pünktlich in Erfüllung: Neil Armstrong betritt den Mond. Seinen ersten Schritt verfolgen eine halbe Milliarde Menschen fasziniert am Fernsehschirm. Fünf weitere Mondlandungen bis 1973, ein «Auto» eingeschlossen – und steht uns nicht überhaupt der Weltraum offen? 1962 startet die erste Sonde zur Venus, 1964 zum Mars (unseren beiden Nachbarplaneten), 1989 zum Jupiter, und über den Mars fährt 1997 ein ferngesteuertes amerikanisches Mobil, das die bisherigen Eindrücke bestätigt: Ja, dort könnte ein Mensch im Raumanzug spazieren gehen. Die Oberfläche kocht nicht wie auf der Venus, sie besteht nicht aus Gasen, die bei minus 125 Grad in tobenden Stürmen durcheinanderwirbeln wie beim Jupiter; sie ist einfach nackt und tot.

Während sich die eigentlich dramatische Entwicklung auf dem Gebiet der Nachrichtensatelliten vollzog, blieb die Öffentlichkeit jahrzehntelang vor allem vom Flug ins All fasziniert. Das hatte und hat ein paar völlig irrationale Gründe – und einen mäßig rationalen auch: Auf dem Mars werden eines Tages sicher Menschen landen, 16 bis 18 Monate werden sie unterwegs sein hin und zurück, und längst sind Mond- und Mars-Stationen entworfen nach Art des Experiments «Biosphäre II», das von 1991 bis 1993 auf Kosten eines amerikanischen Milliardärs in der Sonora-Wüste in Arizona unternommen wurde: ein von der Außenwelt abgeschottetes Ökosystem von 2,6 Hektar unter Glas, in das sich acht Wissenschaftler mit 500 Tier- und 4000 Pflanzenarten einschlossen, mit eigenständigem Kreislauf von Licht und Wasser, Düngung und Wachstum, von Sonnenenergie betrieben und von Computern gesteuert. Die erste Truppe hielt es exakt zwei Jahre lang in der Isolation aus, allerdings mit gelegentlicher Zufuhr von Strom und schließlich sogar von Sauerstoff. Eine Teilnehmerin berichtete danach: «Wir können stolz darauf sein, dass wir uns nicht gegenseitig umgebracht haben.»

Ja, dergleichen könnte auf dem Mars passieren, sobald genügend Raumschiffe genügend Material hinübergeschafft haben würden. Doch welcher Aufwand war das für acht Menschen! Eine wissenschaftliche Station ist denkbar – Irrwitz aber die beliebte Spekulation, auf den Mars könnte die Menschheit sich oder Teile von sich auslagern, falls die Erde überfüllt oder unbewohnbar würde. Nein: eine zweite, die erste entlastende Wohnkugel zu finden haben wir keine Chance.

Die ganz und gar irrationale Faszination geht von der Unterstellung aus, auf anderen Himmelskörpern könnte es menschenähnliche Lebewesen geben (was nicht einmal ausgeschlossen ist) – und zwar auf so nahen Planeten, dass ein Zusammentreffen mit uns möglich wäre (was vollständig und für alle Zeiten auszuschließen ist, siehe Kapitel 2). So gab der Sputnik jenen Amerikanern Auftrieb, die schon 1947 im US-Staat New Mexiko den Absturz eines *Ufos*, einer «Fliegenden Untertasse», gesehen haben wollten; die Hälfte aller Amerikaner, hört man, glaubt an solche Besucher aus dem All – und war demgemäß selbstverständlich nicht beeindruckt, als die Air Force 1997 resümierte: Sie habe alle 12 618 ihr bekannt gewordenen Beobachtungen ausgewertet, und soweit sie überhaupt eine Substanz gehabt hätten, habe es sich um Sternschnuppen, Wetterballons, Prototypen von Weltraumkapseln oder um Puppen gehandelt, die aus großer Höhe abgeworfen wurden, um neue Fallschirme zu testen.

1968 errang der Schweizer Hotelier Erich von Däniken einen Welterfolg mit seiner Behauptung, außerirdische Astronauten hätten einst das höhere Leben auf die Erde gebracht («Erinnerungen an die Zukunft»), und von 1966 bis 2005 tat die amerikanische

Fernsehserie «Raumschiff Enterprise» in drei Schüben mit 355 Folgen so, als könnte die Weltraumfahrt eines Tages etwas Normales werden.

Nach Zeichen von außerirdischer Intelligenz forschen auch seriöse Wissenschaftler seit Jahrzehnten mit ungeheurem Aufwand und erstaunlicher Geduld. Den Anfang machte 1960 der kalifornische Radio-Astronom Fred Drake; 1992 sprang die Nasa seiner Truppe bei, mit dem Erfolg, dass die Forscher das größte Radioteleskop der Welt in Arecibo auf Puerto Rico nutzen durften (Durchmesser des sphärischen Reflektors: 305 Meter). Die Universität von Kalifornien in Berkeley hat 1999 dazu die Aktion *seti@Home* ins Leben gerufen (Seti = *Search for extraterrestrial intelligence*): Millionen privater Computer-Freaks suchen die täglich anfallenden 300 Gigabyte an Daten aus der galaktischen Radiofrequenzstrahlung nach Signalen ab, die auf eine Absicht schließen lassen könnten. Zusätzlich betreibt Paul Allen, ein Mitbegründer von Microsoft, seit 2007 in Hat Creek (Kalifornien) ein *Telescope Array* aus zunächst 42, demnächst 350 Radioteleskopen von je sechs Metern Durchmesser, die die Milchstraße bis in eine Entfernung von 1000 Lichtjahren belauschen sollen.

Ist da nun irgendwas gefunden worden, was auch nur bei großzügiger Auslegung als eine Botschaft intelligenter Wesen betrachtet werden könnte? Nichts. Selbst wenn irgendwo im Universum eine zweite technische Zivilisation existieren sollte – niemals von ihr zu hören bliebe überwältigend wahrscheinlich.

Denn erstens: Was sind schon 1000 Lichtjahre – verglichen mit den Milliarden Jahren, die von der Astronomie längst ausgemessen sind? Und erst mit Hilfe dieser gigantischen Dimensionen hat etwas so Unwahrscheinliches wie der Mensch vielleicht doch die Chance, mehrfach vorzukommen; nur eben jenseits aller Erreichbarkeit.

Zweitens: Jede interstellare Kommunikation würde auch noch

auf dem unvorstellbaren Zufall basieren, dass die dafür notwendigen *Zeitfenster* aufeinanderpassen. Seit dreieinhalb Milliarden Jahren gibt es Leben auf der Erde, seit zwei Millionen Jahren (im letzten Zweitausendstel also) menschenähnliches Leben und seit 1897 die Fähigkeit, Funksignale drahtlos zu empfangen – das sind, umgerechnet auf einen 24-Stunden-Tag, etwas weniger als die letzten fünf Sekunden der Menschheit. Eben die also müssten unsere Partner im Universum erwischen, und ihr Zeitfenster müsste in denselben Sekunden offen sein, und das ganze natürlich um 100 oder 1000 Lichtjahre gegeneinander versetzt; und wenn dann nach 200 oder 2000 Jahren die Antwort käme – warum könnte eine der beiden hochtechnisierten Zivilisationen nicht längst untergegangen sein, durch Atombomben zum Beispiel oder durch die Zerstörung der eigenen Biosphäre?

Sollten aber die beiden Fenster wirklich gleichzeitig geöffnet sein (nur um 100 Lichtjahre oder mehr verschoben): Wer sagt uns denn, dass wir die Signale unserer potenziellen Partner, wenn sie wirklich kämen, überhaupt verstehen könnten! Hat es nicht mehr als 400 Jahre gedauert, bis wir imstande waren, auch nur eine irdische Schrift, die der Mayas in Mittelamerika, halbwegs zu entziffern? Und da ging es noch um eine Schrift! Woher wissen wir, ob die Außerirdischen nicht Signalsysteme entwickelt haben, die uns unvorstellbar sind? Vielleicht «schmienen» sie ja (they *smean*, schrieb die *New York Times* ironisch); und wer da fragte: Was soll das heißen, sie «schmienen»?, dem antwortete das Weltblatt: Woher sollen wir das wissen? Sind sie nicht eben von solcher Art, die Rätsel des Alls?

Wie aber, fragt der amerikanische Biochemiker Isaac Asimow, wenn die Aliens einen Schuppenpanzer aus grauen Steinen trügen und sich durch Farbblitze verständigten, also sich über das «komplizierte Husten» der Erdenmenschen lustig machen würden? Setzt die Annahme, wir fänden ein Mittel der Verständigung, nicht allzu kühn voraus, dass Außerirdische uns in irgendeiner Weise ähnlich wären? Wie, fragt der englische Astronom Fred Hoyle, wenn sie riesig, starr und stumm in einer blauen Wüste ruhten, sodass wir mit unseren beschränkten Sinnen sie nicht einmal als lebendig erkennen würden? Vielleicht ist die außerirdische Intelligenz ja in einem schleimigen Ozean zu Hause, schrieb der berühmte polnische Science-Fiction-Autor Stanisław Lem.

Etliche Wissenschaftler vertreten umgekehrt die Meinung, außerirdische Intelligenzen müssten uns sehr ähnlich sein. Schließlich bauen sich alle chemischen Reaktionen, die für das Leben nötig sind, auf denselben Aminosäuren und Proteinen auf; ein oben getragener Kommandostand mit allen Sinnesorganen wie unser Kopf ist ein klarer Überlebensvorteil, ebenso Greifwerkzeuge nach Art unserer Hände. Höchstens, dass ein kleiner Planet (wie der Mars) dünnbeinige Lebewesen begünstigen würde, ein großer dagegen, mit seiner gewaltigen Schwerkraft, Vielbeiner mit Standsäulen wie ein Elefant, wenn nicht gar schildkrötenartige Herrentiere.

Womit leider wieder alles offen wäre: Also doch keine Menschenähnlichen im All? Niemals – in der Tat!, sagt der berühmte deutsch-amerikanische Evolutionsbiologe Ernst Mayr (1904–2005). Der Mensch sei das Produkt einer unendlichen Kette von Unwahrscheinlichkeiten, die nie woanders stattgefunden hätten und sich auch auf Erden nie wiederholen könnten. Nicht einmal unsere Intelligenz sei ein Überlebensvorteil, sagt Mayr; wenn sie es wäre, hätte die irdische Evolution *mehr* neunmalkluge Lebewesen als nur uns hervorgebracht. (In der Tat: einen Atomkrieg, das las man oft, würden am sichersten die Kakerlaken überleben.)

Der amerikanische Evolutionsbiologe Simon Conway Morris setzt dem seit dem Jahr 2000 in Büchern, Artikeln und Interviews immer wieder die Überzeugung entgegen: Die Entwicklung vom Einzeller zum Menschen sei unerbittlichen, also jederzeit wiederholbaren Naturgesetzen gefolgt; intelligente Wesen auf anderen Planeten könnten sich folglich nur wenig von uns unterscheiden. Freilich: Wenn außerirdische Intelligenzen uns auch sehr ähnlich wären, falls es sie gäbe, so heiße das nicht, dass es sie geben müsste; wahrscheinlich gebe es sie nicht. Und weiter: Da die Aliens, wenn es sie gäbe, so wären wie wir, sagt Morris, wären sie auch so aggressiv wie wir. Und falls sie wirklich bei uns landeten, würden sie eine technische Überlegenheit besitzen, die weit schrecklicher wäre als einst die des Kolumbus über die Indianer. Was also tun? «Wenn das Telefon wirklich klingeln sollte», sagt Morris, «sollten wir lieber nicht rangehen.»

Woher kommen sie nur, unsere hartnäckigen Hoffnungen auf Brüder im All? Der Schweizer Psychologe C. G. Jung hat die Frage schon 1958 gestellt, im Jahr nach dem Sputnik und elf Jahre nach der ersten angeblichen Sichtung eines Ufos. «Nur zu gern», schrieb Jung in dem Essay «Ein moderner Mythus», würden Luftspiegelungen für Flugkörper von anderen Sternen gehalten: Denn in tiefen Schichten der Seele keime die Hoffnung, sich aus der irdischen Misere durch einen außerirdischen Eingriff befreien zu lassen. Viele Menschen hätten die Boten aus besseren Welten deshalb gesehen, weil sie sie sehen *wollten*. Etliche amerikanische Psychologen haben dies seither bekräftigt und mit dem Hinweis untermauert, es sei für viele nun mal ein schrecklicher Gedanke, in diesem kalten, unendlichen Weltraum allein zu sein.

Merkwürdig bleibt bei allen Hoffnungen auf galaktische Gesellschaft, dass da offenbar die Überzeugung mitschwingt, die Aliens würden zu keinem anderen Zweck bei uns landen, als uns zu helfen, ja uns zu erlösen – eine Art interstellarer Heilsarmee. In den Büchern der meisten Science-Fiction-Autoren und der Mehrzahl der Hollywood-Produktionen erfahren wir das Gegenteil. Als der englische Schriftsteller H. G. Wells 1897 zum ersten Mal Aliens auf der Erde landen ließ, bärengroße Marsmenschen mit einem gräss-

1 Zum Mond mussten Menschen fliegen, um die Erde so zu sehen: ergreifend schön – hoffnungslos begrenzt – verloren in unvorstellbarer Einsamkeit. Wenn es im All mehr höheres Leben gäbe, dann im Abstand von Millionen Reisejahren. Wir sind allein.

2 Mitgeschöpfe haben wir, die Tierschützer ins Grübeln bringen müssten – wie den Anglerfisch, ein Tiefsee-Monster. Das Maul kann er weit genug aufreißen, um Beutetiere zu verschlingen, die größer sind als er selbst. Die Evolution kennt keine Gnade.

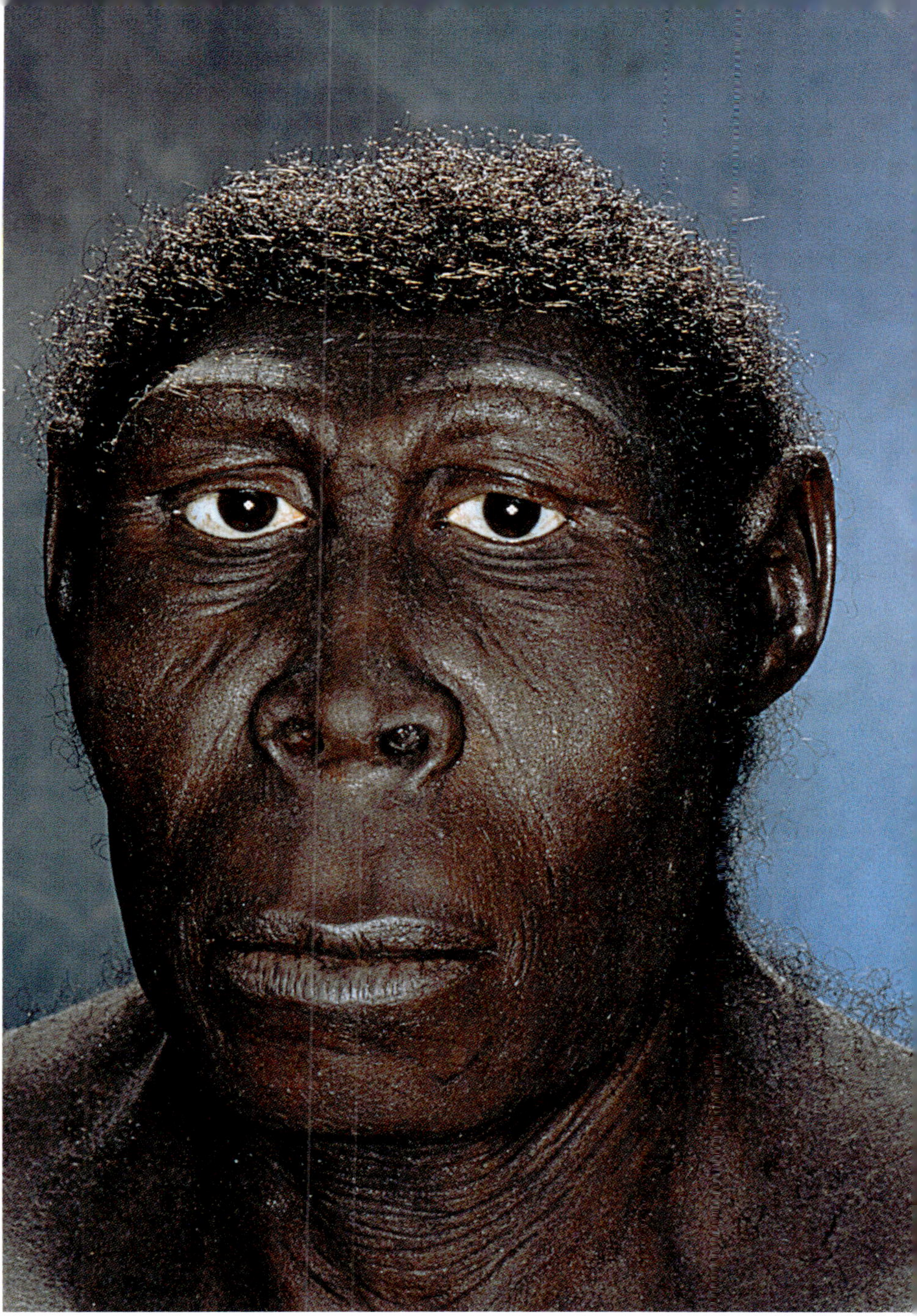

3 Urvater unser: So kann er ausgesehen haben, der Homo erectus, der Aufgerichtete. Mit einem dramatischen Schritt erhob er sich über alle Tiere: Er gewann die Macht über das Feuer. In Afrika tauchte er vor rund 1,8 Millionen Jahren auf (Kapitel 6).

4 Sie kocht im Innern, die Kugel, auf der wir zu leben versuchen. Hin und wieder zerreißt ihre dünne Kruste, und Vulkane schicken uns einen Gruß aus der Tiefe mit Lava, Schwefel und Qualm – wie hier 2008 bei Chaitén in Chiles Süden. (Kapitel 2).

5 Sie war die Letzte der Feuerland-Indianer, die vor etwa 10 000 Jahren auf den stürmischen Inseln angekommen waren – die äußersten Vorposten der Menschheit. Zäh überlebten sie, bis die Europäer kamen. 1983 ist Abuela Rossa gestorben (Kapitel 10).

6 Ratlos stehen wir vor ihnen, ratlos starren sie ins Nichts: die Moai auf der Osterinsel im Pazifik, bis zu sieben Meter hoch. Wie konnten die Einheimischen sie an die Küste schleifen? Und was sollten sie bedeuten? Keiner weiß es mehr (Kapitel 34).

7 Triumphal beherrschten die Dampflokomotiven mehr als hundert Jahre lang die Schienen, zuletzt mit gewaltigen Rädern und bis zu 200 Stundenkilometer schnell. Sie haben die Erde kleiner gemacht und das Leben auf ihr verwandelt (Kapitel 26).

8 Entschuldigung! Australiens Premierminister rief es 2008 den Uraustraliern zu, die von den Weißen mehr als zweihundert Jahre lang geknechtet wurden wie kein anderes von Europäern unterdrücktes Volk. Von Entschädigung sagte er nichts (Kapitel 22).

9 In Panik stieben Mensch und Tier unter dem Riesen auseinander. Gegen wen ballt er die Fäuste, wen oder was stellt er dar, Goyas «Koloss» von 1808? Napoleon? Oder unser aller Urangst vor einer rätselhaften Übermacht, die uns beherrscht?

10/11 Unsere Enkel könnten so wohnen wie heute schon die 32 Millionen in der Stadtregion von Tschungking (Chongqing) an der Mündung des Kialing in den Jangtsekiang im Herzen Chinas. 1890 lebten dort 120 000 Menschen. Heute ist sie eine der größten

Menschenansammlungen, eine der größten Industriestädte und einer der größten Luftverschmutzer der Welt. Noch drei Milliarden Menschen mehr auf der Erde erwartet die Uno für die nächsten Jahrzehnte, und in Städten wie dieser werden sie sich drängen.

12 Gestellt? Fotografen tun ja einiges, um zu einem guten Bild zu kommen. Der wirkt echt: ein zehnjähriger Palästinenser auf der Müllkippe, aus der er herausklaubt, was sich verkaufen lässt. Seine Botschaft: Die Welt ist Müll – das Leben ist schön!

lichen Bündel dünner Fühler am Kopf und zitternder, sabbernder Schnauze – da vernichteten sie ganze Armeen mit Feuer und Gas und trieben die Überlebenden in die Barbarei zurück. (So ähnlich, schreibt Wells, müssten einst die Engländer auf Indianer, Australier, Schwarze gewirkt haben.)

Im Kino gibt es auch mal ein liebes Wesen wie Steven Spielbergs «E.T.» von 1982. Meistens aber morden die Besucher aus dem All, mit Laser-Pistolen, alles zerfressender Säure, eitrigen Mutationen und dem eiskalten Willen, den Menschen wie einen bloßen Virus zu vernichten; und im *Independence Day* von 1996 verdunkelt ihr riesiges Raumschiff den Himmel über Amerika.

So seien wir denn froh, dass wir niemals, niemals Besuch aus dem All bekommen werden – und sehen wir zugleich ein: Niemals werden mehr als ein paar Tausend Astronauten die Chance haben, auf einem anderen Planeten zu wohnen. Aus unserer erhabenen eisigen Einsamkeit kann keiner uns erlösen.

Was uns alle betrifft und die Gewohnheiten der halben Menschheit auf den Kopf gestellt hat, das sind ohnehin nicht die fernen Raketen, sondern die nahen Satelliten, wie der Sputnik einer war: die Wettersatelliten (seit 1960), die Nachrichtensatelliten (seit 1965), die Navigationssatelliten (seit 1995). Die geheimen militärischen Satelliten hinzugerechnet, kreisten 2008 mehr als 5000 von ihnen um die Erde, davon rund 800 in Betrieb, zusammen mit dem Schrott, der sich im ersten halben Satellitenjahrhundert im Weltraum angesammelt hat: ungefähr 12 000 Objekte, deren Bahn bekannt ist (Raketenteile, Trümmer, Halterungen, Bolzen und entsorgter Müll), und über 300 000 Bruchstücke von mehr als einem Zentimeter Durchmesser – rasende Winzlinge auf der Himmelsautobahn.

Es sind die Nachrichtensatelliten, die das höhere Leben auf Erden am stärksten verändert haben. Bringt man einen solchen Satelliten 35 800 Kilometer über der Erdoberfläche (fast das Dreifache des Erddurchmessers) in eine Kreisbahn, so bewegt er sich im selben Tempo durch den Weltraum, in dem die Erde sich dreht – mit dem Ergebnis, dass er immer über demselben Punkt der Erde bleibt: Er ist «geostationär», ein Synchron-Satellit, eine kreisende Relaisstation, die die von der Erde empfangenen Signale auffängt, mit Hilfe seiner Solarzellen verstärkt und auf etwa ein Viertel der Erdoberfläche zurückstrahlt. Das garantiert allen Menschen dieselben Fernsehbilder in derselben Sekunde und eine Telefonverbindung von Berlin nach Sydney, die wir als absolut gleichzeitig empfinden – obwohl die elektrischen Signale auf dem Weg Erde – Weltraum – Erde in Wahrheit etwa eine Drittelsekunde unterwegs waren. Mehr als zwei Milliarden Handys (Stand: 2008) runden das Bild.

Von Gleichzeitigkeit gibt es keine Steigerung mehr. In der Kommunikation ist die Entfernung abgeschafft. Noch kleiner kann der Planet nicht mehr werden. Über die Trägheit der Materie haben wir auf diesem Feld einen überwältigenden Sieg errungen.

Waldheim im Weltraum

Mit der Gleichzeitigkeit bleiben wir auf unseren Himmelskörper beschränkt, der zu den ziemlich kleinen gehört: Die Sonne ist mehr als eine Million Mal größer, und zu den Riesensternen zählt sie nicht. Schicken wir gar Sendboten ins Universum wie die Raumsonden *Voyager* 1 und *Voyager* 2, die die Amerikaner 1977 starteten, so schlagen Raum und Zeit alsbald über uns zusammen.

Zunächst nahmen die beiden Voyagers ihre eigentliche Aufgabe wahr: Daten von den äußeren Planeten zur Erde zu funken. Dann verließen sie das Sonnensystem. 2008 hatten sie sich rund 15 Milliarden Kilometer von der Erde entfernt, und ein Signal von ihnen war nun schon rund 14 Stunden unterwegs. Mit etwa 35 Kilometern pro Sekunde bummeln sie weiter durch den Weltraum. Für 2015 wird das Erlöschen ihrer Batterien erwartet.

Beendet aber ist ihre Funktion damit nicht. Sie werden weiterfliegen und in ein paar Millionen Jahren den ersten Stern passieren. Die Nasa teilt die populäre Meinung: Wenn es irgendwo im Universum doch Lebewesen geben sollte, die sich für Mozart oder für Chuck Berry interessieren, dann sollten wir sie nicht enttäuschen. Also hat sie den beiden Voyagers je eine goldbeschichtete Bildtonplatte mitgegeben mit Bildern von Menschen, Tieren, Landschaften und markanten Gebäuden, mit Vogelstimmen, pochenden Herzen und 26 Musikbeispielen von Mozart und Beethoven bis zum Rockmusiker; dazu Grußbotschaften in 55 irdischen Sprachen – eine natürlich von dem Mann, der 1977, beim Start, Generalsekretär der Vereinten Nationen war, also der Repräsentant der Menschheit schlechthin.

Kurt Waldheim hieß er. 1986 wurde er zum österreichischen Bundespräsidenten gewählt – doch kaum je zu einem Staatsbesuch gebeten: Denn aus dem nun erst aufgetauchten Vorwurf, er habe sich als Offizier der großdeutschen Wehrmacht der Duldung von Kriegsverbrechen auf dem Balkan schuldig gemacht, hatte er sich in eher peinlicher als überzeugender Weise herausgewunden.

Mit der Lebensdauer, die die Nasa ihrer Goldplatte zumisst, übertrifft sie dramatisch die ironische Schweizer Uhrenwerbung: «Die Menschen werden immer älter. Deshalb haben wir vorsorglich eine Gangreserve von 500 Jahren eingebaut.» Die Nasa dachte in Ewigkeiten und sprach von rund 800 Millionen Jahren. Waldheim im Weltraum – 800 Millionen Jahre lang! Das ist große Oper.

Unser Hang zum Übermut

31 Viel Spaß und 1,2 Millionen Tote

Übermut – das heißt heute: ausgelassene Fröhlichkeit, Leichtsinn, Mutwille; es hieß ursprünglich: Anmaßung, Überheblichkeit. Beide Bedeutungen treffen auf den Luxus zu, den das siegreiche Herrentier, der Mensch, sich leistet. Der Luxus ließ die Erde unversehrt, solange nur kleine Minderheiten in ihm schwelgen konnten – die römische Aristokratie, der russische Adel, die englische Oberschicht. Zum Problem ist er geworden, seit er sich demokratisiert hat. Die schöne Errungenschaft, dass auch der kleine Mann sich das Angenehme und Überflüssige leisten kann, führt bei der Riesenmenge kleiner Leute dazu, dass der gehäufte Luxus die Ruhe zerstört, die Straßen verstopft, die Luft verschmutzt, die Sehenswürdigkeiten zertrampelt.

Es war 1906, dass ein schon mehrfach gescheiterter Fabrikant namens Henry Ford die Revolution ankündigte, die die Oberfläche der Erde verwandeln sollte: In zwei Jahren werde er ein Auto für jedermann auf den Markt bringen; leicht, billig, zuverlässig und aus bestem Material werde es sein, fähig, «seine Insassen überall dorthin zu tragen, wo ein Pferdewagen fahren kann, ohne dass der Fahrer Angst haben muss, seinen Wagen zu ruinieren». (80 Prozent aller Nebenstraßen der USA waren noch ungepflastert.) *Model T* würde es heißen, die Arbeit war schon im Gange: In einer Werkstatt bauten drei Mechaniker es zusammen; Ford saß im Schaukelstuhl dabei und rief ihnen seine Anweisungen zu. Das *Model T* wurde ein eckiger, hochbeiniger Fünfsitzer von nur 600 Kilogramm Gewicht mit vier Zylindern und 20 PS; zunächst kostete es

850 Dollar. Es verkaufte sich ganz gut – aber erst 1913 trat die Wende ein, für Ford und die Autoindustrie und Millionen Amerikaner und die Zukunft der Massenproduktion.

«Ungefähr am 1. April 1913», schreibt Ford in seiner Autobiographie, «unternahmen wir unsern ersten Versuch mit der Fließmontage. Es geschah bei der Zusammensetzung der Schwungradmagneten. Unser Montageband ähnelte im Prinzip der Schiebebahn, deren man sich in Chicago bei der Zerlegung der Rinder bedient.» Wurde ein komplettes Autofahrgestell so montiert, dass es feststand, während die Arbeiter kamen und gingen, so dauerte die Montage mindestens zwölf Stunden. Nun wurde das Chassis von einem Drahtseil an 45 Arbeitern mit einer Geschwindigkeit von knapp zwei Metern in der Minute vorbeigezogen, wobei der 44. Arbeitsgang nur noch darin bestand, den Kühler mit Wasser zu füllen – und nach einigen Kinderkrankheiten war 1914 die Montagezeit auf anderthalb Stunden geschrumpft; 1916 wurde der Preis auf 360 Dollar gesenkt.

Mit dem Auto vom Fließband war aus dem Luxusprodukt für die Reichen ein Massenartikel für den gehobenen Mittelstand geworden. Für die Industrie bedeutete das den Aufbruch in ein neues Zeitalter und für die USA eine Kulturrevolution. Indem für viele Farmer das Auto erschwinglich wurde, konnten sie ihre Isolation durchbrechen: mal eben zum Nachbarn fahren, zum nächsten General Store, sogar in die Stadt. Indem der städtische Mittelstand sich zu motorisieren begann, ergoss sich eine Flut von Wochenendausflüglern ins Umland, und sich in einem Vorort anzusiedeln war kein Problem mehr. Und sie alle riefen nach mehr Straßen, das größte Straßennetz der Erde wuchs heran, mehr als die Hälfte aller Autos auf der Welt verkaufte 1914 Henry Ford.

Erst 1915 führten andere amerikanische Fabriken das Fließband ein; in den ersten europäischen Großbetrieben begann es 1922 zu rollen. Bis 1927 wurden von Fords *Model* T mehr als 15 Millionen

Stück verkauft. Wenn vor einem amerikanischen Football-Stadion tausend Autos parkten, waren an die siebenhundert davon die Tin Lizzy, das «Blech-Lieschen» – schwarz natürlich, das hatte Ford zugunsten des Fließbands so entschieden, und diese Halsstarrigkeit läutete später seinen Niedergang ein. 1927 kam in den USA ein Auto auf 5 Bürger – in Deutschland auf 171. «Der Mann, der die Welt auf Räder stellte», heißt es im Ford-Museum in Dearborn bei Detroit.

Und eben indem er die Massen zu motorisieren begann, hat Ford seinen historischen Beitrag dazu geleistet, dass das Auto heute in Europa und Amerika zusammen mit millionenfältigem Vergnügen auch millionenfachen Ärger stiftet und dazu mehr Unheil als jedes andere technische Produkt. Das Tempo, in dem Asien aufholt, beunruhigt die Umweltschützer in aller Welt. Fast eine Milliarde Autos rollen heute über die Erde; für das Jahr 2020 wird mit 1,4 Milliarden gerechnet.

Vergnügen, ja – welche Freiheit, welche Unabhängigkeit! Wie wird da unser aller Urlust am mühelosen Gleiten, an übermütigem Rasen befriedigt! Das Auto ist der große psychologische Treffer der Technik, die größte Genugtuung, die sich für Geld erwerben lässt. Ein Tippen aufs Gaspedal, und ich habe übermenschliche Kräfte! Mit dem Auto zu protzen ist obendrein die einzige Form der öffentlichen sozialen Deklassierung, die man gefahrlos betreiben darf, sogar im Stau findet sie statt: Was ein Ferrari ist, wissen ja die meisten, und dem Ferrari F 430 Scuderia sieht der Kenner an, dass seine 520 PS ihn in 3,6 Sekunden auf hundert Stundenkilometer schleudern würden, wenn wir nicht alle im Stau stünden.

Selbst freie Fahrt gibt es noch: auf dem Lande; auch für Ausflügler und Urlauber, sofern sie die Schleichwege kennen und die Stoßzeiten meiden; für Pendler selten genug. In der Fahrt vom Wohnort zum Büro, die für Millionen Menschen ohne Auto nicht zu meistern wäre, zeigt sich die zwanghafte Wechselwirkung: Nur im Vertrauen auf das eigene Auto war es möglich, sich so weit draußen anzusiedeln, dass das Auto für die Fahrt zur Arbeit ein Muss wurde. Damit war der Stau programmiert. Im Stau verbringt der Durchschnittsdeutsche ein halbes Jahr seines Lebens, der volkswirtschaftliche Schaden beläuft sich in Deutschland auf rund 30 Milliarden Euro im Jahr.

Die Wohnqualität vieler Städte ist durch das Auto längst ruiniert: erst, weil die Wohlhabenden die Innenstädte verließen, um mit ihren schönen Autos in die Vororte zu ziehen; dann, weil der Lärm und der Gestank des Autogeschiebes die Stadt als Wohnort weitgehend unzumutbar gemacht hat. «Die Autos sind zur eigentlichen Bevölkerung der Stadt geworden», schrieb Marshall McLuhan 1964 – und dabei habe doch niemand sie vermisst, bevor es sie gab! Die Technik habe lediglich ihre Macht genutzt, den Bedarf, den sie befriedigen konnte und zu decken wünschte, selbst zu erzeugen.

Lärm, Gestank und Gedränge kulminieren im Straßengüterfernverkehr, und der wächst besonders hemmungslos: die Öffnung aller Grenzen, das selbstverständliche Verlangen der Verbraucher nach den billigsten Waren auch aus den fernsten Ländern, der Transport von Rindern und Schweinen durch halb Europa, um jedes Preisgefälle auszunutzen und manchmal dafür sogar EU-Prämien zu kassieren. Fabriken sparen sich Lagerhaltungskosten, indem sie die benötigten Materialien erst unmittelbar vor Produktionsbeginn anliefern lassen, *just-in-time*, und zwar immer mehr davon, weil sie ihre «Fertigungstiefe» vermindern, also einen immer größeren Anteil ihrer Endprodukte von Zulieferern herstellen lassen. Halbe Fabriken rollen Tag und Nacht über deutsche Autobahnen. Oft donnern auch Lastzüge mit deutschen Kartoffeln über den Brenner nach Italien, weil es mitsamt dem Hin- und Hertransport billiger ist als in Deutschland, sie dort waschen und schälen zu lassen.

Was sich dabei speziell am Brenner ereignet, ist nicht weit entfernt von einem Verbrechen gegen die Menschlichkeit. Die letzten Dörfer an oder unter der Autobahn sind die Hölle. Die Bewohner kämpfen, meist vergebens, um Lärmschutzmauern und staatliche Zuschüsse für dreifach verglaste Lärmschutzfenster, und in Brüssel haben sie Klagen laufen gegen die ständige Verletzung der Gesundheitsrichtlinien der EU. Neulich, berichtete die *Süddeutsche Zeitung* 2008, liefen die Bewohner des Dorfes Amras verblüfft in den Garten: Zum ersten Mal seit Menschengedenken sprachen sie miteinander, ohne zu schreien, und einen Hund hörten sie bellen von der anderen Seite der Autobahn! Fliegerbombe aus dem Zweiten Weltkrieg gefunden, hieß des Rätsels Lösung. Nach einer halben Stunde war der Krawall wieder da. Auf weitere Bomben zu hoffen, ist seitdem in Amras ein beliebter Zeitvertreib.

Ein Rätsel bleibt bei alldem die Selbstverständlichkeit, mit der der autofahrende Teil der Menschheit die Zahl der Toten im Auto oder durch das Auto in Kauf nimmt. In Deutschland sind es rund 5000 im Jahr; gewiss, mit sinkender Tendenz – aber macht man sich klar, was diese Zahl bedeutet? Das Risiko eines Deutschen, im Lauf eines Kalenderjahres durch ein Auto umzukommen, beträgt 1 : 16 000 – und ist damit 17-mal so hoch wie seine Chance, in derselben Zeit bei allwöchentlichem Tippen einen Sechser im Lotto zu gewinnen. Während wir jederzeit bereit sind, uns über 20 Lawinentote aufzuregen, sind die 5000 Verkehrstoten, mit vielen Kindern darunter, eine einmal jährlich abzuhakende Selbstverständlichkeit. Über die 2800 Toten des World Trade Center am 11. September 2001 haben amerikanische Verkehrsexperten die Statistik aufgemacht: Die Angst vor dem Fliegen im Gefolge des Attentats habe so viele Amerikaner zu zusätzlichen Autofahrten verleitet, dass dabei mehr als 2800 Menschen zusätzlich ums Leben gekommen seien. Vor dem Auto haben wir eben keine Angst, rätselhafterweise.

Für die Menschheit insgesamt schätzt die Weltgesundheitsorganisation die Zahl der Verkehrstoten auf kaum glaubliche 1,2 Millionen im Jahr – ein Vielfaches der Toten von Hiroshima und in der Summe des Autozeitalters wahrscheinlich so viele wie das gesamte Volk der Franzosen. Der Großteil der Toten entfällt auf die Schwellen- und Entwicklungsländer, die sich rapide motorisieren, meist bei schlechten Straßen und rüden Sitten, sodass die überfahrenen Kinder einen schrecklich hohen Anteil stellen. Als 1994 in Ruanda fast eine Million Watussi und Hutu ermordet wurden, war die Weltgemeinschaft außer sich; die 1,2 Millionen alljährlicher Verkehrstoten haben bisher die Uno nicht auf den Plan gerufen.

Es hilft nichts: Unser Verhältnis zum Auto ist irrational, und da in China, Indien, Afrika die große Motorisierung gerade erst begonnen hat, werden der Lärm und der Dreck, die Toten und die Krüppel unrettbar mehr werden – kein gutes Omen für die Zukunft des Raumschiffs Erde. Es sei denn, dem Auto widerführe demnächst dasselbe wie vor ihm dem Pferd: schön für den Sport – als Transportmittel absolut von vorgestern. Wir dürfen hoffen: Das ganz und gar Neue ist ja vorher nie in Sicht (das zentrale Thema von Kapitel 49).

32 Viel Spaß und noch mehr Gedränge

Verreisen – das heißt: seinen ständigen Wohnsitz gegen einen zeitweiligen eintauschen, also dort zusätzlichen Platz in Anspruch nehmen und auf dem Weg dorthin (falls er sich nicht mit dem Fahrrad bewältigen lässt) die Mitmenschen und die Natur durch Lärm und Abgase belästigen. Ist das Ziel der Reise so populär wie Venedig oder Prag, wie der Grand Canyon oder die Großglockner-Hochalpenstraße, dann bedeutet Reisen überdies: den Zielort durch Gedränge, Lärm und Abfall verunstalten, ja durch das Übermaß der Mitgereisten dessen Eignung als lohnendes Ziel in Frage stellen. 2007 fanden mehr als 900 Millionen Auslandsreisen statt.

Kurz: Der Tourismus ist ein so schöner Luxus, den sich seit einigen Jahrzehnten so viele Menschen leisten können, dass er (a) die größte Industrie der Welt, (b) einer der größten Umweltschädlinge auf Erden und (c) ein Problem für sich selbst geworden ist. Tausende von Küstenkilometern hat er mit Hotelkasernen und Rummelplätzen versiegelt, ganze Alpenlandschaften in einen lärmenden Lustgarten aus Stahl, Beton und Pistenbullys verwandelt, in den Zielregionen Menschen und Sitten durcheinandergewirbelt und den Himmel zur Billigware gemacht. Sollten Chinesen und Inder demnächst ebenso oft zu anderen Kontinenten fliegen wie heute Europäer, Amerikaner und Japaner, so könnte der Tourismus sich zum Umweltproblem Nummer 1 entwickeln.

Die Stadtverwaltung von Venedig unternahm 1999 einen fast verzweifelten Versuch, den Strom der Touristen einzudämmen, zumal den der Tagesausflügler, die ja nichts bringen als Gedränge und

Müll: Auf großen Plakaten zeigte sie drastische Fotos von Ratten, Schmutz und Verfall. Ein Erfolg war nicht erkennbar. Als typische Touristen gelten wie eh und je jene Japaner, die fröhlich einen schwarzen Müllsack fotografieren, der auf dem Canal Grande an ihnen vorübertreibt, während der Gondoliere «O sole mio» schluchzt. Die Zahl der Venedig-Besucher ist seit 1999 weiter gestiegen, meist um etwa eine Million pro Jahr, und hatte 2008 die 20 Millionen erreicht.

Wie spät und aus wie schüchternen Anfängen der Tourismus in die Welt getreten ist, haben wir schon fast vergessen. Die *Reise*, das war einst eine Heerfahrt, ein Kriegszug, und der *Reisige* ein berittener Söldner. Bis ins 20. Jahrhundert hatten die meisten Menschen auf Erden nur dann eine Chance, ihre Heimat jemals zu verlassen, wenn sie sich, freiwillig oder gepresst, an einem Kriegszug beteiligten, und noch nach dem Zweiten Weltkrieg warb die amerikanische Armee mit dem Spruch: «Join the Army and see the World!» Soldaten, Piraten, Matrosen lernten ferne Länder kennen, ebenso Pilger und mutige Kaufleute. Zum Vergnügen zu verreisen wie Goethe dreimal in die Schweiz und einmal nach Italien – das blieb das Vorrecht einer dünnen Oberschicht, insoweit sie auch noch abenteuerlustig war; oft mit einem Aufwand betrieben wie von dem englischen Dichter Lord Noel Byron, der 1816 mit drei Kutschen, etlichen Dienern und einem Käfig voll lebender Hühner an den Genfer See fuhr (die Hühner als Nahrungsreserve – konnte man denn wissen?).

Die Anfänge des Tourismus sind ein Produkt englischer Reiselust, englischer *sports*-Gesinnung – und der Entdeckung, dass man die Alpen, dieses wüste, seit Jahrtausenden verrufene Gebirge, großartig finden, ja als Ferienlandschaft genießen könne. Die Alpen! Heute verkraften sie annähernd ein Viertel des gesamten Tourismus auf Erden. Es war Rousseau, der mit seiner absonderlichen Behauptung, die Alpen seien «schön», Furore machte: Unter dem

Eindruck einer Reise ins Wallis schwärmte er 1761 in seinem Roman «Neue Heloise», Bestseller der französischen Literatur des 18. Jahrhunderts, von den Alpen als einem zauberischen Schauspiel, das «mit dem Blendwerk der erleuchteten Gipfel» den Geist und die Sinne entzücke.

Goethe veröffentlichte 1796 das Tagebuch seiner Alpenreisen, überwältigt vom Anblick des Montblanc und die Natur auch dort anpreisend, wo sie «gefühllos und göttlich ist», und seinen Freund Schiller stiftete er an, sich der Sage von Wilhelm Tell anzunehmen. Da machte nun Schiller, zu seiner Zeit der ungleich populärere Dichter, die Alpen, die er nicht kannte, «zum Hort der Freiheit» und die Schweiz zu «der Freiheit Land». Für neugierige reiche Engländer, die mit Maultieren heraufgeritten kamen, eröffnete ein findiger Schweizer 1832 ein Gasthaus auf dem Faulhorn über Grindelwald, 2681 Meter hoch und mit grandioser Aussicht auf den Nordabsturz des Berner Oberlands. Hospize für frierende Händler, Pilger und Soldaten hatte es in den Alpen schon lange gegeben – eine Herberge eigens für Lustreisende noch nie.

1836 publizierte der englische Verlagsbuchhändler John Murray sein erstes «Handbook for Travellers», 1842 erschien der erste Baedeker («Österreich», die Schweiz zwei Jahre später). 1844 begann der Erfinder der Pauschalreise, Thomas Cook, seine Karriere, indem er englische Eisenbahnzüge mietete, um sie mit eigenen Passagieren zu füllen; und 1856 riskierte es der Hotelier Johann Badrutt, auf einem Hügel hoch über St. Moritz-Bad, dem alten Kurort für reiche Italiener, ein großes Hotel einfach in die Landschaft zu stellen, 1810 Meter über dem Meer und für die Gäste der Badehäuser völlig ungeeignet: das Kulmhotel – bis heute als Fossil erhalten. 1871: die erste Bergbahn, auf den Rigi über dem Vierwaldstättersee; 1912: die Jungfraubahn im Berner Oberland – als Weltwunder gefeiert, weil sie, in einem sieben Kilometer langen Kehrtunnel durch den Eiger getrieben, das Ewige Eis auch für Fußkranke erreichbar macht

Sommerfrischler, Wanderer, Bergsteiger waren und sind, selbst wo sie in Massen auftreten, ein harmloses Völkchen – verglichen mit dem Rummel, den der Wintersport in den Alpen entfaltet. Niemand saugt aus ihnen so viel Vergnügen, Begeisterung, Lebensqualität wie der Millionenschwarm der Skifahrer; niemand pumpt so viel Geld in die Alpentäler und lässt so viele Bauernherzen lachen; für niemanden sonst werden die Alpen so rücksichtslos zementiert, verdrahtet, plattgewalzt und abrasiert. Für die Skifahrer surren mehr als 15 000 Bahnen und Lifte, knattern an die tausend Pistenraupen bergauf und bergab. Für die Skifahrer werden Wälder zerschlagen, Hänge quer angesägt, U-Bahnen durch Berge getrieben und, zumal in Frankreich, Retortenstädte auf Berghänge geknallt, von denen einige die Dimensionen einer Talsperre mit dem Charme ostdeutscher Plattenbauten verbinden.

Erstaunlich spät wurde der Wintersport entdeckt: 1884 begann er in St. Moritz – aber nicht mit Skiern, sondern mit dem Ein-Mann-Liegebob auf dem *Cresta Run*. Erst 1902 wurde in Zermatt der erste Skikurs angeboten, 1932 die erste Bergbahn speziell für die Bedürfnisse von Skifahrern errichtet: die aufs Weißfluhjoch (2693 m) über Davos. Inzwischen hat die Zahl der Winterurlauber in den Alpen die Zahl der Sommergäste überholt: Über glattgehobeltes Schneeparkett hinabzugleiten, ist die häufigste, populärste Art geworden, mit den Alpen umzugehen. Das Gebirge reduziert sich aufs Gefälle, Gipfel ohne Skispur interessieren eine kleine Minderheit, Bäume stören nur. Dass aber die Sommerurlauber ihren einzigen Wanderweg als eine Schotterpiste wiederfinden, und dass die Betonklötze und Drahtseile der Skilifte ihnen das Landschaftsbild zerschneiden, und dass die Schneeschmelze die Zigarettenschachteln, Schokoladenpapiere und Cremetuben der Wintergäste freilegt – wer fragt danach? Es gibt mehr Skifahrer als Bergwanderer, und außerdem: Pro Kopf geben sie mehr aus, für die Ausrüstung und pro Urlaubstag.

Seit den achtziger Jahren des vorigen Jahrhunderts hat das *Snowboard* dem Wintersport zusätzlich Auftrieb gegeben und zumal junge Leute zu Millionen in die Alpen gezogen; schon in den sechziger Jahren wurde von rührigen Unternehmern und Gemeinden der *Sommerskilauf* erfunden: Auf Gletschern und Nordhängen zwischen 2500 und 3900 Metern über dem Meer lässt sich ja das ganze Jahr über mit Skifahrern Geld verdienen, jedenfalls bis die Mittagssonne den Schnee pappig macht. Gletscherspalten werden mit Schneezement geflickt, allzu eisige Passagen durch Salz oder Stickstoffdünger entschärft, Gletscherpartien gegen die Mittagssonne mit Folie abgedeckt; Schneemangel wird immer häufiger durch Schneekanonen behoben, am Kitzsteinhorn in Tirol 2008 schon bis hinauf auf 2900 Meter.

In tieferen Lagen gehört die Schneekanone längst zum Ski-Alltag: Sie bläst gegen den Klimawandel an und verlängert die Saison. Da werden auf Dutzende von Kilometern Strom- und Druckwasserleitungen frostsicher verlegt, um die Düsen zu versorgen, die, computergesteuert, ein Wasser-Luft-Gemisch bis zu 50 Meter weit versprühen, das bei Frost zu Kunstschnee kristallisiert. Der ist viermal so schwer wie echter Schnee, isoliert die Grasnarbe schlechter, taut später und ist folglich ein Pflanzenzerstörer; Umweltschützer rügen auch den Riesenverbrauch an Wasser und Strom. Der Skizirkus Kronplatz bei Bruneck in Südtirol rühmte sich 2008 seiner 280 Kanonen an 100 Pistenkilometern; aus einem eigenen Stausee wird das Wasser 400 Höhenmeter zu den Beschneiungsanlagen hinaufgepumpt (wozu ein anderer Stausee den Strom liefern muss). Klimawandel? «Am Kronplatz wird zurückgeschossen!», heißt die Devise. Im Raum Kitzbühel wurde 2008 mit mehr als 2000 Schneekanonen bereits «die vollflächige Beschneiung» erreicht.

Was ist aus den Alpen geworden! Anders als die beiden anderen Zentren des Welttourismus, die Karibik und das Mittelmeer, liegen sie inmitten dichtbesiedelter, hochzivilisierter, wohlhabender

Länder; für rund 50 Millionen Menschen sind sie ein bequemer Tagesausflug. Und anders als die Meere haben die Alpen *zweimal* jährlich Hochsaison. Während die Meere aber durch das Befahren ihr Aussehen nicht verändern, verwandelt der Alpentourismus die Landschaft, deretwegen er stattfindet, oft genug auf irreparable Weise: Er pflastert sie zu mit Straßen, Pisten, Parkplätzen, Campingplätzen, Flughäfen und Liftmasten, mit Parkhäusern, Sporthallen, Seilbahnstationen wie für Weltraumfahrer – und Hunderttausenden von Ferienhäusern, die 48 Wochen im Jahr leerstehen. In Chamonix und Courmayeur, in St. Moritz und Davos ist die Konzentration von Kohlenmonoxid und Schwefeldioxid so hoch wie in Großstädten; die strengen Grenzwerte Kaliforniens überschreitet sie oft.

Gegenüber den Betonsilos wie an Spaniens Sonnenküsten haben die Alpen einen Vorzug und einen Nachteil zugleich: So garstig und so gigantisch kann man gar nicht bauen, dass man das Matterhorn optisch erschlagen könnte. Aber eben weil das so ist, werden die Alpen *unten* desto fröhlicher verschandelt. Ein Juwel der Natur haben wir, rücksichtsloser als irgendwo sonst, zur Verfügungsmasse unseres Wohllebens gemacht.

Strandurlaub zieht zwar noch viel mehr Millionen als das Skifahren an, aber er verteilt sich auf längere Küsten an allen Kontinenten. Einer der größten Hotelkomplexe der Welt ist 2008 in Algarrobo nahe der chilenischen Hafenstadt Valparaíso entstanden – die Bettenburgen aufgereiht an einem schön geheizten Salzwasser-Pool von mehr als einem Kilometer Länge: Urlaub *am* Meer, aber doch bitte nicht *in* ihm!

Oder über ihm, auf einem *Kreuzfahrtschiff*: eine Großindustrie, die seit etwa 1980 Jahr für Jahr um acht Prozent wächst, bis dahin aber ein unscheinbares Leben führte. Der Hamburger Reeder Albert Ballin hatte sie schon 1891 erfunden: Da startete der luxuriöse Doppelschrauben-Schnelldampfer *Augusta Victoria*, benannt nach der Frau des jungen deutschen Kaisers, in Cuxhaven zu einer zweimonatigen Lustreise ins Mittelmeer – denn so ließen sich die Schnelldampfer auch im Winter auslasten, wenn der Verkehr über den Atlantik seine Flaute hatte. 174 Herren und 67 Damen waren an Bord, diese vorwiegend Engländerinnen; die meisten deutschen Männer hatten ihre Frauen zu Hause gelassen. Das Typische an der Kreuzfahrt war da schon versammelt: Luxus, Abschirmung gegen alle Widrigkeiten der Welt, Landgänge an exotische Plätze mit gesicherter Rückkehr ins schwimmende heimische Hotel.

Heute sind 80 Prozent aller Kreuzfahrtpassagiere Amerikaner, ihr beliebtestes Ziel sind die Inseln der Karibik, an der Insel Cozumel vor der Ostküste der mexikanischen Halbinsel Yucatán legen bis zu elf Schiffe gleichzeitig an. In Alaska, dem zweithäufigsten Zielort (der Kalifornier wegen, und für die Riesenschiffe mit bis zu 4300 Passagieren ist der Panamakanal zu schmal), kommt es vor, dass Tausende von Passagieren sich in ein Dorf mit ein paar hundert Einwohnern ergießen. Da werden die Vorzüge und die Nachteile des Kreuzfahrttourismus gleichzeitig offenbar.

Einerseits ist er eine Fortsetzung des Kolonialismus mit friedlichen Mitteln: Die Reichen fallen bei den Armen ein (in der Karibik überdeutlich), verbreiten den westlichen Lebensstil und lassen sich an Bord von den Armen versorgen. Fast alle niederen Dienste werden von Asiaten vollbracht, die für einen Hungerlohn eine Sieben-Tage-Woche absolvieren; die Missachtung alles nationalen Arbeits- und Steuerrechts ist ja Bestandteil der Geschäftskalkulation, häufig ergänzt um die illegale Versenkung des Mülls im Meer. An den Zielorten (fast durchweg ärmlichen für die dominierenden Amerikaner) stürzen sich Händler, Bettler, Kinder auf die Touristen, soweit sie zwischen Schiff und Omnibus gerade greifbar sind. Die Kreuzfahrer lassen zweierlei zurück: Geld – und die Vorstellung, dass die Erde wohl zwei verschiedene Arten von Menschen beherbergt.

Dem stehen durchaus einige Vorzüge gegenüber. Was geschähe denn, wenn die Tausende *nicht* auf einem Schiff beisammen blieben? Vielleicht würde die Hälfte von ihnen auf eigene Faust übers Meer reisen – und das hieße: viel größere Umweltverschmutzung, vom Flugbenzin bis zur privaten Müllentsorgung; an den Zielorten Gedränge nicht für Stunden, sondern Tag und Nacht – also eine viel aggressivere Invasion der Reichen bei den Armen. So ließe sich das Kreuzfahrtschiff als ein schwimmendes Ghetto rühmen, das zwar einiges Unheil anrichtet, aber noch mehr verhindert.

Die Abschottung der Touristen von den Einheimischen wird auch bei den großen Strandhotels in der Dritten Welt oft kritisiert – und doch zeugt sie nicht nur von kolonialem Hochmut bei gleichzeitigem Desinteresse für andere Lebensformen; sie erspart den Einheimischen auch die ständige Konfrontation mit den Reichen, die Durchdringung ihres Alltags durch einen Lebensstil, der ihnen fremd und unerreichbar ist.

Dramatisch verstärkt hat sich die Invasion der Fremden, seit Michael O'Leary 1993 die irische Fluggesellschaft Ryanair auf *Billigflieger* umgerüstet und damit eine Weltmode begründet hat. Da konnten nun auch die Ärmeren unter den Reichen sich Ferien in Übersee leisten: Kenia, Thailand, Dominikanische Republik, egal – wenn nur die Preise und das Wetter stimmen. «Der Jedermannstourismus hat das Reisen von Grund auf verändert», schrieb 2007 die *Süddeutsche Zeitung*. «Er hat die Strände und die Berge zubetoniert, er vergrößert das Ozonloch und verbraucht Wasser in obszöner Menge, er verändert unwiederbringlich Kulturen und Ökosysteme und hat an seinen Rändern Elemente des Kolonialismus.»

Die Deutschen, «Reiseweltmeister» sowieso, haben die Zahl ihrer Auslandsflüge seit 1997 verdoppelt, und mit fassungsloser Empörung reagierten sie, als ihr Finanzminister Peer Steinbrück 2006 vorschlug, lieber mal auf eine Urlaubsreise zu verzichten und stattdessen besser für ihr Alter vorzusorgen – Frechheit, Provokation, blanker Zynismus, ein Stück aus dem Tollhaus! So schallte es ihm aus allen Parteien entgegen. Und immer noch hält sich der böse Verdacht: Vielleicht hätten die Ostdeutschen sich ganz gut mit ihrem Erich Honecker arrangiert, hätte er es ihnen nur ermöglicht, statt nach Bulgarien auch mal nach Mallorca oder Florida zu reisen.

Zwei Arten von Urlaubern wollten sich zunächst dem Massentourismus ausdrücklich verschließen, aber längst sind sie zu viele, und Probleme am Zielort schaffen sie auch. Zum einen die Rucksacktouristen, die *Backpacker*, junge Leute aus Europa und Nordamerika, die monatelang vor allem durch Süd- und Südostasien trampen. Oft werden sie als späte Hippies beschrieben, manchmal verspottet für ihre internationalen Erkennungsmerkmale: eine Wasserflasche, ein Buch (anfänglich vorzugsweise von Hermann Hesse) und eine Rolle Klopapier. Reiseveranstalter haben sich ihrer bemächtigt, sie treffen sich zuhauf in billigen Quartieren und verbrüdern sich mit dem Personal. Wenn aber ein Backpacker wirklich einmal einem indischen Bauern mit sechs Kindern gegenübertritt, so stiftet er Verwirrung: Die Familie begegnet einem jungen Menschen, der offenbar viele Monate lang nicht zu arbeiten braucht und gleichwohl so unsinnigen Reichtum zur Schau stellt wie sein raffiniertes Gepäck und seine teure Uhr.

Die anderen Individualisten unter den Touristen sind die *Abenteuerurlauber*: Sie buchen Trekking-Touren im Himalaja, eine Kanufahrt durch Borneo, eine Motorradfahrt durch Zentralasien. Ganz individuell auch wieder nicht, man ist ja auf die Gruppe angewiesen – und natürlich mit dem Nachteil, dass die Abenteurer dazu beitragen, die letzten Wildnisse auf Erden zu zivilisieren. Dann sind da Zehntausende von *Tauchurlaubern*, die, oft in Massen ausschwärmend, die Korallenriffe ruinieren. Auf den Galápagos-Inseln westlich von Ecuador fallen jährlich mehr als 50 000 *Öko-Touristen* ein, in einen der letzten Flecken der Erde, die noch fast unberührt und unverdorben wären, wenn nicht so viele Öko-Touristen kämen. Doch es gibt auch Reservate, in denen es gerade ein organisierter Tourismus ist, der bedrohten Tierarten eine Zuflucht bietet (Kapitel 38).

Und was tun die wahren, die letzten Abenteurer, die, die etwas entdecken, wagen oder leisten wollen, was auf Erden noch nie geleistet worden ist? Sie verfallen auf kuriose Ideen. Sie haben die Antarktis zu Fuß durchquert und die Wüste Gobi ebenso, 2007 sind vierzehn Engländer in 33 Tagen über den Atlantik *gerudert*, und eine Schweizer Himalaja-Bergsteigerin hat es verstanden, auf ihrem Weg von der Schweiz zum Südpol 25 000 Kilometer lang das Fahrrad zu benutzen. Der Mount Everest wird inzwischen weit häufiger bestiegen als mancher prominente Alpengipfel, und penibel werden immer neue Rekorde registriert: 1975 stand die erste Frau ganz oben, 1998 der erste Beinamputierte, 2001 der erste Blinde. 1988 sprang ein französischer Bergführer mit dem Gleitschirm vom Gipfel in die Tiefe.

Seit 1991 bieten gewerbsmäßige Führer die Besteigung an (für 60 000 Dollar beispielsweise), die wenigen schwierigen Partien haben sie durch fixe Seile entschärft; Müll, Kot und leere Sauerstoffflaschen säumen die Route. Am 11. Mai 2006 herrschte auf dem Gipfel der Erde ein ähnliches Gedränge wie an schönen Sommertagen seit Jahrzehnten auf dem Großglockner und dem Matterhorn: 118 Bergsteiger – nicht gleichzeitig, denn die Schneekuppe ist nicht größer als ein Billardtisch, und so mussten sie im Dutzend eine Stunde oder länger warten, bis sie sich an den Absteigenden vorbei hinaufquälen konnten, mit Unmutsäußerungen in vielen Sprachen.

Das Basislager auf der tibetischen Seite des Mount Everest hat sich, 5200 Meter hoch in einer Wüste von Geröll, zu einem Tiefpunkt menschlicher Kultur entwickelt und die Natur zur Fratze entstellt. Es ist eine Zeltstadt mit Hubschrauberlandeplatz, Omnibuswendeplatz und Bergen von Plastikflaschen und leeren Dosen, mit schrillenden Handys, brüllenden Radios und überquellenden Latrinen. Die Bergsteiger, im Frühjahr zu Hunderten, akklimatisieren sich hier, warten auf das richtige Wetter, ringen mit Durchfall und Höhenhusten und trösten sich mit Antibiotika, Whiskey und Bier – umringt von Sherpas, Führern, Köchen, Wäscherinnen, Soldaten und neugierigen Touristen, bedrängt von fliegenden Händlern und chinesischen Prostituierten. Der amerikanische Bergsteiger und Pulitzer-Preisträger Michael Kodas hat es 2008 beschrieben – und gestohlen, sagt er, werde in allen Höhenlagen: teure Ausrüstungsstücke, lebensrettende Sauerstoffflaschen, Schlafsäcke aus dem Notbiwak. 55 Jahre nach Edmund Hillary ist die totale Erniedrigung vollzogen.

Die 14 Achttausender des Himalaja und des Karakorum waren schon 1964 allesamt bestiegen, ja 1986 zum ersten Mal sogar alle von einem, Reinhold Messner. Da sich 2008 schon 13 Bergsteiger diesen Weltrekord teilten, ist ein Wettlauf um die kürzeste Frist für die Besteigung aller Achttausender entstanden; ähnlich wie unter den Abenteurern, die sich brüsten, die *Seven Summits* bezwungen zu haben: die höchsten Gipfel aller Kontinente (Nord- und Südamerika getrennt und die Antarktis mit dem 5140 Meter hohen Mount Vinson hinzugerechnet). 2007 hat ein Ire die sieben in 156 Tagen geschafft. Dass an den Achttausendern längst alle erdenklichen Wände und Grate durchstiegen und überklettert sind, versteht sich von selbst; was in Europa 1938 mit der ersten Durchsteigung der Eigernordwand endete – die Chance, etwas Neues, etwas Großartiges als Erster zu leisten: das ist auf der ganzen Erde vorbei.

Schlechte Zeiten für Kolumbusse. Mit Sicherheit sind sie noch unter uns. Nach ihren Maßstäben wohnen sie auf einem langweilig gewordenen Planeten. Der Mars ist schrecklich öde, und für Touristen wird er allenfalls in Jahrzehnten erreichbar sein.

33 Viel Spaß – und Fleisch im Überfluss

Es ist schon wahr: Wer jedes Mal ins Schlachthaus müsste, ehe er ein Schnitzel essen kann, würde möglicherweise Vegetarier werden. Nähme er zusätzlich zur Pflanzenkost auch Milch und Milchprodukte zu sich (wie es die *Laktovegetarier* tun), so würde es ihm auch an nichts fehlen. Fleisch ist entbehrlich – Fleisch in den Mengen, die in den reichen Ländern üblich sind, eine hochgezüchtete Verschwendung mit grausamen Zügen.

Denn damit der Kalorien- und Proteingehalt von einem Kilo Fleisch entsteht, muss an die Tiere mindestens das Dreifache, im Durchschnitt das Siebenfache, oft das Zehnfache des Nährwerts der Futterpflanzen verfüttert werden; das meiste verbrauchen sie mit gutem Recht für ihre eigene Existenz. Wer der etwa einen Milliarde Hungerleider auf Erden etwas Sattheit gönnen wollte, müsste schon deshalb unsere exzessive Fleischkultur in Frage stellen.

Nicht genug damit: Für die 1,5 Milliarden Rinder, mit denen wir unseren Planeten bevölkert haben, reicht das Gras auf Erden, ihre natürliche Nahrung, bei weitem nicht. Also werden sie großenteils mit Getreide gefüttert. Das hat einen Vorteil (sie wachsen schneller) und etliche schwerwiegende Folgen. Zum Ersten: Das Verdauungssystem der Rinder ist nicht auf dieses Futter ausgelegt, reagiert empfindlich und wird zunehmend häufig mit Antibiotika ruhiggestellt, die damit in die Nahrungskette gelangen. Zum Zweiten: Die Hälfte allen auf Erden geernteten Getreides, fast ein Drittel der gesamten landwirtschaftlichen Nutzfläche des Planeten, steht im Dienst der Tiermast. Zum Dritten: Um die Getreideanbaufläche noch zu vergrößern, werden Wälder abgeholzt, zumal in Brasilien (im nächsten Kapitel mehr darüber).

Zum Vierten: Die Länder, die für ihre übergroßen Rinderbestände das Kraftfutter importieren (Deutschland zum Beispiel, Holland in grotesker Zuspitzung) haben nicht nur zu wenig Land, um ihre Tiere zu ernähren, sondern auch zu wenig, um deren Kot und Urin zu entsorgen. Schließlich: Unsere Haustiere produzieren ein Viertel aller Treibhausgase, mehr als der Verkehr; die Ernährungs- und Landwirtschaftsorganisation der Vereinten Nationen hat das ermittelt. Und das Übel wächst: Von 1961 bis 2007 hat sich der Fleischverzehr der Menschheit pro Kopf verdoppelt – in der Summe demnach mehr als vervierfacht, weil im gleichen Zeitraum die Zahl der Menschen sich mehr als verdoppelt hat; die nächste Verdoppelung oder Vervierfachung wird in wenigen Jahrzehnten vollzogen sein.

Hier findet also ein hochorganisierter Unfug statt zulasten von Mensch und Tier. Zwischen solchen Schreckenszahlen, unserm unwillkürlichen Abscheu vor dem Schlachthaus und unserm Appetit auf Fleisch sollten wir ein paar einfachen Wahrheiten Raum geben.

1. Seiner natürlichen Anlage nach ist der Mensch ein Allesfresser, wie die Schimpansen und die Bären. Die Länge unseres Darms beweist es: Bei Fleischfressern wie Löwen und Wölfen ist der Darm im Durchschnitt dreimal so lang wie ihr Körper; bei Pflanzenfressern mindestens achtmal, beim Schaf sogar 25-mal – bei uns fünfmal. Für gemischte Kost sind wir also prädestiniert.
2. Bis zur Erfindung des Ackerbaus vor etwa 10 000 Jahren (Kapitel 13) gingen die Männer jagen, die Frauen sammelten Wurzeln und Beeren. Brot und Milchprodukte waren unbekannt. Vermutlich wurde also mindestens die Hälfte des Kalorienbedarfs durch Fleisch gedeckt; Untersuchungen unter den letzten Jägerstäm-

men auf Neuguinea und am Amazonas haben das bestätigt – allerdings mit großer Schwankungsbreite: von 20 bis 80 Prozent Fleisch-Anteil. Woran sich unsere Gene in Millionen Jahren gewöhnt haben, das kann nicht in hundert Jahren verschwunden sein.

3. Mit dem Ackerbau vervielfachte sich die Zahl der Menschen, und zu ihrem Hauptnahrungsmittel wurden notgedrungen Erbsen, Linsen, Haferbrei oder Mais, Reis, Fladen und Brot. Die Jagd lieferte nicht mehr die halbe Ernährung für alle – sie wurde, bei immer mehr Menschen zwischen immer weniger jagdbaren Tieren, zum Privileg der jeweiligen Oberschicht. Beim kleinen Mann gab es Fleisch höchstens an Feiertagen; auch Milch und Eier waren für ihn Kostbarkeiten. «Jeden Sonntag ein Huhn im Topf» – das war um das Jahr 1600 keine Zustandsbeschreibung für Europa, sondern ein Versprechen, das König Heinrich IV. von Frankreich seinen Untertanen gab.
4. Diese Ernährung – für den Darm nicht ganz leicht – hat zwar die Fortpflanzung der Franzosen, ja ihren Aufstieg zu Europas größter Nation nicht ernstlich behindert, aber auch keineswegs die alte Rangordnung durchkreuzt: Fleisch war für die Könige – und in der Urzeit das, womit die Männer nach blutiger Jagd sich und die Ihren belohnten. «Je mehr Fleisch wir uns leisten können, desto mehr wollen wir davon haben»: so spricht in uns der Neandertaler.

Da kommt nun der alten Gier nach Fleisch seit einem halben Jahrhundert die fast industrielle Erzeugung von Fleisch entgegen: die Massentierhaltung und die hemmungslose Mast. Die älteste und verbreitetste Form der Massenaufzucht findet bei den *Hühnern* statt: Auf einer Fläche, die kleiner ist als ein Blatt Schreibmaschinenpapier (aber ab 2012 in der EU größer als ein solches werden soll), verbringt die Henne ihr kurzes Leben, mit kupiertem Schnabel und beschnittenen Krallen, automatisch gefüttert, automatisch entmistet, mit Zehntausenden in derselben dämmrigen, lärmenden, stinkenden Legebatterie, oft zu vieren im selben Drahtkäfig, einander zerrupfend und vielfach mit gebrochenem Flügel.

In einem deutschen Mastbetrieb mit 4000 *Schweinen* und einer Aufsichtsperson wirft die Muttersau, künstlich besamt und in ein Gestänge eingeklemmt, elf Ferkel (der *Stern* hat es 2007 durchergezählt). Denen werden die Eckzähne abgeschliffen und der Ringelschwanz kupiert. Drei Wochen dürfen sie saugen, dann kommen sie in den Aufzuchtstall, 35 in einer Box, und werden mit Getreide, Soja und Molke gemästet, immer ohne Tageslicht, das würde die Gewichtszunahme verlangsamen. Nach sechs Monaten haben sie das Schlachtgewicht erreicht und werden in einem dreistöckigen Lastwagen zum Schlachthof gekarrt, wo 500 Mitarbeiter sie betäuben, töten und am Fließband zerlegen, alle sechs Sekunden eines. Die Ohren werden nach China verschifft, das meiste Fleisch wird von Aldi und Lidl aufgekauft, zu erbarmungslos gedrückten Preisen. Denn so weit darf es ja nicht kommen: dass wir für unsere Lieblingsspeise auch noch das bezahlen, was sie kosten müsste, würden wir sie nicht aus der Tierfabrik beziehen.

Die andere millionenfache Tierquälerei ist der *Transport* lebender Tiere über den Ozean. Zwar haben Neuseeland und Argentinien schon im späten 19. Jahrhundert Gefrierfleisch exportiert – aber nur ins christliche Abendland; die islamischen Länder, heute die größten Abnehmer, bestehen auf der rituellen Schächtung unter eigener Aufsicht, also der Einfuhr lebender Tiere. Und so wurden 2006 aus Brasilien und Australien vier Millionen Schafe und 600 000 Rinder auf die bis zu drei Wochen lange Reise übers Meer geschickt, manchmal 60 000 Schafe auf einem Schiff. Dass viele von ihnen zerquetscht werden, ersticken, verdursten, gehört zur Geschäftsgrundlage. Verletzten Tieren den Gnadentod zu geben, würde teuer: Nur für die Lebenden wird ja bezahlt, und das Bild von der Kuh, die beim Ausladen mit einem Bein am Kran hing, ging um die Welt.

Während der Schutz der Tiere bei der Massentierhaltung, beim Tiertransport und bei den Tierversuchen nach wie vor im Argen liegt, haben emsige Tierschützer inzwischen Erfolge erzielt, die ihnen nicht nur Sympathie eintragen. In Hamburg konnten Vogelschützer jahrelang ein Neubauvorhaben für zehntausend Menschen blockieren, weil sie dort die Schnarrlaute des *Wachtelkönigs* vernommen haben wollten; ein neuer Autobahnzubringer soll ihm zuliebe mit Lärmschutzwänden versehen werden. In Dresden schaffte 2007 die 17 Gramm schwere *Kleine Hufeisennase*, eine bedrohte Art von Fledermäusen, was die Landschaftsschützer nicht hatten bewirken können: dass ihr zuliebe der geplante Bau der Waldschlösschenbrücke hinausgeschoben werden musste. Die Regierung von Tansania hat die Hirtennomaden mit ihren Rindern aus dem Serengeti-Nationalpark vertrieben, um den Lebensraum der Löwen, der Gazellen, der Elefanten zu vergrößern – dies aber wiederum den Touristen zuliebe. Mit anderen Worten: Um jene Tiere zu schützen, die die reichen Menschen sehen wollen, vertreiben wir die armen Menschen mitsamt deren Tieren.

Man sieht: Es ist nicht leicht zu sagen, wie ein geordneter, halbwegs humaner Tierschutz eigentlich beschaffen sein sollte; auch das deutsche Grundgesetz, in das der Tierschutz 2002 eigens aufgenommen worden ist (§ 20a), sagt es de facto nicht («Der Staat schützt auch in Verantwortung für die künftigen Generationen die natürlichen Lebensgrundlagen *und die Tiere* im Rahmen der verfassungsmäßigen Ordnung ...»). Diese Selbstverpflichtung trägt zwar dazu bei, die Exzesse der Massentierhaltung zu dämpfen und die Zahl der Tierversuche zu reduzieren – aber was ist das überhaupt: ein «Tier»? Ein juristisch unbrauchbarer abstrakter Oberbegriff für alle organischen Körper, die sich bewegen können (so die Definition des Grimm'schen Wörterbuchs), also auch für Wanzen,

Krätzmilben und Hakenwürmer. Verstoße ich gegen das Grundgesetz, wenn ich eine Fliege erschlage? Bin ich, wenn ich ahnungslos einen Käfer zertrete, der fahrlässigen Tötung schuldig? Das Gesetz definiert nicht und kann nicht definieren, was es schützen will. Im Mittelhochdeutschen hieß «Tier» nur das wilde, das freilebende, Hasen und Füchse beispielsweise – im Unterschied zu den Haustieren, dem «Vieh»; Luther unterschied «Tiere des Feldes», Vieh, Fische, Vögel und kriechendes Gewürm (1. Mose 1,26). Unsern Sammelbegriff kannte er nicht, und am besten hätten wir's dabei belassen.

So kann das Rezept nur lauten: Was uns peinigt, das bekämpfen wir; was uns schmeckt, das essen wir (zwei- oder dreimal die Woche zum Beispiel, das würde völlig genügen). Alles andere, was sich selbst bewegen kann, lassen wir in Ruhe. Falls es Augen hat, die in die unseren blicken, dann behandeln wir es mit Respekt, vielleicht mit Liebe.

Während der Mensch sich mit dem Verzehr von Fleisch im Rahmen der natürlichen Weltordnung bewegt, greift er mit den *Tierversuchen* hochmütig und rücksichtslos in sie ein. Wir nehmen uns die Freiheit, Tieren Schmerzen zuzufügen, ja sie zu quälen, sie zu verstümmeln, sie zu töten – erstens, damit an neuen, menschengemachten Arzneien nicht Menschen, sondern erst einmal Tiere sterben; zweitens, weil Tiere sich widerstandslos zur sogenannten Grundlagenforschung verwenden lassen: Affen beispielsweise kann man Löcher in die Schädeldecke bohren, um die elektrische Aktivität von Nervenzellen zu studieren, und die Gentechnik ist auf Tierversuche, ja: angewiesen? Ganz versessen?

Gegen diese Grundlagenforschung treten die Tierschutzverbände am heftigsten auf, und erschreckend ist es schon, die Tierversuchsstatistik des deutschen Ministeriums für Ernährung, Landwirtschaft und Verbraucherschutz zu lesen: Da werden jährlich mehr als eine Million Mäuse, mehr als eine halbe Million Ratten, 100 000 Kaninchen, 5000 Hunde, 2000 Affen «verwendet», auch Katzen, Schweine, Schafe, Hamster und Meerschweinchen. Was wirklich sein müsste und was ethisch allenfalls vertretbar wäre, entzieht sich dem Urteil des Laien.

Beeindruckend ist in jedem Fall, wie der seinerzeit weltberühmte Göttinger Mediziner Friedrich Blumenbach (1752–1840) verfuhr; einen Versuch am lebenden Tier leitete er mit Worten ein, die dem Studenten Arthur Schopenhauer imponierten: «Er stellte uns vor, was für eine grausame und entsetzliche Sache das wäre; weshalb man dazu höchst selten und nur bei sehr wichtigen, unmittelbaren Nutzen bringenden Untersuchungen schreiten solle; dann aber müsste es mit größter Öffentlichkeit, im großen Hörsaal, nach an alle Mediziner erlassener Einladung geschehen, damit das grausame Opfer auf dem Altar der Wissenschaft den größtmöglichen Nutzen bringe.»

Schopenhauer: Der Teufel der Erde ist der Mensch

Ein seine heillosen Folgen täglich manifestierender Grundfehler des Christentums ist, dass es widernatürlicherweise den Menschen losgerissen hat von der Tierwelt, welcher er doch wesentlich angehört, und ihn nun ganz allein gelten lassen will, die Tiere geradezu als Sachen betrachtend ... Der besagte Grundfehler ist eine Folge der Schöpfung aus dem Nichts, nach welcher der Schöpfer sämtliche Tiere, ganz wie Sachen und ohne alle Empfehlung zu guter Behandlung (wie sie doch meistens selbst ein Hundeverkäufer, wenn er sich von einem Zögling trennt, hinzufügt) dem Menschen übergibt, damit er über sie *herrsche*, also mit ihnen tue, was ihm beliebt ...

Man sehe die himmelschreiende Ruchlosigkeit, mit welcher unser christlicher Pöbel gegen die Tiere verfährt, sie völlig zwecklos und lachend tötet oder verstümmelt oder martert und selbst die von ihnen, welche unmittelbar seine Ernährer sind, seine Pferde, im Alter auf das Äußerste anstrengt, um das letzte Mark aus ihren armen Knochen zu arbeiten. Man möchte wahrlich sagen: Die Menschen sind die Teufel der Erde und die Tiere die geplagten Seelen ...

«Der Gerechte erbarmt sich seines Viehs» (Sprüche Salomos 12,10) – *erbarmt*: welch ein Ausdruck! Man erbarmt sich eines Missetäters, nicht aber eines unschuldigen treuen Tieres, welches oft der Ernährer seines Herrn ist und nichts davon hat als spärliches Futter. Nicht Erbarmen, sondern Gerechtigkeit ist man dem Tiere schuldig.

Erst wenn jene einfache und über allen Zweifel erhabene Wahrheit, dass die Tiere in der Hauptsache ganz dasselbe sind wie wir, ins Volk gedrungen sein wird, werden die Tiere nicht mehr als rechtlose Wesen dastehen und demnach der Grausamkeit jedes rohen Buben preisgegeben sein.

Arthur Schopenhauer, Über Religion; in: Parerga und Paralipomena, II (1851)

So weit haben wir's gebracht

34 Wann fällen wir den letzten Baum?

Wir werden immer mehr, wir leben immer üppiger, wir reisen immer häufiger, wir machen die Erde immer schmutziger, wir führen uns immer herrischer auf – und bei alldem leisten wir uns den Luxus, so zu tun, als könnte dies immer so weitergehen. Immer nicht. Für solch unkritischen Optimismus ist ein Preis zu zahlen. Schon vor Jahrhunderten bezahlt haben ihn die Mayas in Mittelamerika und die Bewohner der Osterinsel im Großen Ozean. Wenn es um die Frage geht, wie viel Unfug wir ungestraft anrichten dürfen, sind sie unsere Kronzeugen.

Das aktuelle, eigentlich das schönste Beispiel für solchen Unsinn ist das Plädoyer für *Biosprit*. Die USA wollen ihre Abhängigkeit vom Öl der islamischen Welt verringern, Deutschland will im Kampf gegen die Treibhausgase der Musterknabe sein – und so kommen beide aus verschiedenen Gründen zum selben Resultat: Dem Treibstoff für unsere Autos soll möglichst viel *Ethanol* beigemischt werden, das Produkt der alkoholischen Vergärung von Weizen oder Mais, in Brasilien vor allem von Zuckerrohr, in Indonesien von Palmöl. In den USA betrug der Ethanol-Anteil am Benzin 2008 etwa 15 Prozent; Präsident Bush wollte ihn bis 2030 auf zwei Drittel steigern. In Deutschland hätten es ab 2009 mindestens 10 Prozent sein sollen – bis der Umweltminister erfuhr, dass Millionen deutscher Autos dafür nicht geeignet sind.

Wenn man über den Geisteszustand der abendländischen Meinungsführer nichts wüsste als dies, hätte man Grund genug, sie eines mehrstufigen Wahnsinns zu verdächtigen. Den Bewohnern der reichen Länder, schrieb die *Zeit* 2007, sei heute jedes Opfer recht für das Ziel, «die eigene Verschwendung als ökologischen Fortschritt zu tarnen».

Wahnsinn 1: In beiden Ländern nicht und nirgends auf der Welt ist ein Gesetz in Arbeit, das den Herstellern von Kraftwagen einen Höchstverbrauch an Treibstoff vorschriebe – zum Beispiel in zwei Jahren maximal zehn Liter auf 100 Kilometer, in zehn Jahren fünf, in zwanzig Jahren drei. Das wäre die bei weitem effizienteste und zugleich die umweltfreundlichste Art, den Dreck auf Erden zu vermindern.

Wahnsinn 2: Wo Mais und Weizen schon zuvor geerntet wurden, treibt die Nachfrage die Preise – durch die unmäßige Tiermast ohnehin gestiegen – noch weiter nach oben. Das vermehrt den Hunger der Armen. 250 Kilo Weizen könnten einen Menschen ein Jahr lang sättigen; in 100 Liter Biosprit verwandelt, reichen sie bei den modischen Geländewagen für eine Tankfüllung. «Benzin statt Brot!» heißt die Parole. Lieber volle Tanks bei uns als volle Teller in Afrika! So denken wir nicht – aber so handeln wir. «Zu einem erheblichen Teil», schrieb der *Spiegel* 2008, «fressen sich Deutsche ihr Übergewicht mit verflüssigtem Regenwald an, der in Billigfleisch und Billigöl landet.»

Wahnsinn 3: Nicht einmal der Schutz der Umwelt aber, in Deutschland das Hauptargument, wird durch Biosprit erreicht – im Gegenteil. Dass aus der gesteigerten Nachfrage ein desto rücksichtsloserer Einsatz von Pestiziden folgt, um die Erträge zu erhöhen, ist noch das kleinere Problem. Das größere, das wahrhaft erschreckende: Je höher der Bedarf an Zuckerrohr, Palmöl, Sojabohnen, desto mehr tropischer Urwald steht in Flammen – in Brasilien, Malaysia, Indonesien. Das ist Marktwirtschaft im Zeitalter der Globalisierung, durch keine Staatsgewalt gebremst und durch eine Perversion der Umwelt-Ideologie gefördert.

Gewiss, der brasilianische Präsident Lula da Silva hat 2008 Hubschrauber und Hundertschaften von schwerbewaffneten Polizisten losgeschickt, um die illegalen unter den Brandrodungen und Kahlschlägen zu entdecken und zu ahnden, und es gibt sogar ein Gesetz, wonach jeder Käufer von Waldland 80 Prozent davon ungenutzt lassen muss. Aber riesig ist Brasilien, schwerfällig die Bürokratie, Korruption eine lässliche Sünde. Außerdem verfolgt der Präsident das erklärte Ziel, sein Land zum größten Agrarexporteur der Erde zu machen. Und woher nimmt die Weltöffentlichkeit sich eigentlich das Recht, sich mit ihrem Öko-Fimmel in die inneren Angelegenheiten Brasiliens einzumischen, fragen viele. Was geht es sie an, dass in unserem Riesenland auch noch Platz für den größten tropischen Urwald der Erde ist?

Also ergreift, mäßig und oft nur zum Schein kontrolliert, eine millionenschwere Agrarindustrie vom Regenwald Besitz. Die brasilianische Umweltministerin Marina Silva trat im Mai 2008 zurück, weil sie, wie sie sagte, nicht mehr bereit war, für Lula «das grüne Feigenblatt zu spielen». Dem Gouverneur des Bundesstaats Mato Grosso im Innersten Brasiliens überreichte Greenpeace schon 2005 die «Goldene Motorsäge» – in Würdigung seiner Taten sowohl als Großgrundbesitzer (4000 Quadratkilometer, das fünffache Gebiet der Stadt Hamburg, gehören ihm) wie als Dulder oder gar Anstifter der Waldvernichtung in seinem Staat. Geändert hat sich nichts.

Vom Amazonas-Urwald ist in den letzten Jahrzehnten ein Fünftel verschwunden. Die Brandrodung, durch die das überwiegend geschieht, trägt zur CO_2-Emission auf Erden fast ein Fünftel bei. Gleichzeitig wird dadurch dieser größte und beste CO_2-Filter des Planeten immer mehr verkleinert. Manche Wissenschaftler fürchten, dass in zwanzig Jahren die Hälfte des Amazonas-Regenwalds verschwunden sein könnte, und beim Gedanken, was dann aus unserer Luft und unserm Klima würde, ergreift sie das Entsetzen. Mit dem Kampf gegen den Wald hat einst die Landwirtschaft und alle höhere Kultur begonnen, in Kapitel 13 stand es zu lesen; die Frage ist, mit wie wenig Wald die Kultur überleben kann.

Was geschieht, wenn wir im Umgang mit unserm Lebensraum jedes Augenmaß verlieren, zeigt ein Beispiel wie aus dem Kinderbuch: die *Osterinsel.* Im Pazifik schwimmt sie fast so einsam wie im Weltraum die Erde: von der Küste Chiles 3600 Kilometer, von der nächsten bewohnten Insel 1800 Kilometer entfernt, dabei nur so groß wie ein Drittel des Bodensees – und ein Monument des hoffnungslosen, wahrscheinlich selbstverschuldeten Niedergangs ihrer Bewohner.

Irgendwann zwischen dem 5. und dem 13. Jahrhundert n. Chr. landeten dort ein paar Kanus mit vermutlich verirrten Polynesiern; Hühner führten sie freiwillig, ein paar Ratten unfreiwillig mit. Die Insel war überwiegend von einem Wald riesiger Palmen bestanden, die ihnen Holz, Saft, ölhaltige Kerne und Blätter für die Dächer ihrer Häuser lieferten. Einen Teil des Waldes rodeten sie, um Platz für Süßkartoffeln, Yamswurzeln, Bananen, Zuckerrohr zu schaffen; Holz brauchten sie sowieso in großen Mengen: zum Bau von Häusern, von Kanus und von Flößen für den Fischfang, zum Heizen in den kühlen Wintern, zur festlichen Einäscherung ihrer Toten – und zum Transport ihrer Statuen, der riesigen, finsteren, rätselhaften *Moai*: Oberkörpern mit großen Gesichtern und überlangen Nasen, bis zu sieben Meter hoch. Aus dem Tuff im Krater des erloschenen Vulkans in der Inselmitte wurden sie gemeißelt und an den Küsten der Insel aufgestellt.

Aber wie? Bis zu 87 Tonnen sind sie schwer, Kräne und das Rad waren unbekannt. Vermutlich haben Hunderte von Menschen sich wochenlang damit geplagt, die Statuen über Baumstämme oder runde Steine an ihren Platz zu zerren und sie mit Baumstämmen als Hebel in die Senkrechte zu stemmen. Einigen von ihnen wurde auch noch eine Art Zylinder aus rötlichem Tuffstein aufgesetzt, nochmal bis zu 12 Tonnen schwer. Wofür dieser unglaubliche Aufwand? Es scheint sich um einen Ahnenkult gehandelt zu haben, bis zur Besessenheit betrieben und schließlich jenseits aller technischen Möglichkeiten: Im Krater des Vulkans liegen nochmal 395 halbfertige Statuen, die bis zu 21 Meter hoch sind und bis zu 250 Tonnen wiegen.

Auf die Frage, wie sie auf ihrem Eiland überleben könnten, verwandten die Bewohner weit weniger Energie. Woher sie einst gekommen waren, wusste keiner mehr – wohin sie hätten weiterziehen oder schließlich fliehen sollen, fiel keinem ein; vermutlich hielten die Insulaner sich für die einzigen Menschen auf Erden. Offenbar arglos fällten sie immer mehr Palmen, zum Verbrauch oder um Platz für den Feldbau zu schaffen. Schon um das Jahr 1400 scheint das Holz rar geworden zu sein, und irgendwann zwischen dem 15. und 17. Jahrhundert waren alle Palmen verschwunden. «Was sagte der Bewohner der Osterinsel, der gerade dabei war, die letzte Palme zu fällen?», fragte 2005 der kalifornische Geograph Jared Diamond in seinem Buch über untergegangene Gesellschaften «Kollaps». «Schrie er wie moderne Holzfäller: ‹Wir brauchen keine Bäume, sondern Arbeitsplätze› oder ‹Die Technik wird unsere Probleme schon lösen› oder ‹Wir brauchen mehr Forschung – das Verbot des Abholzens ist reine Angstmacherei›?» Die Osterinsel ist für Diamond das klarste Beispiel einer Gesellschaft, «die sich durch übermäßige Ausbeutung ihrer Ressourcen selbst zerstört hat».

Andere amerikanische Wissenschaftler halten Diamond entgegen, es sei durchaus nicht bewiesen, dass die Bewohner sich ihr eigenes Grab geschaufelt hätten; die Palmen könnten auch den Ratten zum Opfer gefallen sein, die ihre Wurzeln zernagten. An der Katastrophe, die die Insulaner kommen sahen oder hätten kommen sehen müssen, würde sich dadurch nichts geändert haben. Jedenfalls: Als 1722 der erste «Außerirdische» auf der Insel landete, der niederländische Seefahrer Jakob Roggeveen, fand er sie völlig entwaldet; da gerade Ostern war, taufte er sie «Osterinsel» (*Rapa Nui* hieß sie bei den Einheimischen). Der zweite europäische Besucher, James Cook (1774), beschrieb die Inselbewohner als «mager, ängstlich und elend», und alle Statuen hatten sie umgeworfen – als hätten die Überlebenden in verfeindeten Sippen einen Endkampf untereinander ausgetragen.

Die ganz üblen Außerirdischen landeten 1863: Da verschleppten peruanische Piraten etwa die Hälfte der rund 3000 Bewohner nach Peru, um sie als Sklaven für den Abbau von Guano zu verkaufen (den Kot der Seevögel, der damals ein in aller Welt begehrter Dünger war). Kurz darauf ließ sich ein katholischer Missionar aus Chile auf der Osterinsel nieder. Die Fremden hatten die Pocken mitgebracht, und die waren, wie einst für die Indianer, für die meisten Insulaner tödlich. 1872 lebten noch 175 von ihnen. Heute sind es wieder 3800 – zur Hälfte Chilenen, die überwiegend Schafzucht betreiben und von den Nachkommen der Urbewohner gemieden werden. Es gibt einen Flugplatz, viele neugierige Wissenschaftler und sogar Touristen. Von den Zeugen einer rätselhaften Vergangenheit sind 43 mit Hilfe amerikanischer Wissenschaftler wieder aufgerichtet worden; sie schweigen für immer und schauen gramvoll ins Nichts.

In Mittelamerika geschah es fast zur gleichen Zeit, dass nicht ein Inselvölkchen, sondern eine Hochkultur an der Umwelt oder an sich selbst zerbrach: die Mayas in Guatemala und auf der heute mexikanischen Halbinsel Yucatán. Die Mayas kannten das Rad nicht und kein Metall, aber sie bauten gewaltige, oft monströse Tempel, Paläste und Stufenpyramiden; sie waren Meister der Mathematik, berechneten exakt die Bahn der Venus und fanden eine Formel, mit der sich Sonnenfinsternisse auf Jahrhunderte im Voraus berechnen ließen. Freilich: Wenn die Götter Regen bringen sollten, wurde ihnen zur Freude eine lebende Jungfrau von einem Felsen hinabgestoßen oder in einer Zisterne ersäuft.

Einen Maya-Staat gab es nie – nur eine Reihe von Stadtstaaten, die von Gottkönigen regiert wurden, in üppiger Natur mit größerem Wohlstand als zur selben Zeit im größten Teil Europas. Ihre Blüte erlebten sie vom 7. bis 9. Jahrhundert n. Chr. Dann verließen die Bewohner ihre prächtigen, völlig unversehrten Städte, zogen nach Norden weiter oder tauchten in der Wildnis unter. Warum, darüber rätseln die Wissenschaftler bis heute. Ihre hochgezüchtete Landwirtschaft – Mais, Süßkartoffeln, Tomaten, Kakao – hatte dem Urwald und den Sümpfen die Ernährung von bis zu zwanzig Millionen Menschen abgetrotzt; aber nach jeweils zwei bis drei Jahren war offenbar der Boden ausgelaugt, und mit Brandrodung mussten sie sich immer neuen erschließen. Eines Tages waren die Felder übernutzt und keine Wälder mehr in zumutbarer Nähe. Vielleicht kam eine Dürreperiode hinzu. Auch hatten die Stadtstaaten einander durch ständige Kriege geschwächt, was wiederum die Autorität der Gottkönige untergrub, die zuvor für Bewässerungsanlagen gesorgt und die richtige Fruchtfolge erzwungen hatten. Arnold Toynbee spricht von «der Rache der Tropen».

«Die riesigen Ruinen, die uns erhalten sind», schreibt der englische Geschichtsphilosoph, «stehen inmitten des tropischen Waldes. Wie ein vorsintflutliches Untier hat dieser Wald sie verschlungen und verdaut sie nun in träger Ruhe ... Es muss eine Zeit gegeben haben, in der diese Monumente im Herzen dichtbewohnter Städte standen und die Städte inmitten wohlbestellter Felder lagen. Die Vergänglichkeit menschlicher Anstrengungen zeigt sich erschütternd in der Rückkehr des Waldes, der erst die Felder, dann die Häuser, schließlich selbst die Tempel und Paläste verschlang.»

Im Norden von Yucatán blühten im 10. Jahrhundert noch einmal neue Städte auf, Chichén Itzá darunter mit seiner fast perfekt erhaltenen weltberühmten Stufenpyramide. Aber in der Mitte des 15. Jahrhunderts wurde auch diese Metropole von ihren Bewohnern offenbar binnen weniger Jahre aufgegeben. Keiner der reichen

Stadtstaaten existierte mehr, als zu Beginn des 16. Jahrhunderts die Spanier kamen; zu erobern brauchten sie nichts.

Die Schrift der Mayas zu entziffern, gelang erst spät im 20. Jahrhundert. Seitdem wissen wir auch, für wann die Mayas das Ende der Welt berechnet haben: für das Jahr 9898 unserer Zeitrechnung; eine Inschrift im Königsgrab der vor 1100 Jahren verlassenen Stadt Tikal hat es überliefert. Das gäbe uns, von der Drucklegung dieses Buches an gerechnet, noch 7890 Jahre Zeit. Eigentlich könnten wir damit leben. Die Frage ist nur, ob dann der letzte Baum gefällt – oder, umgekehrt, der letzte Mensch vom Wald verschlungen worden ist.

35 Wer wandert warum wohin?

Völkerwanderung: Im engeren Sinn ist der Begriff historisch besetzt durch den Einfall der Germanen ins Römische Reich. In der allgemeinen Bedeutung ist er als Eroberung, Vertreibung, Massenauswanderung oder Flucht ein prägender Bestandteil der Weltgeschichte. Die nächste Völkerwanderung könnte über das Schicksal Europas und der europäisch geprägten Kontinente Amerika und Australien entscheiden. Dass sie kommt, bestreitet niemand – die Frage ist nur, ob in einem bedrohlichen oder für die Europäer gerade noch erträglichen Umfang.

Seit Jahrzehnten und immer noch vollzieht sich die größte Wanderung *innerhalb* der Dritten Welt: die in die Stadt, in die explodierenden Riesenstädte, in ihre menschenunwürdigen Slums. Das rapide Bevölkerungswachstum und die rabiate Verstädterung, die aus ihm folgte, haben das Gesicht des Planeten im letzten halben Jahrhundert entscheidend verwandelt. Als die Uno 2007 feststellte, jetzt lebe mehr als die Hälfte der Weltbevölkerung in Städten, war das allerdings anfechtbar, denn die Definition, was eine «Stadt» ist, entnahm sie den Gepflogenheiten der Mitgliedsstaaten: In einem muss sie nur 2000, im anderen mindestens 20 000 Einwohner haben – aber sogar 40 000 Menschen können immer noch in einem Städtchen leben wie Bietigheim bei Stuttgart, das mit seiner putzigen Altstadt mehr an Carl Spitzweg erinnert als an die Nachteile und Nöte der Verstädterung.

Ein besseres Maß für die fortschreitende Überfüllung der Erde bieten die *Millionenstädte*. Zur Erinnerung: Vor knapp 10 000 Jahren entstand Jericho, die erste Stadt überhaupt – vor knapp 4000 Jahren die erste Prachtstadt, Babylon – vor 2000 Jahren die erste und lange Zeit einzige Millionenstadt, Rom. Um 1800 gab es vier Millionenstädte (Peking und Hang-tschou in China, dazu Tokio und London), und in Städten, wie auch immer definiert, lebten allenfalls drei Prozent der Weltbevölkerung; die meisten Menschen auf Erden hatten nie eine Stadt gesehen. Um 1900 war die Zahl der Millionenstädte auf 13 gestiegen, und nur schwer können wir uns noch vorstellen, dass 1939 für Berlin 4,3 Millionen Einwohner genügten, um es zur viertgrößten Stadt der Welt zu machen (nach New York, London und Tokio). 1960 konnte ich für meine Weltgeschichte der Städte («Überall ist Babylon») 115 Millionenstädte zählen. 2008 waren es 430 – oder mehr: Denn was sagen schon Gemeindegrenzen, die ein Meer von Häusern und Hütten bis zum Horizont irgendwo durchschneiden? Selbst Staatsgrenzen trennen eine Massenstadt nicht mehr wie die zwischen Indien und Bangladesh im Delta des Ganges, der größten Menschenballung auf Erden: Aus der könnte ein Verwaltungsakt jederzeit eine Hundert-Millionen-Stadt herauspräparieren.

Die Zahlen sagen es nicht. Es ist das unheimliche Gedränge auf Tausenden von Quadratkilometern, das Elend, der Schmutz, die das Bild der Erde und die Rolle des Menschen auf ihr verändern. Unter den zwanzig Städten, die 2008 mehr als 10 Millionen Einwohner hatten, befanden sich nur noch drei mit Wohnverhältnissen, die man nach abendländischen Maßstäben als überwiegend erträglich bezeichnen würde: Tokio, New York und Buenos Aires. Mexiko mit seinen 20, São Paulo und Bombay mit ihren 19 Millionen Bewohnern aber bestehen großenteils aus Slums. *Slum* ist zunächst die schmutzige Gasse, dann das ganze Elendsviertel, in dem sie liegt (mit den Nebenbedeutungen: Trick, Schwindel, Gaunerei, auch Plempe und Gesöff).

Ursprünglich nur auf heruntergekommene Stadtgebiete bezogen, wurde *slum* im 20. Jahrhundert zugleich der Begriff für eine seiner traurigsten Neuerungen: die wilden Siedlungen, die am Stadtrand von Metropolen wuchern, zumal in der Dritten Welt – Hütten und Verschläge aus Brettern, Wellblech, Kanistern, oft auf Müllbergen oder neben ihnen, meist ohne Wasser, Strom und Kanalisation; dazu Opfer oder Brutstätte der organisierten Kriminalität, deswegen zuweilen einer jähen Polizei-Razzia unterworfen (19 Tote an einem Tag in Rio de Janeiro), manchmal durch Militär zerstört, wenn der jeweilige Diktator einen entsprechenden Einfall hatte.

Aber größer als die Zahl derer, die da aufgeben, ausbrechen oder sterben, ist die Menge der armen Teufel, die in die Slums nachströmen. Auch in den Dörfern hungern sie ja, sie sind zu viele, Großgrundbesitzer stoßen sie herum, und Land, das sich noch erschließen ließe, gibt es nicht mehr. So setzen sie auf die Hoffnung, in der großen Stadt vielleicht etwas bessere Chancen und etwas mehr Freiheit zu haben. Schon 2003 schätzte die Uno, dass ein Sechstel aller Menschen in Slums lebt, mehr als eine Milliarde.

Drei Viertel aller Bewohner sogar sind es in *Lagos*, der Megalopolis an der Küste von Nigeria, das wiederum das größte Land von Afrika und einer der am schnellsten wachsenden, dabei korruptesten und desolatesten Staaten der Erde ist. 1950 hatte Nigeria 30 Millionen Einwohner – 2008 waren es 140 Millionen. Sechs, gar sieben Kinder pro Frau waren und sind normal. Lagos selbst (1861 mit 80 000 Bewohnern von Großbritannien annektiert) stand 1955 bei vierhunderttausend, 2008 bei 12 Millionen und wird bis 2015 auf 18 Millionen geschätzt.

Lagos, das ist zunächst die größte von drei Inseln in einer flachen Lagune, die untereinander und mit dem Festland durch Brücken verbunden sind. Das Meer der Häuser und der Hütten auf Lagos – überwiegend ohne Abwasserentsorgung und ohne Müllabfuhr – wird brutal von Schnellstraßen und Ölleitungen durchschnitten. Nigeria ist Afrikas größter Erdölproduzent; vor vierzig Jahren schien es fast so, als könnte das Land damit wohlhabend werden – aber Misswirtschaft und die schamlose Selbstbereicherung der regierenden Eliten haben es in Armut und Verschuldung getrieben. Die Ölleitungen anzubohren und das Öl zu verhökern, wurde zum Sport und zur Überlebensstrategie vieler Slumbewohner – bis 2006 eine Pipeline explodierte und Hunderte von Menschen umbrachte; gezählt hat sie keiner.

Was ist Lagos?, fragte der nigerianische Schriftsteller Chris Abani 2007 in der *Süddeutschen Zeitung*. Eine Stadt zum Hören vor allem: das tausendfältige Hupen der Autos und der Omnibusse; die Schreie der fliegenden Händler; das Kreischen von Stahl auf Stahl; «das Summen von Millionen Menschen, die versuchen, sich durch eine Stadt zu quetschen, die viel zu klein für sie alle ist»; und der verzweifelte Versuch des Muezzin, vom Minarett herab den Lärm zu übertönen. Doch Abani *sah* auch: tote Ratten zum Beispiel, die aus den Hütten in die Abwässerkanäle geworfen wurden; zwei Kinder, die auf der Schnellstraße bettelten: Auf dem Mittelstreifen leisteten sie sich eine Pause «und sahen aus wie ein altes Paar, das mit einem ärmlichen Mittagsmahl auskommen muss und langsam auf den Tod zurutscht».

Natürlich, es gibt auch Wohlstand in Lagos: die Hochhäuser im Finanz- und Geschäftszentrum auf der Insel Victoria und die prächtigen, zum Teil noch aus der britischen Kolonialzeit stammenden Villen und den schönen Golfplatz auf der Insel Ikoyi: Vier Meter hoch ummauert, mit Suchscheinwerfern bestückt, von privater Polizei bewacht – eine *gated community* («gated»: gesperrt, mit einem Tor versehen). Solche Privatfestungen, inzwischen in den meisten Riesenstädten der Dritten Welt entstanden, sind auch in den USA keine Ausnahme mehr – ein Rückfall in jene Zeit, in der der Ritter sich nur in seiner Burg, möglichst auf einem steilen Hügel, sicher fühlen konnte. In *São Paulo*, wo die Slums *Favelas* heißen, der größten Stadt Brasiliens und einem Weltzentrum der Kriminalität, da begnügen sich die Reichen nicht mehr damit, ihre Domizile nur noch in gepanzerten Limousinen zu verlassen: Wer es sich leisten kann, hat einen Hubschrauberlandeplatz auf dem Flachdach seines Hochhauses oder im mauerumschlossenen Park. Fast scheint es, als sei die Menschheit dabei, in eine Minderheit innerhalb und die riesige Mehrheit außerhalb solcher Mauern zu zerfallen.

Auch wo die Stadtbürger sich noch nicht von einer Überzahl gefährlicher Armer bedroht fühlen, hat das Stadtleben an Reiz einiges eingebüßt. Schon sieht man manche der gewachsenen, aber nicht mehr ganz jungen Riesenstädte dem Verfall entgegentaumeln wie einst Babylon und Rom. In *New York* zum Beispiel macht man sich Sorgen über die offensichtlich marode Infrastruktur: Wasserrohrbrüche und Gasexplosionen gehören in höherem Grade zum Alltag als irgendwo in Europa, und als 2007 ein Rohr des Fernwärmenetzes von 1924 barst, schoss eine Fontäne kochend heißen Wassers 30 Meter in die Höhe, verletzte dreißig Menschen und zog einen Lastwagen in den dabei entstandenen Krater hinab.

Die andere Gefahr für das urbane Leben: Auf den Drang in die Vororte, der mit den Massenautos von Henry Ford begann, folgten weithin die Verwahrlosung der Innenstädte und, zumal in den USA, mehr und mehr die Besiedlung und Zersiedlung der letzten stadtnahen Wildnisse und noch unbebauten Strände. An der Ostküste Floridas lebten 1950 knapp drei Millionen, wohnen heute an die fünfzehn Millionen Menschen. Der Moloch Los Angeles, das nahe Malibu, auch San Francisco und San Diego wuchern immer mehr ins Busch- und Canyon-Land hinein, denn: «Jeder will auf einem Hügel mit Meerblick wohnen, selbst wenn er von hundert Hektar Gestrüpp umgeben ist, das jeden Tag in die Luft fliegen kann», schrieb 2007 ein Augenzeuge – anlässlich eines Großfeuers in Südkalifornien, bei dem 1800 Villen verbrannten, 500 000 Menschen evakuiert werden mussten und sieben Menschen starben.

So bestraft die Luxuszersiedlung der letzten Natur sich selbst. Es bleibt zu hoffen, dass nicht halb Kalifornien in jenem ungeheuren Erdbeben untergeht, das ihm unbestritten droht: Von San Diego bis San Francisco erstreckt sich, in der Wüste zum Teil als Graben sichtbar und 1100 Kilometer lang, die *Sankt-Andreas-Verwerfung* – die Bruchzone zwischen der nordamerikanischen und der pazifischen Platte, die sich vier Zentimeter im Jahr vorwärtsschiebt. Aber wie schon in Kapitel 2 beschrieben, ist der Mensch, was Erdbeben angeht, offensichtlich unbelehrbar – getröstet jedenfalls durch die nicht immer falsche Zuversicht: Um von geologischen Katastrophen heimgesucht zu werden, sind wir Gott sei Dank zu kurz auf der Welt.

So oder so: Auch durch Erdbeben wird die Verstädterung der Erde nicht aufzuhalten sein. Immer mehr Menschen *wünschen* entweder städtisch zu leben – oder sie haben keine Wahl. Zusammengepfercht werden sie die Erde mit einer Stadtlandschaft überziehen, wo nicht Wüsten sie bremsen. In Mongkok, dem schlimmsten Viertel der Zweimillionenstadt Kowloon bei Hongkong, haben Zehntausende nichts als einen von drei übereinandergestapelten Drahtkäfigen zum Schlafen und zum Verstauen ihrer Habe; stehen können sie nicht in, sondern nur vor ihrer Wohnstätte. Daraus folgt eine Bevölkerungsdichte von 250 000 Menschen auf jeden Quadratkilometer – vier Quadratmeter pro Kopf, öffentlicher Verkehrsraum eingeschlossen. Die missratenen Städte («the failed cities») der Dritten Welt werden die Schlachtfelder des 21. Jahrhunderts sein, prophezeite 2007 der amerikanische Urbanist Mike Davis in seinem Buch «Planet der Slums».

Ob der Überdruck von dort das Abendland mit einer neuen Völkerwanderung bedroht? An das schrumpfende Europa grenzen, berstend vor Menschen, Afrika und die arabische Welt; nicht weit von den Milliarden Südostasiens spreizt sich fast menschenleer Australien; und der Südwesten der USA sieht sich einer Invasion von Mexikanern ausgesetzt, die offensichtlich kein Zaun abhalten kann. Auf Teneriffa und der italienischen Insel Lampedusa südlich von Sizilien landen immer wieder Boote mit Hunderten von Flüchtlingen aus Afrika; die spanische Exklave Ceuta an der Küste von Marokko versucht sich mit einem acht Meter hohen Doppelzaun gegen den Ansturm der Armen zu schützen; und die EU hat Libyen, eines der Hauptdurchgangsländer, dafür gewonnen, möglichst viele Flüchtlinge aufzuhalten und abzuschieben: Nachtsichtgeräte und Geländewagen hat sie geliefert, deutsche Polizisten haben libysche Sicherheitskräfte ausgebildet, italienische Polizisten patrouillieren gemeinsam mit libyschen an der Küste.

Menschenrechtsorganisationen protestieren, und ob dies auch nur ein wirksames Mittel wäre, einen Damm gegen die Völkerwanderung zu errichten, ist zweifelhaft. Nun hat die Uno eine Schätzung aufgemacht, welchen Umfang die Wanderungsbewegung aus der Dritten in die Erste Welt annehmen könnte: Sie liegt bei 100 Millionen bis zum Jahr 2050. Das wären dann nur vier Prozent des bis dahin erwarteten Bevölkerungswachstums von 2,5 Milliarden in den armen Ländern – und für Europa, falls die Einwanderung sich friedlich vollzöge, ein mindestens in Teilen willkommener Ausgleich für die dort schrumpfenden Einwohnerzahlen. In manchen Städten Ostdeutschlands vollzieht sich ja längst das Gegenteil der Stadtexplosionen der Dritten Welt: Da wird «rückgebaut», leerstehende Häuser werden abgerissen und überwiegend in Grünanlagen verwandelt.

Bisher findet der Andrang der Armen überwiegend auf ausdrücklichen Wunsch der reichen Länder statt: Arbeitskräfte und Heerscharen von Saisonmigranten werden ins Land geholt – nach Europa und in den Nahen Osten vor allem aus Süd- und Südostasien, in die USA aus Mexiko. 230 Milliarden Dollar jährlich überweisen solche Wanderer an ihre daheimgebliebenen Familien, schätzte die Weltbank 2005. Dazu die Auswanderer, die ihre Angehörigen nachholen und sich aufs Bleiben einrichten, wie Millionen Türken in Deutschland und wiederum die Mexikaner, zumal in Kalifornien.

Meist haben sie mehr Kinder als die Einheimischen, und überwiegend schotten sie sich ab – beides wie einst jene Germanen, die zunächst in römischem Sold römischen Luxus kennenlernten. Die allerdings waren dann imstande, die Herrschaft an sich zu reißen.

Alles in allem aber scheint sich die historische Erfahrung zu bestätigen: Es waren immer nur Minderheiten, die aus der Armut oder der Not ihrer Heimat in die Ferne gezogen sind. Die Masse der Germanen blieb im Norden, die der Mongolen in der Mongolei, die der Europäer in Europa; und so ist die Prognose der Uno plausibel: Die Mehrheit der armen Teufel in der Dritten Welt wird in der engen, armen Heimat bleiben. Und dort werden die Riesenstädte weiterwuchern, und der Kessel wird brodeln, und niemand weiß, was geschieht, wenn er platzt.

Wie viele Menschen kann die Erde tragen?

Stand 2008:	Fläche (in 1000 km²)	Einwohner (in Mio.)	Einwohner pro Quadratkilometer
Gaza-Streifen	0,4	1,8	4958
Java (Hauptinsel Indonesiens)	118	128	1084
Bangladesh	148	147	993
Nordrhein-Westfalen	34	18,1	530
Holland	41	16,3	392
Indien	3287	1200	365
Deutschland	357	82	230
China	9620	1350	140

Stand 2008:	Fläche (in 1000 km²)	Einwohner (in Mio.)	Einwohner pro Quadratkilometer
Erde (Landfläche minus 40 % Wüsten)	90 000	6800	76
USA	9631	304	31
Brasilien	8548	188	22
Schweden	450	9	20
Kanada	9985	33	3,3
Australien	7690	22	2,8

Geht man davon aus, dass die Bevölkerungsdichte von Deutschland (230) für die Deutschen zumutbar und das Gedränge in Indien (365) für die Inder gerade noch erträglich ist, so könnte der Eindruck entstehen, als dürfte sich die Zahl der Menschen auf Erden durchaus verdreifachen, ja vervierfachen. Doch nehmen Menschen nicht nur Platz in Anspruch, sondern auch Ackerland, Wasser, Luft und Energie, und diese vier werden durch sie entweder so knapp oder so schmutzig oder beides zugleich (den Müll noch gar nicht gerechnet), dass die Erde sich längst als übervölkert betrachten lässt.

Der Uno-Ausschuss für den Klimawandel (IPCC) geht in vier seiner sechs «Szenarien» über die wahrscheinliche Zukunft davon aus, dass die Menschheit noch bis etwa 2050 wachsen wird; bei der derzeitigen Zunahme um rund 75 Millionen im Jahr hieße das: auf fast 10 Milliarden Menschen. Vielleicht auch nur auf 9 Milliarden, da der Ausschuss in diesen vier Szenarien für die Zeit nach 2050 mit einer allmählichen Schrumpfung rechnet, wie sie zurzeit in Europa schon stattfindet.

In den beiden anderen der sechs Annahmen über die Zukunft wächst die Menschheit auch nach 2050 weiter.

36 Wer heizt das Klima auf?

Sollte ein Außerirdischer die irdischen, zumal die europäischen Massenmedien durchforsten, er würde zu der Meinung kommen: Keine Sorge drückt die Menschen gegenwärtig heftiger als die, dass es auf ihrer Erde wärmer wird. Die Sorge ist ja berechtigt. Aber sie so zu behandeln, als ob sie unsere größte sein müsste, ist (a) übertrieben und (b) sogar gefährlich, weil sie unsere Aufmerksamkeit von Problemen ablenken könnte, die uns vielleicht weit mehr als der Treibhauseffekt zu schaffen machen werden. Hier der Versuch, dem gelegentlichen Übereifer die ruhige Abwägung entgegenzustellen. Auf ein paar Überraschungen stößt man dabei.

1. *Dass es wärmer wird, bestreitet niemand.* Dies allein müsste kein Grund zur Sorge sein, denn es gab schon stärkere Wärmeschübe als den derzeitigen: den zum Beispiel, der vor 10 000 Jahren die letzte Eiszeit beendete – und damals lebten auf der ganzen Erde höchstens zehn Millionen Menschen, weniger als heute in Lagos oder in Bayern; ihr Beitrag zum Klima muss sich auf das Verbrennen von Holz und Knochen beschränkt haben. Auch nach dieser bisher letzten Eiszeit war es schon wärmer als heute: Die Archäologen freuen sich über die Funde aus römischer Zeit, die der beängstigend schnell abschmelzende Aletschgletscher seit 2005 freigibt, der größte der Alpen. Als 986 n. Chr. die Wikinger auf Neufundland landeten, vor der Ostküste Kanadas, da fanden sie frostfreie Winter und immergrüne Wiesen vor; heute hat der Januar dort eine

Durchschnittstemperatur von 3 Grad minus. Auf Grönland betrieben die Wikinger vom 10. bis zum 15. Jahrhundert Viehzucht.

Vom «mittelalterlichen Klima-Optimum» sprechen da die Meteorologen; der derzeitige Eisrückgang auf Grönland wird dagegen als Beleg für die drohende Klimakatastrophe ins Feld geführt. Die Behauptung Al Gores, die Durchschnittstemperatur unserer Atmosphäre würde, wenn wir nicht rasch handeln, in Höhen steigen, die der Mensch noch nie erlebt habe, ist falsch, das Schlagwort «Klimakollaps» eine Übertreibung. Und auch das noch: In der angesehenen Wissenschaftszeitschrift *Nature* prophezeiten deutsche Klimaforscher im Mai 2008, in den nächsten zehn bis fünfzehn Jahren werde es nicht wärmer werden; der Klimawandel lege eine «Atempause» ein.

2. *Dass diesmal der Mensch an der Erwärmung mitwirkt, bestreiten nur wenige*, und die gelten als Außenseiter. Der Weltklimarat IPCC (*Intergovernmental Panel on Climate Change*) hat den Einfluss des Menschen 2001 als «wahrscheinlich» bezeichnet, 2007 von «sehr hoher Sicherheit» gesprochen. Der Rat ist ein in aller Welt anerkanntes Gremium, dem Tausende von Wissenschaftlern zuarbeiten, darunter ausdrücklich solche, die abweichender Meinung sind. Er diskutiert so lange, bis er einen Konsens erarbeitet hat; der wird den Regierungen der Uno-Mitgliedsstaaten vorgelegt, und sogar die USA, China, Saudi-Arabien haben ihm nicht widersprochen. Der unbestritten «sehr hohen Sicherheit» zum Trotz ist die gängige Floskel «der *menschengemachte* Klimawandel» ein bisschen hochnäsig: Dass die Natur auch noch irgendwie mitspielen könnte, wird damit ausgeschlossen.
3. Weltfremd jedenfalls ist die bei Politikern beliebte Formel, dass der Mensch aufgerufen und auch imstande sei, «den Klimawandel zu stoppen». Einen Beitrag dazu kann und soll er leis-

ten – mehr nicht. Wenn es der Sonne gefiele, uns noch mehr Hitze oder aber eine neue Eiszeit zu schicken, wäre alles menschliche Gestrampel völlig hoffnungslos. «Klimawandel war immer», schrieb die *Frankfurter Allgemeine* 2006. «Alles Leben auf der Erde hat sich in ständiger Anpassung an diesen Wandel vollzogen. Daher ist der Gedanke, man müsse ihn ‹stoppen›, ein Ausdruck menschlicher Selbstüberschätzung, wie er technokratischen Gehirnen entspringt.»

4. Die Prognosen des Weltklimarats haben eine Schwankungsbreite, die zwar einerseits für die Redlichkeit des Gremiums spricht, andrerseits aber die Verwendbarkeit der Prognosen in Frage stellt: Erwärmung der Luft bis zum Jahr 2100 «zwischen 1,1 und 6,4 Grad»; Anstieg des Meeresspiegels dadurch um mindestens 18, höchstens 59 Zentimeter. Die Differenz erklärt sich aus sechs verschiedenen Annahmen über die Zukunft der Atmosphäre, den sogenannten *Szenarien*. Die Szenarien 1 bis 4 gehen zunächst gemeinsam davon aus, dass die Menschheit bis zum Jahr 2050 wachsen, dann aber allmählich schrumpfen wird. Auf dieser Basis unterscheiden sie sich so:

1. Die Menschheit behält ihren bisherigen Umgang mit der Technik und mit den Energiequellen Kohle, Öl und Gas bei.
2. Sie *ergänzt* die fossilen Energien durch alternative.
3. Sie *ersetzt* die fossilen Energien überwiegend durch alternative.
4. Und obendrein ist sie gemeinsam bestrebt, sich in eine umweltfreundliche Dienstleistungsgesellschaft zu verwandeln.

Die Szenarien 5 und 6 gehen davon aus, dass ein Ende des Wachstums der Menschheit *nicht* abzusehen ist – im Fall 5 mit reduziertem Energieverbrauch pro Kopf, im Fall 6, dem *worst case scenario*, mit derselben Quote wie bisher. Es bleibt: Die vom Weltklimarat verkündeten Grenzwerte (1,1 bis 6,4 Grad) sind voneinander weiter entfernt als der untere Wert vom derzeitigen Zustand. Viel also wissen wir nicht.

5. Die Unwetter, Hitzewellen, Überschwemmungen der letzten Jahre schon dem Klimawandel zuzurechnen, ist erstens modern und zweitens meistens falsch – und dies aus drei Gründen.
   - *Klima* ist ein statistischer Mittelwert, meist von 30 Jahren Wetter, und ein einzelnes Ereignis hat wenig Chancen, da statistisch durchzuschlagen.
   - In unserer Aufgeregtheit vergessen wir gern, dass es Naturkatastrophen schon immer gab. Viel stärker als der berühmte Hurrikan «Katrina», der 2005 New Orleans verwüstete, war der Hurrikan «Labor Day» von 1935 mit Windgeschwindigkeiten bis zu 320 Stundenkilometern.
   - Wenn Wirbelstürme oder Überschwemmungen heute mehr Schaden anrichten als vor fünfzig oder hundert Jahren, so hat der Mensch das selbst provoziert: Er verwandelt Flüsse in Kanäle, siedelt sich hinter schlecht gebauten Deichen unter dem Meeresspiegel an, baut Ferienhäuser in Lawinenbahnen und pflastert die Küste bis in Tsunami-Nähe zu.

6. Dasselbe gilt großenteils für das *Artensterben*. Die Bedrohung oder Ausrottung von Tieren und Pflanzen vollzieht sich durch die Vernichtung tropischer Regenwälder, durch den Übermut der Landwirtschaft, durch die Überfischung der Meere. Ein Klima, das unter den Lebewesen so schlimm wütete wie diese drei Faktoren, ist kaum vorstellbar. Auch bleibt es vielen Biologen ein Rätsel, wie der Weltklimarat zu der Prognose gelangt, bei einer Erwärmung um zwei bis drei Grad wären 20 bis 30 Prozent aller Tier- und Pflanzenarten vom Aussterben bedroht: Denn bisher galt als sicher, dass umgekehrt ein warmes Klima die Artenvielfalt, die *Biodiversität* begünstigt. In den Tropen ist

sie bekanntlich höher als in der Arktis, und unter unsern Augen vollzieht sich das Schauspiel, dass viele Millionenstädte sich in Hochburgen der Artenvielfalt verwandelt haben: Sie sind nämlich Hitze-Inseln, zwei bis drei Grad wärmer als das Umland, und das lieben Tiere und Pflanzen, zusammen mit dem reichen Nahrungsangebot und der Sicherheit vor der chemischen Keule der Agrarindustrie.

7. Keinesfalls wird die Erwärmung der Atmosphäre *allen* Ländern und Völkern Nachteile bringen. Dürre droht nach den bisherigen Prognosen den Mittelmeerländern, dem Süden Afrikas, Teilen der USA und Australien – nachhaltige Überschwemmung, also Landvernichtung, Teilen des Gangesdeltas (mit der höchsten Menschenkonzentration des ganzen Planeten) und vielen Inseln im Pazifik und im Indischen Ozean. Das ist schrecklich.
   Unbestritten profitieren aber werden Russland, Skandinavien und Kanada; gerade im Extremfall der Prognose, einer Erwärmung um über 6 Grad, würde sich die riesige Tundra dieser Länder, zusammen sieben Prozent der Landfläche der Erde, in eine mögliche Heimat für Hunderte von Millionen Menschen verwandeln. Deutschland würde ebenfalls einen Nutzen haben, zumindest insofern, als die deutsche Nord- und Ostseeküste Millionen Touristen anziehen könnte, denen die Mittelmeerländer zu heiß geworden sind. Und schon jetzt liegen die Anrainer der Arktis auf der Lauer, sich der Bodenschätze zu bemächtigen, die das Abschmelzen des Nordpol-Eises zugänglich machen würde.
8. An Kälte sind auf der Erde bisher mehr Menschen als an Hitze gestorben. Diese Relation könnte sich ändern, falls eine weitere Aufheizung der warmen Länder mit Dürre, Seuchen, Hitzschlägen einherginge. Wie nachteilig aber Kälte sein kann, wurde in Europa noch zwischen 1400 und 1900 deutlich: Da kühlte der

Erdteil durchschnittlich um 1 bis 1,5 Grad ab, sodass die Wissenschaft von der *Kleinen Eiszeit* spricht. Die Gletscher wuchsen, die Vegetationsperiode war um sechs Wochen verkürzt, und der Brockhaus (2006) resümiert: «Missernten, Viehsterben, Hungersnöte, Epidemien, Bevölkerungsrückgang». Vor diesem Hintergrund wäre es nicht völlig pervers, sich über die inzwischen eingetretene Erwärmung Europas zu freuen und einer weiteren gelassen entgegenzusehen.

9. Wir sollten nicht vergessen: Von Afrika aus ist einst der Mensch über die Erde ausgeschwärmt. Die kälteren Regionen hat er sich mit Hilfe des Feuers erobert; die Sehnsucht nach Wärme ist ihm geblieben. Wir heizen nicht nur, wir machen's uns gern «mollig warm» über den Bedarf hinaus; in den Ferien zieht es die große Mehrheit der Nord- und Mitteleuropäer in den warmen Süden; und die Zahl deutscher Rentner in Schweden ist um einiges geringer als die Zahl derjenigen, die nach Mallorca ausgewandert sind.
10. Für Milliarden Menschen, die in den gemäßigten Zonen leben, sinkt der Bedarf an *Heizung* – also auch an Kohle, Öl und Gas, den vermutlich noch lange dominierenden Energieträgern – also auch der Ausstoß von CO_2 (bis 2050 um ein Viertel, schätzt der Deutsche Wetterdienst). Das ist eine fast nie beredete, geradezu großartige Folge des Treibhauseffekts, der sich insoweit teilweise selbst korrigieren könnte. Zwar wird der Bedarf an *Klima-Anlagen* steigen, aber nicht in gleichem Maße: Für weite Teile der Menschheit werden sie noch lange ein Luxusprodukt bleiben, und überwiegend sind sie auch eins (Kapitel 47).

Betrachtet man all dies zusammen, so fällt es schwer, zwei skeptischen Einsichten auszuweichen. Zum Ersten: In der öffentlichen Debatte über die unbestritten negativen Auswirkungen des Klimawandels werden die kaum bestreitbaren positiven oder gut erträglichen Folgen vernachlässigt, wenn nicht unterdrückt. Zum Zweiten und vor allem aber: Die Treibhaus-Angst, das Kyoto-Protokoll, Al Gore (mit Oscar, Nobelpreis und den von ihm faszinierten Medien) haben unsere berechtigten Zukunftssorgen in fast kurioser Weise monopolisiert. Mindestens vier vor uns liegende Probleme verdienen es in höherem Grade, dass wir uns über sie den Kopf zerbrechen.

1. Schlimmer als die Erwärmung der Luft ist die *Verpestung* der Luft. CO_2 ist nicht giftig – wohl aber sind es das Schwefeldioxid, die Stickoxide, die Rußpartikel, die Kohlenwasserstoffe, mit denen die Industrie, die Autos und das Heizen die Atemluft belasten. Milliarden Menschen werden von ihnen belästigt, Millionen sterben an ihnen, zumal in den Riesenstädten der Dritten Welt, vor allem Säuglinge, Greise, Herzleidende, Asthmakranke; und krebserregend sind einige dieser Stoffe auch. Wer unter der Schmutzglocke von Peking, von Mexiko, von Kairo leben muss – würde der wirklich lieber kühlere Luft haben als saubere? Warum gibt es einen Weltklimarat, aber keinen *Welt-Smog-Rat*? (Einen Umweltrat gibt es: UNEP, *United Nations Environment Program*. Man hört nur wenig von ihm – wahrscheinlich weil der Weltklimarat und Al Gore die öffentliche Meinung zu dominieren verstehen.)
2. Die Vergiftung des Wassers, die aus denselben Gründen folgt, ist dramatisch, und der Mangel an Wasser ist es auch (Kapitel 39). Nach dem Uno-Umweltbericht von 2007 tötet das schmutzige Wasser jährlich drei Millionen Menschen – um das immer knapper werdende Wasser könnte es Kriege geben; die Experten fürchten das zu Recht. Soll ein dürstendes oder verdurstendes Kind dankbar aufs sinkende Thermometer blicken? Warum gibt es einen Weltklimarat, aber keinen *Weltwasserrat*?
3. Der Hunger, von jeher die große Bedrohung, hat sich im Früh-

jahr 2008 in vielen Ländern der Dritten Welt zur manifesten Katastrophe gesteigert. Die unersättliche Gier nach Fleisch (Kapitel 33) und das perverse Verlangen der Reichen nach Biosprit (Kapitel 34) haben dazu beigetragen.

4. Auch im Sudan, im Kongo, in Somalia haben die Menschen andere Sorgen, als dass es bei ihnen zu heiß würde: Menschenjagd, Bandenkriege, Massenmord (Kapitel 42).

Der große, der letzte Krieg auf Erden aber könnte ums Wasser, ums Öl und andere schwindende Ressourcen ausgetragen werden – schließlich (bei zehn Milliarden Menschen) ums Essen und den bloßen Platz; und leider hätte dieser Krieg (a) ungleich bessere Gründe und (b) ungleich schlimmere Konsequenzen als jeder Krieg bisher. Sollte er gar mit den reichlich vorhandenen und gut verteilten Atomwaffen ausgetragen werden, so könnte es uns ergehen wie einst den Dinosauriern: Wir verschwinden von der Erde. Einen Weltsicherheitsrat gibt es zwar, aber seine bisherigen Leistungen berechtigen nicht zu der Hoffnung, dass er uns vor dem finalen Verteilungskampf bewahren könnte.

Lomborgs Liste

Bjørn Lomborg, Professor für Statistik an der *Copenhagen Business School*, erregt seit 2001 Aufsehen mit seiner Polemik gegen die Klimadebatte; «Öko-Judas» wurde er beschimpft. 2007 räumte er in seinem Buch «Cool it – Warum wir trotz Klimawandels einen kühlen Kopf bewahren sollten» ein, dass die Menschheit einen wesentlichen Beitrag zur unstreitigen Erwärmung der Erde geleistet hat. Er tadelt jedoch die «Hysterie», mit der die öffentliche Debatte sich einseitig auf den Klimawandel konzentriere und die Senkung des CO_2-Ausstoßes als ihr zentrales Problem betrachte. Es gebe größere Sorgen, zumal in der Dritten Welt. Dazu zitiert Lomborg die Zahlen der Weltgesundheitsorganisation aus dem Jahr 2000:

Tote durch Unterernährung	4	Millionen
Tote durch Aids	3	"
Tote durch Luftverschmutzung	2,5	"
Tote durch Mangel an Mineralstoffen und Vitaminen	2	"
Tote durch verseuchtes Wasser	2	"

Surya P. Sethi, der Energieberater der indischen Regierung, hat nach Lomborgs Meinung 2006 das Kernproblem formuliert: Für 25 Milliarden Dollar könnte Indien bis 2017 seinen CO_2-Ausstoß im gewünschten Umfang reduzieren. Das sei derselbe Betrag, den das Land in den letzten fünf Jahren für die Bekämpfung der Armut ausgegeben habe: 50 Prozent der Inder leben ohne Strom – 1,5 Millionen sterben jährlich an der durch Holz- und Kotfeuer vergifteten Luft in ihren Hütten – 35 Prozent verdienen weniger als einen Dollar am Tag. «Ich stehe also vor der Wahl», sagte Sethi, «Indiens Armen zu helfen – oder den CO_2-Ausstoß zu vermindern, damit die entwickelten Länder leichter atmen können.»

Das bringt Lomborg zu der Frage: Wo kann man mit einer bestimmten Summe Geldes den größten *sozialen Mehrwert* erzielen, also den größten Segen stiften? Darüber hat er nach seiner Darstellung seit 2004 mit führenden internationalen Wirtschaftswissenschaftlern, darunter vier Nobelpreisträgern, diskutiert und ist mit ihnen zu folgendem Ergebnis gekommen: «Für einen Dollar, den man in die Aids-Prävention steckt, bekommt man 40 Dollar zurück – Menschen, die glücklicher sind, die nicht sterben, die ihren Kindern eine bessere Ausbildung geben können. Ein Dollar für die Bekämpfung des Klimawandels bringt 32 Cent.»

Auf dieser Basis stellt Lomborg folgende Prioritätenliste auf (nicht in der Reihenfolge der Dringlichkeit also, sondern in der des größten Effekts für eine gegebene Menge Geld):

1. Aids bekämpfen.
2. Durch Vitamine und Mineralstoffe die Fehlernährung bekämpfen.
3. Die Handelsschranken beseitigen.
4. Die Malaria bekämpfen.
5. Durch neue landwirtschaftliche Methoden die Unterernährung bekämpfen.

6. Für mehr und besseres Wasser sorgen.
7. Die Kosten für die Gründung neuer Unternehmen senken.
8. Die Einwanderung von Fachkräften erleichtern.
9. Die Ernährung der Kinder verbessern.
10. Die medizinische Betreuung verbessern.
11. Die Einwanderung für alle erleichtern.
12. CO_2 besteuern.
13. Die Forderungen des Kyoto-Protokolls verwirklichen.

Ob die Rechnung jeweils realistisch ist und wie man die Dringlichkeit im Einzelnen auch bewerten mag: Lomborgs Denkansatz scheint geeignet, die oft allzu hitzige Debatte über den Klimawandel mit einem Quantum Rationalität anzureichern.

37 Wer müllt am meisten?

Was sind die Pyramiden gegen unsere Plastiktüten! Erst seit 4500 Jahren ragen sie in Ägyptens Himmel, längst bröckeln sie, und die größte, die des Cheops, ist in der Höhe schon um fast zehn Meter geschrumpft. Plastik aber verrottet bestenfalls nach Jahrhunderten, meistens nie. Die Tüten oder ihre Reste haben gute Chancen, uns zu überleben – selbst wenn die Menschheit noch die ganzen 7890 Jahre vor sich hätte, die der Maya-Kalender ihr gönnt (S. 298).

Fast eine Milliarde Tonnen Plastik haben wir im letzten Jahrhundert produziert, ein Teil ist auf den Meeresgrund abgesunken; das meiste – achtlos weggeworfen oder vom Winde verweht – sammelt sich an diversen Küsten. Die Barentssee zwischen Skandinavien und Spitzbergen ist dafür beliebt, und Unglaubliches geschieht auf dem Pazifik zwischen Hawaii und Kalifornien: Da dreht sich in träger Meeresströmung ein Teppich aus Milliarden Tüten, Flaschen, Bechern, Einwegspritzen, von Folien und Styropor – 1500 Kilometer im Durchmesser und geschätzte drei Millionen Tonnen schwer. «Großer pazifischer Müllstrudel» heißt das Gebilde bei Seglern und auch schon bei Geographen. Plastik sei das häufigste Oberflächenmerkmal der Weltmeere geworden, schreibt Alan Weisman: «Es ist, als wäre nach dem Zweiten Weltkrieg der Kunststoff wie aus dem Nichts explodiert und befände sich nun in unaufhörlicher Expansion, wie das Universum nach dem Urknall.»

China hat 2008 die kostenlose Abgabe von Plastiktüten verboten: Sie hängen in den Bäumen, sie treiben in den Flüssen, zusammen mit dem dort besonders beliebten Plastikgeschirr und den Folien, mit denen die Bauern ihre Beete und Felder abdecken, um das Wachstum zu beschleunigen. Im selben Jahr eröffnete das Londoner Massenblatt *Daily Mail* eine Kampagne gegen die Kunststofftüten mit grausigen Bildern von verendeten Robben und Schildkröten, denen Plastiktüten, die sie für Quallen gehalten hatten, den Darm verstopften.

An vielen Stränden haben Biologen unterdessen etwas gefunden, was sie noch mehr beunruhigt: Kunststoff-Pellets – das sind Kügelchen oder Zylinder von ein bis zwei Millimetern Durchmesser; einerseits das Rohmaterial für Plastikobjekte, andrerseits ihr Zerfallsprodukt. Von fern her werden sie angetrieben, unauffällig mit dem Sand vermischt, an manchen Stränden schon zu mehr als zehn Prozent. Wattwürmer und Sandflöhe fressen sie gern, sodass sie in die Nahrungskette gelangen; auch die für den nördlichen Atlantik typischen Eissturmvögel halten sie für Nahrungsmittel und treiben zu Tausenden tot an die Küsten der Nordsee, den Magen mit Pellets verstopft.

Das Unheil begann harmlos 1869 mit der Erfindung des *Zelluloids* – ursprünglich für Billardkugeln verwendet, noch heute für Kämme und Brillen. 1909 kam das *Bakelit* hinzu, hart und besonders für Etuis und Gehäuse geeignet. Heute ist Hartplastik allgegenwärtig in Flaschen, Spritzen, Kanistern, Rohrleitungen, in Autos, Spielzeug und der Unterhaltungselektronik; Weichplastik in Tüten, Folien und Luftballons; beides immer wasserfest, korrosionsbeständig, geschmacksneutral, reißfest oder kaum zerbrechlich und dabei schrecklich billig. So verbrauchte 2004 der Europäer 100 Kilo Kunststoff – nein, er «verbrauchte» eben nicht: Er verwendete; manchmal recycelte er; überwiegend speiste er in den großen Müllstrudel ein.

Niemand hatte geahnt, bis zu welchem Grade sich die Wohlstandsgesellschaft als *Wegwerfgesellschaft* erweisen würde: 60 Millionen Plastikflaschen *täglich* in den USA. Bei Bauern gab es, unter indischen Bauern gibt es bis heute keinen Müll: Was essbar war, wurde gegessen oder verfüttert, organische Abfälle wurden kompostiert, Scherben um Beete herumgesteckt oder mit Lehm zu einer Art Ziegel vermischt. Konservendosen waren unbekannt, Bierdosen auch, Elektroschrott sowieso, und Kleidung oder Schuhe wegzuwerfen, bloß weil man sie nicht mehr leiden kann, war unvorstellbar. Und niemand behelligte die Menschen mit der Papp- und Plastik-Orgie der Verpackungsindustrie. Heute entlassen die Deutschen pro Kopf und Jahr 460 Kilo Müll in die Umwelt, 1,3 Kilo pro Tag (die Amerikaner 700 Kilo). In der Müll*trennung* ist Deutschland allerdings Weltmeister, mit dem Erfolg, dass fast die Hälfte des Abfalls wiederverwertet werden kann – nicht ohne ein Quantum neuerlicher Umweltbelastung, natürlich.

Nicht einmal in Europa ist so viel Problembewusstsein und Organisation selbstverständlich: Nicht in Neapel, das seit 2007 fast erstickt an dem Müll, von dem die Camorra wünscht, dass er liegen bleibt. Und in den Slums der Dritten Welt ist es normal, neben, ja manchmal fast auf, jedenfalls von dem Müll zu leben, den die Reichen in der Stadt vor die Hütten der Armen schütten. Beispiel *Manila*, Hauptstadt der Philippinen, zwischen 12 und 15 Millionen Menschen in der Stadtregion: Am Hafen liegt eine der größten Müllkippen der Erde, 20 Hektar groß, das sind 27 Fußballfelder, und bis zu 80 Meter hoch geschichtet; 50 Kipplaster täglich schaufeln neuen Müll heran. Zwischen faulenden Essensresten, Schlachtabfällen, Flaschen, Dosen, Tüten und Kartons stochern Slumbewohner, viele Kinder unter ihnen, manche bis zu den Knien im Unrat und im Matsch, nach Fundstücken, die sich verkaufen lassen – ein Kilo Plastik für sechs Pesos zum Beispiel, ungefähr zehn Cent.

Am Müll können die Armen noch verdienen, und die Reichen haben meistens kein Problem, ihn nicht sehen und nicht riechen zu müssen. Uns alle aber trifft unrettbar der Schmutz, den die Kraftwerke und die chemische Industrie in die Atmosphäre blasen – und wohnten wir auf der anderen Seite der Welt. Zur Schonung der *näheren* Umgebung hatten die Fabriken des 19. Jahrhunderts folgerichtig den seit Jahrtausenden bewährten Schornstein (die Esse, den Rauchfang, den Kamin) himmelwärts getrieben. Die alte Bergwerksstadt Freiberg in Sachsen mauerte 1889 bei einer Bleihütte ihren Schlot 140 Meter hoch (Rekord für einen Ziegelbau bis heute) – ganz arglos nach dem Motto: Für Freiberg ist das gut, und die Erde ist riesig und verdaut das leicht. Noch größere Höhen ließen sich mit Stahlbeton erreichen: Das kohlebefeuerte Großkraftwerk von Ekibastus in Kasachstan pustet seine Gifte aus 420 Metern Höhe weit weg von Ekibastus, weit hin über Land und Meer.

China bläst indessen an CO_2, an Schwefeldioxid, an Kohlenstaub, an Quecksilberdämpfen aus Kraftwerken, Bleihütten, Zementfabriken mehr in den Himmel als jedes andere Land der Welt. Der Schmutz findet sich zuverlässig im Smog über Los Angeles wieder und beunruhigt längst auch Regierung und Partei: Zu heftig soll das Wirtschaftswachstum nicht gegen die Volksgesundheit anarbeiten, und Kinder, die schwarzen Schleim husten und nie einen blauen Himmel gesehen haben, passen nicht ins kommunistische Konzept. Über dem nördlichen Indischen Ozean hängt in jedem Winter ein bräunlicher Schleier, überwiegend aus Ruß von hundert Millionen primitiven Feuerstellen in Indien, angereichert mit Industrie-Abgasen, wie sie in den großen Städten die Augen und die Kehlen reizen; auch Hunderttausende von Zweitaktmotoren in Rollern und Motor-Rikschas tragen dazu bei. An Smog sterben zwei Millionen Menschen jährlich, schätzte die Uno-Umweltbehörde 2007.

Die Gewalt, die wir der Atmosphäre antun, wollen wir der Erdrinde nicht ersparen. Die Luft verpesten wir – lasst uns die Kruste zerkratzen! Idealerweise gelingt uns beides zugleich. In *La Oroya* zum Beispiel, 3740 Meter hoch in den peruanischen Anden gelegen: Dort werden, überwiegend von Indios und Mestizen, für eine US-amerikanische Firma Kupfer, Blei, Zink und Silber abgebaut und verhüttet. In die Luft gelangen dabei gewaltige Mengen von Schwefeldioxid, ins Wasser Blei, Arsen und Cadmium. Die meisten Kinder haben überhöhte Bleiwerte im Blut, die Säuglingssterblichkeit ist enorm, unter allen Bewohnern gehen Asthma und Nierenleiden um.

Bergbau ist ja seit dem Altertum bekannt, Kapitel 25 berichtet davon. Neu waren im 18. Jahrhundert die ungeheuren Schächte, die die Engländer in die Tiefe trieben, der Kohle wegen – und neu ist seit dem 20. Jahrhundert das Ausmaß der Löcher, die die Menschen in ihrer Gier nach Metallen in den Planeten schlagen. Schon ein im Weltmaßstab bescheidenes Produkt dieser Gier lässt dem Naturfreund den Atem stocken: der Erzberg über der Stadt Eisenerz in der Steiermark. Das war mal ein unschuldiger, bewaldeter Hügel von 1532 Metern Höhe – schon in römischer Zeit angebohrt, aber noch mit Hacke und Schaufel; heute, um 70 Meter erniedrigt, ein garstiger rostroter Terrassenbau, von dem Bagger und schwere Lastwagen jährlich 3,5 Millionen Tonnen Erz und Schutt abtransportieren, vermutlich noch sechzig Jahre lang, dann ist die Erde an dieser Stelle ausgeplündert.

In ganz andere Dimensionen stößt der Bergbau in Amerika vor. Das gewaltigste Loch hat der Mensch in der Bingham Canyon Mine im US-Staat Utah in die Erde gerissen: Acht Quadratkilometer groß (fast der Tegernsee), aber 1,2 Kilometer tief (das sind zwei Drittel der Eigernordwand). Täglich werden da 400 000 Tonnen Erz gefördert mit Baggerschaufeln, die 90 Tonnen fassen. Das Städtchen Bingham musste 1972 der Grube weichen. Dasselbe widerfuhr 2003 der Stadt Chuquicamata, 3000 Meter hoch in den chilenischen Anden; die Luft war längst mit Arsen verseucht und das Wasser mit Schwermetallen. Aus dem hier 900 Meter tiefen Kessel keuchen die Trucks, sieben Meter breit und zwölf Meter hoch, mit jeweils 400 Tonnen Erz und Abraum über Rampen in die Höhe, von 3000 PS getrieben.

Ein kleines, aber besonders erschreckendes Museum seiner Rücksichtslosigkeit hat der Mensch in der Südsee hinterlassen: die abrasierte Koralleninsel Nauru nordöstlich von Neuguinea. Sie ist kaum halb so groß wie der Starnberger See und Vollmitglied der Uno – mit 11 000 Einwohnern. Die leben überwiegend von australischer Finanzhilfe, de facto einem Schadenersatz dafür, dass Australien 1914 die Ausbeutung fortsetzte, die 1906 unter deutscher Kolonialherrschaft begonnen hatte. Das Innere des Inselchens ist ein Plateau aus Korallenkalk, der sich mit dem Vogelkot Guano zu Calciumsulfat verband, einem begehrten Rohstoff für Mineraldünger. Durch dessen Abbau wurde das Kalkplateau so lange so tief zerrissen, bis 2003 nichts mehr zu holen war. Ein Außerirdischer, der hier landete, müsste die Erde für unbeschreiblich garstig halten, für unbewohnbar sowieso.

Deutschlands auffallendster Beitrag zu Verunstaltung der Erdoberfläche ist der Braunkohlentagebau. Braunkohle, geologisch jünger als Steinkohle, hat höchstens die Hälfte ihres Heizwerts und war, zu Briketts gepresst, in der Zeit der Ofenheizung populär; heute wird sie hauptsächlich in Kraftwerken verfeuert. Sie breitet sich großflächig dicht unter dem Boden aus, unter einem «Deckgebirge», das freilich bis zu 300 Meter dick sein kann. Und in das werden nicht Schächte getrieben, wie sie zur Steinkohle in die Tiefe führen – es wird einfach abgetragen. Der Steinkohlenbergbau unterhöhlt die Oberfläche kilometertief, und manchmal sackt sie ab, mit Erdbebenstärke sogar wie 2008 im Saarland; die Braunkohle wird im Tagebau gefördert, und da kann über ihr kein Haus einstürzen – schon deshalb nicht, weil jeweils Tausende von Häusern zuvor abgerissen werden, um den Flächenhunger des Tagebaus zu stillen.

Deckschicht abtragen heißt: Um eine Tonne Braunkohle zu gewinnen, müssen im Durchschnitt fünf Kubikmeter Abraum beseitigt und noch mehr Kubikmeter Wasser abgesenkt werden, womit gleichzeitig der Grundwasserspiegel sinkt und manchmal der Boden mit ihm. Von gewaltigen Schaufelradbaggern wird die Arbeit bewältigt. In der Region Garzweiler in Nordrhein-Westfalen, wo seit 2006 elf Dörfer eingeebnet und fast 8000 Menschen umgesiedelt worden sind, arbeitet der mutmaßlich größte Erdoberflächenzerwühler der Welt: ein Bagger von 13 000 Tonnen, hoch wie die Turmhauben der Münchner Frauenkirche, auf zwölf Raupen kriecht er der Kohle nach. Das Schaufelrad hat einen Durchmesser von 22 Metern und ist mit 18 Schaufeln bewehrt, deren jede 15 Tonnen hebt. Nirgends sonst kann man so direkt zuschauen, wie im Dienst des Menschen eine Landschaft aufgefressen wird.

Wir sind einfach zu tüchtig. Die Wälder brennen wir nieder für die Landwirtschaft, die Kruste kratzen wir auf für die Rohstoffe, das Land pflastern wir zu mit Städten, Straßen, Flughäfen und Fabriken, ins Umland der Städte schütten wir den Müll, über ihnen darf sich ein graubrauner Himmel wölben, und ein Denkmal aus Plastiktüten wird von unserer Emsigkeit künden weit über unsere Existenz hinaus.

Auch das Gegenteil findet statt, hie und da jedenfalls: In der Lausitz, der Gegend an Polens Grenze zwischen Dresden und dem Spreewald, wird Wasser in die toten Wannen des Tagebaus geleitet, eine Seenlandschaft ist im Werden. 2015 soll sie durch anhaltende Flutung so groß wie der Chiemsee geworden sein, und schon jetzt gibt es dort Badestrände, ja Tauch- und Segelschulen. Wasser, wo früher keins war! Das kehrt eine bedrohliche Entwicklung um – leider nur in einem winzigen Teil der Erde.

38 Und wer schützt welche Natur?

Was will die Natur von der Insel Sylt? Sie verkleinern, sie verlagern, sie schließlich überfluten und beseitigen, das ist völlig klar. Maximal 30 Meter ist die Insel hoch, an manchen Stellen nur einen Kilometer breit. Seit 1872 kämpfen die Insulaner mit Buhnen gegen den Strandverlust, seit 1972 mit Sandvorspülungen, und ganze Gebirge aus Beton-Tetrapoden von phantastischer Hässlichkeit zeugen vom Willen des Menschen, sich dem Walten der Natur entgegenzustemmen. Das ist ja normal und völlig in Ordnung. Nur müssen *Naturschützer* sich eigentlich den Kopf kratzen. Aber das ist nicht populär.

Fragen wir also: Was heißt das, «Natur» – und wer hatte die Idee, dass wir sie schützen müssen? Da doch gerade das Niederringen einer feindseligen Natur den Aufstieg des Menschen ermöglicht und ihre Ausbeutung seinen Weg begleitet hat. Es kommt eben darauf an, wie man den Begriff definiert.

In der weiten Bedeutung umfasst «Natur» alles, was vorhanden ist, das Weltall, zumal die Erde; und insofern sind wir ein Teil von ihr – schon begrifflich außerstande, «die Natur» zu schützen oder zu beschädigen. Im engeren, heute überwiegenden Wortsinn stellen wir, die Menschen, uns der Natur gegenüber: Wir meinen die Oberfläche der Erde, soweit wir sie noch nicht verändert haben; das ist nicht viel und scheint des Schutzes in der Tat bedürftig. Mit der Einschränkung freilich, dass vielen von uns die Fürsorge für Raubwanzen, für Knoblauchkröten, für die Wüste Gobi kein Herzensbedürfnis ist.

Mit einem dritten Naturbegriff haben zwei Herren aus der Schweiz im 18. Jahrhundert zur weiteren Verwirrung beigetragen: «Natur» sollte nur die *liebliche* Landschaft heißen. Der eine war der Zürcher Dichter *Salomon Gessner.* In seinen «Idyllen» von 1756 besang er einen heiteren Park abseits von Brennnesseln und Schlangenbissen; in ihm lustwandeln Sänger, Flötenspieler, Schäferinnen «frei von allen sklavischen Bedürfnissen, die nur die unglückliche Entfernung von der Natur notwendig machte», wie Gessner im Vorwort schrieb. Sein Vorbild waren die Hirtengedichte des Theokrit, der im 3. Jahrhundert v. Chr. die Oberschicht der großen Griechenstädte Syrakus und Alexandria mit Schäferspielen ergötzt hatte.

Von Gessner tief beeindruckt, pries *Jean-Jacques Rousseau* aus Genf, der bis dahin nur die Freiheit und Unschuld im angeblichen Urzustand der Menschheit gerühmt hatte, 1761 in der «Neuen Heloise» die Herrlichkeit der Natur – was ihn (Kapitel 32) zugleich zum Urvater des Tourismus machte. Er schwärmte von jener «Heidi»-Welt ohne Gelbfieber und Vulkanausbrüche, die er an den Seen von Genf, Biel und Annecy vorfand, erst recht in den Gartenhäusern und Lustschlössern, in denen er auf Kosten reicher Gönnerinnen wohnen durfte. Die Schwärmerei für diesen anmutigen Sprengel der Erde trieb *Hölderlin* 1795 in seiner Hymne «An die Natur» auf die Spitze: «Wenn ich da, von Blüten übergossen, still und trunken ihren Odem trank ...»

Von Blüten übergossen waren unsere Ahnen nicht, als sie sich in der Wildnis gegen übermächtige Tiere behaupten mussten und später die Wälder niederbrannten, um Ackerland zu schaffen; und «trunken vom Odem der Natur» sind sie auch heute nicht, die Milliarden Menschen, die sie als brutal erleben. Doch wir, die naturentwöhnten Abendländer, ziehen überwiegend das Liebliche vor; Zeuge sein, wie ein Krokodil eine Gazelle verschlingt, das wollen wir nicht – aber darin waltet die Natur mindestens so typisch wie im Gänseblümchen.

Als in Deutschland um 1900 mehrere Initiativen «zur Erhaltung gefährdeter Naturdenkmäler» aufkamen, war alle *brutale* Natur längst weit entrückt. Die Weimarer Verfassung erkannte den Naturschutz als staatliche Aufgabe an, und 1920 rief der Dichter Hermann Löns die Lüneburger Heide zum ersten «Naturpark» aus. Ein bisschen kurios war das schon: Die Heide, einst ein mächtiger Eichen- und Birkenwald, ist erst durch den Raubbau entstanden, den die Köhler und die Salzsiedereien von Lüneburg jahrhundertelang betrieben, und den Nachwuchs an Bäumen haben die Schafe gefressen. Von der geschändeten Natur ergriff das Heidekraut Besitz. Hübsch sieht das aus, wenn es auf den weiten Flächen rosa blüht. Es zuzupflastern, wäre also wirklich eine schlechte Idee. Als Weltkulturerbe hätte man die Heide der Unesco anbieten können (ein Prädikat, das sie seit 1976 verleiht) – etwa wie die Zeche Zollverein in Essen, die ja ebenfalls rücksichtslosem menschlichem Fleiß entsprungen ist; hier mit der Variante: Wie der Mensch einen schönen Naturzustand zerstört und damit die Natur genötigt hat, einen anderen schönen Zustand zu entwickeln. «Naturpark» aber bei Hermann Löns, «Naturschutzgebiet» heute! Wenn Birken sprießen, die Vorboten künftiger Wälder, so schicken Bauern und Behörden ihnen Schafe entgegen, um sie zu vernichten.

Die Natur, die wir schützen zu wollen behaupten, wird eben rasch unser Feind, wenn sie wächst, wie *sie* will. Wir mögen ja auch den Geißfuß nicht, den Sauerampfer, den Bärenklau, die Gundelrebe, die unsere Gärten, unsere Wiesen ziemlich rasch wieder in Natur verwandeln würden, wenn wir sie ließen. Ein wogendes Kornfeld mit einem Dorfkirchturm im Hintergrund, eine Bank auf einem Hügel mit einem Papierkorb daneben und hübschem Blick ins Tal: Das ist vollständig niedergerungene Natur – und vielen doch «Natur» genug.

Die Regierungen der meisten zivilisierten Staaten unterscheiden da etwas strenger; in Deutschland so: 30 Prozent der Gesamtfläche sind als *Landschaftsschutzgebiete* ausgewiesen; Land- und Forstwirtschaft bleiben erlaubt, auch Tourismus, Jagd und Fischerei, aber Wald darf nicht gerodet, Flüsse dürfen nicht noch mehr reguliert, der Erholungswert muss geschützt werden. Vier Prozent sind *Biosphärenreservate* (das bekannteste: der Spreewald); sie dienen der Pflege oder der Wiederherstellung traditioneller Kulturlandschaften, dem fruchtbaren Miteinander von Mensch und Natur.

Drei Prozent sind *Naturschutzgebiete*: Da hat die Natur Vorrang, doch der Mensch darf und soll sie pflegen (Wiesen mähen zum Beispiel).

In den *Nationalparks* aber darf er das nicht mehr: Das sollen großartige Landschaften sein, die mindestens zu drei Vierteln naturnah geblieben sind – nach der Definition der Unesco und dem Vorbild des *Yellowstone National Park*, den die USA schon 1872 ins Leben gerufen haben. Keine Jagd, keine Fischerei, keine Landwirtschaft, keine Forstwirtschaft, sondern Urwald mit vielen sterbenden Bäumen, einem Paradies also für Vögel, Käfer und Würmer – ja Freiheit für den Borkenkäfer! Sogleich werden da zwei Probleme offensichtlich. Das eine: Bauern wollen keine Nationalparks, und die schon vorhandenen hassen sie. Das nicht nur, weil ihnen die Nutzung verwehrt ist – auch, weil sie die Welt nicht verstehen, wenn man Bäume verfaulen und zerfressen lassen muss. Wenn schon Wald, dann bitte deutsch: mit senkrechten Stämmen, die stramm auf ihre Hinrichtung durch den Oberförster warten.

Das andere Problem: «Nationalpark» ist ein Gütesiegel, das besonders viele Touristen anzieht, und zur Bildung und Erholung sind solche Parks «unter besonderen Bedingungen» auch zugelassen. Deutschlands beliebtester, der *Nationalpark Berchtesgaden* mit dem Königssee, bekommt den Andrang am stärksten zu spüren. Befestigte Wege müssen selbstverständlich sein, Bänke, Abfallkörbe, Toiletten, und von allem genug, damit nicht Flaschen und Fäkalien in der Landschaft liegen, und ein großer Parkplatz muss her mit Gasthäusern und Souvenirkiosken. 2009 soll darin überdies ein «Haus der Berge» entstehen, zur Belehrung von Schulklassen und bei Regen zum Trost für Touristen; seine Naturnähe wird das Haus durch «biomorphe Terminals» und «aus der Vielfalt der Naturphänomene gewonnene Erlebnismodule» demonstrieren. («Natur satt» sei als Werbespruch empfohlen.) Der größte Vorzug dieses Hauses könnte darin bestehen, dass jeder, der es besucht, in derselben Zeit die Natur ungeschoren lässt.

Wo sie für uns gesperrt ist oder wo wir ihr davongelaufen sind, gedeiht sie ja am besten: Naturschützer sind entzückt über den Reichtum an Pflanzen und Kleintieren im ehemaligen «Todesstreifen» an der Westgrenze der DDR, dem Niemandsland der Grenzbefestigung, mit Schäferhunden, Scharfschützen und Selbstschussautomaten, die insgesamt 140 Menschen umbrachten; um die Bewahrung der natürlichen Vielfalt in diesem traurigen Denkmal der Diktatur entbrannte 1990 sogleich ein Streit, der bis heute anhält. In der Schweiz hat eine Expertenkommission 2003 empfohlen, die letzten Bauern, die aus einem Bergtal abwandern wollen, gerade nicht durch Subventionen zum Bleiben zu ermutigen wie bisher, sondern dort der Wildnis eine zweite Chance zu geben – und sei es nur, damit auch die Enkel noch erfahren können, was das ist (nicht zu viele Enkel hoffentlich).

Wir erkennen das Galápagos-Dilemma: Die Natur ist umso besser geschützt, je *weniger* Menschen sie genießen wollen; sie nicht *für* uns, sondern *vor* uns zu bewahren wäre unser eigentlicher Liebesdienst an ihr. Nur sollte man keiner Spezies zumuten, dass sie sich aus dem Kosmos wegdenkt, damit er funktioniert. Kehren wir also am besten zum erweiterten Naturbegriff zurück: Das All ist «Natur», die Erde mit ihm und wir ebenso; Vulkane richten Unheil auf ihr an und Menschen eben auch.

Was bleibt, abseits aller Definitionsprobleme? Auf einem Planeten, dessen Oberfläche der Mensch großenteils gestaltet oder verunstaltet hat, ist jede Schutzzone besser als keine, und der Natur näher als unsere Äcker, Forste und Städte sind solche Regionen immer noch. Vierzehn Nationalparks in Deutschland, zusammen knapp 2000 Quadratkilometer groß, zweimal die Insel Rügen, weniger als 0,6 Prozent der Landesfläche (gegen 12 Prozent für Gebäude, Zement, Asphalt und Schienen) – das ist wenig und offenbar doch das Äußerste, was aus einem der am höchsten durchzivilisierten Staaten der Erde noch herauszuholen war.

Erfreulicherweise hat der Nationalparkgedanke inzwischen etliche Länder der Dritten Welt erfasst. Weltberühmt geworden sind die mit den Löwen, Elefanten, Nashörnern, Giraffen – wie der Serengeti-Nationalpark in Tansania oder der Krüger-Nationalpark in Südafrika; folglich auch mit ähnlichen Problemen konfrontiert wie die Königssee-Region: zu viele Besucher mit zu vielen touristischen und hygienischen Ansprüchen, als dass noch von «natürlicher» Natur gesprochen werden könnte. Aber auch dort, wo sie noch dominiert in unglaublicher Üppigkeit, ist die Natur bedroht: beispielsweise im *Lorentz-Nationalpark* im Südwesten der großen Insel Neuguinea. Von den Mangrovenwäldern der Küste reicht er hinauf bis zur vergletscherten Carstensz-Spitze, die höher ist als der Montblanc; und unten im Regenwald finden Botaniker und Zoologen eine unerhörte Vielfalt von Tieren, zumal Vögeln und Amphibien, und Tausende von noch unbeschriebenen Pflanzenarten. Auch leben hier einige der letzten Volksstämme der Erde, die sich ihre antizivilisatorische Lebensweise bis heute bewahrt haben. Der Tourismus ist da ein geringes Problem – aber an den Rändern des Parks werden Kupfer und Gold abgebaut, schon sickert Gift in sein Grundwasser; und der illegale Holzeinschlag grassiert, zum Teil von jenen schlecht besoldeten indonesischen Soldaten betrieben, die den Park eigentlich schützen sollen.

In den *Gunung-Leuser-Nationalpark* im Norden der indonesischen Insel Sumatra drängen mehr Touristen: Denn in ihm lebt die größte noch vorhandene Kolonie von *Orang-Utans*, der «Waldmenschen» (die, wenn schon nicht zu unseren Ahnen, so doch zu unseren Urgroßonkeln gehören), und in ihm ist die größte Blume der Erde zu bestaunen: die Riesenrafflesie, die Blüte rot und weiß gescheckt, bis zu einem Meter im Durchmesser, sechs Kilo schwer und nach Aas riechend. Die Orang-Utans allerdings sind noch mehr als bei den Touristen bei den Wilderern beliebt: Wenn sie ein Muttertier abschießen, ist es leicht, die Jungen einzufangen, und die lassen sich im Ausland gut verkaufen; geschützte Vögel auch. 2003 beschlagnahmten Regierungstruppen im Nationalpark Zehntausende von Festmetern illegal geschlagenen Holzes und nahmen 83 Verdächtige fest. Aber der Holzdiebstahl geht weiter, zu viel Geld gibt es für Tropenhölzer, und außerdem sind die Bäume den Äckern im Wege, die sich langsam in den Park hineinfressen.

Wir stehen hier wieder vor der Urtatsache des Aufstiegs der Menschheit: dass der Mensch sich erst mit Hilfe der Landwirtschaft zum häufigsten Säugetier der Erde gemacht hat – und dass er mit der Landwirtschaft die Natur hoffnungslos niederwalzen wird. Wenigstens die Vielfalt der Pflanzenarten zu bewahren, hat sich der *Global Crop Diversity Trust* zum Ziel gesetzt, eine angesehene internationale Stiftung. Sie bezahlt unter anderem den Unterhalt eines Samenbunkers, den die norwegische Regierung 2008 auf der arktischen Inselgruppe Spitzbergen eingerichtet hat (*Svalbard Global Seed Vault*): Am Ende eines 120 Meter langen Tunnels sind drei große Tresorräume in den Fels gebohrt, in ewigen Frost. Bei einer ständigen Temperatur von minus 18 Grad werden darin die Saatgut-Muster eingelagert, die von Genbanken und Regierungen in aller Welt des Konservierens für wert befunden werden. Deutschland hat die Samen von 2600 Kultur- und Naturpflanzen geschickt; Platz ist für mehr als vier Millionen Arten und Sorten. Vielleicht greifen unsere Enkel dankbar darauf zurück; vielleicht schreibt ein künftiger Paläobotaniker in 2000 Jahren eine Doktorarbeit darüber.

Das Erbgut von *Tieren* für die Nachwelt zu retten, schafft mehr Probleme: einerseits, weil nach dem bisherigen Stand der Wissenschaft aus eingefrorenem Samen kein neues Tier entstehen kann (Steven Spielberg griff da 1993 im «Jurassic Park» mit seinen wiederbelebten Dinosauriern etwas weit voraus); andererseits, weil wir bei Tieren in weit höherem Grade als bei Pflanzen dazu neigen, sie in erwünschte und unerwünschte aufzuteilen, auch die lebenden – und da können der *Tierschutz* (der so heißt) und der *Menschenschutz* (der als Begriff nicht vorgesehen ist) in Konkurrenz zueinander treten.

Wie im *Virunga-Nationalpark* im Kongo, in dem Schreckliches geschieht (der Journalist Michael Kneissler hat es 2007 eindringlich beschrieben). Die Unesco hat den Park zum «Weltnaturerbe» ernannt – und auf die Rote Liste des bedrohten Erbes gesetzt. In diesem Park lebt etwa die Hälfte der rund 700 *Berggorillas*, die den Menschen bisher überstanden haben. Die kongolesische Naturschutzbehörde bezahlt ebenso viele Wildhüter, um die Gorillas zu beschützen; das kann sie leicht, denn jeder Tourist hat für eine Stunde Gorilla-Besichtigung 400 Euro zu entrichten. Die Ranger sind vor allem deshalb nötig, weil Wilderer, schweifende Bürgerkriegssoldaten, verzweifelte Landsucher versuchen, die Gorillas auszurotten. Um den Kampf gegen die Marodeure zu beschleunigen, hat die einheimische Behörde 2005 (in Zusammenarbeit mit der Unesco und mit mehreren Tierschutzorganisationen in Europa und Amerika) aus ihren Rangern eine Elitetruppe von fünfzig Mann unter Führung britischer Fallschirmjäger und Anti-Terror-Spezialisten gebildet. «Wir werden die Wilderer töten, ehe sie uns umbringen», sagte einer von ihnen.

Da steht das Drama «Mensch und Tier im 21. Jahrhundert» schrill vor unseren Augen. Die Rebellen wollen Herren ihres Landes sein – nicht in einer Spätform des abendländischen Kolonialismus leben. Sie wollen den Wald bekämpfen, wie es ihnen passt –

so, wie auch in Europa alle Landwirtschaft mit dem Kampf gegen den Wald begonnen hat. Zum Tier verhalten sie sich instinktiv wie unsere Ahnen: Tiere werden verbraucht, vertrieben oder vernichtet. Das Mammut, den Bären, den Wolf haben die frühen Europäer zu Tode gejagt, die Wildpferde zu Tausenden sinnlos umgebracht (bei Solutré, Kapitel 11), in den USA Millionen Bisons mutwillig zusammengeschossen nach dem Vorbild des Buffalo Bill. Und nun kommen diese Weißen und wollen uns den Umgang mit Tieren lehren! In Geländewagen mit Funkgeräten und teuren Medizinen fahren sie zu kranken Gorillas – wer kümmert sich um unsere Kinder?

In der Tat: Europäer muten Afrikanern zu, sich für weniger wichtig zu halten als die Tiere, die im Abendland gerade populär sind. Für die Tiere war der Siegeszug des *Homo sapiens* schon immer eine Naturkatastrophe – inwieweit ist das Aussterben von Tierarten eine Katastrophe für uns? Sie ist es dann, wenn sie die Tiere trifft, von denen wir leben, und noch mehr, wenn sie das ökologische Gleichgewicht zerstört. Unter diesem Aspekt jedoch könnten Ameisen, Regenwürmer, Mikroorganismen wichtiger sein als 700 Berggorillas. Ihr Verschwinden würde die Natur nicht aus der Balance bringen und uns keinerlei messbaren Schaden zufügen.

Warum also wollen wir sie retten? Gewiss, weil wir sie als Ausstellungsstücke in unserem Freilichtmuseum «Die Natur, wie sie war» lieben und bewundern – diese gewaltigsten unter allen Menschenähnlichen mit bis zu 250 Kilo Gewicht. Ja, auch aus Respekt vor der Schöpfung und der fühlenden Kreatur. Dieser Respekt aber ist doch sehr ungleich verteilt: Vierbeinige Tiger genießen ihn in höherem Grade als achtarmige Kraken. Auch für Schildläuse und Stinktiere richten wir keine Reservate ein.

Ein möglicher Weg wenigstens zur Rettung des Regenwalds wurde auf der Uno-Konferenz zur Erhaltung der biologischen Vielfalt im Mai 2008 in Bonn aufgezeigt: Die Weltgemeinschaft müsste versuchen, Naturschutz profitabel zu machen – die betroffenen Regierungen also zu der Einsicht zu bringen, dass lebender Wald mehr wert ist als toter. Die pharmazeutische Industrie könnte dazu beitragen: Schon jetzt setzt sie 40 Milliarden Dollar jährlich mit Medikamenten um, die aus wildlebenden Pflanzen gewonnen worden sind, und niemand bestreitet, dass es im tropischen Urwald von ungehobenen medizinischen Schätzen wimmelt. Einen ständig zunehmenden Beitrag leistet der Tourismus: Tropische Naturschutzgebiete sind beliebt – und mitsamt den Verfälschungen, die sie der Natur zufügen, wohl ein Schritt auf dem richtigen Weg.

Wir sollten die Kraft haben, zu denken und zu sagen: Der Mensch ist gut beraten, wenn er alle Tiere, alle Pflanzen schont, die ihn nicht behelligen. Von keiner biologischen Art aber lässt sich erwarten, dass sie die Interessen einer anderen Spezies höher einstuft als ihre eigenen. Da wir nun einmal vital und übermütig genug waren, uns auf einem strikt begrenzten Himmelskörper auf fast sieben Milliarden zu vermehren, und da die Schöpfung uns Genügsamkeit nicht als Tugend mit auf den Weg gegeben hat, kommen wir um die Bedrängung und Vernichtung anderer Arten nicht herum. Soweit wir dabei ökologische Zusammenhänge berücksichtigen, tun wir das zu unseren eigenen Gunsten; soweit wir uns seufzend zu einem schlechten Gewissen bekennen, ehrt uns das. In der Hauptsache ändern lässt es sich nicht.

Was uns droht

39 Der Endkampf ums Wasser und ums Öl

Aus dem Wasser ist alles Leben aufgestiegen, ohne Wasser ist Leben für uns nicht vorstellbar. Salzwasser bedeckt fast drei Viertel der Erdoberfläche, am Süßwasser hängt unsere Existenz – und mit eben diesem gehen wir um, als würde es allen Menschen immerdar erhalten bleiben in jeder Menge und in schönster Qualität. In Wahrheit ist das süße Wasser der meistbedrohte Rohstoff auf Erden und ein dräuender Grund für blutige Kriege – beides ähnlich wie das Öl. Wir vergeuden es, wir verschmutzen es, wir zapfen es einander ab, und zu viele Menschen drängen sich in Regionen mit immer weniger Regen.

An keinem anderen Ort der Erde ist dem Wasser so viel Gewalt angetan worden, hat menschliches Handeln sich so sichtbar katastrophal ausgewirkt wie am *Aralsee* in Kasachstan und Usbekistan. Bis 1960 war er der viertgrößte See der Erde, fast so groß wie Bayern – 2008 hatte er drei Viertel seiner Fläche und sieben Achtel seiner Wassermenge eingebüßt; der Seespiegel war um 13 Meter abgesunken, der Salzgehalt hatte sich vervierfacht. Milliarden Fische sind verendet, 40 000 Fischer haben ihre Existenz verloren, und in der Salzwüste, die der See hinterlässt, rosten die Wracks der einstigen Aralsee-Schifffahrt – kein Wasser mehr bis zum Horizont. Zusammen mit dem Seespiegel ist in der ganzen Region der Grundwasserspiegel gesunken, Tausende von Quadratkilometern Weideland sind ausgetrocknet, und wer noch in der Gegend wohnt, wird von Sand und Salzstaub angeblasen.

Der Niedergang setzte 1956 ein, als die Sowjetrepublik Turkmenistan mit dem Bau des Karakum-Kanals begann, jetzt 1445 km lang und der längste Bewässerungskanal der Welt. Das karge Land östlich des Kaspischen Meers hat er in eines der größten Baumwollanbaugebiete der Erde verwandelt. Sein Wasser entnimmt er dem Amudarja, einem der beiden mächtigen Ströme, die einst den Aralsee speisten. Im Kanal versickert annähernd die Hälfte des Flusswassers, denn ein betoniertes Bett hat er nicht; der Fluss erreicht den See nur noch als Rinnsal – in regenreichen Jahren. Der andere Zufluss, der Syrdarja, ist schon vor dem Aralsee ein für alle Mal versiegt: Üppig bewässert er die riesigen Baumwollfelder an seinen Ufern, die rasche Industrialisierung besorgt den Rest.

Über den *Jordan* wachen eifersüchtig Israel und Jordanien, seit 1955 garantieren die USA ein Abkommen über die Teilung des Jordan-Wassers: das heißt über eine legale Wasserentnahme, die den Fluss bis zu seiner Mündung ins Tote Meer immer weiter schrumpfen lässt. Illegale Anzapfungen kommen hinzu, und dass seit dem Sechstagekrieg von 1967 die meisten Quellen dieser Lebensader zweier Staaten in Israel liegen, ist für Jordanien ein Albdruck. Der Wasserspiegel des Toten Meers sinkt unterdessen um einen Meter jährlich; um das Jahr 2050 könnte es ausgetrocknet sein. In den Oberlauf des *Euphrat*, der im Hochland von Anatolien entspringt, hat die Türkei fünf Stauseen eingebaut, Syrien zapft Wasser für den Baumwollanbau ab; der Irak fühlt sich zu Recht bedroht, aber hat nicht die Macht, sich dagegen aufzulehnen.

In *Afrika* verschlimmern Bürger- und Bandenkriege, Flucht und Menschenjagd die Not: Die Sahara wächst nach Süden, die Erderwärmung wird die Dürre verschlimmern, und fast eine Milliarde Menschen bevölkern den Kontinent, so viele, wie um 1800 auf der ganzen Erde lebten. Schon heute haben mehr als eine Milliarde Menschen auf der Erde nicht genug zu trinken, jedenfalls kein sauberes Wasser, und in vielen Ländern der Welt stehen ihnen zum Trinken, Kochen und Waschen pro Tag nur zehn Liter zur Verfügung. Die Deutschen brauchen im Durchschnitt 130 Liter, die Amerikaner 300. An die drei Milliarden Menschen kennen keine Wasserspülung: Sie benutzen ein Plumpsklo, das Feld, die Gasse, den Bach. Die meisten der jährlich drei Millionen Toten durch verschmutztes Wasser sind Kinder unter fünf Jahren (Umweltbericht der Uno).

Noch schneller als in Afrika breitet sich in *Australien* die Dürre aus: Schon werden Farmen aufgegeben, Farmtowns entvölkern sich, in Australiens Städten dominieren braune Gärten. Der prominente australische Zoologe Tim Flannery sagte dazu 2007: «Adelaide wird die erste Stadt sein, der das Wasser ausgeht, 1,1 Millionen Menschen. Wir werden Migration erleben, Konflikte, vielleicht Wasserkriege. Unser Premierminister sagt: Wir sollten für Regen beten. Ich hoffe, es wirkt. Wir sind ein Schiff voller Narren.»

Gerade dem größten Wasserverbraucher wird das Sparen schwerfallen: der Landwirtschaft. In sie fließen 70 Prozent alles Nutzwassers der Erde. Naheliegend, nur kaum durchsetzbar wäre eine weltweite Absage an den Luxus des hemmungslosen Fleischverzehrs (in Kapitel 33 beschrieben): Denn für ein Kilo Fleisch muss der Bauer 5000 Liter Wasser einsetzen, für einen Liter Milch 3000, für ein Kilo Brot nur 1000. Aber da der Lebensstandard der Dritten Welt sich heben soll, folglich der Fleischkonsum steigen wird und noch dazu die Menschheit wächst, wird auch die Ackerfläche wachsen; mit ihr der Wasserbedarf und die Verschmutzung des Wassers durch die Mineralsalze des Kunstdüngers, die Pestizide, die Antibiotika für die Masttiere, die Jauche, die sie produzieren.

«Wasser war immer zu billig», sagt Malcolm Turnbull, der australische Wasserminister (den gibt es, und es müsste wohl mehr davon geben). Meerwasserentsalzung ist teuer, energieaufwendig und allenfalls für Küstenregionen finanzierbar. Im Jahr 2025 könnten 1,8 Milliarden Menschen in Regionen mit so wenig Wasser leben, warnte die Uno 2007, dass die Verzweiflung sie zur Massenauswanderung treiben würde («desperate enough for mass migrations»). Wohin? Ins Nachbarland? In die reichen, wasserreichen Länder des Nordens?

Der Endkampf ums *Erdöl* wird keine Menschenmassen in Bewegung setzen – aber einen Krieg der Weltmächte könnte er provozieren. Das Wasser brauchen wir zum Leben – zum Wohlleben das Öl. Es treibt Autos, Flugzeuge und Schiffe, es heizt Häuser und Kraftwerke, es ist der Grundstoff einer gewaltigen petrochemischen Industrie: für das Milliardengeschäft der Kunststoffe, Düngemittel, Waschmittel, Frost- und Pflanzenschutzmittel, der Lacke und des synthetischen Kautschuks, der heute zwei Drittel des Weltmarkts an Autoreifen beherrscht. Öl gibt es, anders als Wasser, nicht überall; Öl wird, anders als Wasser, für teures Geld in jeden Winkel der Erde transportiert; Öl richtet, anders als Wasser, wenn es ausläuft (und das tut es oft), schlimmen Schaden an.

Nicht, als es noch in Fässern transportiert und im Wesentlichen für die Petroleumlampen verwendet wurde, die bis um die Wende zum 20. Jahrhundert die Beleuchtung dominierten (Gaslicht war teurer, bequemer, aber von schlechtem Geruch; elektrisches Licht setzte sich erst vor rund hundert Jahren durch). Die ersten Tanks wurden 1862 in amerikanische Segler eingebaut. Den Anstoß für die schlimme Abhängigkeit der Industriestaaten von den Ölförderländern, die überwiegend im arabisch geprägten Nahen Osten liegen, gab 1911 die britische Admiralität: Ihr Erster Lord, der erst 37-jährige Winston Churchill, entschied, dass die englischen Schlachtkreuzer, die Herren der Meere, nicht mehr mit Kohle, sondern mit Öl befeuert werden sollten. Öl, das hieß: höhere Heizkraft bei geringerem Volumen, Einsparung der Heizer und der Kohlentrimmer; also Raumgewinn. Dafür nahm Churchill in Kauf, dass die Kohle, die man überreich im Lande hatte, durch einen Treibstoff ersetzt wurde, der durch den Persischen Golf, das Rote Meer, den Suezkanal, das Mittelmeer und den Atlantik transportiert werden musste – ein dramatischer Beitrag zur Globalisierung der Wirtschaft und der Politik mit ihr. Dennoch: Bis 1939 fassten die Tankschiffe maximal 18 000 Tonnen.

Der große Bedarf an Öltransport brach erst nach 1945 los: Da begann nun auch Europa, sich mit Autos zu füllen wie Nordamerika, der Flugverkehr nahm rasch zu, die Kunststoffindustrie explodierte, und nach und nach löste die ölbetriebene Zentralheizung fast über all im Abendland die kohlebefeuerte ab. Was für ein Gewinn an Bequemlichkeit! Der Tankwagen anstelle des Lasters mit den Kohlensäcken: geschwärzte Schwerarbeiter schleppten sie zur Kellerschütte, und mehrmals täglich schaufelte der Hausherr oder Hausmeister die Kohle auf den Feuerrost. Wir haben es nicht wärmer als früher, und Kohle hätten wir reichlich im Lande; es ist der schöne Luxus des Sich-nicht-plagen-Müssens, der seinen Beitrag leistet zum Weltproblem des Öltransports, der schwindenden Reserven und der drohenden Konflikte.

Mit dem Verbrauch wuchsen die Tankschiffe in Dimensionen, die es in der Seefahrt noch nie gegeben hatte. Da konnte eines schon mal 117 000 Tonnen Öl verlieren wie die *Torrey Canyon*, die 1967 vor der Südküste Englands zerbrach; wie der Tanker *Amoco Cádiz*, der 1978 vor der bretonischen Küste auf Grund lief und 223 000 Tonnen Öl ins Meer goss. 2002 brach der Tanker *Prestige* an der spanischen Atlantikküste auseinander, 40 000 Tonnen Schweröl liefen aus und besudelten dreitausend Küstenkilometer; mit weiteren 20 000 Tonnen Öl liegt das Wrack auf dem Meeresgrund. Tausende von Seevögeln starben jedes Mal mit verklebtem Gefieder, Robben, Wale, Fische an verschluckten Ölklumpen. Heute sind die größten Tanker mehr als 400 Meter lang und mit über 550 000 Kubikmeter Öl gefüllt (fast dem dreifachen Innenraum des Kölner Doms); 50 000 PS treiben sie an, neun Kilometer brauchen sie zum Bremsen.

Vom Meer verschwinden werden die gefährlichen Giganten aber vielleicht eher als wir wollen: Schon in fünfzig Jahren könnte der ganze Ölrummel vorüber sein – mit unabsehbaren, vielleicht schrecklichen Folgen. Niemand freilich weiß genau, wie lange die Vorräte noch reichen werden; es kann schon deshalb keiner wissen, weil das Massenverhalten der Menschheit so wenig berechenbar ist wie die Reaktionen des Marktes.

Legt man die bisherigen Fördermethoden zugrunde, so werden die Ölreserven der Erde auf 160 Milliarden Tonnen geschätzt. Beim derzeitigen Verbrauch würden sie folglich in 44 Jahren erschöpft sein. *Vielleicht früher* – weil der Verbrauch ständig steigt: Indien rechnet mit einer Vervierfachung seines Bedarfs innerhalb der nächsten 25 Jahre, China wird nicht zurückstehen, und dass die reichen Länder ihre Lust am verschwenderischen Umgang mit dem Erdöl änderten, ist nicht in Sicht. *Vielleicht später* – denn die Kohlekraftwerke sind wieder im Kommen, und die Endlichkeit der Ölreserven, seit langem bekannt, hat Strategen und Wissenschaftler in aller Welt auf den Plan gerufen.

Dies alles, wenn man davon ausgeht, dass die Ölreserven von den Experten realistisch geschätzt worden sind. Sie könnten in Wahrheit *niedriger* sein: Denn die OPEC, das Kartell Erdöl exportierender Staaten, legt die Förderquoten der Mitglieder in Abhängigkeit von ihren Reserven fest – mit der Folge, dass die Versuchung besteht, die Reserven zu hoch anzusetzen. (Am Weltölexport war die OPEC zuletzt mit etwa 40 Prozent, an den offiziell geschätzten Reserven ist sie mit 80 Prozent beteiligt). Die Reserven könnten aber auch *höher* sein. Denn was als «Reserve» gilt, definiert sich danach, wie knapp, begehrt und folglich teuer das Erdöl ist. Steigen die Preise hoch genug, so werden auch aufwendige Fördermethoden interessant, die man beim bisherigen Preisniveau nicht als machbar eingestuft und folglich bei der Schätzung der Reserven übergangen hat. Welche wären das? Vor allem diese drei.

Erstens: In die schon bisher genutzten Lagerstätten lässt sich CO_2 hineinpumpen, um den fallenden Druck auszugleichen und so mehr Öl nach oben zu pressen. Zum Teil geschieht das schon. Zweitens: Die Förderung vom Meeresgrund, die bisher überwiegend in 2000 Metern Tiefe endet, kann technisch auch in größere Tiefen vorgetrieben werden. Drittens und vor allem: In Kanada lagern auf einer Fläche wie der von Österreich gewaltige Mengen von *Ölsanden* zwischen 50 und 70 Meter unter der Erde; sie können also wie die Braunkohle im Tagebau gefördert werden. In bescheidenem Umfang findet das seit 1974 statt, mit einem Riesenbedarf an Wasser. Auch der *Ölschiefer* in den westlichen USA wird stellenweise schon bergmännisch angebohrt, um den Preis luftverpestender Schwelrückstände. Zusammen lagern in Nordamerika damit 35 Milliarden Tonnen Öl, die mit der heutigen Technik gewonnen werden könnten – eine Galgenfrist von zusätzlichen 24 Jahren, den heutigen Verbrauch zugrunde gelegt; aber der steigt ja, und selbst dann wäre in 68 Jahren alles vorbei.

Die Hoffnung auf die *Arktis* ist hinzugekommen: Dem von Al Gore beschriebenen Schrecknis, dass sie im Sommer völlig eisfrei werden könnte, fiebert die Ölindustrie entgegen, und über das Meer rings um den Nordpol sowie über die Nordküsten von Russland, Grönland, Kanada würde ein Rohstoff-Boom hereinbrechen: Öl, Erdgas, Kupfer, Silber, Gold werden auf dem Meeresgrund vermutet. Im August 2007 hat ein russisches U-Boot auf den Nordpol in 4261 Meter Tiefe eine russische Fahne abgesenkt – ein Akt symbolischer Besitzergreifung, denn die Nordpolarregion ist herrenlos jenseits der 200-Meilen-Zone vor jeder Küste. Im Internationalen Seegerichtshof in Hamburg werden die Akten bereitgestellt.

Ob der Menschheit das Öl ein paar Jahre früher oder ein paar Jahre später ausgehen wird – so oder so ist es eine endliche Menge, von der wir einen unendlichen Gebrauch zu machen wünschen.

Dass da *kein* Grund zur Panik bestehe, sei «die internationale Lebenslüge» der Ölmanager, die ihre Aktionäre bei Laune halten wollten, schrieb die *Süddeutsche Zeitung* 2008. Die Großmächte durchschauen das natürlich und wappnen sich für den drohenden Krieg.

Was die Herrschaft über das Öl bedeutet, das bekam 1953 der iranische Ministerpräsident Mohammed Mossadegh zu spüren: Er wollte die *Anglo-Iranian Oil Company* verstaatlichen, doch England setzte den Schah so unter Druck, dass der den ihm ohnehin unbequemen Politiker stürzte und inhaftieren ließ. Von 1980 bis 1988 führten Iran und Irak einen verheerenden Krieg gegeneinander; ein Grund dafür war der Kampf um die Vorherrschaft in der reichsten Ölregion der Erde. Seine Dauer aber erklärt sich nicht zuletzt daraus, dass die USA an beide Seiten Waffen lieferten, um es mit keinem der beiden Ölländer zu verderben. Den Golfkrieg von 1991 führten Amerika und seine christlichen Verbündeten nicht zuletzt zu dem Zweck, den Griff Saddam Husseins nach dem Öl von Kuwait zu verhindern. Die wechselnd und zum Teil dubios begründete Invasion im Irak im Jahr 2003 hätten die USA vor allem betrieben, um im Weltzentrum des Öls Fuß zu fassen – so die oft dementierte und nie widerlegte These.

Vielleicht ist der Kampf ums Öl der Kampf um die Weltherrschaft, und wir können nur hoffen, dass er ohne neuen, noch schrecklicheren Krieg ausgetragen wird. Amerikanische Wissenschaftsjournalisten haben Zukunftsszenarien entworfen, in denen es keine Autos mehr gibt, aber Pferde für die Reichen; die Städte sind zerfallen, nur Selbstversorger können überleben, für Gemüseanbau und Sockenstopfen werden Abendkurse angeboten.

Das Öl schmiert unsere Industrie, unsere Autos und unsere Flugzeuge, unsere Wohnungen und unser Wohlbehagen. Zwei Drittel allen Öls lagern im Nahen Osten, der auch ohne sein Öl die heißeste Krisenregion der Erde wäre. Über kurz oder lang wird es kein

Öl mehr geben. «Was in Millionen Jahren entstanden ist», sagt der Nobelpreisträger Klaus von Klitzing, «verbraten wir in ein paar Generationen.» Der Planet wird leergepumpt. Krieg droht. An unsere Enkel denken wir nicht. Ja, wir sind ein Schiff voller Narren.

40 Der Endkampf um die Energie

«Seit meiner Geburt», sagte der Italiener Carlo Rubbia, Nobelpreisträger für Physik, «hat sich die Weltbevölkerung vervierfacht und der Energieverbrauch der Menschheit versechzehnfacht» (geboren 1934, gesprochen 2007). China hat 2006 als schlimmster CO_2-Erzeuger die USA überholt, will in den nächsten acht Jahren die Förderung seiner 28 000 Kohlenbergwerke verdoppeln und ist im Endkampf ums Öl vermutlich Amerikas gefährlichster Gegner.

Wer sich vom Fluch der Kohle und des Öls erholen möchte bei den *erneuerbaren Energien*, der sollte nicht zu viel Hoffnung investieren. Dass sie jemals ausreichen werden, Öl, Kohle, Gas und die Atomkraft zu ersetzen, ist unwahrscheinlich; die Behauptung, Energie, welcher Art auch immer, werde sich jemals ohne Schädigung der Umwelt erzeugen lassen, ist einfach falsch – und der Begriff «erneuerbar» noch dazu fast komisch: Denn in einer logisch korrekten, aber für die meisten verblüffenden Definition zählen dazu das Kaminholz und jedes *Holzfeuer* (Holz wächst ja nach); das Feuerchen aus *Kuhfladen*, auf dem Millionen Inder kochen (Kot werden die Rinder weiter zuverlässig produzieren); das *Faulgas*, das in der Landwirtschaft bei der Zersetzung von Mist und Kompost entsteht und (unter dem ansprechenderen Namen «Biogas») in kleinen Blockheizkraftwerken Wärme und Strom erzeugen kann, nicht ohne CO_2 sowie Schwefelwasserstoff und andere Gifte auszustoßen; ja, der Müll, denn er fließt nachhaltig in die Müllverbrennungsanlagen – allerdings als Produkt vorangegangener Verwendung und Verschwendung von ziemlich schmutziger Energie, und ihn zu verbrennen ist wiederum ein ziemlich schmutziger Vorgang.

Das «Erneuerbare» schließt also das Klimabelastende und das Giftige nicht aus. Vergessen wir es am besten – sprechen wir stattdessen von den Wasser-, Wind- und Sonnenkraftwerken, die wir haben (und noch nicht von den Gezeiten- und den Erdwärmekraftwerken, weil wir nicht wissen, wann wir sie kriegen werden). Ihnen ist das Entscheidende gemeinsam: Sie schicken weder CO_2 noch Schwefeldioxid und andere Gifte in die Atmosphäre. Schön. Doch die Umwelt belasten sie ebenfalls – wie sehr, wird meistens unterschätzt. Außerdem sind Wasser, Wind und Sonne, anders als herkömmliche Kraftquellen, von der Umwelt *abhängig*: Könnte nicht gerade der befürchtete Klimawandel manchen Standort sinnlos machen?

Die ältesten, bewährtesten und bei weitem wirksamsten unter den abgasfreien Energielieferanten sind die *Wasserkraftwerke* – am Fluss, um eine starke Strömung, falls vorhanden, in die Drehung einer Turbine umzusetzen; meist mit Hilfe einer Stauung, die den Flusslauf gewaltsam verändert. Im Gebirge, um entweder ein natürliches Gefälle zu nutzen (wie das zwischen dem Walchensee und dem Kochelsee in Oberbayern) oder durch eine Talsperre ein künstliches Gefälle herzustellen. Das kann in Katastrophen münden, wie in den Alpen mehrfach geschehen; es kann sich als tägliches Desaster erweisen wie am Drei-Schluchten-Damm des Jangtsekiang.

Auch der friedlichste Stausee aber ist ein rabiater Eingriff in die Natur. Unzählige Flüsse, Bäche, Wasserfälle in den Alpen rauschen und plätschern nicht mehr, sondern strömen durch klobige Druckrohrleitungen oder unsichtbare Stollen in den See, um ihn zu füllen. Das Schmelzwasser der Pasterze am Großglockner fließt in einem zwölf Kilometer langen Stollen zum Kraftwerk von Kaprun; die Grande Dixence im Wallis verschlingt die meisten Wasserläufe zwischen Matterhorn und Grand Combin. Das bedeutet: ausgetrocknete Flussbetten oder triste Rinnsale, durch die das Kraftwerk manchmal eine Wasserspülung rauschen lässt, um den Wasserhaushalt auszugleichen oder um den Touristen zu bestimmten, am Verkehrsbüro angeschlagenen Zeiten das Schauspiel eines Wasserfalls zu gönnen. Es heißt weiter: verschwundene Fische, sinkender Grundwasserspiegel, verödende und verkarstende Täler – und dazu vom Kraftwerk weg jene Verdrahtung und Vermastung, die so viele Alpenregionen hässlich überzieht.

Stauseen sind viel älter als Kraftwerke: schon im Altertum gebaut als Wasserrückhalt gegen Überschwemmung oder als Wasservorrat für die Trockenzeit, beides heute noch. Seen werden ja als hübsch empfunden: als «Augen», die Nietzsche sich fürs Gebirge wünschte, und oft haben sich gerade Stauseen als touristische Attraktion erwiesen: die erhabene Wasserfläche, häufig sogar mit Wassersport, oder der Spaziergang auf einer Bogenstaumauer wie der gewaltigen vor dem Lago di Vogorno im Tessin, 220 Meter senkrecht aufragender Beton über dem Val Verzasca – hochmütige Weltveränderung mit grandiosen Zügen.

Andere zahlen den Preis dafür. 1959 brach der Staudamm von Malpasset über Fréjus an der Côte d'Azur, eine fünf Meter hohe Flutwelle schoss durch die Stadt und brachte 400 Menschen um. 1963 donnerten 250 Millionen Tonnen Fels hinab in den Vaiont-Stausee in Venetien, schwappten 50 Millionen Tonnen Wasser ins Piave-Tal und verwüsteten Longarone und andere Dörfer; 2500 Menschen wurden ersäuft oder erschlagen. Die Bogenstaumauer des Vaiont-Sees, 262 Meter hoch (die höchste der Erde, bis sie 1984 im Kaukasus übertroffen wurde) steht unversehrt, ein schwindelerregendes Denkmal menschlichen Übermuts.

Der *Drei-Schluchten-Damm* am Jangtsekiang dagegen (Baubeginn 1994, Beginn der Flutung 2003) hat von Anfang an so viel Unheil angerichtet, dass man die durch ihn geschädigten oder betrogenen

Chinesen besser nicht fragen sollte, was sie von erneuerbaren Energien halten. Der Jangtse entspringt im Hochland von Tibet, fließt 6000 Kilometer lang durch China und ist sein wichtigster Verkehrsweg seit mehr als 2000 Jahren. Auf halber Länge durchbricht er in drei Schluchten ein Gebirge. Dort wird er zum See gestaut durch den größten Damm der Erde: 185 Meter hoch, 2,3 Kilometer lang und 300 Meter dick. Im Endstadium soll der See 600 Kilometer lang, im Durchschnitt 30 Kilometer breit und etwa so groß wie das Land Sachsen sein.

In den Schluchten schwankte der Wasserstand jahreszeitlich um bis zu 80 Meter, den Fluss zu zähmen und in seinem Unterlauf Überschwemmungen zu vermeiden waren also zusätzliche Gründe für den Bau. Der wichtigste: ein Kraftwerk – das größte durch erneuerbare Energien gespeiste, nach chinesischer Darstellung überhaupt das größte der Welt. Die ganze Region soll es aufblühen lassen, Chinas Abhängigkeit vom Ölimport vermindern und den Bau weiterer Kohlekraftwerke überflüssig machen – jener berüchtigten Schmutzfabriken, aus denen China bisher zwei Drittel seiner Energie bezieht; 760 neue sind ohnehin geplant.

Dass die Voraussetzung dafür die Umsiedlung von 1,3 Millionen Menschen sein würde, hatte die chinesische Regierung 1994 ebenfalls mit Stolz verkündet. Städte, Dörfer, Tempel, auch Fabriken und Mülldeponien sind auf dem Grund des Stausees verschwunden – das war geplant. Aber nun stauen sich im See die Abwässer aus dem Oberlauf des Jangtse, die Fäkalien der mehr als 30 Millionen Menschen in der Region Chongqing werden in ihn geleitet, dazu Düngemittelrückstände und die Abwässer von Chemiefabriken. 2007 rutschte das Seeufer auf 36 Kilometer ab, zum Teil mit Steilwänden, deren Sturz eine Flutwelle von 50 Metern Höhe erzeugte; sie stürmte das gegenüberliegende Ufer hinauf und zerstörte viele Häuser. Mindestens weitere vier Millionen Menschen werden umgesiedelt werden müssen – die amtliche chinesische Nachrichtenagentur Xinhua hat es im Oktober 2007 bestätigt. Immer mehr Seeufer werden vorsorglich zubetoniert. Geologen in aller Welt fürchten obendrein, der ungeheure Druck des gestauten Wassers könnte in dieser für Erdbeben ohnehin anfälligen Region eine Katastrophe hervorrufen. Ein chinesischer Geologe, den die *New York Times* 2007 zitierte, sagte: «Die Nutzung der Wasserkraft verläuft völlig unkontrolliert und hat das Stadium der Verrücktheit erreicht.»

Aber der CO2-Ausstoß wird doch dadurch vermindert – und ist es nicht lobenswert, dass China das Wasser nutzt, statt sich auf Atomkraftwerke zu werfen? Oder sollen 1,3 Milliarden Chinesen, die mit Riesenschritten zum Standard des Westens aufschließen wollen, etwa auf Windrotoren setzen? Was immer sie tun – Umwelt werden sie schädigen oder ruinieren. Lassen wir die abgasfreien Energien Revue passieren.

Noch lange nicht helfen kann uns der *Wasserstoff*, jenes ungiftige und allgegenwärtige Element, an dessen Nutzbarmachung die Wissenschaft arbeitet – am heftigsten die Autoindustrie, die ihn als idealen Treibstoff gewinnen will. Allerdings würde das Wasserstoffauto, ebenso wie das Elektromobil, die Abgase nur verlagern: In jene Kraftwerke, die den Strom erzeugen, der die Batterien für den Elektromotor speist; und der Wasserstoff muss zunächst unter großem Energie-Einsatz aus dem Wasser abgespalten werden. Dazu kommen ungelöste Speicher- und Transportprobleme. Frühestens 2020, so die überwiegende Meinung der Experten, steht Wasserstoff billig genug und halbwegs umweltverträglich zur Verfügung.

Hilft uns die *Sonne*? Ihr Potenzial ist ungeheuer – die in Strom zu verwandeln nach dem Stand von 2008 aber erheblich teurer als bei jeder anderen sauberen Energie und um ein Vielfaches kostspieliger als Kraftwerksstrom. Genutzt wird die Sonne in dreifacher Form: als Solarzellen für den Eigenbedarf, die Licht direkt in Strom umsetzen (auf vielen Dächern bewährt); als *Kraftwerk* aus großflächig zusammengeschalteten Solarzellen wie in der Mojave-Wüste in Kalifornien; oder als solarthermisches Kraftwerk, das die Sonnenhitze aus Hunderten von Spiegeln bündelt (nur für trockenheiße Länder geeignet).

Nicht ganz so teuer und in Deutschland ungleich auffallender ist die *Windenergie*. Sie hat hierzulande einen Anteil von 4 Prozent an der Stromerzeugung (Weltspitze!); das Küstenland Schleswig-Holstein bringt es auf 32 Prozent. Nur im Meer, an den Meeresküsten und auf den Mittelgebirgen bläst der Wind häufig genug. Bei Flaute steht der Rotor still, bei Sturm muss er abgeschaltet werden. So laufen die Windmühlen vor der Küste etwa 40 Prozent, die an der Küste und im Gebirge nur 22 Prozent des Jahres. Ob man folglich sogenannte *Schattenkraftwerke* braucht, die jeden Stillstand mit Gasturbinen überbrücken, war nach dem Stand von 2008 zwischen den Parteien umstritten: Natürlich, sagte die CDU, 70 davon im geplanten Endausbaustadium der Windenergie – was für ein Unfug, von den Kosten her gesehen! Natürlich nicht, sagten die Grünen: Die Windstärke lässt sich mit 95-prozentiger Sicherheit vorhersagen, und dann springen Sonnenenergie, Biogas und Pumpspeicherwerke problemlos ein.

Unabhängig davon haben sich längst Bürgerinitiativen gegen die Windkraft aufgemacht: Die bis über 100 Meter hohen Masten aus Beton und Stahl verschandeln die Landschaft, «Horizont-Verschmutzung» beklagen holländische Umweltschützer, auch der Flächenbedarf ist enorm: Nicht zu dicht beieinander dürfen die Rotoren stehen, oft werden eigene Zufahrtsstraßen gebaut, und in ihrer Nähe hört man ein ständiges Sausen (gut, kein ständiges: Vier Fünftel des Tages stehen sie ja still). Und bei manchem Sonnenstand treibt ein rhythmisches Blinken die Anwohner zur Verzweiflung. Hoch subventioniert werden sie auch noch. Da geht schon mal die Frage um: «Wenn nach zehn Jahren der Landschaftsverspargelung und der Belästigung die Atomkraft erfunden worden wäre – wären wir nicht alle begeistert?»

Atomkraftwerke sind zweierlei zugleich: ein kaum kalkulierbares Sicherheitsrisiko – und, wenn sie funktionieren, die umweltfreundlichste, die effizienteste, noch dazu die billigste Energiequelle überhaupt. Vor einem halben Jahrhundert wurden sie in aller Welt als Erlösung begrüßt und auch in Deutschland von allen Parteien bejubelt. 1956 ging im englischen Sellafield das erste kommerzielle Atomkraftwerk der Welt ans Netz. 1959 schrieb die SPD in ihr Godesberger Programm, es sei «die Hoffnung dieser Zeit, dass der Mensch im atomaren Zeitalter sein Leben erleichtern, von Sorgen befreien und Wohlstand für alle schaffen kann, wenn er seine täglich wachsende Macht über die Naturkräfte nur für friedliche Zwecke einsetzt». In das sehr langsam keimende Misstrauen fiel 1979 die Kernschmelze von *Harrisburg* (USA) und 1986 die Katastrophe von *Tschernobyl*. Unstreitig war das ein mangelhafter Bau, unbestritten führten erst Bedienungsfehler und klare Verstöße gegen die Betriebsvorschriften den GAU herbei – war damit nun die Kernenergie widerlegt oder nur die russische Art, mit ihr umzugehen? In derselben Ausgabe der *Frankfurter Allgemeinen* konnte man im Feuilleton das Erste, in der Politik das Zweite lesen.

Österreich jedenfalls hat den Bau von Atomkraftwerken verboten, Schweden beschlossen, sein letztes 2010 stillzulegen, Deutschland 2001 den Neubau untersagt und für die vorhandenen 18 AKWs Restlaufzeiten festgelegt, die beim letzten, 1989 in Betrieb genommen, 2022 enden soll. Dabei wären neue deutsche Atomkraftwerke, wenn es sie denn gäbe, vermutlich die sichersten auf Erden – sicherer jedenfalls als diejenigen, die in der Dritten Welt entstehen.

Natürlich, das Unglück muss gar nicht aus dem Reaktor hervorbrechen wie in Harrisburg und Tschernobyl. Mit dem Einsturz des World Trade Center am 11. September 2001 ist die Sorge hinzugekommen, ein Terrorangriff aus der Luft könnte ein Atomkraftwerk zerstören, mit unabsehbaren Folgen. Und selbst wenn in und mit den Reaktoren nie etwas passierte – die Entsorgung des radioaktiven Abfalls bleibt schon für unsere Generation ein technisch schwieriges, emotional hochaufgeladenes Problem; unseren Enkeln und Ururenkeln aber bürdet sie ein schlimmes Erbe auf. Gegen den Transport der abgebrannten Brennelemente an den Ort der Wiederaufarbeitung und Endlagerung gab es in Deutschland so heftige, großenteils gewalttätige Proteste, dass die Regierung von Niedersachsen 1979 den Standort Gorleben, die bayerische Regierung 1989 das Projekt Wackersdorf aufgab.

Wie aber teilen wir unseren Nachkommen mit, dass wir ihnen in unterirdischen Kavernen radioaktive Abfälle mit einer Halbwertszeit von 20 000 Jahren hinterlassen haben – dass man sie meiden – und wie man sich vor ihnen schützen sollte? In welcher Sprache? (Wer kann noch Englisch in 15 000 Jahren?) In welcher Schrift? (Die der Mayas zu entziffern hat die Europäer 400 Jahre gekostet.) In welchem Speichermedium? (Um Gottes willen in keinem elektronischen! Auch Papier zerfällt längstens in Jahrhunderten, Pergament ist uns erst seit gut 2000 Jahren überliefert – am besten also in Gold geritzt oder in Stein gemeißelt wie der Codex Hammurabi aus Babylon, den wir noch nach 3700 Jahren entziffern konnten, immerhin.) Und wo, an welchen und an wie vielen Orten sollen wir die Warnung und Gebrauchsanweisung hinterlegen? Das Problem ist nicht lösbar. Wir können nur spekulieren, dass es in 20 000 Jahren keine Menschen mehr geben wird, oder dass, wenn doch, sie nicht in unsere tückischen Gruben stolpern werden; oder dass dortselbst die Stahlfässer und Glaseinschmelzungen nicht ihre Neugier erregen.

Hält man die aktuellen Sicherheitsprobleme für beherrschbar und das Denken in Jahrtausenden für entbehrlich, so kann man in der Tat darauf verweisen: Billiger, mit weniger Luftverschmutzung, mit weniger Verunstaltung der Erdoberfläche können wir Energie nicht haben. Dass in der näheren Umgebung die Strahlenbelastung gefährlich sei, ist oft behauptet und nie bewiesen worden Die Franzosen sehen es so, decken mit Atomkraft 78 Prozent ihres Strombedarfs und exportieren noch Elektrizität. Mehr als die Hälfte ihrer Energie erzeugen auch Belgien und Litauen mit Atomstrom, ebenso Schweden, das aber aussteigen will, und sogar die Ukraine, in der die Tschernobyl-Ruine vor sich hinstrahlt.

Für *mehr* Atomstrom plädieren Fachleute in aller Welt. Die internationale Energie-Agentur der OECD forderte 2008 den Neubau von 32 Atomkraftwerken *pro Jahr*. In Deutschland, wo Industrie und CDU befürchten, die Lücke zwischen Kohle und Wind-Wasser-Sonne könne nur so geschlossen werden. Der ehemalige Hamburger Umweltsenator Fritz Vahrenholt (SPD) prophezeite 2008, auch seine Partei werde bald «den überfälligen Schwenk in dieser Frage» vollziehen, weil andernfalls die Grundstoffindustrie aus Deutschland vertrieben werde. Und Klaus von Klitzing, Träger des Nobelpreises für Physik, bezeichnete den Atomausstieg Deutschlands als «ein Stück Realitätsverweigerung»: Nur mit Kernkraftwerken könne das Land sich über die Zeit retten, die bis zur Einführung *wirksamer* alternativer Energien verstreichen werde.

Selbst in der Planung geht die deutsche Regierung ja davon aus, dass der Anteil erneuerbarer Energien bis zum Jahr 2020 auf 30 Prozent erhöht werden soll – und woher kommt der Rest? Aus Kohlekraftwerken, versicherte die Bundeskanzlerin Arm in Arm mit ihrem Umweltminister und den Spitzen der SPD im Frühjahr 2008, als ein für Hamburg geplantes Kohlekraftwerk am Widerstand der Grünen zu scheitern drohte – Kohle, sonst ist unser Atomausstieg gefährdet! Die Ängste drehen sich und beißen einander in den Schwanz.

Kommt das *Nimby-Syndrom* hinzu, so ist alle Hoffnung verloren: NIMBY, *not in my backyard*, «nicht in meinem Garten», wird diese Gesinnung schon sprichwörtlich genannt. Steckdosen wollen wir haben – niemals aber das Kraftwerk sehen, hören oder riechen, das ihnen den Strom liefern müsste! Sieben Kraftwerksprojekte waren 2008 in Deutschland dadurch blockiert. Ein Lehrbeispiel bot das Ostseebad *Lubmin* am Greifswalder Bodden, der großen Bucht zwischen Rügen und Usedom. Dort steht die Ruine des Atomkombinats «Bruno Leuschner», des größten der DDR, 1990 aus Sicherheitsgründen abgeschaltet. Aber als ein dänischer Konzern den Bau eines Steinkohlekraftwerks ankündigte, eines modernen und umweltschonenden natürlich, da gab es in Lubmin «den größten Volksaufstand in Ostdeutschland seit dem Fall der Mauer», sagte der Bürgermeister. Auch die Regierung von Mecklenburg war gespalten, und die Protestierer wurden vom Tourismusverband Rügen unterstützt.

Ja, so sind wir: Schnitzel essen, aber um Gottes willen nicht ins Schlachthaus gehen; mit den Kilowatt herumspielen, aber keinesfalls wissen wollen, wo sie herkommen; ahnen, dass es mit dem Energieverschleiß nicht ewig so weitergehen kann, aber daraus keine Handlung folgen lassen und schon gar keinen Verzicht. Mehr als zwei Milliarden Menschen haben keinen Strom; mehr als drei Milliarden Menschen wollen dringend mehr davon; und selbst in den reichen Ländern wachsen die Bedürfnisse weiter – schneller jedenfalls als unsere Fähigkeit, sie umweltschonend zu befriedigen. Kohle wollen wir nicht, vor Atomkraft haben wir Angst, das Öl geht zur Neige, Krieg droht. Wenn auf einem begrenzten Planeten immer mehr Milliarden Menschen immer mehr Energie verbrauchen, weil sie immer besser leben wollen: dann wird der Planet beschädigt und der Mensch mit ihm.

41 Wie wir den Globus «globalisieren»

Kein Tier wird *globaler* vermarktet als das deutsche Huhn. Die Deutschen, wie die meisten Bewohner reicher Länder, bevorzugen vom Huhn die Brust; also werden die Tiere auf Brustfleisch gezüchtet – und die Schenkel nach Afrika, die Flügel nach China, die Füße nach Thailand, die Innereien in die Nachfolgestaaten der Sowjetunion exportiert (der *Spiegel* hat es 2007 verfolgt). Ein Huhn – drei Kontinente! Und in Kamerun werden viele Bauern ihre Hühner nicht mehr los, weil die importierten Schenkel zu billig sind.

Das ist sie eben, die «Globalisierung» – das Kultwort des jungen 21. Jahrhunderts. Sie wirbelt Volkswirtschaften im Dutzend durcheinander, macht die Brieftaschen von Spekulanten prall und Millionen Arbeitsplätze überflüssig. Sie prahlt mit Mercedes-Omnibussen auf Feuerland, McDonald's-Filialen auf Tasmanien und Coca-Cola-Dosen auf dem Mount Everest. Sie bietet in Bolivien Pralinen aus Zürich an, in Alaska Sportschuhe aus Herzogenaurach, in Biberach Spielzeug aus China. Da lässt ein Krebspatient aus Amsterdam sich in Bangkok operieren, viel billiger und genauso gut. Da wird in den USA ein Sensor produziert, auf den Philippinen getestet, auf Taiwan verpackt, in Deutschland in einen Airbag eingebaut und samt dem Auto nach Brasilien exportiert. Fast glaubhaft klingt vor diesem Hintergrund der Ausruf eines amerikanischen Kosmetikfabrikanten, als er den chinesischen Markt für sich entdeckte: «Auf mein Deo warten 2,6 Milliarden Achselhöhlen!»

Womit hat das alles begonnen? *Global* steht seit langem in den

Wörterbüchern: Es heißt einerseits allumfassend, weltumspannend – andrerseits immer noch «nur mit ungefährem Überblick, ziemlich allgemein». Wer von der Globalisierung nur globale Vorstellungen hat, kennt also keine Einzelheiten und befindet sich damit vermutlich in der Mehrheit. Gehen wir dem Begriff auf den Grund.

Globus ist lateinisch für Kugel, Ball und Klumpen. Seit dem 17. Jahrhundert wird das Wort auch für ein kugelförmiges Pappmodell der Erde verwendet, wie wir's noch heute benutzen. Es war Friedrich Schiller, der die pappene Nachbildung der Erdkugel zur Erde selber adelte; in seiner «Geschichte des Abfalls der Vereinigten Niederlande» schrieb er 1788 über den Untergang der spanischen Armada 200 Jahre zuvor: «Hätte nicht ein wohltätiger Sturm jene Flotte zerstreut, so wäre dieser glückliche Freistaat» (England meinte er) «von dem *Globus* vertilgt.» Populär wurde das Wort *global* durch den kanadischen Medienphilosophen Marshall McLuhan: 1964 nannte er in seinem Buch «Understanding Media» (Die magischen Kanäle) die im Entstehen begriffene Weltgemeinschaft der Fernsehteilnehmer «das globale Dorf», und ausdrücklich unter diesem Titel wurde 1989 sein Nachlass herausgegeben. 1997 war es so weit, dass der Duden die Wörter *globalisieren* («auf die ganze Erde ausdehnen») und *Globalisierung* verzeichnete.

Die Globalisierung im heutigen Wortsinn spreizt sich daher gern, als wäre sie ein Kind der Moderne. Das ist sie nur in ihrer rasenden, allumfassenden Beschleunigung. Begonnen hat sie an der Schwelle der Neuzeit, ja sie ließe sich als deren Beginn definieren. Das Umfassen des gesamten Globus vollzog sich in mehreren Schüben.

1. *Entdeckung und Erfassung der Erde.* Portugal und Spanien vermuteten, dass sie eine Kugel sei, und noch ohne sie zu kennen, teilten sie sie 1494 in Tordesillas unter sich auf (Kapitel 17). Kolumbus setzte auf die Kugelform der Erde; Magalhães hat sie bewiesen.

2. *Wirtschaftliche Beherrschung der Erde.* Auch das versuchten zuerst Portugal und Spanien, dann vor allem England und Frankreich und schließlich die USA. Schon 1848 war nach Ansicht von Marx und Engels (im «Kommunistischen Manifest») «der Weltmarkt hergestellt». Der «Bourgeoisie» (im Wesentlichen also dem staatstragenden städtischen Bürgertum des Abendlands) machten die Autoren das Kompliment, sie habe «in ihrer kaum hundertjährigen Klassenherrschaft massenhaftere und kolossalere Produktionskräfte geschaffen als alle vergangenen Generationen zusammen»; ihr Bedürfnis nach immer neuen Absatzmärkten jage die Bourgeoisie über die ganze Erdkugel, und dabei «reiße» sie auch die barbarischsten Nationen in die Zivilisation. (Gegen diese Diagnose ist kaum etwas zu sagen.)
3. *Entwicklungshilfe*: Der mehr oder weniger redliche Versuch einiger reicher Länder, die armen etwas näher an sich heranzuziehen – schillernd, problembehaftet und eines eigenen Kapitels bedürftig (46).
4. *Militärische Beherrschung der Erde* – wenig beredet und ein Novum der Weltgeschichte. Sie ist das förmlich erklärte Ziel der *National Security Strategy*, die der amerikanische Präsident George W. Bush 2002 verkündete (daher auch «Bush-Doktrin» genannt): Die USA nehmen sich das Recht, ihre Position als die Weltmacht Nummer 1 mit allen ihnen geeignet scheinenden Mitteln zu verteidigen, einen Präventivkrieg eingeschlossen.
5. *Wechselseitige wirtschaftliche und kulturelle Durchdringung*, zumal im letzten Vierteljahrhundert – die Globalisierung im heutigen Wortsinn: schneller und umfassender als die anderen und nicht (oder nur eingeschränkt) von Regierungen gesteuert. Die Interaktion zwischen Wirtschaftsräumen und Kulturen begann wiederum mit einer Übermacht des Abendlands über den Rest der Welt – aber die Gewichte verschieben sich. Unverändert ist bisher nur noch die *kulturelle* Dominanz der reichen Länder, zumal

der USA, sodass man statt von Globalisierung auch von *Amerikanisierung* sprechen könnte.

Die Computer, die Popmusik, die Nietenhosen aus Texas, der Lebensstil von New York und Kalifornien sind nach wie vor die Weltmarktführer, der *American Way of Life* ist Vorbild für die meisten ehrgeizigen Menschen auf Erden, jeder Wolkenkratzer in Asien eine Anleihe bei, eine Huldigung an New York, die *Harley-Davidson* ein Hauch von Wildem Westen auf zwei Rädern, von dem Kultfilm «Easy Rider» 1969 zur Ikone verklärt.

Die erstaunlichste Vorherrschaft wird von ein paar hundert Film- und Fernsehproduzenten, Drehbuchschreibern, Regisseuren in Hollywood ausgeübt: Sie entscheiden darüber, was Milliarden Menschen sehen dürfen, meistens sehen wollen und wonach sie häufig süchtig werden. Die Öl-Oper «Dallas» (von 1978 bis 1991 in 356 Folgen) vereinigte einst Argentinier, Beduinen und Eskimos vor dem Fernsehschirm; das türkische Parlament beendete eine Sitzung vorzeitig, um die nächste Folge nicht zu verpassen. Die Serie «Baywatch» (1989–2001) hatte insgesamt 1,1 Milliarden Zuschauer und hält damit laut Guinness den Weltrekord – Rettungsschwimmer am Strand der Reichen in Los Angeles, unterhaltet die Menschheit! In Hollywood werden die Wünsche, Werte, Vorurteile von Milliarden Menschen produziert; in Wellblechhütten, in Jurten und in Krale regiert Hollywood hinein. Wer noch in denen wohnt, wird aus dem Rückstand von Jahrhunderten über Nacht in die Gleichzeitigkeit mit Amerika gerissen und mit einem für viele unvorstellbaren Reichtum konfrontiert, der sie verwirrt, oft entwurzelt und ins Elend der großen Städte treibt – und sie mit dem Drang erfüllt, es den Amerikanern gleichzutun.

Der Einfluss der USA auf die Geldströme und die Weltwirtschaft jedoch lässt inzwischen deutlich nach. Als 2008 der amerikanische Hypothekenmarkt zusammengebrochen war, sprangen Banken aus den Arabischen Emiraten und Singapur der Wall Street bei – was beim großen Bankkrach von 1929 nicht geschah und auch unvorstellbar gewesen wäre; Asien ist zum *Global Player* aufgestiegen. Und das Spiel ist heiß. 1865 dauerte es dreizehn Tage, bis die Kurse der New Yorker Börse in London bekannt waren; heute sind Devisenhändler, Fondsmanager, Aktionäre in Lichtgeschwindigkeit mit allen Börsen der Welt verbunden, und selbst minimale Kursschwankungen können sie ausnutzen, um binnen Minuten ihr Vermögen oder das ihrer Kunden zu mehren. Hedgefonds-Analysten, Börsenhaie, Spekulanten jonglieren mit Milliarden, und wenn die amerikanische Globalisierungskritikerin Naomi Klein 2007 vor der «Perversion des Profitstrebens» und dem «Katastrophen-Kapitalismus» warnte, ist es nicht leicht, ihr zu widersprechen.

Der ungarisch-amerikanische Zocker George Soros setzte 1992 im Alleingang auf die Abwertung des britischen Pfundes und verdiente 1,4 Milliarden Dollar in einer Nacht. 1997 trieben amerikanische Spekulanten erst Thailand, dann ganz Südostasien in eine Wirtschaftskrise, und keine Regierung hatte das Instrumentarium und die Macht, sie dabei zu kontrollieren. «Die Geldnomaden», schrieb Wilhelm Hankel, ehemals Präsident der Hessischen Landesbank, «haben die Neigung, sich zu Kolonnen zu formieren – und wann immer sie ein Land verlassen, hinterlassen sie Wüste.»

Die ganz Armen der Welt – und das ist ein Drittel der Menschheit – werden von einer größeren Not bedroht, die zwar seit Jahrzehnten umgeht, aber 2008 mit jäher Wucht über ihnen zusammenschlug: dem *Hunger* – «einem Ungeheuer, das die Bühne der Politik betreten hat», stellte die Weltbank fest. Auf Haiti stürzten protestierende Bürger die Regierung, in Ägypten und Bangladesh kam es zu Plünderungen und Straßenschlachten, in Kamerun wurden 40 Randalierer von der Polizei erschossen; Unruhen auch in Tunesien, in Mozambique, im Senegal, in Indonesien, in Malaysia, auf den Philippinen. Die Preise für die Grundnahrungsmittel – Reis,

Mais, Weizen – hatten sich binnen zwei Jahren, zum Teil innerhalb weniger Monate verdoppelt; eine Katastrophe für Menschen, die nicht, wie wir, kaum zehn Prozent, sondern mehr als die Hälfte ihres Einkommens fürs Essen ausgeben müssen.

Die Ursachen waren vielfältig, doch alle werden von einer regiert: dem Gedanken, in die allgemeine Globalisierung dürfe, ja müsse auch die Ernährung einbezogen werden – und der war schon im Ansatz bedenklich. Die Preisexplosion hatte viele Gründe: zwei aktuelle und drei, die seit langem durch eine dubiose Politik befördert worden sind.

Der eine aktuelle Grund: die Dürre in Australien und in Teilen Afrikas – mutmaßlich ein Symptom des Klimawandels. Der andere: Der steigende Wohlstand in den sogenannten Schwellenländern hat dort die Nachfrage nach Lebensmitteln, vor allem aber die nach Fleisch erhöht, und Fleisch gibt uns ja im Durchschnitt nur ein Siebentel der Kraft zurück, die die Tiere aus Nahrungspflanzen gewonnen haben (die schlimme Rechnung von Kapitel 33). In Brasilien hat sich der Fleischkonsum in den letzten zwanzig Jahren verdoppelt, in China verdreifacht. Das Wohlleben der einen setzt sich, nicht zum ersten Mal, in die Armut der anderen um. Das wird vermutlich noch lange so weitergehen und der Klimawandel auch.

Die drei Stränge der fragwürdigen Politik haben ihren Ursprung im Abendland. Der jüngste ist der Versuch, Getreide für Autotanks zu nutzen (*Biosprit*, Kapitel 34), und der ist «a scam», schrieb 2008 das amerikanische Nachrichtenmagazin *Time* rundheraus, was umgangssprachlich «Betrug», im Slang «Beschiss» bedeutet.

Auf dem zweiten Feld wird seit Jahrzehnten gesündigt – so sehr, dass mit Recht vom «westlichen Agrarwahnsinn» die Rede ist: Die EU und die USA subventionieren ihre Bauern so hoch, dass sie die Preise auch armer Länder unterbieten und folglich den Weltmarkt überschwemmen können; gleichzeitig schützen sie sich mit Zöllen gegen Importe aus der Dritten Welt. Damit haben sie dort Millionen Bauern ruiniert und etliche Staaten dazu verführt, im Vertrauen auf die Billigware aus dem Norden die eigene Landwirtschaft zu vernachlässigen; die Philippinen, die einst Reis exportierten, führen ihn nun ein. Die Subventionen und Schutzzölle der Reichen, stellte die Weltbank 2007 fest, raubten den Entwicklungsländern mehr Geld, als ihnen durch die Entwicklungshilfe zufließe. Den Gipfel dieser Subventionspolitik markiert der Großgrundbesitz der Queen bei Schloss Windsor: Auch ihre Kühe, ihr Hafer, ihr Weizen werden aus Brüssel bezuschusst.

Das dritte Elend einer falschen, zumindest umstrittenen Politik des Abendlands war das Vertrauen auf die *Grüne Revolution.* Der amerikanische Agrarwissenschaftler Norman Borlaug trieb sie seit 1960 voran und bekam 1970 den Friedensnobelpreis dafür: den Einbruch der *Gentechnik* in die Landwirtschaft. Das Erbgut der Pflanzen lässt sich so manipulieren, dass sich ihr Ertrag und zugleich ihre Widerstandskraft gegen Krankheiten und Ungeziefer erhöht; so sollte sich die Hungerkatastrophe abwenden lassen, die der Menschheit droht. Die USA, Brasilien, China, Indien machen inzwischen in großem Stil Gebrauch davon, zumal bei Mais und Weizen, auch bei Baumwolle. Damit schien eine Lösung des Weltproblems in Sicht: Wie können immer mehr Menschen von einer Ackerfläche ernährt werden, die durch Erosion, Versalzung, Überbauung schrumpft – und nur durch noch mehr Waldvernichtung vergrößert werden könnte?

Grundsätzliche Bedenken dagegen gab es sogleich von den grünen Parteien. Sie warnten vor dem Eingriff in die Natur, demonstrierten dagegen («Gendreck weg!») und haben erreicht, dass die EU die Verwendung von gentechnisch verändertem Saatgut nur unter starken Kontrollen zulässt. Da wussten sie noch gar nichts von den üblen Erfahrungen, die einige Länder inzwischen mit den gentechnisch veränderten Hochleistungspflanzen gemacht haben; zumal in Indien, dem Land der hundert Millionen Kleinbauern. Das

Saatgut liefern allein amerikanische Konzerne – zu Konditionen, die für viele Bauern ruinös sind. Derselbe Konzern verkauft ihnen den Kunstdünger und die Pestizide. Finanziell und technisch sind die Bauern überfordert, die Gebrauchsanweisungen können sie nicht lesen, versuchshalber verspritzen sie zu viel, schädigen dadurch die Ernte und veröden ihre Felder.

Unter diesem Eindruck hat der *Weltagrarrat* (gestützt von der Uno, der Weltbank und der EU) 2008 dringend empfohlen, von der Monopolisierung der Landwirtschaft Abschied zu nehmen und wieder auf die Erfahrungen und die Traditionen der einheimischen Bauern zurückzugreifen – sogar auf die natürliche Düngung, obwohl sie weniger Erträge abwirft. Allerdings müsse den 500 Millionen Kleinbauern der Dritten Welt zu einer höheren Mechanisierung verholfen werden. Und seit Jahren predigt der *Global Crop Diversity Trust* (die Stiftung, zu deren Finanzierern der Multimilliardär Bill Gates gehört) die Rückkehr zur *Agrobiodiversität*: Die Bauern sollten ermutigt werden, wieder die Vielfalt der *Sorten* innerhalb der Pflanzenarten zu pflegen – jener Sorten, von denen sie aus alter Erfahrung wissen, dass sie in ihrem Klima und bei dieser Bodenbeschaffenheit die größten Erträge bringen.

Über den unmittelbaren Erfolg hinaus würde das die beste Versicherung gegen eine jederzeit mögliche Katastrophe sein: dass die vereinheitlichten Hochleistungssorten durch einen einzigen resistent gewordenen Schädling in aller Welt vernichtet werden könnten – wie 1846 in Irland die Kartoffel: Die Monokultur wurde von der Knollenfäule heimgesucht, und mehr als eine Million Iren starben den Hungertod (in Kapitel 13 war davon schon die Rede).

Globalisierung im Rückwärtsgang! In jeden Fortschritt ist nun einmal das Risiko der Übertreibung eingebaut. Das Problem, wie wir alle dreizehn, vierzehn Jahre eine Milliarde zusätzlicher Esser ernähren sollen, bleibt dabei ungelöst. Auch das andere: dass wir allesamt auf die Segnungen der Globalisierung nicht verzichten wollen – nicht zum Beispiel auf die Kiwis, die wir 18 000 Kilometer weit aus Neuseeland einfliegen, wobei das Flugzeug pro Kilo Kiwi achtzehn Kilo CO_2 produziert. Wahrscheinlich denken und handeln wir tendenziell nicht anders als die Yanomami-Indianer im Urwald Venezuelas, die von europäischen Schwärmern immer wieder gegen den Anprall des Abendlands verteidigt werden: Sie gieren nach westlichen Waren. Teil der Natur zu sein, darauf pfeifen sie. In der einen Welt wollen sie leben, in der wir schon zu Hause sind. Das ist *ihr* Beitrag zur Globalisierung.

Die Uno sieht in ihr vor allem eine Chance: Die Verflechtung des Welthandels, auch die Verlagerung von Produktionen ins Ausland (*international outsourcing*) und nicht zuletzt das Internet würden und müssten einen Beitrag zu jenem kulturellen Wandel leisten, der unerlässlich sei, wenn die Demokratie und die Idee der Nachhaltigkeit sich durchsetzen und alle ethnischen Konflikte überwunden werden sollten (*State of the Future* 2007). Das ist sicher eine Seite der Wahrheit. Die andere: Es sind Konzerne und Spekulanten, die die Globalisierung vorantreiben, vollständig von ihren eigenen Interessen gelenkt. Die «unsichtbare Hand», von der der schottische Wirtschaftsphilosoph Adam Smith 1776 behauptete, dass sie allen Egoismus ins sozial Nützliche verwandle, sie scheint gelähmt.

Während wir noch darüber grübeln, sollten wir versuchen, den Begriff «Globalisierung» auch in seiner umgekehrten Bedeutung zu verwenden: der nämlich, dass wir uns auf den einzigen Globus beschränken müssen, den wir nun mal haben.

Was Pfarrer Malthus meinte

Der englische Pfarrer und spätere Nationalökonom Thomas Robert Malthus (1766–1834) wurde berühmt und berüchtigt durch seine düstere Prognose über die Zukunft der Menschheit, aufgestellt 1798 in seinem «Versuch über das Bevölkerungsgesetz und seine Auswirkungen auf die künftige Verbesserung der Gesellschaft». Das meiste, was Malthus behauptete, war falsch – aber über kurz oder lang wird er vielleicht doch noch recht bekommen.

Das Glück der Menschen liege ihm am Herzen, schrieb er, und deswegen trauere er «über die ständige Neigung aller Lebewesen, sich stärker zu vermehren, als die ihnen zur Verfügung stehende Nahrungsmenge zulässt». Während die Nahrung nur in arithmetischer Reihe wachse (1, 2, 3, 4), vermehre sich die Bevölkerung in geometrischer Reihe (1, 2, 4, 8). Also sei es völlig verfehlt, die Armen und die Kinderreichen von Staats wegen mit Almosen zu unterstützen – sie würden sich dann erst recht und wiederum bis an die Grenze des Hungers vermehren.

Bisher, schreibt Malthus weiter, werde die Volkszahl nur begrenzt «durch Krieg, Hungersnot, Pestilenz, Elend und Laster»; wenn der Staat, wie es seine Aufgabe sei, diese Nöte bekämpfe, gleichzeitig aber Zwangsmaßnahmen unterlassen wolle, bleibe nur der Appell: Die Menschen sollen später heiraten und auch in der Ehe weithin sexuelle Enthaltsamkeit üben.

Die Entrüstung war groß, die Rolle des Sexualverzichts maßlos überschätzt, die Zuordnung der beiden mathematischen Reihen durch keinerlei Erfahrung oder Berechnung gedeckt – und die Prognose, aus mehr Wohlstand würden noch mehr Kinder folgen, einfach falsch: Wir wissen heute, dass steigender Lebensstandard fast immer mit sinkenden Geburtenzahlen einhergeht.

Zweierlei aber bleibt an Malthus bemerkenswert: Seine Beobachtung, dass mehr Lebewesen geboren werden, als sich im Leben behaupten können, brachte Charles Darwin 1838 auf die Idee, dass der Motor der Evolution «der Kampf ums Dasein» ist. Und Malthus bleibt der Mensch, der als Erster eine Einsicht verkündete, die, wie auch immer berechnet, irgendwann einmal wahr werden wird: Unbegrenzt weitergehen kann es mit der Menschenvermehrung auf der begrenzten Erde nicht.

42 Die Kriege von heute

Das Gedränge auf unserm Planeten, der häufige Ärger über unsere allzu vielen Mitbewohner und oft die Not mit ihnen – das bliebe heikel genug, wenn alle Menschen im Grunde einander zugetan wären (aber das sind sie nicht) oder sich wenigstens gegenseitig in Ruhe ließen (aber das tun sie nicht). Irgendwo auf der Erde ist immer Krieg; und Kriege werden uns begleiten bis ans Ende aller Tage. Wir können nur hoffen und darauf hinarbeiten, dass sie uns nicht verschlingen.

Die gefährlichste Besonderheit der Spezies Mensch im Reich der Säugetiere ist ihre Fähigkeit, ja ihr Hang, nicht nur um die Vorherrschaft im Rudel zu kämpfen, nicht nur das Revier der Gruppe zu verteidigen, sondern nach Laune über ihre Artgenossen herzufallen: die *intraspezifische Aggression*. Wir haben keine Hemmung, den anderen Stamm, das andere Volk mit Krieg zu überziehen – in der richtigen oder falschen Annahme, das sei fürs eigene Überleben nötig oder es verbessere die Lebenschancen, ja aus schierer Lust am Erobern, Plündern, Kämpfen, Blutvergießen, wie sie unter Menschen gar nicht selten ist.

Auf zwei wahrhaft globale Kriege mit zusammen 70 Millionen Toten haben wir es im 20. Jahrhundert gebracht. 2007 gaben die Staaten der Erde für Kriegführung und Rüstung fast 900 Milliarden Euro aus, und in Afrika regiert der archaische Wahnsinn.

Im *Sudan* (dem größten Land des Kontinents, vom Nil durchflossen) kam es seit der Unabhängigkeit im Jahr 1956 zweimal zum blutigen Konflikt zwischen dem arabisch-islamischen Norden und dem schwarz-christlichen Süden; er dauerte insgesamt 35 Jahre lang, brachte 1,5 Millionen Menschen um und trieb 4 Millionen in die Flucht. Noch bevor er 2005 mit einem Waffenstillstand (wohl eher wieder vorläufig) endete, war 2003 in der westlichen Provinz *Darfur* der nächste Bürgerkrieg ausgebrochen: Die Hirten aus dem Norden der Region drängten auf der Flucht vor der seit Jahren anhaltenden Dürre mit ihren Herden in den Süden und kämpften mit den dort ansässigen Kleinbauern (schwarzen Muslimen wie sie) um Wasser und Weideland – «ein Vorbote für die Krisen der Zukunft», sagte 2007 der Uno-Generalsekretär Ban Ki Moon. Die sudanesische Regierung sah ihre Herrschaft über die Erdölvorkommen in Darfur bedroht, auf die wiederum China Appetit hat – und schickte zum Zweck der Unterwerfung arabische Reitermilizen in die Provinz: Sie plünderten, mordeten (etwa 300 000-mal) und verjagten die Einheimischen (mehr als eine Million von ihnen). China war, allem Anschein nach, zufrieden.

Unglaubliches geschah auch in den benachbarten, dichtbesiedelten Kleinstaaten *Ruanda* und *Burundi* im Innern von Ostafrika. In beiden lebt eine Mehrheit von Ackerbau treibenden Schwarzen, den Hutu, und eine Minderheit von viehzüchtenden Watussi (oder Tutsi), den größtgewachsenen Menschen überhaupt, die sich auch in anderen Regionen Afrikas von alters her als Herren aufspielen. 1972, zehn Jahre nach der Unabhängigkeit, richteten die Watussi unter den Hutu ein Massaker an (vermutlich 100 000 Tote); 1993 zahlten die Hutu es ihnen heim: eine halbe Million Watussi flohen ins benachbarte Ruanda. Die dortigen Hutu aber metzelten 1994 innerhalb von sechs Wochen mindestens 900 000 Watussi (und Hutu, die zu ihnen hielten) nieder; niemals sonst sind in so kurzer Zeit so viele Menschen gefoltert, geschändet, verstümmelt, zerhackt, geschlachtet worden. Die Welt war entsetzt, der Weltsicherheitsrat rügte «genozidäre Verhältnisse» – vom Genozid, dem Völkermord zu sprechen hütete er sich, denn das hätte ihn nach der

Uno-Resolution von 1948 verpflichtet, die Orgie der Gewalt «unter Strafe zu stellen», und da zog China nicht mit.

Im Osten der sogenannten Demokratischen Republik *Kongo* herrscht, nach Jahrzehnten des Chaos im ganzen Land, seit 1998 ein brutaler Kleinkrieg, den rivalisierende Milizen, zum Teil mit bewaffneten Kindern, und verwahrloste reguläre Soldaten gegeneinander führen, vor allem aber gegen alles, was Mensch ist, mit bisher über drei Millionen Toten und einem Exzess von Vergewaltigungen: 13 000 Opfer im Alter von vier Monaten bis 68 Jahren hat allein die Uno 2006 erfasst – vermutlich nur ein Bruchteil dessen, was in Wahrheit geschah. «Mitleid», schrieb der Schweizer Journalist Eugen Sorg 2007, «ist keine kulturelle Leit-Emotion in Afrika. Der Verlierer wird verachtet, der Sieger gefürchtet und verehrt. Rache ist ein Gebot des Stolzes und verleiht Respekt.» Nicht gemordet wird nur in der Mittagshitze.

Verloren geistert eine *Blauhelmtruppe* der Uno durch das desolate Riesenland, das mehr als sechsmal so groß wie Deutschland ist. Mehr als eine Milliarde Dollar kostet sie im Jahr. Die Blauhelme, ach ja! Seit 1948 vom Weltsicherheitsrat zu 65 Einsätzen geschickt in Afrika, Südasien, Mittelamerika und auf dem Balkan, haben sie einen durchschlagenden Erfolg noch nie erzielt. 2007 waren insgesamt 80 000 Mann aus 114 Staaten in fünfzehn Regionen eingesetzt – meist mit unklarem Auftrag und unzulänglicher Bewaffnung, zusätzlich geschwächt durch Eifersüchteleien und Sprachbarrieren, oft konfrontiert mit dem Vorwurf der Korruption, des Drogenmissbrauchs, der Vergewaltigung. Den Tiefpunkt hatte die Uno-Truppe im Juli 1995 in ihrer Schutzzone Srebrenica in Bosnien erreicht: Da kapitulierten 400 holländische Blauhelme kampflos vor den Serben und versuchten gar nicht erst, den Massenmord an 8000 Bosniern zu verhindern; ihr Kommandeur ließ sich sogar filmen mit dem serbischen General, jeder mit einem Sektglas in der Hand.

Nein, von der Uno ist kein Frieden zu erwarten. In Somalia, in

Kenia, in vielen Staaten Afrikas geht es ähnlich zu wie im Sudan und im Kongo: Unterdrückung, Bürgerkrieg und Menschenjagd. Charles Taylor, 1997 bis 2003 Diktator von Liberia, forderte seine Soldaten auf, ihre Feinde innerhalb und außerhalb des Landes «aufzuessen», ausdrücklich auch die Blauhelme. Der Schriftsteller Hans Christoph Buch, der in Ruanda war, schrieb 2008 in der *Frankfurter Allgemeinen*, es sei so weit gekommen, dass viele Afrikaner sich nach der Kolonialzeit zurücksehnten. «Die Große Koalition politisch korrekter Gutmenschen» im Abendland wolle das nicht hören und bleibe dabei, alle Übel Afrikas auf den Kolonialismus zurückzuführen; in Wahrheit gehe es um ethnische Konflikte, die Brutalität selbsternannter Eliten und himmelschreiende Korruption.

Nicht nur in Afrika wird Jahr um Jahr gemeuchelt. Die Regierung von Kolumbien führt seit Jahrzehnten einen Bürger- und Guerillakrieg gegen die Drogenmafia im eigenen Land mit bisher 200 000 Toten, und ein amerikanischer Bananenkonzern stellte gegen die linke Guerilla eine Todesschwadron auf. Auf Sri Lanka flammt seit 1977 immer wieder die Rebellion der Tamilen gegen die Mehrheit der Singhalesen auf. Und von der Selbstzerfleischung Afghanistans, von Vietnam und vom Irak war noch gar nicht die Rede; auch vom Terror nicht.

Gemeinsam ist diesen Exzessen der Gewalt, dass sie sich an nichts mehr halten, was im Abendland hundert Jahre lang zur Eingrenzung des massenhaften Blutvergießens versucht worden war: Ein Krieg hat ordentlich erklärt zu werden, im Krieg hat auch der Feind noch Rechte. Ja, man glaubte zu wissen, was ein «Krieg» überhaupt ist: der organisierte Kampf zweier Staaten um die Macht, die Fortsetzung der Politik mit anderen Mitteln.

Hat in *Vietnam* überhaupt ein Krieg stattgefunden? De facto ja, de jure nein. 1946 bis 1954 versuchte Frankreich seine Kolonialherrschaft mit kriegerischen Mitteln zu behaupten, 1957 begann der

Bürgerkrieg zwischen dem Norden und dem Süden; 1964 nutzte der amerikanische Präsident Johnson die Beschießung eines amerikanischen Zerstörers durch nordvietnamesische Kriegsschiffe (den Tongking-Zwischenfall), um sich vom Kongress die Vollmacht zu holen, er dürfe darauf mit bewaffneter Gewalt reagieren. Daraus wurde ein zehnjähriges Schießen, Schlachten, Bombardieren, Foltern und Entlauben mit 540 000 eingesetzten und 58 000 gefallenen amerikanischen Soldaten, einer Million gefallenen Vietnamesen und etwa zwei Millionen umgebrachten Zivilisten; «Krieg» heißen durfte das Massaker nie, denn den hätte nach Artikel I der amerikanischen Verfassung der Kongress erklären müssen, und das wollte er nicht.

Was die USA seit 2003 im *Irak* betreiben, ist nach ihrer Darstellung eine «Militäraktion», auch historisch gesehen eher eine Invasion, eine Intervention, ein Überfall; als Krieg gilt im Allgemeinen nur eine militärische Auseinandersetzung zwischen zwei Mächten ähnlicher Stärke. Ist der Unterschied so erheblich, dass der Stärkere den Schwächeren binnen 19 Tagen militärisch niederringen kann wie die USA den Irak von der Landung bis zur Einnahme Bagdads, so sprechen die Militärs von *asymmetrischer Kriegführung*; erst recht bei den Selbstmordattentaten zulasten der USA im Irak und bei ihrem «Krieg gegen den Terror» seit dem 11. September 2001.

Noch kein Name hat sich für die Art des militärischen Vorgehens herausgebildet, das die USA nach der scheinbaren Eroberung des Irak dortselbst betreiben: die Unterstützung durch eine Armee von *Söldnern*. Söldner! Das ist erstens ein merkwürdiger Rückgriff auf die Sitten des 18. Jahrhunderts, und es wird zweitens vermutlich eines der großen Probleme der Weltpolitik in den kommenden Jahrzehnten sein.

Fürs Vaterland zu kämpfen, galt in der längsten Zeit der Kriegsgeschichte in der Tat als überflüssig. 1776 verkaufte der Landgraf von Hessen-Kassel 12 000 seiner Untertanen als Soldaten an England; sie mussten in Amerika gegen die englischen Siedler in ihrem Unabhängigkeitskrieg antreten. Für Friedrich den Großen war es selbstverständlich, dass er die Gefangenen aus feindlichen Armeen mit Knüppeln in die seine zwang. Dass die Soldaten aus dem eigenen Volk zu kommen und notfalls für dieses Volk zu sterben hätten, war eine Idee, die erst in der Französischen Revolution auftauchte: Lazare Nicolas Carnot organisierte 1793 die *Levée en masse*, die Massen-Aushebung – die allgemeine Wehrpflicht also, die jeden verfügbaren Bürger unter Waffen zwang und so Frankreich zu dem Riesenheer verhalf, das zur großen Treibjagd auf Europas Fürsten und Völker ansetzte. Clausewitz merkte 1830 dazu kritisch an: Im Allgemeinen «würde dasjenige Volk, welches sich des Volkskriegs mit Verstand bediente, ein verhältnismäßiges Übergewicht über diejenigen bekommen, die ihn verschmähen. Ist dem also, so kann nur die Frage sein, ob diese neue Verstärkung des kriegerischen Elements der Menschheit überhaupt heilsam ist oder nicht.»

Klarer als mit den beiden Weltkriegen hätte die Frage nach der «Heilsamkeit» nicht beantwortet werden können. Es sollte nun süß und ehrenvoll sein, fürs Vaterland zu sterben (eine Behauptung, mit der Horaz vor zweitausend Jahren wohl weniger eine Wahrheit verkünden als sich vielmehr bei Kaiser Augustus für den Landsitz bedanken wollte, den der ihm geschenkt hatte). Der «Heldentod» war erfunden. Ihn sterben zu *wollen* blieb die Ausnahme – sich ihm ausdrücklich zu entziehen hieß Fahnenflucht, Meuterei oder Feigheit vor dem Feind, und zumeist stand darauf der Tod.

Die Rückkehr zur Berufsarmee, wie die USA und andere Staaten sie nach 1945 vollzogen haben, hatte also ihre Vorzüge. Und die Wiederkehr der Söldner? Dass sich in den sechziger und siebziger Jahren des 20. Jahrhunderts Privatarmeen in Afrika an jeden vermieteten, der sie für seinen Bürgerkrieg bezahlte, hat wahrscheinlich zu noch mehr Blutvergießen beigetragen. Seit 1989 liegt der

Uno eine «Konvention gegen die Rekrutierung, Nutzung, Finanzierung und Ausbildung von Söldnern» vor, doch nie haben genügend Mitgliedstaaten sie ratifiziert. Wer Soldaten *mietet*, agiert völkerrechtlich also in einer Grauzone – aber eben für den Einsatz in solchen Regionen eignen die Söldner sich vorzüglich.

Das Angebot ist groß: Zwischen 1989 und 1993 verkleinerte der amerikanische Verteidigungsminister Dick Cheney die Streitkräfte um 800 000 Mann, weil der Kalte Krieg vorüber war, und aus demselben Grund wurden im ehemaligen Ostblock (die DDR eingeschlossen) Hunderttausende von Berufssoldaten arbeitslos. «Manche Männer *können* nichts sein als Soldaten», konstatierte der britische Militärhistoriker John Keegan 1993 – «nach einer lebenslangen Beschäftigung mit der britischen Armee», wie er hinzufügte.

Und die Nachfrage wuchs: 2001 durch den Terrorangriff auf New York, einer neuen Art der Kriegführung, der das klassische Militär hilflos gegenübersteht; 2003 durch die Invasion im Irak, wo die USA inzwischen mehr als 100 000 Mann «Sicherheitskräfte» bezahlen. Söldner schützen die westlichen Botschaften in Bagdad, sie stellen den Geleitschutz für prominente Besucher und wichtige Transporte, sie bewachen Tanklager und Munitionsdepots, sie sterben auch – und sie sind nicht zimperlich im Um-sich-Schießen: 2007 brachten Angestellte der berüchtigten amerikanischen Firma Blackwater (die den größten privaten Truppenübungsplatz der Welt unterhält) in Bagdad ein Dutzend oder mehr Iraker auf offener Straße ohne erkennbaren Anlass um. Die US-Army belangte sie nicht dafür, die Iraker durften es nicht.

Für den Auftraggeber hat eine Miettruppe bedeutende Vorzüge. Sie steht über Nacht bereit und lässt sich in Marsch setzen, ohne dass die Regierung sich auf zähe Parlamentsdebatten einlassen oder auf die öffentliche Meinung Rücksicht nehmen müsste; auch völkerrechtlich ist der Auftraggeber nicht in einen Krieg verwickelt.

Überwiegend setzt sich die Truppe aus ehemaligen Soldaten zusammen, die für gutes Geld um ihre Berufsehre kämpfen und daher zumeist kampftechnisch besser, auch höher motiviert sind als durchschnittliche Armeen, mindestens als die Mitglieder der amerikanischen *National Guard*, der Miliz für Katastrophenfälle; die ursprünglich Freiwilligen sind nun zu Zehntausenden in den Irak befohlen.

Und weiter: Verstoßen die Söldner gegen Kriegs- und Menschenrechte, so erklärt sich die Armee für unzuständig. Sterben sie, so gehen sie nicht in die Statistik der Gefallenen ein, der Staat erspart sich ein militärisches Begräbnis, und nie müsste zu ihren Ehren etwas so Erschütterndes entstehen wie das *Vietnam Memorial* in Washington: eine 150 Meter lange Mauer aus schwarzem Granit, in die die Namen aller 58 256 Gefallenen des unsäglichen Krieges eingemeißelt sind – oft «eine klaffende Wunde der Schande» genannt. Was aber die Blauhelme der Uno angeht, so nehmen sie sich, mit den Söldnern verglichen, wie Operettensoldaten aus.

Und was sind das für Menschen, die sich diesem anrüchigen, jedenfalls lebensgefährlichen Job hingeben? Arbeitslos gewordene Berufssoldaten, das erklärt noch nicht alles. Eher schon die Chance, ziemlich viel Geld zu verdienen mit dem Einzigen, was sie gelernt haben: 500 bis 1000 Dollar *pro Tag* gelten im Irak als normal, jedenfalls für US-Amerikaner, Europäer, weiße Südafrikaner; Generale können da nicht mithalten. Da der Bedarf weiter wächst, mieten die Söldnerfirmen mehr und mehr auch Asiaten und Südamerikaner für deutlich weniger Sold.

Der Job und das Geld, gewiss. Und dazu noch dies. In Habitus und Motivation haben die meisten dieser Männer vermutlich etwas gemeinsam: Kämpfen, das Leben riskieren, töten schreckt sie nicht, und niemand sollte sich wundern, wenn es ihnen sogar Lust bereitete. Abenteuer, Nervenkitzel, Macht – das ist Freiheit für sie. Zu allen Zeiten hat es eine Minderheit von Menschen gegeben, ohne die die Armeen nicht siegen könnten: Draufgänger, Haudegen, Heißsporne, Schlägertypen, Hooligans. *Robustiores* wurden sie im alten Rom genannt, nach *rubor*, was zunächst Steineiche, Eichenholz, dann auch Kraft, harter Kern, Garde bedeutete. Männer aus Eichenholz also. Dürfen wir uns die *Wikinger*, Nordmänner, Normannen so vorstellen – die Bewohner des südlichen Skandinavien, die im 9. und 10. Jahrhundert plötzlich plündernd und erobernd ausschwärmten nach England, Frankreich, Spanien, auch bis zum Schwarzen Meer und über Island und Grönland nach Amerika? Hunger, Bevölkerungsdruck, Klimawandel werden als Gründe angeführt für diese rasend schnelle, gewalttätige Expansion, auch das Erbrecht, das die jüngeren Söhne leer ausgehen ließ und sie so auf Landraub verwies.

Aber am Ende hatte Oswald Spengler recht, wenn er im «Untergang des Abendlands» den Hunger eine zu platte Erklärung nannte. «Es ist in diesen starken und einfachen Menschen der ursprüngliche Drang nach Bewegung im weiten Raume gewesen, der sich aus tiefster Seele als Abenteuerlust, Wagemut, als Hang nach Macht und Beute erhob, als eine leuchtende Sehnsucht nach Taten, nach fröhlichem Gemetzel und heldenmütigem Tod ... Der war ein Feigling, der auf seinem Gute sitzen blieb.»

So sind sie treffend gezeichnet, die Kampfnaturen aller Zeiten. Wie die Fallschirmjäger des 20. Jahrhunderts, die «Ledernacken», die *Special Forces* mit dem grünen Barett oder die GSG 9, die 1977 in Mogadischu 91 deutsche Geiseln unverletzt aus der Hand palästinensischer Terroristen befreite. Die Aura von Gewalt, das Wohlbefinden bei ihrer Anwendung gehört bei solchen Männern zum Lebensgefühl, und wenn sie schon nicht fighten können, dann grölen sie wenigstens wie einst die schwedischen Fallschirmjäger: «Wir töten zum Scherz, wir kämpfen in der Armee des Teufels, und der Weg hinter uns ist mit Blut überschwemmt» (1961 wurde ihnen das Lied von der Armeeführung verboten). Wann immer in Deutschland schwarz vermummte Anarchisten Pflastersteine auf Polizisten schleudern, stellt sich die Frage, ob diese Männer vielleicht nicht nur ein politisches Anliegen haben, sondern auch ein Quantum Rauflust mitbringen, das nach Entladung drängt; ob sie sich also sozusagen schadlos halten für entgangene Kriege, in denen die Generale solche Leute dringend hätten brauchen können.

Das Gefährlichste an den *robustiores* ist, dass Vaterlandsliebe, ja überhaupt gemeinsame Ziele oder gar Ideale für sie entbehrlich sind. Was sie zusammenhält, ist der *esprit de corps* (wie er auch auf Englisch heißt), der Corpsgeist, das Kameradschaftsgefühl, die Gruppenkohäsion – darüber sind sich die Militärpsychologen einig: eine Bindung, «die für viele stärker ist als die zwischen Mann und Frau», schrieb der ehemalige Marine Anthony Swofford 2003 in einem Buch über seine Erfahrungen. Vor ihresgleichen wollen sie bestehen, für alle anderen hegen sie Verachtung: für «Weicheier» in Uniform, für Grünschnäbel, für Zivilisten sowieso. Berühmt geworden ist die Arroganz der Fallschirmjäger der französischen Fremdenlegion während des Indochina- und des Algerienkriegs: «culs de plomb» (Bleiärsche) nannten sie alle anderen Soldaten, und sie genossen das Gruseln, das ihr Auftreten bei Feind und Freund hervorrief.

Da nun die Söldnerheere sich großenteils aus solchen Ehemaligen zusammensetzen, da sie ohnehin keinem Vaterland verpflichtet und da sie auch noch käuflich sind, könnten sie in den nächsten Jahren und Jahrzehnten zu einem Machtfaktor werden, von einer Großmacht heimlich gesteuert oder gar im Angriff auf eigene Faust. Wenn es nicht die Atombomben und die Terroristen gäbe, wären die Söldner schon die Schlimmsten.

43 Die Kriege von morgen

Ein Atomkrieg? Für China gar kein Problem! «Wenn die Hälfte der Menschheit vernichtet würde, so bliebe doch die andere Hälfte übrig», sagte Mao Tse-tung zum indischen Staatschef Nehru. «Dadurch würde der Imperialismus bis auf den Grund vertilgt, auf der ganzen Welt würde es nur noch den Sozialismus geben, und nach einem halben oder ganzen Jahrhundert würden wieder ebenso viele Menschen leben wie zuvor.» Die *Peking-Rundschau* hat das am 18. November 1957 zitiert; eine chinesische Delegation wiederholte es 1974 bei einem Besuch in der *Welt* mit dem breitesten Grinsen, das ich je gesehen habe, und fügte fröhlich hinzu: «Wenn ein paar hundert Millionen Chinesen sterben, bleiben immer noch ein paar hundert Millionen Chinesen übrig.»

Doch der angesehene amerikanische Futurologe Herman Kahn sah es nicht anders: In seinem Buch über den Atomkrieg (*On Thermonuclear War*) plädierte er 1959 dafür, dass die USA glaubhaft machen müssten, sie wären durchaus bereit, ihn wirklich zu führen und dabei Millionen Tote in Kauf zu nehmen – nur so könne die Strategie der Abschreckung funktionieren; und eine «Zweitschlagskapazität» müssten sie aufbauen, um der Sowjetunion klarzumachen: Auch wenn ihr uns mit Atombomben zudeckt, wir werden immer noch fähig sein, euch zu vernichten.

So absurd es klingt – völlig auszuschließen ist ein Akt des Wahnsinns auch für die Zukunft nicht. Hätte Hitler im Bunker unter der Reichskanzlei nicht mit Vergnügen die ganze Erde in die Luft gesprengt, falls ihm das mit einem Knopfdruck möglich gewesen wäre? Von einem solchen Knopf sind wir nicht mehr weit entfernt, gegen Irrsinn gefeit schon gar nicht. Ihn gestreift hat die amerikanische Präsidentschaftsbewerberin Hillary Clinton: Sollte der Iran einen Atomangriff auf Israel erwägen, sagte sie im April 2008, «so würden wir in der Lage sein, den Iran völlig zu vernichten» («obliterate», sagte sie: total zerstören, vom Erdboden tilgen, auslöschen, ausradieren – das letzte ein Lieblingswort von Hitler).

Der nächste große Krieg müsste durchaus kein Atomkrieg sein, und schrecklich würde er doch. Das Risiko, dass er kommt, misst sich am besten, indem man die klassischen Kriegsursachen und die wahrscheinlichsten Konfliktstoffe der Zukunft Revue passieren lässt.

Eine mutwillige Eroberung ganzer Reiche, wie Alexander, Cäsar, Napoleon, Hitler und die Kolonialherren sie betrieben, werden wir vermutlich nicht noch einmal erleben, auch nicht einen kühl kalkulierten begrenzten Landraub, wie Friedrich der Große ihn mit Schlesien begangen hat – dazu sind heute die Grenzen zu klar abgesteckt, die Gewichte zu ähnlich verteilt, die Widerstände zu gefährlich. Land aber, Land im Sinne von Siedlungsraum, Ackerfläche, Wasserzugang ist so kostbar wie noch nie, in Darfur wird schon blutig darum gerungen. Da werden die regionalen Kriege in der Dritten Welt sich mehren, und gegen das Abendland wird eine Welle von Hungerleidern branden.

Wie übervoll die Erde allein in den letzten hundert Jahren geworden ist, macht ein Blick auf den «Judenstaat» deutlich, das Buch, mit dem Theodor Herzl 1896 den Zionismus begründete: «Man gebe uns die Souveränität eines für unsere gerechten Volksbedürfnisse genügenden Stückes der Erdoberfläche», schrieb er, «alles andere werden wir selbst besorgen.» Es hätte zunächst nicht Palästina sein müssen, Herzl brachte auch Argentinien ins Gespräch, 1903 bot die britische Regierung den Zionisten eine autonome Region in Ostafrika an; erst 1917 versprach Außenminister Arthur

James Balfour ihnen Palästina als «nationale Heimstätte», wobei die Rechte der dort ansässigen Nichtjuden in keiner Weise beeinträchtigt werden dürften.

Das hat bekanntlich nicht ganz funktioniert – und heute, von viereinhalbmal so vielen Menschen besiedelt wie zu Herzls Zeiten, bietet der Planet schon gar keinen Raum mehr an, auf dem Zuwanderer zu Millionen Platz fänden oder gar willkommen wären. Europa zweimal nicht, der immer noch bei weitem am dichtesten besiedelte Kontinent. Nur wird das viele Millionen Afrikaner und Asiaten nicht hindern, sich in diesem Erdteil des Überflusses ansiedeln zu wollen. Da lauern ganze Heerscharen von jungen, kriegstauglichen, ungeduldigen Männern auf die Chance zur Invasion. Der alternde Erdteil wird dann vor der Frage stehen, inwieweit er eine solche gewaltsam verhindern könnte und verhindern will. Die Stadt Byzanz hatte 800 Jahre lang die Kraft, sich mit ihren überlegenen Waffen gegen den Ansturm von Persern, Arabern, Bulgaren, Normannen zu verteidigen, bis schließlich 1453 die Türken sie stürmten – aber kann, soll das ein Vorbild sein?

Unverändert stehen unterdessen die *ethnischen Konflikte* in Blüte, die das 20. Jahrhundert unruhig und kriegsstiftend begleiteten. Dass der Staat ein Dach für Millionen Menschen sein sollte, die sich in Sprache, Sitte, Religion verwandt fühlen, für sie alle und nur für sie – das ist eine nie erreichte Idealvorstellung, noch dazu eine ziemlich junge: Der Monarch kannte nur Untertanen, und da er von Gottes Gnaden regierte, brauchte er nach deren Wünschen und Eigenarten nicht zu fragen. In der österreich-ungarischen Donaumonarchie lebten bis 1918 etwa zwölf Millionen Deutschsprachige, zehn Millionen Ungarn, sieben Millionen Tschechen, fünf Millionen Polen mit Millionen Ukrainern, Slowaken, Slowenen, Kroaten, Serben, Rumänen halbwegs friedlich zusammen; «es hatte sich bloß», schrieb Robert Musil ironisch, «die Abneigung jedes Menschen gegen die Bestrebungen jedes anderen Menschen, in der wir heute alle einig sind, in diesem Staat schon früh und, man kann sagen, zu einem sublimierten Zeremoniell ausgebildet».

Österreich-Ungarn wurde nach dem Ersten Weltkrieg zerschlagen, ebenso das Osmanische Reich, ein noch größerer, noch bunter zusammengewürfelter Vielvölkerstaat – in zum Teil eigenwilliger Anwendung des «Selbstbestimmungsrechts der Völker», das der amerikanische Präsident Woodrow Wilson 1918 verkündet hatte. Bei der Selbstzerfleischung Jugoslawiens im Jahre 1999 spielte die Berufung auf dieses Recht noch einmal eine unselige Rolle, und auch der Ausrottungsfeldzug der Hutu gegen die Watussi zeigte seine mörderische Kraft – dort freilich in Verbindung mit sozialen Spannungen, wie so oft. Wo die «ethnischen Säuberungen» brutal vollzogen worden sind, lässt sich allerdings zynisch resümieren: *Eine* häufige Kriegsursache scheint damit beseitigt.

Als möglicher Kriegsgrund der Zukunft, sogar einer gefährlich nahen, ist das *Erdöl* hinzugekommen: die Erschöpfung der Vorräte scheint in Sicht, und ungeheuer ist der Drang der Milliardenvölker China und Indien, in Luxus, Ausbeutung, Verschwendung endlich ebenso zu sündigen wie das Abendland.

Schließlich kann man in einen Krieg auch hineinstolpern: So ist wohl am treffendsten beschrieben, was 1914 geschah. Dass Deutschland der einzig Schuldige am Ersten Weltkrieg sei, wie in Artikel 231 des Vertrags von Versailles festgeschrieben, war eher eine auftrumpfende Behauptung der Sieger als eine Beschreibung der historischen Wahrheit – so die international überwiegende Meinung der Historiker.

Der französische Schriftsteller Romain Rolland, der 1915 den Nobelpreis bekam, hatte in seinem «Kriegstagebuch» bereits am 5. August 1914 notiert: «Der charakteristische Zug dieser europäischen Konvulsion ist die Einstimmigkeit für den Krieg.» Die Sozialisten aller Länder verteidigten ihn, die katholischen Priester ermahnten die Gläubigen zum Kampf; nicht nur der Kardinal von Paris habe einen Hirtenbrief für den Krieg geschrieben, sondern auch die Bischöfe von Deutschland, Serbien und Ungarn. Der Historiker Golo Mann hielt später fest: «Jubel herrschte in Europa in den ersten Augusttagen des Jahres 1914, Jubel, Kriegswut und Kriegsfreude ... Selbst durch die Straßen Londons wälzten sich lustig die Volksmassen und schrien nach Krieg ... Der Krieg würde kurz sein und schön, ein erregendes, befreiendes Abenteuer. Und Gott würde auf allen Seiten sein; und alle würden siegen.»

Dass ähnlich Abstruses noch einmal geschähe, müssen wir kaum befürchten. Auch wird es kein Staatsmann noch einmal riskieren, am 42. Tag eines vieljährigen Krieges in maßgeschneiderter Kampfkluft auf einem Flugzeugträger zu landen und stolz sein «Mission accomplished!» in die Welt hinauszurufen wie Präsident George W. Bush am 1. Mai 2003 auf der «Abraham Lincoln».

Natürlich sind blutige Torheiten wie die der Amerikaner in Vietnam und im Irak auch für die Zukunft nicht auszuschließen, Kriege ohne Atomwaffen, mehr und mehr mit unbemanntem Kriegsgerät, von immer raffinierterer Elektronik gesteuert, vielleicht in einen Zweikampf der Computer mündend. Partisanen können, wie im Irak und in Afghanistan, eine scheinbare Niederlage noch wenden, Terroristen es dem Angreifer heimzahlen, Atomraketen aus den Arsenalen gezogen werden zum letzten Waffengang.

Mit der *Atombombe* hat die Spezies Mensch die in ihrer Art grandiose Leistung vollbracht, dass sie sich, ihrer Milliardenzahl zum Trotz, vollständig beseitigen könnte: Die 25 000 Atomsprengköpfe im Besitz Russlands und der USA würden dafür vermutlich genügen, und die Liebe zur Atombombe, wie Indien und Pakistan, China, Israel und der Iran sie pflegen, erhöht das Risiko, dass der Wahnsinn einen Durchschlupf findet. Vielleicht aber haben ja die Atombomben von Hiroshima und Nagasaki – von jeher höchst umstritten, militärisch nahezu sinnlos und dem Präsidenten Harry S.

Truman, der den Abwurf befahl, oft als Verbrechen angekreidet: vielleicht haben sie der Menschheit genügend Entsetzen eingebrannt, um sie vor einer Wiederholung, gar einer Steigerung zu bewahren.

Was uns dagegen keinesfalls erspart bleiben wird, ist der *Terror* – die furchtbare Waffe einer Minderheit, wenn sie fanatisch zu allem entschlossen ist. Das waren die Iren von 1919 bis 1921 im Kampf gegen die britischen Herren und siebzig Jahre später noch einmal; das war die deutsche «Rote Armee Fraktion», die 36 politisch begründete Morde verübte (von 1971 bis 1991); es sind in Spanien die baskischen Separatisten. Und 1979, mit der sowjetischen Invasion in Afghanistan, bereitete sich jener Terror vor, der bisher im 11. September 2001 kulminierte und seitdem das Abendland in Atem hält.

Zunächst wurden die einheimischen afghanischen Kämpfer von Freiwilligen aus Pakistan und Saudi-Arabien sowie mit Waffen aus den USA (zumal Flugabwehrraketen) unterstützt. 1988 ordnete Gorbatschow den sowjetischen Rückzug an. In den Bürgerkrieg, der darauf folgte, griffen 1994 die radikal-islamistischen *Taliban* ein; 1997 hatten sie den größten Teil des Landes erobert und riefen das «Islamische Emirat Afghanistan» aus. Zu ihnen war im Jahr zuvor, vermutlich mit 300 Millionen Dollar als seinem Anteil aus dem Familienvermögen im Gepäck, der saudische Bauingenieur *Osama Bin Laden* gestoßen. Er konzentrierte sich darauf, die Terror-Organisation *al-Qaida* auszubauen, die nach der sowjetischen Invasion entstanden war. Mehr als 20000 Einzelkämpfer aus allen islamischen Staaten soll er ausgebildet haben, bevor er am 11. September 2001 die Weltbühne betrat und die stärkste Militär- und Wirtschaftsmacht der Welt erschütterte.

Die Idee, die beiden Türme des World Trade Center zu vernichten, war nicht nur perfide, sondern auch genial – waffentechnisch und medienpolitisch gesehen. Nie zuvor in der Kriegsgeschichte hatte ein Mensch in einem so zivilen Gegenstand wie einem Passagierflugzeug eine so tödliche Waffe erkannt, nie zuvor mit so wenig Aufwand einen so gigantischen Effekt erzielt. Bei dem wiederum war von vornherein das Fernsehen einkalkuliert: Niemals hat es ja dramatischere, unglaublichere Bilder gezeigt als die der brennenden Türme, und nie ist eine Bildsequenz so hartnäckig immer wieder über viele Bildschirme in aller Welt geflimmert. Drei russische Armeen hätten das nicht leisten können, was Osama ausgeheckt hatte und was ein paar fanatische, zum Selbstmord bereite Islamisten in seinem Auftrag vollzogen.

Was aber trieb diese Männer zu ihrer Kamikaze-Tat? Gewiss wollten sie *Helden* sein, und ein Held ist ja in den Sagen und Überlieferungen vieler Völker nur der, der stirbt – ob in der Ilias, in der Edda oder im Nibelungenlied, ob Leonidas im hoffnungslosen Kampf gegen die persische Übermacht oder Manfred von Richthofen, der noch neunzig Jahre nach seinem Fliegertod durch die Werbung geistert und vor Verfilmungen nicht sicher ist. Und *Märtyrer* wollten sie sein (Helden also im Reich des Glaubens) und damit sogleich ins Paradies eingehen: «Die für Allahs Religion kämpfen und sterben, deren Werke werden nicht verloren sein. Allah wird sie beglücken und in das Paradies führen, welches er ihnen angekündigt hat» (Sure 47). Und das ist, anders als das in der Bibel nie beschriebene Paradies der Christen, für den Muslim klar geschildert als der «Garten der Ewigkeit», wo Milch, Wein und Honig fließen, Wasser immer sprudelt und schwarzäugige Jungfrauen auf golddurchwirkten Seidenkissen bei ihm ruhen werden (Sure 55 und 56).

«Der Himmel ist zum Greifen nah!», war den Männern des 11. September vor der Tat in einem Leitfaden versprochen worden. «Dies ist die Stunde, da du Allah treffen wirst. Engel rufen deinen Namen.» Die Ungläubigen umzubringen, macht den Weg ins Paradies besonders kurz: «Ergreift sie und tötet sie, die von Allahs Weg abweichen» (Sure 4,89), «Tötet die Götzendiener, wo ihr sie auch finden mögt» (9,4), weitere 23-mal verwendet der Koran «töten» als Imperativ, und «der Lohn derer, die sich gegen Allah empören, wird sein, dass sie getötet oder gekreuzigt oder ihnen Hände und Füße abgehauen werden» (5,34).

Im Hintergrund all solcher mörderischen Taten gegen Abendländer steht, das hat man seit dem 11. September oft und zu Recht gelesen, die Lust an der Rache für die tausendjährige Demütigung der arabisch-islamischen Welt. Im 9. Jahrhundert hatte das Reich der Kalifen die Macht über den gesamten Nahen Osten, Nordafrika, den Balkan und Spanien, und auch in den Wissenschaften waren die Araber führend. Dann gelang es von 1096 bis 1291 in sieben Kreuzzügen kleinen Ritterheeren, sich eines Herzstücks der islamischen Welt zu bemächtigen; dann kam die ein halbes Jahrtausend währende Herrschaft Europas fast über die gesamte Erde, auch danach noch die hoffnungslose Überlegenheit des Westens in Wirtschaft, Technik, Wissenschaft und militärischer Macht. Ihn mit seinen eigenen Waffen zu schlagen war unmöglich. Aber ihm mit unerhörter Willkür und Grausamkeit an einem winzigen Punkt einen Stoß zu versetzen, der seine Fundamente ins Wanken brachte und Hunderte von Millionen dieser «Kreuzzügler» (so nennen sie die Christen) in Angst versetzte auf Jahre hinaus: das ließ sich bewältigen, das brachte den Triumph.

Nicht nur war die Wirkung ungeheuer – auch eine Möglichkeit der Vergeltung, der Vorbeugung, des irgendwie gearteten aktiven Widerstands war und ist nicht in Sicht. Was half es schon, dem Terror den «Krieg» zu erklären, wie Präsident Bush es tat – wo fände man ihn? Kann man gegen «das Böse» kämpfen oder gegen «verheerende Vulkanausbrüche»? Wo trifft, wie schlägt man einen Gegner, der ein Revier weder verteidigen noch besetzen will, keine Forderungen stellt, mit keinem Sieg je zufrieden sein wird? Ein Versuch, «den Terror» dennoch zu verorten, war die Invasion Afghanistans; da wurde in der Tat zunächst manches Schlupfloch ausgeräuchert. Aber längst sind die Taliban wieder im Kommen, und die Invasion im Irak hat den Terror zusätzlich begünstigt, statt ihn einzugrenzen.

2005 tagte in Madrid eine Anti-Terror-Konferenz, auf der der damalige Uno-Generalsekretär Kofi Annan die Strategie formulierte: Alle Nationen müssen wir veranlassen, dass sie den Terror nicht unterstützen; potenzielle Terroristen davon überzeugen, dass sie im Begriff stehen, den falschen Weg zu wählen; den Zugang zu Terrorwaffen erschweren und die Finanzströme zu den Terrororganisationen effektiver kontrollieren. Alles gut gemeint und nicht sehr aussichtsreich. Ja, und das Bildungssystem verbessern, denn der Terroristennachwuchs habe zumeist eine verzerrte Sicht der Welt.

Das ist schon richtig. Aber es wäre ein Programm für Jahrzehnte. Und Jahrhunderte könnte es dauern, bis der Islam jene Phase der Reformation und der Aufklärung durchlaufen hätte, die das Christentum zu einer für alle erträglichen Religion gemacht hat.

Wir müssen froh sein, wenn nicht jener ziellose Anarchismus wiederkehrt, der Terror um seiner selbst willen, wie er in der zweiten Hälfte des 19. Jahrhunderts in Russland von Turgenjew und Dostojewski beschrieben und in Europa mehrfach betrieben wurde: 1881 Zar Alexander II. ermordet, 1894 der französische Staatspräsident Sadi Carnot, 1898 Kaiserin «Sissi», 1900 König Umberto I. von Italien; und vielleicht war dieser Geist auch noch in dem serbischen Nationalisten Gavrilo Princip lebendig, der am 28. Juni 1914 mit der Ermordung des österreichischen Thronfolgers in Sarajevo den Ersten Weltkrieg einläutete. Hans Magnus Enzensberger sah eine Wiederkehr des «absoluten Terrors» in der Ermordung Olof Palmes, des schwedischen Ministerpräsidenten, Vorkämpfers der Abrüstung und Anwalts der Dritten Welt: Am 28. Februar 1986 wurde Palme in Stockholm auf offener Straße erschossen, Täter unbekannt bis heute, kein Bekenntnis, keine Forderung, «ein leeres Attentat» – am Ende zu dem einzigen Zweck, einen Schrecken zu verbreiten, der jeden treffen kann.

Was bleibt uns zu tun? Schwerlich etwas Besseres, als jene «heroische Gelassenheit» zu kultivieren, die der deutsche Innenminister Wolfgang Schäuble 2006 seinen eher hysterischen amerikanischen Gesprächspartnern empfahl. Auch der Dreißigjährige Krieg ging ja mal vorüber, sogar die 73 Jahre Sowjetdiktatur.

Vielleicht auch sollten wir uns um ein wacheres Bewusstsein für Größenordnungen bemühen. Noch ist es auf der Erde erheblich wahrscheinlicher, von einem Kriminellen ermordet als von einem Terroristen umgebracht zu werden. Mit Hilfe des Autos sterben Jahr für Jahr 1,2 Millionen Menschen und jeweils mehr als drei Millionen an Hunger, an Malaria und an Aids. *Das* sind unsere großen Probleme – zumal da wir wissen, dass mindestens der Hunger wachsen wird. Gewiss, diese Todesarten haben nicht das tückisch Gezielte, auf Vernichtung Erpichte wie der Terror; vor allem aber bringen sie es auf ein verblüffend geringes Medienecho.

Wenn die Weltpresse sich angewöhnen könnte, bei jeweils 2800 Verkehrstoten ebenso aufzuschreien wie bei den 2800 Toten im World Trade Center – unser Bewusstsein würde sich allmählich verändern. Erst recht, wenn wir an die fast 100 000 US-Amerikaner dächten, die in den ersten sechs Jahren nach dem 11. September *ermordet* worden sind, wie die *New York Times* am 20. August 2007 entgeistert registrierte: «Die Medien und die meisten Politiker haben dieses Abschlachten kaum zur Kenntnis genommen», schrieb das Blatt. «In derselben Zeit haben wir bei Flugpassagieren emsig Zahnpastatuben konfisziert und Gangstern ganze Zugladungen von Waffen und Munition überlassen.»

Fürchten wir also um unser Leben! Vor allem dort, wo es wirklich bedroht ist. Ein Leben ohne Angst – das war ein schöner Luxus, den sich nur begüterte Schichten in ein paar günstigen Phasen der

Geschichte leisten konnten. Nun leben wir also wieder mit der Gefahr wie unsere Ahnen zu fast allen Zeiten – statistisch mit einem ungleich geringeren Risiko als sie, die mit Raubtieren, Räubern, Hunger, Seuchen, Katastrophen ständig ums Überleben kämpften. Heute, schreibt John Keegan in seiner «Geschichte des Krieges», haben wir stattdessen «ethnisch Verblendete, ideologisch Verbohrte, Kriegshäuptlinge, gewöhnliche Plünderer und die organisierte Kriminalität».

Dürfen wir beim Terror wenigstens hoffen, dass ihm auch in Zukunft nur eine Minderheit zum Opfer fällt, ja dass er eines nicht sehr fernen Tages einschlafen könnte, wie der Hexenwahn mal eingeschlafen ist: die Atombombe lässt solche Hoffnung nicht zu. Am vorsichtigsten werden wohl weiterhin die beiden Mächte mit ihr umgehen, die das größte Arsenal besitzen, Russland und die USA; und auch der werdenden Weltmacht China ist, ein halbes Jahrhundert nach Maos Sprüchen, ein rationaler Umgang mit der schrecklichen Waffe zuzutrauen. Aber es haben ja weit mehr Staaten die Verfügungsgewalt über sie, und kleiner wird ihre Zahl nicht.

Könnte das *Internet* uns retten? Der *Spiegel* schrieb 2007 zu Recht, es sei «eine Waffe, die niemand mehr ignorieren kann» – und zu Unrecht fuhr er fort: «Das Internet ist das Medium zur Rettung der Welt.» Dazu vier Thesen.

1. Das Internet stellt Nähe zu Millionen her, denen man niemals begegnet ist und kaum je begegnen würde. Darin liegt die Chance, den Informationsstand eines großen Teils der Menschheit zu heben, isolierte Völker in den Weltlauf einzubinden und die Macht verblendeter Einzelgänger zu brechen. Großartig.
2. Die riesige Mehrheit der durchs Internet rauschenden Wörter ist schieres Geschwätz. Dass aus der Kommunikation von Millionen Hirnen tiefe Einsichten und grandiose Ideen entstehen könnten, jene «Schwarm-Intelligenz» also, von der manche Computer-Freaks schwärmen – dafür sind die Indizien schwach.

3. In China (mit inzwischen mehr Internet-Nutzern als die USA) ist ein Wettlauf zwischen den Bürgern und einem aufwendigen staatlichen Überwachungsapparat im Gange. Überlistet wird er oft – zu besiegen ist er wahrscheinlich nie. Und wie, wenn es einem perfiden Propagandagenie wie Joseph Goebbels gelänge, sich statt des «Volksempfängers» für Millionen Deutsche des Internets für Milliarden Menschen zu bedienen?
4. Am intensivsten genutzt wird das Internet von Werbern und Pornographen, am zielstrebigsten von Terroristen und der organisierten Kriminalität.

Erhoffen wir also nicht zu viel.

Was könnte uns helfen?

44 Pazifismus?

Frieden wollen wir fast alle, und dringender als je zuvor in der Weltgeschichte brauchen wir ihn auch. Doch die Chancen, ihn zu erringen oder zu bewahren, stehen nicht günstig – ja, Frieden gilt weithin nicht einmal als das höchste Gut: nicht für den Islam, nicht für Juden und Christen, nicht für die Uno und seit 1995 nicht einmal für Europas größte bis dahin pazifistische Bewegung, die deutschen Grünen.

Der Heilige Krieg, den der Islam predigt, ist in aller Munde. In der Bibel spricht Gott zu seinem auserwählten Volk: «Du wirst alle Völker vertilgen, die der Herr, dein Gott, dir geben wird» (5. Mose 7). Jesus sagt: «Ich bin nicht gekommen, Frieden zu bringen, sondern das Schwert» (Matthäus 10,34). Der Kirchenvater Augustinus schrieb 426 n. Chr.: «Was ist am Krieg zu tadeln?» Auch wenn beim Endkampf der «Erdenbürger» mit den «Gottesbürgern» Menschen getötet würden – müssten sie nicht ohnehin eines Tages sterben? Die *Kreuzzüge* waren schiere Angriffskriege. Martin Luther fragte: «Was ist ein rechtes Kriegführen anderes als ein Bestrafen der Übeltäter und Erhalten des Friedens?» Und Papst Benedikt XVI. sagte 2008 vor der Vollversammlung der Vereinten Nationen, wenn ein Staat gegen seine Pflicht verstoße, seine Bürger vor Verletzungen der Menschenrechte zu schützen, dann sei eine Intervention der Völkergemeinschaft gerechtfertigt.

Damit verstieße dieser Staat allerdings gegen die Uno-Resolution von 1974, in der, nach 24-jährigem Hin und Her, der Begriff *Aggression* verbindlich so definiert wurde: Sie ist der bewaffnete Angriff eines Staates «auf die Souveränität, territoriale Integrität und politische Unabhängigkeit eines anderen Staates» – und das heißt eindeutig: Die territoriale Integrität geht den inneren Zuständen eines Staates vor. Auch die Nato verstieß gegen den Uno-Beschluss: Vom Bürgerkrieg im jugoslawischen Kosovo provoziert, flog sie 1999 Bombenangriffe auf das jugoslawische Serbien – eine klare Verletzung des bis dahin akzeptierten Völkerrechts; noch dazu in der selbstherrlichen Form, dass nichts geschah, als dass die Nato bombardierte und die Serben sich bombardieren ließen.

Schon 1995, nach dem Massenmord von Srebrenica, hatte die blutige Selbstzerstörung Jugoslawiens eine merkwürdige Koalition ins Leben gerufen: Papst Johannes Paul II. ermutigte den Westen zum militärischen Eingreifen in Bosnien, indem er von einem gerechten Krieg sprach, wie die Kirche ihn immer für zulässig gehalten habe. Günter Grass plädierte für Krieg, und Joschka Fischer, Fraktionsvorsitzender der Grünen im Bundestag, fragte seine Partei: «Kann eine Position der Gewaltfreiheit den Sieg der nackten Gewalt in Bosnien einfach hinnehmen? Droht unserer Generation jetzt ein ähnliches Versagen wie der Generation unserer Eltern in den dreißiger Jahren, wenn wir dem Schrecken nicht entgegentreten?»

Die Uno, die eine Verletzung der territorialen Integrität in ihrer Resolution von 1974 zu den «Verbrechen gegen den internationalen Frieden» zählte, hat ihrerseits zwei andere Kriegsgründe anerkannt: das Recht unterdrückter Völker, für ihre Freiheit zu kämpfen, und, kurioserweise, das Recht des Weltsicherheitsrats, von seiner eigenen Definition eigenmächtig abzuweichen: Wer als Erster bewaffnete Gewalt anwende, gelte als der Aggressor – «es sei denn, dass der Sicherheitsrat zu einer anderen Auffassung gelangt».

Wenn Politiker, Päpste, Pazifisten so viele Gründe kennen, Krieg zu führen, und so einfallsreich definieren, ob es sich überhaupt um einen solchen handelt, dann hat der Frieden desto weniger Chancen. Auch um den *Pazifismus* ist es ja still geworden seit dem 11. September 2001 und unserer Angst vor dem Terroristen, der in der U-Bahn auf uns lauern könnte. Pazifismus, das war ein Leitbegriff des 20. Jahrhunderts. Die ihn verfochten, erhoben zwei sympathische Forderungen: jeden Krieg ablehnen und ihn folglich auch nicht durch eigene Rüstung vorbereiten. Aber realistisch war das leider nie.

Es ist wirklichkeitsfremd, weil zu viele Menschen in aller Welt den Krieg lieben – nicht nur Generale und Rüstungsfabrikanten. Millionen arme Teufel hoffen auf den Krieg, der ihnen Freiheit oder Beute bringen soll. Ein wachsendes Heer von Söldnern (Kapitel 42) wird ihn nicht sterben lassen. «Mutter Courage» liebte den Krieg, weil er ihr, nach Brecht, «die Höhe ihrer geschäftlichen Laufbahn brachte», und noch nie hat es an Menschen gemangelt, die durch Kriege reich geworden sind.

Auch leben Pazifisten im Abendland in einer Seelenspaltung: Ihre angenehme Umwelt ist ja fast durchweg das Produkt blutiger Eroberung. Es war das mörderische Wüten der Römer unter fast allen Völkern der damals bekannten Welt, das uns das vielgerühmte lateinische Erbe hinterlassen hat. Alle weißen Bewohner der USA sind Nutznießer des Ausrottungskriegs gegen die Indianer. Und wer heute mit der einen Sprache Englisch um die Erde reisen kann, der profitiert vom Machtrausch der englischen Kolonialherren.

Die größte Schwäche des klassischen Pazifismus jedoch lag in dem naiven Glauben, die Bekundung von Friedenswillen habe die Kraft, den Frieden auch zu wahren. Nein: So ist die Welt nicht eingerichtet, dass sie sich noblen Begriffen fügt. Pazifist sein, schrieb der linksliberale Kurt Tucholsky 1935, heiße ungefähr so viel wie gegen Pickel sein – «damit heilt man nicht!» Es führt kein Weg an dem schneidenden Urteil vorbei, das die beiden berühmtesten Geschichtsphilosophen des 20. Jahrhunderts gefällt haben. Der Engländer Arnold Toynbee schrieb: Staaten, in denen der Pazifismus gesiegt habe, wären denen, wo dies nicht der Fall sei, hilflos ausgeliefert, und das hieße, «dass die gewissenlosesten Regierungen und die rückständigsten Militärstaaten sich zu Herren der Welt machen könnten». Und der Deutsche Oswald Spengler sagte: «Pazifismus heißt, den geborenen Nichtpazifisten die Herrschaft überlassen.»

Vollends zwecklos wäre es, gegen den islamistischen Terror den Frieden zu predigen. George Orwell hatte leider recht, als er 1942 den Pazifismus einen Luxus nannte, den sich nur Leute leisten könnten, deren Sicherheit garantiert sei – «entweder durch genügend Kanonen oder durch genügende Entfernung vom Kriegsschauplatz». Gegen den Terror helfen Kanonen nichts, und die Entfernung von ihm ist auf null geschrumpft.

Die meisten Pazifisten haben es stets unterlassen, sich nüchtern mit der Frage auseinanderzusetzen: *Wodurch* kann ich den Frieden am besten sichern? Sie sind dem Irrtum erlegen, dass die Bekundung von Friedensliebe der sicherste Weg zum Frieden wäre. Er kann der unsicherste sein.

Was hat denn die Schweiz im Zweiten Weltkrieg unternommen, um sich vor Hitler zu schützen? Kriegsbereitschaft hat sie bekundet. Früher als Deutschland hat sie die allgemeine Mobilmachung befohlen und während des gesamten Krieges prozentual mehr Männer unter Waffen gehalten als das Großdeutsche Reich. Natürlich, niemand kann beweisen, dass Hitler andernfalls in die Schweiz eingefallen wäre. Nur kann ein Volk, das überleben will, den Beweis auch nicht abwarten.

Durch unübertroffene Friedensliebe ausgezeichnet war ohne Zweifel *Neville Chamberlain*, der britische Premierminister, der Hitler auf dem Obersalzberg seine Aufwartung machte und ihm 1938 half, das Sudetenland friedlich zu besetzen. Bei der Rückkehr nach London schwenkte Chamberlain auf dem Flughafen den Vertrag von München und sprach die berühmten Worte: «Frieden in unserer Zeit» – «Peace in our time». In Wahrheit hatte Chamberlain nur den Appetit des Ungeheuers gesteigert, und elf Monate nach dem Münchner Abkommen war der Zweite Weltkrieg da.

So ist es denn eine unter Historikern verbreitete Meinung, dass zum Ausbruch des Weltkriegs nächst Hitlers Kriegsliebe Chamberlains Friedensliebe den größten Beitrag geleistet hat. Gerade, dass er nicht den *Friedensnobelpreis* bekam – das Nobelkomitee erkannte, dass der Krieg heraufzog, und verzichtete 1939 auf die Verleihung. Der Friedensnobelpreis! In ihm ist die Verwechslung guter Absichten mit nützlichen Wirkungen feierlich institutionalisiert. Kann denn ein menschliches Gremium je überblicken, welche Wirkungen in fünf oder fünfzig Jahren aus Gesinnungen oder Handlungen folgen, die das Beste wollten – oder auch das Schlimmste! Ist nicht unter israelischen Historikern die Meinung verbreitet, ohne Hitlers Wüten würde es den Staat Israel nicht geben? Wer also wäre imstande, einer beliebigen Handlung ihre möglichen Spätfolgen zuzuordnen?

Henri Dunant, der 1863 das Rote Kreuz ins Leben rief und den Abschluss der Genfer Konvention betrieb, hatte ohne Zweifel den guten Willen, die Grausamkeit des Krieges zu mildern, und so ging 1901 der erste Friedensnobelpreis an ihn. Aber Tolstoi warf Dunant in «Krieg und Frieden» vor, de facto habe er den Krieg wieder salonfähig gemacht, also künftige Kriege begünstigt. 1973 fiel der Preis auf die beiden Verhandlungsführer für den Waffenstillstand in Vietnam, *Henry Kissinger* und *Le Duc Tho*; aber ist es preiswürdig, wenn zwei Parteien einen unsinnigen Krieg beenden, den sie selber angezettelt hatten? Ob Le Duc Tho sich das auch gefragt hat oder ob er, strammer Kommunist, den Frieden durchaus nicht als höchsten Wert betrachtete – jedenfalls verweigerte er die Annahme. *Menachem Begin*, Preisträger von 1978 zusammen mit Anwar as-Sadat, war von 1942 bis 1948 Führer der terroristischen Untergrundorganisation Irgun Zwai Leumi, auf deren Konto viele Morde gehen – in der selbstverständlichen Meinung, dass Krieg gegen einen Unterdrücker, ja jedes Gemetzel im Dienst der guten Sache besser sei als Frieden.

Michail Gorbatschow (Friedensnobelpreis 1990) ist eher eine Ausnahme – aber auch dies in einem merkwürdigen Kausalgeflecht. Er hatte mit dem amerikanischen Präsidenten Ronald Reagan die seit 1981 laufenden Verhandlungen über die Reduzierung der Langstreckenraketen fortgeführt, 1987 in Washington den Vertrag über die Verschrottung von zusammen dreitausend Mittelstreckenraketen unterzeichnet und 1990 die DDR in die Freiheit entlassen; der Kalte Krieg, der eine Weltkatastrophe hätte werden können, wenn er ein heißer geworden wäre, war beendet.

Welcher Grad von Friedensliebe auch immer Gorbatschow angetrieben hat: mindestens zusätzlich muss ihn die Einsicht geleitet haben, dass die Sowjetunion den Rüstungswettlauf gegen die USA unrettbar verlieren würde. Zähneknirschend hat er kapituliert. Zu dieser Niederlage gehörte ein Sieger, und der hieß Ronald Reagan. Die Sowjetunion «kaputtzurüsten» war sein erklärtes Ziel – und er hat es erreicht. Erreicht im Endstadium gerade durch jenen Plan, der in aller Welt als unrealisierbar und von der deutschen Friedensbewegung teils als lächerlich, teils als teuflisch bezeichnet wurde: SDI, die Strategische Verteidigungsinitiative, volkstümlich «Krieg der Sterne» genannt. Es war der Versuch, mit Satelliten und Raketen einen Schutzschild über die USA zu legen, der die sowjetischen Atomraketen abfangen, also sinnlos machen würde. Rudolf Augstein hat es klipp und klar geschrieben: Die Sowjetunion «war wirtschaftlich am Ende wegen Ronald Reagans SDI».

Folglich: Es war der Weltmeister der Aufrüstung, der Amerikas Wirtschaftsmacht so lange ausspielte, bis das Sowjetimperium zusammengebrochen und die Gefahr des Dritten Weltkriegs dramatisch vermindert war – und das alles, ohne einen Schuss abzugeben. Warum also sollte Reagan des Friedensnobelpreises in geringerem Maße würdig gewesen sein als Gorbatschow – nur weil Friedensliebe vielleicht nicht sein Motiv war? Absichten zählen nicht in der Politik, nur Wirkungen. Die Wirkung «Frieden», und wäre sie den übelsten Absichten entsprungen, ist uns allemal lieber als die Wirkung «Krieg».

Wer den Frieden ernstlich will, der müsste bereit sein, mit eiskaltem Verstand zu prüfen und zu wägen, wodurch der Frieden sich vermutlich am besten sichern lässt. Und wenn er zu dem Ergebnis käme, dass Hochrüstung und Kriegsgeschrei den Frieden wahrscheinlicher machten als leidenschaftliche Friedensbekundungen – dann müsste er die Rüstung wählen. Das wäre ein *aufgeklärter* Pazifismus: einer, der den Frieden für das höchste Gut auf Erden hält und folglich bereit ist, einen Preis für ihn zu zahlen.

Der schottische Historiker Niall Ferguson, der in Oxford und Harvard lehrt, vertritt hartnäckig die These, nur eine imperiale Macht wie einst das Britische Empire könne den Weltfrieden garantieren, und leider hätten die USA es versäumt, nach dem Zusammenbruch der Sowjetunion konsequent in diese Rolle einzutreten. Der typische Amerikaner neige zu Selbstzufriedenheit und Provinzialität, schreibt Ferguson, er interessiere sich mehr für sein Einkaufszentrum als für die große Politik. Das wäre, in den Alltag übertragen, der Geist der Monroe-Doktrin von 1823: Die USA betrachteten die westliche Hemisphäre, also auch das gesamte Lateinamerika, als ihre Einflusszone, verteidigten sie gegen jede Intervention – und verzichteten im Gegenzug auf jede Einmischung in Europa. Dabei begünstigt wurden die Amerikaner nach den Worten des amerikanischen Soziologen Max Lerner durch ihre Überzeugung, «dass alles, was sie tun und wie sie es tun, zur natürlichen Weltordnung gehört»; andere Sitten in anderen Ländern seien ihnen unverständlich, ja suspekt.

Besäßen die USA einen imperialen Instinkt und hätten sie zudem einen genialischen Jongleur der Macht an der Spitze wie Metternich, Bismarck oder Benjamin Disraeli, der die Krönung der Queen Victoria zur Kaiserin von Indien arrangierte – vielleicht bekäme Fergusons Vision eine Chance, und die *Pax Americana* würde Einzug halten auf der Erde. Aber mindestens China würde das kaum hinnehmen, und auch die beiden historischen Vorbilder sind nicht sehr ermutigend: Nicht die *Pax Romana*, zu Ehren des Kaisers Augustus ausgerufen, mit Hilfe barbarischer Eroberungen herbeigeführt und weiter durch Kleinkriege an den Grenzen des Imperiums bedroht; ja, im Jahr 9 n. Chr. wurde im Teutoburger Wald ein Heer der Weltmacht Rom vernichtet. Auch nicht die *Pax Britannica*, oft so genannt in der Hochzeit der britischen Weltherrschaft im späten 19. Jahrhundert: Die Kolonien erlebten den britischen Frieden um den Preis der Unterdrückung, und mit dem brutalen Krieg gegen die Buren (1899 bis 1902) war die Pax vollends dahin.

Was hätten wir da dem Fazit entgegenzusetzen, das eine hochbesetzte internationale Konferenz zu dem Thema «Voraussetzungen der internationalen Solidarität» 2007 in Wien gezogen hat? Es wachse die Zahl der gescheiterten Staaten, Russland kehre zu seiner klassischen Machtpolitik zurück, China betreibe sie – kurz: «Die Welt brennt, ohne dass die alten Löschsysteme funktionieren.» Pazifisten jedenfalls wären keine Feuerwehr.

Sigmund Freud: *Warum Krieg?*

«Gibt es einen Weg, die Menschen vom Verhängnis eines Krieges zu befreien?» Diese Frage richtete Albert Einstein 1932 in einem Brief an Sigmund Freud. «Wie ist es möglich, dass die Minderheit der Herrschenden die Masse des Volkes ihren Gelüsten dienstbar machen kann, die durch einen Krieg nur zu leiden und zu verlieren hat?» Gebe es eine Möglichkeit, «die psychische Entwicklung der Menschen so zu leiten, dass sie den Psychosen des Hasses und des Vernichtens gegenüber widerstandsfähiger werden?» Freud antwortete 14 Seiten lang, und sehr optimistisch äußerte er sich nicht.

Was die Begeisterung vieler Menschen für den Krieg angehe, so komme vermutlich «ein Trieb zum Hassen und Vernichten» der Verhetzung durch die Regierungen entgegen, schreibt Freud. Neben dem Erhaltungstrieb, dem Eros, stehe ein Aggressions- und Vernichtungstrieb, und die verhielten sich zueinander wie Liebe und Hass. Meist seien die Triebe «legiert»: So brauche der Selbsterhaltungstrieb, gewiss erotischer Natur, die Aggression, wenn er seine Absichten durchsetzen wolle. Ein Lebewesen bewahre sein eigenes Leben sozusagen dadurch, dass es fremdes zerstöre.

Es bestehe folglich keine Chance, die aggressiven Neigungen des Menschen abzuschaffen; man könne nur versuchen, sie so weit abzulenken, dass sie ihren Ausdruck nicht im Krieg finden müssten. Gegen den *Todestrieb* sollte sein Gegenspieler, der Eros, aufgerufen werden, um Gefühlsbindungen unter den Menschen herzustellen und Aggressionsneigungen zu verinnerlichen.

«Wir sind Pazifisten», schreibt Freud. «Wie lange müssen wir nun warten, bis auch die anderen Pazifisten werden? Vielleicht ist es keine utopische Hoffnung, dass der Einfluss der kulturellen Einstellung und der berechtigten Angst vor den Wirkungen eines Zukunftskrieges dem Kriegführen in absehbarer Zeit ein Ende setzen wird. Alles, was die Kulturentwicklung fördert, arbeitet auch gegen den Krieg.»

1915, während des Ersten Weltkriegs, hatte Freud sich drastischer geäußert. Souverän und ironisch fand er den Trost, «dass unsere Kränkung und schmerzliche Enttäuschung wegen des unkulturellen Benehmens unserer Weltmitbürger in diesem Kriege unberechtigt waren ... In Wirklichkeit sind sie nicht so tief gesunken, wie wir fürchten, weil sie gar nicht so hoch gestiegen waren, wie wir's von ihnen glaubten. Dass die Völker und Staaten die sittlichen Beschränkungen gegeneinander fallen ließen, wurde ihnen zur begreiflichen Anregung, sich für eine Weile dem bestehenden Drucke der Kultur zu entziehen und ihren zurückgehaltenen Trieben vorübergehend Befriedigung zu gönnen.»

24 Jahre nach diesem Urteil, sieben Jahre nach Freuds Antwort an Einstein brach der Zweite Weltkrieg aus.

45 Angeborene Friedfertigkeit?

Wieso ist es immer wieder vorgekommen, dass «ganz normale Familienväter» morden, foltern, Frauen und Kinder umbringen, sich an unvorstellbaren Massakern beteiligen?, fragte der Sozialforscher Jan Philipp Reemtsma 2008. «Diese Frage treibt uns um. Dennoch ist es eine alberne Frage.» Denn: «Menschen *können* das und tun es immer wieder. Menschen können auch Musik machen oder Bilder malen, und wenn wir das beobachten, fragen wir uns auch nicht, wie es denn bloß möglich sei, dass ganz normale Familienväter Klavier spielen.»

Beißender als jeder Philosoph hat Reemtsma damit ein Kernproblem, *das* Kernproblem der Zukunft des Menschen formuliert: Wie können wir Kriege, wie können wir den großen, den letzten Waffengang vermeiden – da doch das Töten für uns etwas so Normales ist? Lässt sich Einsicht unter den Menschen verbreiten, lassen sie sich zum Frieden erziehen – so, wie sie in der Tat, über ihre natürliche Aggressivität hinaus, zum Krieg doch großenteils erst erzogen werden mussten?

Von den amerikanischen Frontsoldaten im Zweiten Weltkrieg machten während eines Gefechts im Durchschnitt nur 15 Prozent von ihren Waffen Gebrauch; «bei besonders guten Kompanien unter stärkstem Feinddruck ging der Anteil selten über 25 Prozent hinauf». Der mit dieser Feststellung zunächst die Generale der USA, dann die Militärstrategen in aller Welt erschütterte, hieß S. L. A. Marshall und war Oberst und zugleich offizieller Kriegshistoriker der amerikanischen Armee; sein Buch von 1947 («Men against Fire») beschäftigt weiter die Militärs in aller Welt. Für den Irak-Krieg hat die US Army daraus gefolgert: Tötungshemmungen sind ein Problem, das wir lösen müssen. In der Ausbildung und in den Handbüchern kommt das Wort «töten» folglich nicht vor – es wird «Feuer erwidert» und «auf ein Ziel geschossen» (meist auf einen Menschen, aber eben das wird nicht gesagt), und selbst die *Special Forces* zielen erst dann auf eine Schießscheibe in Menschengestalt, wenn sie in mehreren Schritten an diesen Umriss gewöhnt worden sind. Zu den *natural born killers*, den Killern von Geblüt, den *robustiores* im engsten Sinn, gehören nach Dave Grosman, einem zeitgenössischen amerikanischen Wehrexperten, nur zwei Prozent aller Soldaten.

Im Irak kommt für die US Army erschwerend hinzu, dass dort der Straßen- und Häuserkampf vorherrscht, man also dem Menschen, den man unschädlich machen soll, ins Gesicht sehen muss; und oft wird in Not und Dämmerung auf eine Menschengruppe geschossen, in der sich auch Frauen und Kinder befinden. So ist für die heimgekehrten Soldaten und die amerikanische Gesellschaft überhaupt das *posttraumatische Stress-Syndrom* zu einem Problem geworden: Viele von denen, die getötet haben, leiden unter Albträumen und Angst. Da dies nach früheren Kriegen kaum ein Thema war, stellt sich die Frage: Gab es das Trauma schon immer – nur schämte man sich seiner, vertuschte es, benannte es nicht? Oder ist in den letzten Jahrzehnten eine Generation herangewachsen, der das Töten schwerer fällt als ihren Vätern?

Darin könnte ja eine Hoffnung liegen, ein Kulturfortschritt, der künftige Kriege weniger wahrscheinlich macht. Nur gibt es leider keine Indizien dafür, dass ein solcher Schritt zum Besseren bei der Menschheit insgesamt stattgefunden hätte – im Gegenteil, wenn man an die radikalen Islamisten denkt. Es bleibt nur der Trost: Wenn das Militär es schafft, eine verbreitete natürliche Tötungshemmung durch Erziehung, durch Konditionierung *abzubauen* –

dann müsste das Gegenteil ebenso möglich sein. Dann müsste das Tötungspotenzial des «ganz normalen Familienvaters» sich nicht nur mobilisieren lassen für militärische Zwecke, sondern ebenso sich dämpfen, sich domestizieren lassen im Dienst des Friedens. Gedämpft werden müsste da freilich eine Menge; viele Philosophen, Psychologen, Verhaltensforscher sehen es so.

Thomas Hobbes schrieb 1651 in seiner Staatslehre «Leviathan» (wie das vielköpfige Seeungeheuer des Alten Testaments), Konkurrenz sei der Naturzustand der Menschen, nicht Kooperation; sie lägen voreinander auf der Lauer, jeder für jeden ein Wolf (*homo homini lupus*). Immanuel Kant sprach von «der Bösartigkeit der menschlichen Natur, die sich im freien Verhältnis der Völker unverhohlen blicken lässt, indessen dass sie im bürgerlich-gesetzlichen Zustande durch den Zwang der Regierung sich sehr verschleiert». Schopenhauer schrieb in seinem Aufsatz «Zur Ethik», im Herzen jedes Menschen liege «ein wildes Tier, das nur auf Gelegenheit wartet, um zu toben und zu rasen, indem es andern wehetun und, wenn sie ihm den Weg versperren, sie vernichten möchte». Der Wiener Verhaltensforscher und Nobelpreisträger *Konrad Lorenz* (1903–1989) bezeichnete die Angriffslust als den Urtrieb aller Lebewesen. Ihre arterhaltende Funktion sei beim Menschen auf eine lebens- und artbedrohende Weise gestört: durch die Erfindung der Waffe, die die natürliche Tötungshemmung gegenüber dem Artgenossen überspiele. «Unsere tieferen Schichten nehmen einfach nicht zur Kenntnis, dass das Abkrümmen eines Zeigefingers einem anderen Menschen die Eingeweide zerreißt. Kein Mensch würde auch nur auf die Hasenjagd gehen, müsste er das Wild mit Zähnen und Fingern töten.»

Der französische Soziologe *Raymond Aron* hat 1962 in seinem Klassiker über den Krieg am klarsten den Schritt von der Aggressivität des Individuums zum Kampf zwischen Gemeinschaften, Völkern, Nationen vollzogen. Geschlechtstrieb, Besitzstreben und

Geltungsdrang brächten die Menschen von Kindesbeinen an fast unvermeidlich in Konflikt miteinander: Jeder Mensch sei in jedem Augenblick «Opfer und Quäler anderer Menschen (*victime et bourreau d'autrui*). Jedes Gut, das sich nicht teilen lässt, die Macht oder der Ruhm, ist Objekt unausweichlicher Streitigkeiten. Wenn der Gegenstand des Streits sich teilen lässt, sind Kompromisse möglich, aber die Anwendung von Gewalt bleibt eine Versuchung.» So werde die angeborene Angriffslust des Individuums durch das Zusammenleben noch erhöht. Stämme und Völker verfügten damit über einen Vorrat an Aggressivität, dessen Ableitung nach außen sich anbiete. Daraus ergibt sich nach Aron folgende fatale Ursachenverknüpfung: «Der Mensch ist rasch zur Hand, auf Schmerz und Zurücksetzung mit Gewalt zu antworten. Da ihm im ständigen Wettstreit mit seinesgleichen die Befriedigung, die er anstrebt, oft versagt bleibt, ist er zum Groll gegen diejenigen geneigt, die ihm Liebe, Ruhm, Geld stehlen. Als Mitglied einer Gemeinschaft hat er am Stammeszusammenhalt teil, der eine Distanz zwischen Landsleute und Ausländer legt und es den Mitgliedern der einen Gruppe verbietet, den Angehörigen einer anderen Gruppe den gleichen Rang zuzuerkennen.»

Da ist der Punkt, wo die Aggressivität des Individuums in die Feindschaft zwischen Horden, Stämmen, Völkern umschlägt; die ist so alt wie der Mensch und die Urmutter aller Kriege. Das Fremde abzulehnen ist unser biologisches Erbe, *Ausländerfeindlichkeit* für den primitiven Menschen völlig normal. Kinder «fremdeln», sobald sie ein paar Monate alt sind, und zwar auch dann, wenn sie mit einem neuen Gesicht noch nie eine schlechte Erfahrung gemacht haben. Schulkinder hänseln den Außenseiter – gleichgültig, ob er die Gruppennorm in Kleidung und Haltung verletzt (also die Chance hätte, sich anzupassen) oder ob er ein Krüppel ist. Ein Pferd, dem bei einem Versuch der Universität Münster bunte Wollfäden in die Mähne gebunden worden waren, wurde von seinen

Artgenossen fast zu Tode gehetzt. Schimpansen fletschen die Zähne gegen ein bisher akzeptiertes Mitglied der Sippe, wenn es durch Krankheit entstellt ist.

Der Verhaltensforscher Irenäus Eibl-Eibesfeldt fragte die primitiven Agta auf den Philippinen: «Habt ihr eigentlich was dagegen, wenn Fremde auf eurem Uferstreifen Nahrung suchen?» Durchaus nicht, antworteten sie. Nur wenn es diese und jene wären (und es folgten die Namen sämtlicher Nachbarstämme), *dann* würden sie kämpfen, denn die hätten ihnen schon immer durch Hexerei geschadet.

Das Wichtigste an den Fremden waren einst für viele Völker die Köpfe – wenn man sie abgeschlagen hatte. Ein Großteil der Urmenschenfunde besteht aus eingeschlagenen Schädeln und ausgesaugten Knochen, und die letzten Steinzeitmenschen des 20. Jahrhunderts waren fast alle in Blutrache, Kopfjagd und Krieg verstrickt. Kopfjagd gab es unter den Eskimos bis ins späte 19. Jahrhundert, in Montenegro noch 1912, auf Neuguinea, auf den Philippinen, in Ecuador bis in die siebziger Jahres des vorigen Jahrhunderts. Auf vielen Südsee-Inseln durfte ein Jüngling nicht heiraten, ehe er seiner Braut nicht den Kopf eines Feindes vorwies, und Häuptling wurde der, der die meisten Schädel erbeutet hatte.

Unbeschwertes Südsee-Leben? Über die Bewohner der Insel Dobu bei Neuguinea schrieb die amerikanische Anthropologin Ruth Benedict 1934, der typische Insulaner «verzehrt sich vor Neid, Misstrauen und Rachedurst. Wer erfolgreich ist, von dem nimmt man an, dass er gestohlen, betrogen und anderer Leute Kinder durch Zauberei ermordet hat». Auf Neuguinea gab es mindestens bis 1961 Eingeborenenstämme, die in ewigem Krieg miteinander lebten. Die Dani und die Willigiman zum Beispiel trafen sich allmonatlich auf einem abgesteckten Schlachtfeld, beschimpften einander, führten eine Art Kriegsballett auf und griffen schließlich an – mit ungefiederten Pfeilen, weil sie nicht töten, sondern nur verwunden wollten. Doch parallel zu diesem blutigen Turnier lagen die beiden Stämme ständig auf der Lauer, ein Mitglied des anderen Stammes, egal ob Mann, Frau oder Kind, aus dem Hinterhalt zu überfallen und zu ermorden – als Vergeltung für den Raub von Frauen oder Schweinen oder für Verletzungen des Territoriums, und einer dieser Gründe lag *immer* vor.

Dann gab es ein Freudenfest bei dem Stamm, der getötet hatte, und beim anderen den Schwur, zur Blutrache auszuziehen. Nach der Überlieferung beider Stämme war es niemals anders gewesen; keine Seite machte je den Versuch, sich mit der anderen zu versöhnen.

Aber die Tasaday auf den Philippinen! Die hatten ja nicht einmal Wörter für Feind, Kampf, Krieg und Mord. Ja – sie waren nur leider auch nicht das Steinzeitvolk, als das der geltungssüchtige philippinische Minister für Eingeborenen-Minderheiten sie von 1971 bis 1986 betrügerisch aufgeputzt hatte, sondern nur eine Attraktion für Touristen.

Sehen wir also der Wahrheit ins Gesicht: Der Mensch ist kein friedliches Wesen; die Bereitschaft, auf den Nachbarstamm, das Nachbarvolk zu schießen, liegt in der Luft; und eine scharfe Grenze zwischen individueller und kollektiver Angriffslust lässt sich nicht ziehen. Biologisch sind wir auf Zwist, auf Krieg programmiert. Aber der Biologie arbeitet beim Homo sapiens eine *kulturelle Evolution* entgegen, und gegenüber der biologischen Evolution hat sie den dramatischen Vorzug, dass sie nicht Jahrhunderttausende braucht, sondern sich auch in Jahrhunderten, ja in Jahrzehnten vollziehen kann. Auf Flügel zum Fliegen haben wir nicht Millionen Jahre gewartet wie Vögel und Insekten, sondern binnen 78 Jahren haben wir den Weg vom ersten Gleitflug Otto Lilienthals bis zur Landung auf dem Mond zurückgelegt. Als 1912 auf der «Titanic» reiche Männer klaglos fremde arme Frauen in die Boote steigen ließen, da hatten sie, mit einer guten Erziehung im Hintergrund, ihre Macht- und Überlegenheitsinstinkte niedergerungen. Wenn Duelle nicht mehr tödlich enden wie noch im 19. Jahrhundert oft, sondern der unterlegene Tennisspieler dem Sieger die Hand drückt, selbst wenn er ihn eigentlich in Stücke reißen möchte – dann hat die Kultur die Natur besiegt.

Auch haben wir es zu einer Religion gebracht, die die Nächstenliebe immerhin predigt, und das nicht immer ohne Widerhall; zu Revolutionen, die die Freiheit, die Gleichheit, die Brüderlichkeit wenigstens zu Idealen erhoben haben, und manchmal sogar mit Erfolg; zu Institutionen wie der athenischen Demokratie, dem englischen Parlamentarismus, dem liberalen Rechtsstaat und, nun ja, den Vereinten Nationen – geboren aus einem Geist, dem die Zukunft gehört: Lassen wir die Menschen, wie sie sind, alle Umerziehungsversuche sind anmaßend und zugleich hoffnungslos.

Kant hat 1795 in seiner Schrift «Zum ewigen Frieden» dafür ein maßvolles Angebot gemacht. Das grundsätzlich zu bejahende *Weltbürgerrecht* lasse sich auf «Bedingungen zur allgemeinen Hospitalität» einschränken, schreibt er, worunter er nicht einmal ein Gastrecht (mit Anspruch des Gastes auf dasselbe), sondern nur ein *Besuchsrecht* verstehen wollte; das Recht, «sich zur Gesellschaft anzubieten – vermöge des Rechts des gemeinschaftlichen Besitzes der Oberfläche der Erde, auf der als Kugelfläche sie sich nicht ins Unendliche zerstreuen können, sondern endlich sich doch nebeneinander dulden müssen, ursprünglich aber niemand an einem anderen Ort der Erde zu sein mehr Recht hat als der andere».

Anders ausgedrückt: Bemühen wir uns, die Konsequenzen aus einer Einsicht zu ziehen, die uns sehr schwer gefallen ist und uns erstaunlich spät erreichte – dass alle Menschen unsere Brüder sind. Ganz wörtlich, und davon gleich mehr.

46 Sind wir nicht alle Brüder?

Ja! Aber genau wissen wir das erst seit 1901, und zu genau wissen wollen es noch heute gar nicht alle. Denn wenn wir zugeben, dass auch die fernsten Menschen zu unseren nächsten Verwandten gehören, dann könnten sich daraus politische, wirtschaftliche, juristische, moralische Konsequenzen ergeben, die nicht jedem schmecken. Zum Bewusstsein ihrer selbst ist die Menschheit noch nicht ganz erwacht. Nur im Internet hat sie schon begonnen, sich als Einheit zu empfinden: Da gibt es keine Hierarchie, jeder ist Sender und Empfänger zugleich, und niedergerissen sind alle Hürden, die bei der leibhaftigen Begegnung oft nicht überwunden werden: die Hautfarbe und der soziale Status.

Wenn andere Menschen anders aussehen, anders sprechen, sich anders kleiden, andere Sitten haben, so liegt es ja nahe, dass wir uns ihnen mit Vorsicht nähern – oder sie gar bekämpfen, weil Friedfertigkeit uns eben *nicht* angeboren ist. Doch auch wer uns ähnelt, kann noch lange nicht als «Bruder» passieren. Unseren Ahnen kam es nie in den Sinn, sich für ihren Nachbarstamm und sich selber einen gemeinsamen Oberbegriff auszudenken, «Mensch» zum Beispiel. Der Mensch vom andern Stamm war, handelnd oder potenziell, ein Feind, das Krokodil war auch ein Feind – also zerfiel die lebende Welt in «Wir, die Menschen» und «die Feinde». Die Eskimos nennen sich selber *Inuit*, das heißt «Menschen»; ihre indianischen Nachbarn waren «Feinde». Von denen wurden sie wiederum nicht Menschen genannt, sondern «Rohfleisch-Esser» (*esguimantsic*), woraus unser Wort «Eskimo» entlehnt ist.

Und welcher Grund sollte vor Jahrtausenden bestanden haben, über mögliche Artgenossen in fernen Erdenwinkeln nachzudenken oder sich gar mit dem Begriff «biologische Spezies» zu befassen? Vermutlich gibt es sogar noch heute im Amazonas-Urwald, vielleicht auch im Dschungel Neuguineas ein paar Horden oder Stämme, die ein Weißer nie gesehen hat – vielleicht, weil sie schon einen Weißen gesehen und sich daraufhin in die letzten wilden Winkel des Planeten verkrochen haben. Im Mai 2008 ging ein Foto von rot bemalten Indianern im hintersten Brasilien durch die Presse, die mit Pfeil und Bogen auf das Flugzeug der Regierungsstiftung zum Schutz der einheimischen Völker schossen; deren Sprecher sagte: Wir kennen die, aber wir lassen niemand hin zu ihnen.

Wie lange noch? Werden die illegalen Holzfäller aus Peru, die ihnen längst im Nacken sitzen, sie umbringen – oder sie in eine Welt von unbeschreiblicher Fremdheit stoßen? Wie soll man ihnen je erklären, dass sie fast sieben Milliarden Brüder haben und mit ihnen die Oberfläche einer Kugel teilen?

Selbst die Griechen mussten ja einst mühsam lernen, dass in Asien Menschen lebten wie sie selbst. Es war Alexander der Große, der sie belehrte: Bei den Völkern des Persischen Reiches, bei den «Barbaren» also nach griechischem Sprachgebrauch, fand er eine Kultur von ähnlicher Höhe vor, und 324 v. Chr. arrangierte er in der Perserhauptstadt Susa eine prunkvolle Massenhochzeit zwischen makedonischen Soldaten und einheimischen Mädchen, er selbst vermählte sich mit der Tochter des Großkönigs. Dies war der demonstrative Abschied von allem Hochmut der Hellenen. In den Wind geschlagen hatte der König den Rat seines Lehrers Aristoteles, «die Griechen als Freunde, die Barbaren aber wie Tiere und Pflanzen zu behandeln». Wie «in einem Becher der Freundschaft», schrieb Plutarch, habe Alexander die Sitten aller Völker gemischt.

Es muss unter diesem Eindruck gewesen sein, dass ein dunkelhäutiger Phönizier aus Zypern, *Zenon der Jüngere*, als mutmaßlich erster Erdenbürger eine Vorstellung von der engen Verwandtschaft aller Menschen entwickelte. Er zog in die abendländische Kulturhauptstadt Athen, beschaffte sich um 300 v. Chr. in der Markthalle, der *Stoa*, einen Raum und fand dort allmählich Zuhörer für seine Lehre: Die übliche Unterscheidung zwischen «Griechen» und «Barbaren» sei eine Anmaßung, *alle* Menschen hätten wir als unsere Mitbürger und Landsleute anzusehen; alle hätten die gleichen geistigen Anlagen und die gleiche Pflicht zur sittlichen Lebensführung. So gilt Zenon als der Begründer des Weltbürgertums, des Kosmopolitismus. Da die Stoiker im Geiste Zenons eine einflussreiche Schule wurden (mit Seneca und dem römischen Kaiser Mark Aurel) und da sich im Römischen Reich die Lehre Jesu «Liebet eure Feinde» rasch verbreitete, schien alles klar zu sein, jedenfalls in der Theorie, in der zur Schau getragenen Gesinnung: «Wir sind alle Brüder», schrieb um 100 n. Chr. der freigelassene Sklave Epiktet.

Aber die Theorie hatte Löcher, und die Praxis hinkte um zwei Jahrtausende hinterher. Durch das größte Loch fielen die Sklaven. Die christliche Kirche hat den Sklavenhaltern ja immer wieder die Hand gereicht; das Seelenheil war wichtiger als die Frage, ob man es in Ketten findet (Kapitel 19).

Nicht, dass es an Ansätzen zu wissenschaftlicher Einsicht und gutem Willen gefehlt hätte. 1518, vor dem Start zur ersten Umrundung des Planeten Erde, unterzeichnete Magalhães den «Vertrag über die Entdeckung der Gewürzinseln», worin er sich zur Bekehrung aller «Menschen» verpflichtete, auf die er stoßen würde. Seine dreijährige Expedition verdient es mit ungleich größerem Recht als 450 Jahre später die erste Mondlandung, «das größte Abenteuer der Menschheit» genannt zu werden – denn zum Abenteuer der Gefährlichkeit kam das wahrhafte *Menschheits*abenteuer, zu erforschen, ob es wohl irgendwo bei den Antipoden Über- oder Untermenschen geben würde, die das christliche Weltbild hätten ins Wanken bringen können. Doch siehe: Wie Antonio Pigafetta, der Chronist des Magalhães, exakt überliefert hat, tauchten bei den Spaniern niemals Zweifel auf, welches Lebewesen zu taufen sei und welches nicht.

Gleichheit vor Gott – das durfte noch lange nicht «Gleichheit unter den Menschen» heißen. Ein anschauliches Beispiel dafür lieferte um 1550 der spanische Botschafter in Rom. Bei einer reichen Kurtisane zu Gast geladen, verspürte er das damals typische Bedürfnis, auszuspucken. Aber da er keinen Spucknapf sah, nur Teppiche, Gemälde, Vasen, edlen Nippes überall, spie er dorthin, wo ihm der Schaden am geringsten schien: einem Lakaien ins Gesicht (nicht auf die Livree, die wäre ebenfalls zu kostbar gewesen). Was da Ferdinand Gregorovius in seiner «Geschichte der Stadt Rom im Mittelalter» berichtet, lässt den Schluss zu, dass der Weg zur Brüderlichkeit noch lang und mühsam war. Nämlich so.

1699: Der englische Zoologe Edward Tyson trifft in seiner «Vergleichenden Anatomie eines Schimpansen» zum ersten Mal die wissenschaftliche Feststellung, dass Schimpansen keine Menschen sind.

1758: Carl von Linné tut zwei kühne Schritte – den Menschen ordnet er sprachlich dem Tierreich ein, indem er Menschen, Affen und Fledermäusen den Oberbegriff «Primaten» überstülpt; alle Menschen aber bezeichnet er als eine einzige biologische Art, für die er das Wort *Homo sapiens* prägt: das kluge, einsichtsvolle, weise Menschentier. Die Sklaven also auch.

1775: Der Göttinger Student Friedrich Blumenbach, später weltberühmt, trifft in seiner Doktor-Disputation die Unterscheidung in fünf Menschenrassen (mit den törichten, aber noch heute populären Plakatfarben weiß, schwarz, gelb, rot, braun) – und er fällt hinter Linné zurück, indem er die sogenannten Rassen als *fünf* biologische Arten bezeichnet. Kennzeichen der *Art* ist ja, dass ihre Mitglieder miteinander Nachkommen zeugen können, die ihrerseits fruchtbar sind; und das waren sie längst, die vielen Kinder von weißen Herren und schwarzen Sklavinnen zumal in Amerika. Blumenbach hätte also wissen können, dass seine «Rassen» nur Varietäten derselben Spezies sind.

1776: Der amerikanischen Unabhängigkeitserklärung zufolge sind «alle Menschen gleich geschaffen und haben unveräußerliche Rechte». Doch es bleibt dabei: Indianer und Schwarze gelten nicht als «Menschen», denn sie bekommen diese Rechte nicht. Jefferson, der Autor, hält selber Sklaven und hat mit einer Sklavin zwei Kinder.

1785: Johann Gottfried Herder, Freund Goethes und Generalsuperindendent in Weimar, dekretiert: «Nur ein und dieselbe Gattung ist das Menschengeschlecht auf der Erde.» Fünf Abteilungen von ihnen nach Farben zu unterscheiden, sehe er keinen Grund. («Menschengeschlecht», sagt Herder. Das Wort *Menschheit*, bis dahin nur auf das Menschsein angewendet, die *humanitas*, wird von Goethe wie von Schiller schon in beiden Bedeutungen benutzt.) Herder beklagt gleichzeitig, «wie arm an geltenden Nachrichten» aus fernen Ländern man sei – aber das hindert ihn nicht, den Japanern dicke Köpfe und schiefe Beine, den Negern jedoch «geschwätzige Wollust» nachzusagen. Mit wem alles man zusammenlebt auf der Erde, wissen eben auch die Menschenfreunde nicht.

1854: Mit Hilfe des 1851 verlegten Telegraphenkabels zwischen Dover und Calais können die englischen Zeitungskorrespondenten vom gerade ausgebrochenen Krim-Krieg täglich berichten; zum ersten Mal wird ein Volk über die Leiden seiner Soldaten, über Hunger, Seuchen, Chaos und Tod rasch und regelmäßig informiert. Das *musste* in der Heimat Mitleid mobilisieren, schreibt Marshall McLuhan, und so sei es nur natürlich gewesen, dass eine eifrige Leserin der Korrespondentenberichte, die später zur Legende gewordene Krankenschwester *Florence Nightingale*, auf die Krim eilte, um zu helfen: «Die menschliche Anteilnahme reicht so weit, wie sie an der Erfahrung anderer unmittelbar beteiligt ist.»

1871: *Darwin* stuft den Menschen als Abkömmling der Tiere ein; an der Art-Einheit des Menschengeschlechts hat er keinen Zweifel.

1890: Den aber hat immer noch der Große Meyer. «Streitig ist es noch, ob man die Gruppen, in die das Menschengeschlecht zerfällt, als ebenso viele verschiedene Arten (Spezies) oder als Rassen (Varietäten einer Spezies) anzusehen hat»; und nach quälerischem Abwägen des Für und Wider kommt das Konversationslexikon zu dem Schluss, die Mehrzahl der Indizien spreche «gegen die Annahme von verschiedenen Menschenspezies».

1901: Der österreichische Bakteriologe *Karl Landsteiner* entdeckt die vier Hauptgruppen des menschlichen Blutes (A, B, AB, 0). Sie kommen zwar in verschiedenen Erdteilen verschieden häufig vor, decken sich jedoch mit den sogenannten Rassen nicht – woraus der für manch einen schmerzliche Schluss gezogen werden muss, dass ein Weißer einem Schwarzen blutsverwandter als einem anderen Weißen sein kann. Landsteiner bekommt 1930 den Nobelpreis; vermehrte Einsicht oder gar irgendwelche Handlungen folgen aus seiner Entdeckung nicht.

1924: Die unterjochten Indianer werden zu Bürgern der USA erhoben (Kapitel 20).

1948: Im April tritt die *Weltgesundheitsorganisation* (WHO) ins Leben, und zwar mit explosionsartigem Erfolg. Sie koordiniert und intensiviert die Maßnahmen zur Seuchenbekämpfung in der Dritten Welt, lässt damit die Bevölkerungslawine rasend anschwellen – und provoziert die *Entwicklungshilfe*, die ja nicht zuletzt ein Beitrag zur Bekämpfung der Folgen von so viel Gesundheit ist. Zugleich legt die WHO zur Entwicklungshilfe die weltanschauliche Grundlage, indem sie in ihre Definition der *Gesundheit*, die für alle Menschen anzustreben sei, den kühnen Satz aufnimmt: Gesundheit sei nicht allein die Abwesenheit von Krankheit, «sondern der Zustand vollen körperlichen, geistigen und *sozialen Wohlbefindens*». Während *soziale Gerechtigkeit* der überindividuellen Auslegung durch Parlamente und Gerichte zugänglich ist, hat die Uno mit dem sozialen «Wohlbefinden» einen bedeutenden Unfug in die Welt gesetzt: Das ist ja ein subjektiver Zustand; niemand kann einem Menschen verbieten, sein Wohlbefinden dadurch beeinträchtigt zu sehen, dass sein Nachbar ein dickeres Auto hat als er.

Im Dezember 1948 verabschiedet die Uno die *Allgemeine Erklärung der Menschenrechte*. Sie gilt, wie es in der Präambel heißt, «allen Mitgliedern der menschlichen Familie», schließt also, im Unterschied zu allen Menschenrechtserklärungen seit 1776, die ganze biologische Art wirklich ein. Der Sprengstoff steckt in Artikel 22: Jeder Mensch habe das Recht auf soziale Sicherheit. «Durch innerstaatliche Maßnahmen und internationale Zusammenarbeit» müsse er in den Genuss derjenigen Rechte gelangen, die «für seine Würde und die freie Entwicklung seiner Persönlichkeit» unentbehrlich sind. Und nach Artikel 25 hat jedermann Anspruch auf einen Lebensstandard, der seine Gesundheit und sein Wohlbefinden gewährleistet. Das heißt: Forderungen, wie Gewerkschaften und sozialdemokratische Parteien sie bis dahin nur innerstaatlich erhoben hatten, werden zum Prinzip der Weltgesellschaft gemacht.

Der Ostblock, Saudi-Arabien und Südafrika enthalten sich der Stimme. Etliche Staaten der Dritten Welt, 1948 überwiegend noch europäische Kolonien, bemängeln, dies sei ein Dokument von Weißen für Weiße, und Feministinnen fügen hinzu: für weiße Männer. Überdies ist die Erklärung nur eine Resolution und kein international bindender Vertrag. Trotzdem: Wenn die Uno seither einem Staat damit droht, dessen Menschenrechtsverletzungen öffentlich zu machen, so kommt es vor, dass der zurückzuckt. Eine Mindestnorm beginnt sich durchzusetzen; vielen Regierungen ist das gute Gewissen beim Schikanieren ihrer Bürger abhanden gekommen.

1949: Sechs Wochen nach der Uno-Erklärung verkündet der amerikanische Präsident Harry S. Truman ein Erschließungsprogramm für unterentwickelte Gebiete, für das im Lauf der fünfziger Jahre das Schlagwort *Entwicklungshilfe* aufkommt. Nicht neu daran ist die Erschließung armer Länder durch reiche – die gab es seit Jahrhunderten im Rahmen des Kolonialsystems oder mit Hilfe des Kapitalexports. Dieses Kapital diente auch durchaus nicht nur der Ausbeutung der armen Länder, sondern häufig der Absicht, sie zu potenten Handelspartnern zu machen. Das wollen die Industrieländer heute ebenfalls, und dazu wollen sie politische und militärische Verbündete.

Neu ist, dass die reichen Länder sich *verpflichtet* fühlen, den armen zu helfen – dass also die bisher nur innerstaatlich geforderte soziale Gerechtigkeit sich zu einer internationalen Solidarität, einem Weltsozialismus erweitert. Natürlich sind Fragen von wirtschaftlichem Einfluss und militärischer Macht weiter im Spiel, der Kalte Krieg ist ja schon im Gange. Fast 600 Milliarden Dollar an Zuwendungen, Krediten und Investitionen sind seither in die Dritte Welt geflossen – die meisten *aus* den USA, Japan, Frankreich und Deutschland, die meisten in den letzten Jahren *nach* Indonesien, Indien, Pakistan, Ghana und Vietnam.

Anfänglich führte der unverhoffte Geldsegen zu manchem Exzess. Exotische Herrscher ließen sich Paläste bauen, die Frau des Industrieministers von Ghana leistete sich ein goldenes Bett, der Sohn des Diktators der Dominikanischen Republik verjubelte die gesamte erste Hilfsrate von zwei Millionen Dollar mit Hollywood-Stars, und ein afrikanischer Potentat bestellte drei Armbanduhren und zwei Klosettschüsseln für jeden seiner Untertanen. Milliarden Dollar flossen in Bereicherung und Waffenkäufe. Zahlreich waren Vorkommnisse von der Art, dass zusammen mit den Traktoren für die Landwirtschaft ein weißer Instrukteur anreiste, der sich schwitzend an die Montage machte, während die schwarzen neuen Eigentümer im Schatten lagen und schnarchten.

Auch zeichneten sich manche Empfänger durch Ungeduld und

Hochmut aus: «Den Deutschen geht es zu gut – sie haben noch nicht gelernt, wie man hilft!» sagte der pakistanische Ministerpräsident Ajub Khan 1960 in Tokio. «Deutschland wird in zunehmender Weise egozentrisch, und zwar in einem selbst für eine mitteleuropäische Macht ungewöhnlichen Ausmaß», sagte der indische Botschafter in Bonn, Tyabji, 1961 bei seiner Verabschiedung aus der Bundesrepublik. Und der indonesische Botschafter dortselbst, Hakim, sprach 1961 die goldenen Worte: «Die Entwicklungsländer wünschen von Industriestaaten nur dann finanzielle Hilfe, wenn sie mit Anpassungsfähigkeit, Geduld und Güte gegeben wird.»

Als der schlimmste Missbrauch vorüber war, wurden immer noch grundsätzliche Fehler begangen. So begann die Entwicklungshilfe großenteils nicht mit einer Förderung der Bauern, sondern entweder mit der Schaffung von Monokulturen oder, am liebsten, mit dem Bau großer Industrieanlagen – die entsprachen ja am ehesten dem Ehrgeiz der Empfänger und der Vorstellungswelt der Geberländer. Doch ohne Techniker und Facharbeiter waren die meisten Fabriken bald verrottet. Natürlich besaß kein Entwicklungsland die Geduld, die Industrie so einzuführen wie einst die Engländer: auf der Basis einer jahrhundertelangen Tradition von Schlossern, Tischlern und Webern und nach hundert Jahren Erfahrung mit der Dampfmaschine.

Wo aber die Industrie funktionierte, trug sie dazu bei, die Erde schmutziger zu machen, wie China dies furios demonstriert – eines der beiden Grundprobleme der Entwicklungshilfe, auch wo sie «mit Geduld und Güte» gewährt wird. Die Umweltbelastung würde sich verzwölffachen, wenn die gesamte Dritte Welt den Lebensstandard und Lebensstil der Industrieländer erreichte, resümiert Jared Diamond in «Kollaps» – und das würde die Erde nicht vertragen (genauer: die Erde schon – die Menschheit nicht).

Das andere grundsätzliche Problem der gut gemeinten Hilfe ist das *Hilfesyndrom*, das oft aus ihr folgt: Einem Hungerleider, den fortwährende Geschenke vor dem Gröbsten bewahren, fällt es schwer, noch mit eigener Kraft gegen seine Not anzugehen, ja die nachhaltigen Wohltaten lähmen die Initiative ganzer Völker und Staaten. Komplett bestritten wird das von niemandem; drastisch gesagt wurde es 2005 von dem schwarzen Wirtschaftsexperten James Shikwati aus Kenia im *Spiegel*-Interview. «Die Entwicklungshilfe schadet unserm Kontinent schon seit vierzig Jahren», sagte Shikwati. «Wenn die Industrienationen uns wirklich helfen wollen, sollen sie endlich diese furchtbare Hilfe streichen. Den Ländern, die das meiste kassiert haben, geht es am schlechtesten. Es werden riesige Bürokratien finanziert und Afrikaner zu Bettlern und zur Unselbständigkeit erzogen. Die Entwicklungshilfe schwächt die lokalen Märkte und den Unternehmergeist, den wir so dringend brauchen.» Kurz: «Der europäische Drang, Gutes zu tun», richte Verheerungen an. Afrika habe sich in die Rolle eines Kindes drängen lassen, «das immer gleich nach dem Babysitter schreit, wenn was schiefgeht».

So wäre denn die wahre Hilfe die, die nicht Geld und Waren in die armen Länder pumpt, sondern die aufhört, die Landwirtschaft der Industriestaaten so hoch zu subventionieren, dass sie die Bauern der Dritten Welt ruiniert (wie schon in Kapitel 41 dargestellt) – mit fast einer Milliarde Dollar *pro Tag* subventioniert, sagte Bundespräsident Horst Köhler 2007; gleichzeitig errichte Europa Zollbarrieren gegen Importe aus der Dritten Welt, fische Afrikas Küsten leer – und «reagiert dann mit Erstaunen, Mitleid und einem Gefühl der Belästigung, wenn immer mehr Afrikaner sich in ihren Nussschalen auf den Weg übers Meer machen».

Um die Brüderlichkeit, das Lieblingskind der Französischen Revolution, ist es bei alldem erstaunlich still geworden. Die sozialistische Bewegung hatte schon in der zweiten Hälfte des 19. Jahrhunderts die *fraternité* durch die *Solidarität* ersetzt, und die zieht den Kreis viel enger. Mit ihr werden eben nicht «*alle* Menschen Brüder», wie Schiller jubelte und Beethoven mit ihm, sondern nur diejenigen, mit denen man sich solidarisch fühlt, weil sie ähnliche Anschauungen und Interessen haben, von denselben Nöten betroffen sind und für dieselben Ziele einstehen – so übereinstimmend die Definition von Duden, Brockhaus und dem «Politischen Wörterbuch» der DDR (1973). Ein deutscher Arbeiter kann sich also in vorbildlicher Solidarität üben, ohne sich für das Elend indischer Bauern, brasilianischer Slumbewohner oder der Sklaven in Mauretanien überhaupt zu interessieren.

Ja, Sklaverei gibt es heute noch: geknechtete Schwarze, Sklaven im historischen Wortsinn also, mindestens im Sudan am Ostrand und in Mauretanien am Westrand der Sahara, in Nigeria, an der Elfenbeinküste. Mauretanien hatte 1980 als letzter Staat der Erde die Abschaffung der Sklaverei proklamiert und den Sklavenhaltern eine Entschädigung versprochen; da aber bis heute keine bezahlt worden ist, fühlt sich auch keiner verpflichtet, seine Sklaven freizulassen. Auf mehr als 100 000 wird ihre Zahl geschätzt. «Gott hat mich als Sklavin geschaffen», sagte eine junge Frau in Mauretanien der Reporterin der *New York Times*, «genau, wie er das Kamel geschaffen hat, damit es ein Kamel ist.» Vergewaltigung durch den arabischen Herrn? Die Frau verstand die Frage nicht: Wenn er kommt, muss er doch haben, was er will!

Viel verbreiteter als die reine Sklaverei ist das Leben in Knechtschaft und Ausbeutung. Mehr als 25 Millionen Menschen sind davon betroffen, berichtete die Internationale Arbeitsorganisation der Uno 2007. Brasilianische Großgrundbesitzer werben in den Slums Heerscharen armer Teufel an, und Pistoleros wachen darüber, dass sie die Freiheit nie wieder sehen. Kinderarbeit in Indien und in Pakistan, Kinderprostitution in Südostasien, Kindersoldaten in Afrika; der Mädchenhandel grassiert, und die hochzivilisierten Länder leisten sich zur Schonung ihrer Brieftasche Millionen illegaler Arbeiter, die in Baracken hausen oder sich in Containern verstecken müssen. Sich wirklich mit allen Menschen auf Erden verbrüdern zu sollen, sie wenigstens nicht schlechter als die eigenen Brüder zu behandeln, ist offenbar mehr an Menschenliebe, als die meisten besitzen oder gar unter eigenem Verzicht zu investieren bereit sind. «Solidarität» ist so viel bequemer!

Eine Hoffnung liegt im Faktor *Zeit*. Von der Sklavenbefreiung in den Südstaaten der USA im Jahre 1865 an mussten genau hundert Jahre vergehen, bis unter Präsident Johnson die Gleichheit der Schwarzen juristisch in allen Facetten hergestellt war; vielleicht müssen noch einmal hundert Jahre verstreichen, bis die Afro-Amerikaner auch in der sozialen Geltung gleichgezogen haben. Die weitere Entwicklung dieser Rechte aber wird überwiegend nicht von Politikern gesteuert werden, sondern vom Tourismus, vom Fernsehen und vom Internet. Der *Tourismus* ist die größte Industrie der Welt, und wenn auch viele Touristen Herrenallüren an den Tag legen oder die Prostitution aufblühen lassen, so mehren sie doch alles in allem die Kenntnis der Menschen voneinander und machen es autoritären Regierungen immer schwerer, sich von der Entwicklung der Menschheit zu gleichen Rechten abzukoppeln.

Wird dann über kurz oder lang doch noch das «weltbürgerliche Bewusstsein» Einzug halten, wie Jürgen Habermas es gefordert hat? Es führt ein langer Weg dahin, und er ist mit Fußangeln gespickt. Nur sollten wir auf ihm das Ziel nicht aus den Augen verlieren: nämlich nicht nur den Handel und die Finanzen zu globalisieren, die Verschmutzung von Luft und Wasser und die Kriminalität – sondern auch die Menschenrechte. Das stünde uns gut an und wäre vielleicht sogar ein Beitrag zur Lösung der Aufgabe, die uns gestellt ist: mit Anstand zu überleben.

Nie mehr soll das geschehen, was Antoine de Saint-Exupéry vor siebzig Jahren beschrieben hat, damals, als die Sahara noch französisch war: Eines Tages lassen die Beduinen einen schwarzen Sklaven frei – «wenn er nämlich so alt ist, dass Nahrung und Kleidung an ihn nur verschwendet wären. Drei Tage lang bietet er sich rundum an von Zelt zu Zelt. Gegen Ende des dritten Tages legt er sich ergeben in den Sand und steht nie wieder auf … Die Kinder spielten neben dem düsteren Wrack, und jeden Morgen sahen sie nach, ob es sich noch bewegte.»

47 Könnten wir weniger verschwenden?

Wir könnten. Aber wollen wir auch? «Verschwendung» ist unsere Leitkultur, Luxus, Befriedigung weit über den Bedarf hinaus. Im Abendland sind wir so geprägt, die restliche Menschheit hechelt hinterher, «Wachstum» heißt der Fetisch unseres Wirtschaftssystems – und ein Ende der Belastbarkeit der Erde ist abzusehen. Wir brauchen entweder ein Wunder (das kommt ja vor) oder die Einsicht, dass wir innehalten müssen; *Nachhaltigkeit* lautet das Schlagwort dafür.

Der deutsche Begriff stammt aus der Forstwirtschaft: Die reagierte um 1800 auf den drohenden Kahlschlag der Wälder, wie er sich in England schon 200 Jahre vorher abgezeichnet hatte (Kapitel 25), indem sie sich bemühte, nicht mehr Holz zu schlagen, als nachwächst; der Wald soll erhalten bleiben. Das wäre ein schönes Prinzip für die Sicherung der natürlichen Lebensgrundlagen überhaupt. Der deutsch-amerikanische Philosoph Hans Jonas klagte 1979: «Die ganze Natur haben wir zur Kloake des Menschen gemacht», und das Prinzip Nachhaltigkeit brachte er auf die Formel: «Handle so, dass die Wirkungen deiner Handlung verträglich sind mit der Permanenz echten menschlichen Lebens auf Erden.» In diesem Geist forderte 1987 eine Uno-Kommission für Umwelt und Technik unter dem Vorsitz der norwegischen Ministerpräsidentin Gro Harlem Brundtland *sustainable development*, eine Entwicklung, die sich durchhalten lässt – von den deutschen Teilnehmern korrekt, aber nicht sehr anschaulich mit «nachhaltiger Entwicklung», später auch mit «Zukunftsfähigkeit» übersetzt.

In die gut gemeinten Begriffe haben sich zwei Tücken eingeschlichen. Im Zuge der mehrjährigen politischen Diskussion wurden sie, zum Ersten, mit zusätzlichen Forderungen belastet, die zwar nobel und vernünftig sind, aber mit dem Überleben des Amazonas-Urwalds wenig zu tun haben: «Ausgleichende Gerechtigkeit unter den heute Lebenden» und «Gleichstellung von Mann und Frau». Zum Zweiten haben die Politiker in das Schlagwort ein Merkmal hineininterpretiert, das den Grundgedanken auf den Kopf stellt: die Lebenschancen künftiger Generationen nicht gefährden, wunderbar – «und die Lebenssituation der heute Lebenden verbessern». Hoppla! Damit wird unterstellt, dass beides auf einmal möglich wäre – und das Wahrscheinlichere wird weggewünscht: Dass wir nur durch *Verzicht* die Chancen der Enkel wahren können, mindestens dadurch, dass wir uns bei unserer Jagd nach immer mehr Wohlstand endlich ein bisschen bremsen.

In diesem Ungeist hat die Werbewirtschaft jüngst die Lohas definiert, ein Anagramm für *Lifestyle of Health and Sustainability*: wohlhabende, konsumfreudige, gesundheitsbewusste Großstädter, die auf «Bio» und «Öko» abfahren und sich das Modewort «Sustainability» ans Revers heften, anders als ihre Vorläufer, die das noch nicht kannten: die Yuppies (*Young Urban Professionals*) und die Dinks (*Double Income, no Kids*).

Das entscheidende Problem der Nachhaltigkeit aber liegt in der Sache selbst: Wo haben wir denn abseits des Waldes überhaupt eine Möglichkeit, «nachhaltig» zu wirtschaften, also nichts zu entnehmen, was nicht nachwächst? Die Erze, die wir aus der Erde klauben, kommen der nächsten Generation allenfalls als Schrott zugute, Kohle und Öl aber nie. Unser Plastikmüll verrottet nicht, und was wir einmal zementiert haben, wird sich nie in Aue, Savanne oder Regenwald zurückverwandeln. Nachhaltigkeit anzustreben ist stets verdienstvoll – sie zu erreichen auf den meisten Feldern unserer Tätigkeit unmöglich.

Wie wenig sie in Wahrheit die meisten interessiert, wie selbstverständlich wir mit der Verschwendung leben, zeigen besonders deutlich die Mode und unser Umgang mit der Elektrizität. Natürlich, *Mode* gibt es, seit sich zum ersten Mal ein Mensch bemalte oder mit Büffelzähnen schmückte; aber erst seit gut einem halben Jahrhundert ist die Kleidermode für das wohlhabende Drittel der Menschheit ein Lebenselixier – und damit zugleich eine Säule der Volkswirtschaft. Dem Bekleidungsluxus an Königshöfen konnte ja die Mehrheit nie folgen; die *Tracht*, die Volks-, Berufs- und Standestracht, bleibt über lange Zeiten unverändert: die Roben der deutschen, die Perücken der englischen Richter, der Schottenrock, der Frack des Dirigenten, die schwarzen Cordanzüge der Hamburger Zimmerleute auf der Walz.

Die Mode im heutigen Wortsinn aber lebt vom raschen Wechsel. Eine Minderheit macht die jeweils jüngste Mode freudig mit; der Mehrheit bleibt über kurz oder lang nichts anderes übrig, als sich ihr anzuschließen, weil die Konfektion das in ihren Augen Unmoderne nicht mehr anbietet und keiner sich gern als Träger der Mode von vorgestern verspotten lässt. Vergeudung ist unvermeidlich der Effekt: Kleidung, die nicht verschlissen ist, also ihrem sachlichen Zweck noch Jahre, manchmal Jahrzehnte dienen könnte, wird als «altmodisch» betrachtet und aussortiert. Die Textilindustrie ist begeistert und investiert Milliarden in den Versuch, das Tempo des künstlichen Altmachens durch Werbung zu beschleunigen.

Als vor etwa dreißig Jahren die Pelzindustrie unter den Beschuss der Tier- und Naturschützer geriet, wiesen ihre Sprecher zu Recht darauf hin, dass es fast unmöglich ist, sich zu kleiden, *ohne* sich an der Natur zu versündigen: Für die Schafe wurden Wälder abgeholzt, die Baumwolle blockiert Ackerland für die Ernährung, die Textilindustrie produziert Abwässer und Abgase und die Kunststoffindustrie erst recht. Der wahre Naturfreund kann der Einsicht nicht ausweichen: Wenn ich mit drei Anzügen fünf Jahre lang gut zurande käme, aber zehn besitze, die ich auch noch mit der Mode umwälze: dann sündige ich.

Nun kommen die Kwakiutl-Indianer an der Westküste Kanadas ins Spiel. Ökologisch verhielten sie sich zwar nicht vernünftiger als wir, aber allem irdischen Besitz begegneten sie mit einer Verachtung, die des Studiums wert ist. Den europäischen Eroberern waren die Küstenindianer aufgefallen durch Wohlstand und feste Häuser, vor allem aber durch ein ungewöhnliches Ritual: den *Potlatsch*. Bei Hochzeiten und Begräbnissen, bei der Inthronisation eines Häuptlings oder der Aufrichtung eines Totempfahls feierten sie Feste, bei denen es für die Wortführer darum ging, alle Teilnehmer durch üppige Geschenke zu verwöhnen, ja sie durch deren Kostbarkeit zu beeindrucken oder zu beschämen. Wer am meisten galt oder gelten wollte, von dem erwartete man, dass er seinen Anhängern imponierte und seine Rivalen degradierte, indem er mehr Kleider, Waffen, Kupfergeschirr preisgab als jeder andere, bis zur Verschuldung, ja zur Umverteilung von Vermögen – schließlich bis zu dem Exzess, dass der Häuptling oder der, der es werden wollte, seine Pelze verbrannte und kostbare Kupferschalen zerschlug, um zu demonstrieren: So reich bin ich, so wenig schert mich mein Besitz – übertrumpfe mich, wer kann!

Dazu könnte einem dreierlei einfallen. Erstens, von abendländischen Multimillionären ist ein ähnliches Verhalten nicht bekannt. Zweitens, wer von wohlmeinenden Gästen genügend Nippes geschenkt bekommen hat, könnte in Versuchung kommen, damit nach Kwakiutl-Art umzugehen. Drittens: Die Demonstration, dass «Haben, Haben, Raffen, Raffen!» nicht alles ist auf Erden, hat eine gewisse Größe. Als die kanadische Regierung den Potlatsch 1884 untersagte, weil er eine nicht erträgliche Verschwendung sei, war sie nicht gut beraten.

So ziemlich jede Verschwendung schön zu finden, ja sich wechselseitig in ihr zu übertrumpfen, ist schließlich ein Herzstück des

Abendlands – mit Hilfe der Mode, wie beschrieben; nicht weniger bei unserm völlig hemmungslosen Umgang mit dem *Strom*. Irgendwann sollten wir beginnen, uns zu wundern: Wie können wir nur so viel Sorge, Plage und Geld in die *Erzeugung* von Elektrizität investieren, wie viel Schmutz, Risiko und Naturverschandelung für sie in Kauf nehmen – und uns so wenig um die Frage kümmern, wo der *Verbrauch* von Strom sich drastisch senken ließe? Dies vor dem Hintergrund, dass auch die modernsten Kohlekraftwerke nur einen Wirkungsgrad von 50 Prozent erreichen (immerhin weit mehr als die besten Verbrennungsmotoren); die andere Hälfte der eingesetzten Energie wird sinnlos und umweltschädigend in die Luft geblasen.

Warum, zum Beispiel, müssen in den Städten zwischen Mitternacht und 6 Uhr morgens genau so viele Straßenlaternen genauso hell leuchten wie am Abend? Warum lassen die meisten großstädtischen Geschäfte die ganze Nacht über ihre Leuchtreklame in Betrieb? In Paris und einem Dutzend anderer Städte Frankreichs haben Umweltaktivisten 2007 damit begonnen, nachts die Reklame auszuschalten (mit Hilfe eines versteckten Hebels, der aus Sicherheitsgründen von außen erreichbar sein muss) – unter dem Beifall von Umweltschützern, Liebespaaren, Tierfreunden und Hobby-Astronomen, denen der Licht-Smog der Großstädte den Blick auf die Sterne verwehrt. In Deutschland kam gleichzeitig die *Energiesparlampe* in Mode – weniger Strom bei gleicher Lichtstärke, warum nicht! Nur mit der kauzigen Begleiterscheinung: Die Lampen auszutauschen, war das Erste und zumeist das Einzige, was den Deutschen einfiel, wenn man sie nach ihrem Beitrag zur Energieeinsparung fragte; in einem stromfressenden Luxusprodukt wie der Geschirrspülmaschine oder gar in seinem Auto und dessen ungehemmter Nutzung sah keiner ein Problem. Gern fahren wir ja mit 300 PS zum Supermarkt, wofür 30 PS oder ein Fahrrad völlig genügen würden – Hauptsache, wir kaufen dort Bio-Brot.

Längst für selbstverständlich halten wir auch Kühlschränke, Gefrierschränke und in zunehmendem Maße Klima-Anlagen, und wer auf das großenteils Irrationale daran hinweist, hat es schwer, überhaupt ernst genommen zu werden. Ein bisschen Nachdenken aber könnte nichts schaden, selbst wo nur die Kapazität von drei oder vier Atomkraftwerken auf dem Spiel steht.

War doch die Menschheit bis 1922 (erste öffentliche Klima-Anlage in einem Kino in New York) nicht auf die Idee gekommen, dass es wichtig wäre, Wohnungen, Büros und öffentliche Räume zu *kühlen*. Aufs Heizen ist der Mensch angewiesen, wenn er sich außerhalb der Tropen niederlassen will; das Kühlen ist ein schöner Luxus, den unsere Vorfahren selten vermisst haben. Unter der mörderischen Sommersonne Ägyptens und des heutigen Irak entstanden die ersten Hochkulturen; und die stickige Sommerhitze in den Südstaaten der USA hat die weißen Plantagenbesitzer nicht gehindert, bis zum Bürgerkrieg ein unvergleichlich angenehmes Leben zu führen. Klima-Anlagen müssten nicht sein.

Natürlich, sie sind angenehm, in den meisten modernen Bürohäusern der westlichen Welt üblich und für Wolkenkratzer obligatorisch, und zwar als einzige Luftzufuhr, die Fenster lassen sich nicht öffnen. Mit dem Ärgernis: Niemals frische Luft – und ein Dauerauftrag ans Kraftwerk, temperierte Luft auch dann ins Gebäude zu drücken, wenn die Außenluft dieselbe oder eine sehr ähnliche Temperatur hat oder durch die herkömmliche Heizung leicht zu erwärmen wäre. Da wird Energie in skandalösen Mengen verpulvert, außerdem durch die Abwärme der Klima-Anlagen die Umgebung aufgeheizt. Dass die meisten Amerikaner von der Klima-Anlage noch immer wie besessen sind, spürt man in vielen Kinos, Restaurants und Büros: Obwohl nach 1945 in öffentlichen Räumen und den Wohnungen des Mittelstands ganz selbstverständlich geworden, wird die Klima-Anlage gern als Instrument der Macht über die Hitze verwendet – kalt wollen wir's haben, wenn's heiß ist! Bei

35 Grad im Schatten würde ein Raum mit 25 Grad als höchst angenehm empfunden werden – aber das Restaurant auf 20, ja 18 Grad hinabzukühlen gilt weithin als chic, und viele Gäste frieren.

Und selbst beim *Kühlschrank* gäbe es was zu mäkeln? Ja. In den USA ist er seit 1918 verbreitet, in Deutschland seit fast fünfzig Jahren Standard und in den zwei oder drei Sommermonaten auch hierzulande wirklich angenehm. Für den bei weitem größeren Teil des Jahres war die Hausfrau jahrhundertelang völlig zufrieden mit ihrer außenbelüfteten Speisekammer. Sie zu behalten und den Kühlschrank nur im Sommer in Betrieb zu nehmen wäre wohl nicht durchsetzbar gewesen.

So ist nun zweierlei passiert: Im Winter muss der Kühlschrank gegen die Heizung in der Küche anarbeiten, braucht also die eine Energie, um die andere lahmzulegen; und da wir ihn nun einmal besitzen, unterwerfen wir uns *seinen* Sitten: Wir haben uns angewöhnt, Bier, Weißwein, Saft erheblich kälter zu konsumieren als unsere Großeltern. Die «12 Grad», die das weltberühmte Pilsener Bier früher auf dem Etikett als Trinktemperatur empfahl, würden heute rasch zum Gespött. Mit mehr Energie, als sinnvoll wäre, kühlen wir das Bier stärker, als es 700 Jahre lang den Leuten schmeckte (seit 1295 nämlich, als man in Pilsen zu brauen begann).

Sehr schlimm ist das alles nicht, weder für unseren Magen noch für die Energiebilanz – nur wunderlich eben und ein Symptom mehr dafür, dass nichts uns gleichgültiger ist als das Sparen. Der *Gefrierschrank* enthält immerhin ein rationales Element: Der berufstätigen Hausfrau erleichtert er das Kochen und das Leben. Freilich wieder mit ein paar bizarren Folgen: Ist der nächste Windrotor vielleicht vor allem dazu da, die 2008 geernteten Erbsen in unserm Tiefkühlfach bis 2010 frisch zu halten? Selbstverständlich finden wir es längst, dass Fußballspiele, Sportwettkämpfe, Skiabfahrten seit Jahrzehnten immer häufiger bei *Flutlicht* stattfinden: Was schert uns das Tageslicht? Sollen wir davon beeindruckt sein, dass wir es umsonst haben können – während wir für das Flutlicht ein Kraftwerk anzapfen müssen?

Den Höhepunkt lustvoller Verschwendung haben die *Indoor-Skihallen* erklommen, die seit Anbruch des Jahrtausends in Deutschland, Holland, England entstanden sind: Hallen mit Namen wie *Winter World* oder *Snow Dome*, ganzjährig auf minus vier Grad gekühlt und mit Kunstschnee gepflastert, bieten sie ein Gefälle mit Abfahrten von meist etwa 300 Meter Länge an, in Bottrop auf einer alten Abraumhalde 640 Meter («Weltrekord!»); dazu natürlich Schlepp- und Sessellifte, damit auf die elend kurze Abfahrt kein elend langer Aufstieg folgen muss, nebst Skiverleih, Sportartikelgeschäften, Restaurants und «Almhütten». Als riesige Kästen stehen sie fünfzehn Meter hoch im Land, die *Snowtropolis* gut sichtbar auch aus dem sogenannten Naturschutzpark Lüneburger Heide, Parkplätze für mehrere hundert Autos gehören dazu. An Strom verbrauchen sie vier bis fünf Millionen Kilowattstunden pro Jahr – auch nicht mehr als ein Hallenschwimmbad, sagen die Betreiber. Selbst bei schönstem Badewetter freiwillig in den Frost zu tauchen, ist freilich ein Vergnügen, das erst einmal erfunden werden musste, und auf ein paar Kraftwerke oder Windräder mehr oder weniger kommt es ja nicht an.

Dass aber ein Haus auch ohne die ständige Zuarbeit der Stromwirtschaft benutzbar sein könnte, ist im Lauf des 20. Jahrhunderts in Vergessenheit geraten – nicht zuletzt in der skurrilen Form der *Traglufthallen* für Sportveranstaltungen oder Ausstellungen: den riesigen Kunststoffhauben, die erst durch permanenten Luftüberdruck in Form gebracht und gehalten werden. Nimm Strom und blase – schon hast du ein Haus, und bei einem Kurzschluss fällt es eben zusammen.

Was früher keiner entbehrte und was später ein Luxus war, das nehmen wir als selbstverständlich. Es ist zu fürchten, dass unsere Bedürfnisse auch in Zukunft rascher wachsen werden als unsere

Fähigkeit, sie elegant und schonend zu befriedigen. Die Idee «Danke, es reicht!» kommt uns nicht. Wir brauchen einen kontrollierten Übergang vom Wachstum zum weltweiten Gleichgewicht! Das war die zentrale Forderung, die der *Club of Rome* 1972 erhob – und wenn diese Vereinigung von Wissenschaftlern, Wirtschaftsführern und Politikern ihren Ruf auch durch einige allzu dramatische Prognosen beschädigt hat: Ihr Generalsatz bleibt wahr.

Wolfgang Harich (1949 bis 1954 Professor für Gesellschaftswissenschaften an der Ostberliner Humboldt-Universität, 1957 für sieben Jahre in Haft, weil er einen «menschlichen Sozialismus» propagierte) durfte 1975 das Buch «Kommunismus ohne Wachstum?» veröffentlichen. Der kommunistische Endzustand, schrieb er, werde entgegen der Prognose von Karl Marx keine Überflussgesellschaft und schon gar kein Paradies sein, und der Staat werde nicht absterben, sondern mit seiner Autorität die *Rationierung des Mangels* erzwingen müssen. «Die ausschweifende Phantasie unbegrenzten Wohllebens, die wir bisher mit dem Begriff des Kommunismus verbanden, werden wir fallenlassen müssen.»

Moritz Leuenberger, ehemaliger Bundespräsident der Schweiz, schlug 2007 nicht nur den Stillstand, sondern beherzt den Rückschritt vor: Versuchen wir doch, unseren Energieverbrauch auf den Stand von 1960 zurückzufahren, das heißt auf 40 Prozent des heutigen Konsums! Damals, sagt er, lebten die meisten Abendländer auch nicht schlecht – was hätten sie entbehrt?

Und 1960 waren wir erst drei Milliarden. «Wachstum!» predigen, fordern auch die reichsten Völker weiter. Zwei Prozent jährliches Wachstum heißt: Verdoppelung in 35 Jahren. Die acht Prozent, um die die Wirtschaft etlicher der sogenannten Schwellenländer wächst, bedeutet, dass sie sich in 9 Jahren verdoppelt haben wird. Wie soll die Erde das ertragen? Welcher Weltstaatsmann hätte den Mut, den Verzicht zu proklamieren – welcher Öko-Diktator gar die Macht, die Schrumpfung durchzusetzen?

Noch immer leben wir mit der «Unendlichkeits-Illusion», sagte 2008 Gerd Eisenbeiß, Energieberater der EU-Kommission: einst mit der Illusion, dass das Land unendlich sei, wie die spanischen Konquistadoren oder die Pioniere des Wilden Westens meinten – heute zusätzlich mit dem Wahn, dass die Luft unendlich wäre, wie alle Verbraucher von Energie und Industrieprodukten. *Endlich* ist die Erde, uns untertan gemacht haben wir sie längst – und dasselbe würden wir glatt mit einem weiteren Planeten schaffen, wenn es den gäbe.

Von dem Fischer un syner Fru

So nannten die Brüder Grimm das Märchen, das sie auf Plattdeutsch erzählten. Nur scheinbar ist es ein altes Märchen. So, wie wir leben, geht es uns alle an.

Wohnte also ein Fischer mit seiner Frau in einer Hütte direkt am See. Ein Astloch war das Fenster. Jeden Tag ging der Fischer zum Angeln, und eines Tages zog er einen dicken Butt an Land. Der bat ihn um sein Leben: «Ich bin ein verwunschener Prinz, ich würde dir doch nicht schmecken!», sprach er. Da ließ ihn der Fischer zurückgleiten ins klare Wasser. Als er abends mit leeren Händen vor seiner Frau stand, erzählte er ihr die Geschichte. «Und du hast dir nichts gewünscht?» – «Nein», sagte er, «was hätte ich denn wünschen sollen?» – «Nun, du hättest uns ein Haus wünschen sollen! Geh noch einmal hin und ruf den Butt und sag es ihm. Er tut es gewiss.»

Der Fischer wollte nicht gegen ihren Willen handeln. Als er ans Wasser kam, war das grün und gelb. Er rief:

Manntje, Manntje, Timpe Te,
Buttje, Buttje in de See,
Myne Fru, de Ilsebill,
Will nich so, as ik wol will.

Der Butt kam angeschwommen und fragte: «Was will sie denn?» Und der Fischer sagte, sie wolle ein festes Haus. «Geh nur hin», sprach der Butt, «sie hat es schon.» Und richtig: Die Frau saß vor einem hübschen Häuschen auf der Bank, es gab auch einen Hof mit Hühnern und Enten und einen Garten mit Obst und Gemüse.

Am nächsten Tag aber fand sie alles zu klein, und sie schickte ihren Mann wieder zum See: Sie wollte in einem Schloss wohnen. Widerwillig tat er es und rief den Butt. Der tauchte aus dem Wasser auf, das war dunkelblau und in Bewegung. Der Fischer sagte, dass seine Frau ein Schloss haben wolle.

«Geh nur hin», sprach der Butt, «sie steht schon vor der Tür.» Und wirklich: Da stand sie vor einem Palast. Drinnen lagen Teppiche auf Marmorböden, Bedienstete rissen vor ihnen die Türen auf, und auf einem goldenen Tisch standen ein köstliches Mahl und edler Wein. Hinter dem Haus waren die Ställe, eine Kutsche war bereit, im Garten blühten die schönsten Blumen.

«Na», sagte die Frau, «ist das nicht schön?» Der Fischer wollte nun auch in dem Schloss wohnen und zufrieden sein. «Das wollen wir uns bedenken», sagte die Frau, «und wollen es beschlafen.»

Am nächsten Morgen, als sie das schöne Land rundherum sah, wollte sie Königin werden. Der Mann wollte das ganz und gar nicht. Bekümmert lief er an den See. Der war schwarzgrau und roch nach fauligem Wasser. Der Butt tauchte auf, der Fischer klagte, dass seine Frau nun Königin werden wolle, und der Butt sprach: «Geh nur hin, sie ist es schon.» Und wahrhaftig, sie saß auf einem Thron von Gold und Diamanten, auf dem Kopf eine goldene Krone, das Zepter in der Hand.

«Ach Frau», sprach der Fischer, «was steht dir das schön, wenn du Königin bist! Nun wollen wir auch nichts mehr wünschen.» Aber die Frau war schon gelangweilt, nun wollte sie Kaiserin werden. Der Mann sagte ihr, dass der Butt das nicht machen kann, Kaiser gibt es nur einen im Reich. Aber bangen Herzens lief er los. Das Wasser war nun ganz schwarz und hatte Schaumkronen, dem Fischer graute.

Aber er rief den Butt, trug den Wunsch der Frau vor, und der Butt sprach: «Geh nur hin, sie ist es schon.» Und siehe: Alles war viel prächtiger, und Barone, Grafen und Herzöge liefen um sie herum. Aber nun wollte sie Papst werden. «Zum Papst kann dich der Butt nicht machen, den gibt es nur einmal in der Christenheit», rief der Fischer. «Wenn er einen Kaiser machen kann, dann macht er auch einen Papst», erwiderte die Frau.

Das Wasser schlug ans Ufer, draußen wirbelten Schiffe in den Wellen. Vor Angst schlotternd sagte der Fischer dem Butt, seine Frau wolle Papst werden. Und wieder sprach der: «Geh nur hin, sie ist es schon.» Der Mann ging zurück, und da stand eine große Kirche, Paläste ringsherum, die Frau saß auf einem noch höheren Thron, von Geistlichen umgeben, und im Schein von vielen Kerzen küssten ihr Kaiser und Könige die Füße.

Zufrieden ging der Fischer zu Bett, aber die Gier ließ seine Frau nicht schlafen. Und als die Sonne aufging, sagte sie: «Ha, könnte nicht auch ich die Sonne und den Mond aufgehen lassen?» Sie wollte werden wie der liebe Gott.

Sie sah ihren Mann so grausig an, dass ihn ein Schauder überlief. Er fiel vor ihr auf die Knie. Sie schrie ihn an: «Geh hin!» Draußen brauste der Sturm, Felsbrocken rollten in den See, schwarze Wogen, hoch wie Kirchtürme, wälzten sich heran. Der Fischer konnte sein eigenes Wort nicht verstehen, als er den Butt rief:

Manntje, Manntje, Timpe Te,
Buttje, Buttje in der See.
Mine Fru, de Ilsebill,
Will nich so, as ik woll will.

«Na, was will sie denn?», fragte der Butt. «Ach», sagte der Mann, «sie will werden wie der liebe Gott.» – «Geh nur hin, sie sitzt wieder in der schäbigen Hütte.» Und da sitzen sie bis auf den heutigen Tag.

48 Werden wir weniger?

Für die afrikanische Urmutter, von der wir vermutlich alle abstammen (Kapitel 10), war natürlich nichts wichtiger als Kinder und Kindeskinder sonder Zahl. Doch bei wandernden Jägervölkern kam es vor, dass sie teils durch Enthaltsamkeit, teils durch Kindsaussetzung dafür sorgten, sich nicht mit zu vielen kleinen Kindern zu belasten. Die Bauern *brauchten* viele Kinder, und die göttliche Weisung «Seid fruchtbar und mehret euch» (1. Mose 1,22) bestätigte nur, was die meisten taten. Der Fromme sollte überdies seiner Kirche Kinder schenken: Die Ehe, sprach Papst Pius XI. 1930, sei vor allem dazu da, «der Kirche Christi Nachkommenschaft zuzuführen». Kaiser Wilhelm II. forderte rundheraus Geburtennachschub für die Infanterie, Hitler stiftete das Mutterkreuz – und so ärgerlich viele das auch fanden: Eine drohende Überfüllung der Erde witterte noch keiner.

Papst Johannes XXIII. aber stellte sich einem keimenden Misstrauen schon ausdrücklich entgegen: «Habt keine Angst davor, viele Kinder zu bekommen!», rief er 1961 den Müttern zu. «Der Herrgott segnet die großen Suppentöpfe.» Und Charles de Gaulle fiel völlig aus der Zeit, als er noch 1963 für das Jahr 2000 «hundert Millionen Franzosen» verlangte (sechzig Millionen sind es geworden).

1948 hatte das Blatt sich gewendet: Mit dem Kampf der Weltgesundheitsorganisation gegen Seuchen und Säuglingssterblichkeit begannen die Völker der Dritten Welt rapide anzuwachsen. Wissenschaftler betrieben Zahlenspiele: Wenn dieses Vermehrungstempo anhielte, würde es in 300 Jahren mehr als 100 Milliarden

Menschen geben, unterzubringen nur in einer einzigen Riesenstadt auf allen Kontinenten; in 600 Jahren aber entfiele auf jeden Menschen nur noch ein Stehplatz.

Natürlich, eines Tages würden, wenn Kinder nicht mehr sterben, entsprechend weniger Kinder geboren werden, so war es ja in Europa und Nordamerika schon geschehen. Nur hatte es dort fast hundert Jahre oder drei Generationen gedauert, bis die Kinderzahl proportional zurückgegangen war; in dieselbe Ära fiel obendrein die Massenauswanderung nach Amerika, und die ist vorüber. So schätzt denn der Uno-Ausschuss für den Klimawandel realistisch, dass es 2050 neun bis zehn Milliarden Menschen geben wird (in zweien seiner sechs «Szenarien» sogar noch mehr, siehe S. 307).

Die vergangenen fünfzig Jahre haben uns einen Vorgeschmack gegeben. Von 1958 bis 2008 ist die Einwohnerzahl von Nigeria auf das 4,4fache gestiegen (von 32 auf 140 Millionen), die von Pakistan und Bangladesh um das 3,8fache; 3,4-mal so viele Menschen wie vor einem halben Jahrhundert leben in Mexiko und in Algerien. Eine Anpassung der Geburtenfreudigkeit an die gestiegenen Lebenschancen der Geborenen hat also bisher *nicht* stattgefunden – ja, in der islamischen Welt ertönt die Drohung, die Kinderzahl als Waffe gegen den dekadenten Westen einzusetzen: «Der Leib unserer Frauen wird uns den Sieg bescheren!», brüstete sich der algerische Staatschef Houari Boumedienne 1974 vor den Vereinten Nationen; der türkische Ministerpräsident Recep Erdogan versprach 2007, die «Lenden der türkischen Männer» würden das nachholen, was der türkischen Armee 1683 vor den Toren Wiens versagt geblieben sei. (Die Zahl der Türken ist in den letzten fünfzig Jahren von 25 Millionen auf 76 Millionen gestiegen); und in Südfrankreich registrieren viele Franzosen besorgt, dass vielerorts mehr muslimische als nichtmuslimische Kinder zur Welt kommen. In hochzivilisierten Ländern ist ja umgekehrt der Geburtenrückgang, die Überalterung, das Problem.

Drei große Nationen in Asien bemühen sich seit Jahrzehnten, die Zahl der Geburten zu senken. *Japan* machte 1948 den Anfang: Der Staat liberalisierte die Abtreibung, gewährte den Armen Zuschüsse dafür und propagierte die Empfängnisverhütung; so ist das japanische Volk im letzten halben Jahrhundert nur noch um 28 Prozent gewachsen. In *Indien* kann jeder Bürger sich seit 1959 in den staatlichen Krankenhäusern kostenlos sterilisieren lassen, 1972 wurde die Abtreibung legalisiert und das Heiratsalter auf 21 und 18 Jahre hinaufgesetzt; Kinderheiraten sind also illegal. Wachstum im letzten halben Jahrhundert: von 420 Millionen auf 1,1 Milliarden, um das 2,6fache (weniger als in Pakistan und im Durchschnitt der Dritten Welt).

Für einen brutalen Weg, für die Geburten*kontrolle* im oft als anstößig empfundenen Sinn des Wortes, hat sich *China* entschieden. 1979, drei Jahre nach Maos Tod, führte Deng Xiaoping, der große Modernisierer, die *Ein-Kind-Politik* ein: Der wirtschaftliche Aufschwung des ohnehin größten Volkes der Erde sollte nicht durch eine Lawine von Kindern gefährdet werden. Die Methode: Ein Kind ist erlaubt und willkommen, ein zweites nur, wenn das erste missgebildet oder, bei den Bauern, wenn es ein Mädchen ist. Alle dritten Kinder und die meisten zweiten sind abzutreiben, freiwillig oder auf Anweisung der örtlichen Parteifunktionäre. Die waren es, die mit Drohung und Gewalt oft ein Übersoll erfüllten; das 2002 erlassene Verbot von Zwangsabtreibungen stiftete viele Funktionäre nur zu desto üblerem Gesinnungsterror gegen schwangere Frauen an.

Drei Folgen sind inzwischen offensichtlich. Erstens: Da Mädchen unter Bauern als minderwertig gelten und da die Ultraschalluntersuchung von Schwangeren auch in den Dörfern Einzug gehalten hat, werden auf dem Land auf 100 Mädchen 120 Jungen geboren. Zweitens: Die Parteiführung ist offenbar dabei, ihre Politik zu überdenken – in der Sorge, es könnte eine Überalterung eintreten wie in Europa. Drittens: Die Partei nimmt für sich in Anspruch, die

Geburt von etwa 400 Millionen Menschen verhindert zu haben. In der Tat: Chinas Bevölkerung hat sich im letzten halben Jahrhundert nur verdoppelt – nicht verdreifacht oder mehr wie in den meisten Ländern Asiens. Wer die Ein-Kind-Politik verurteilt, müsste also wollen oder in Kauf nehmen, dass es statt 6,7 Milliarden Menschen schon 7,1 Milliarden gäbe, davon 1,7 Milliarden Chinesen.

«Das Ziel ist gut – nur manche Methoden sind inhuman», bilanzierte Henrik Bork, Korrespondent der *Süddeutschen Zeitung* in Peking (und eben wegen seiner Berichte über die Auswüchse der Ein-Kind-Politik des Landes verwiesen). Ließe sich dasselbe Ziel auch mit humanen Methoden erreichen? Man sollte darüber nachdenken, meint der amerikanische Journalist Alan Weisman, der 2007 mit seinem Buch «Die Welt ohne uns – Reise über eine unbevölkerte Erde» auf die Bestseller-Listen kam. Man müsste alle gebärfähigen Frauen dafür gewinnen, dass sie nur noch ein Kind zur Welt bringen. Dann würde es 2050 statt der bisher geschätzten 9 bis 10 Milliarden Menschen nur 5,7 Milliarden geben (eine Milliarde weniger als heute), im Jahr 2075 noch 3,4 Milliarden und anno 2100 jene 1,6 Milliarden, die um 1900 die Erde bevölkerten; kein Mensch fand damals, dass sie zu leer sei.

Das klingt abstrus und hat selbstverständlich keine Chance. Die Denkrichtung aber – wie könnten wir endlich mal *weniger* werden, und zwar ohne Hunger, Seuchen, Massenmord und Krieg? – ist durchaus human, jedenfalls ein willkommener Gegenpol zu den Drohungen von Erdogan und Boumedienne. Sollte aber eines Tages eine dominierende Weltmacht die *Weltregierung* errichten, auf die manche hoffen und die viele fürchten: dass sie der ganzen Menschheit die Ein-Kind-Politik aufnötigte, wäre nicht auszuschließen. Wir sind in Not! «Eine sich hemmungslos vermehrende Menschheit müsste zur Krebskrankheit unseres Planeten werden», sagte der britische Biologe Sir Julian Huxley, der von 1946 bis 1948 Generaldirektor der Unesco war. «Wenn wir nichts dagegen tun, dass die Zahl der Enkel unserer Enkel 10 Milliarden oder mehr beträgt, rufen wir den Fluch kommender Generationen auf uns herab.»

Die Angst ist berechtigt. In den Weltuntergangsszenarien, die das Kino liebt, spiegelt sie sich wider. In *Fiction* und *Science Fiction* ist etwas auf den Plan getreten, was unsere Ahnen, unsere Großeltern noch nicht kannten: das unwiderrufliche Ende für *alle* – nicht nur für die Bösen, wie Religionen und Sekten es sich seit Jahrtausenden lustvoll ausmalen, weil dabei ja sie, die Guten, immer überleben.

Hamargedon (auch Armaggedon oder Armageddon) heißt in der Bibel der Ort, an dem die Heerscharen des Himmels die Macht des Bösen besiegen, mit Donner, Erdbeben und Hagel von Zentnergewicht (Offenbarung Johannis 16,18–21), ein Gräuelbild der Verwüstung wird entstehen und die Sterne werden vom Himmel fallen, «und dann werden sie sehen den Menschensohn kommen in den Wolken mit großer Kraft und Herrlichkeit, und dann wird er die Engel senden und seine Auserwählten versammeln» (Markus 13,14–27).

Warum so lange warten auf diesen großen Tag? Im März 1843 wird Jesus erscheinen zum Weltgericht, hatte der amerikanische Prediger William Miller verkündet, *Adventisten* nannten sich die Mitglieder seiner Sekte: die, die die Ankunft gar nicht erwarten können. Als Jesus 1843 nicht kam, hatte Miller viele Anhänger verloren. Charles Russell, Gründer der *Zeugen Jehovas*, versprach die Wiederkehr Christi für 1914: Satan werde er besiegen, die Schlechten vernichten und den «Zeugen» das Paradies auf Erden bereiten. Die nächsten Termine des Weltgerichts wurden auf 1918, dann auf 1925, schließlich auf 1975 angesetzt, und unverdrossen missionieren sie weiter, die sieben Millionen Zeugen; über ihr asketisches, freudloses Leben trösten sie sich mit der Zuversicht hinweg, dass der Himmel ihnen und nur ihnen sicher sei.

Auch der *Koran* kennt das Jüngste Gericht: Wenn das Sonnenlicht erlischt und die Sterne herabfallen und das Meer in Flammen steht an jenem großen Tag, an welchem die Menschen vor dem Herrn des Weltalls stehen werden – «dann werden die Gerechten ins Paradies kommen, die Missetäter aber in die Hölle, um zu brennen, und nie werden sie von dort entrinnen dürfen» (Sure 81–83). Und selbst dort, wo der Mythos auf einen Weltbrand zusteuerte wie bei den Germanen, erhob sich doch aus dem Meer ein neues Menschengeschlecht.

Was waren das für Zeiten, in denen die Guten übrig blieben! In den letzten Jahrzehnten grassiert die Angst vor dem Weltuntergang, der *alle* mitreißt. Durch einen Atomkrieg!, rief der amerikanischen Prediger *Jim Jones* und versammelte 1978 seine Anhänger um sich im Urwald von Guayana, damit sie das Weltende in Würde begehen könnten. Als ein Abgeordneter des Kongresses mit drei Reportern das Lager der Sekte besuchte, weil Gerüchte über Terror und Gehirnwäsche nach Washington gedrungen waren, wurden alle vier ermordet, und am selben Tag brachten die 921 Mitglieder der Sekte sich oder einander mit Zyankali um. Die buddhistische *Aum-Sekte*, die den Weltuntergang 1997 kommen sah, bereitete ihn 1995 mit einem Giftgasanschlag in der U-Bahn von Tokio vor: zwölf Tote, Tausende von Verletzten.

Auch da war es der Irrsinn, der regierte, und mit Weltuntergangsvisionen hatte er nur bedingt zu tun. Aber eben die geistern weiter durch unsere Gemüter. 2000 in der Neujahrsnacht hatten die Endzeitpropheten noch einmal Konjunktur, und im Kino erzeugen sie offenbar ein angenehmes Gruseln: 1964 «The Last Man on Earth», 1971 «Omega Man», 2002 das ausgestorbene London in «28 Days Later» und 2008 mit größtem Erfolg das tote New York in «I Am Legend»: Eine Virus-Pandemie hat die Menschheit ausgerottet, ein einzelner Überlebender schleicht mit seinem Hund durch Manhattan, aber nachts rasen Untote, Zombies, heulend durch die leeren Straßen auf der Suche nach Menschenfleisch.

Was würde wirklich geschehen, wenn die Menschheit ausgestorben wäre?

Alan Weismans kühle Beschreibung liest sich so: Schon zwei Tage nach dem Ende saufen New Yorks U-Bahn-Schächte ab, weil das Grundwasser nicht mehr abgepumpt wird. Nach sieben Tagen beginnt die Selbstzerstörung der Atomkraftwerke: Die Kühlwasseraggregate für den Kühlwasserkreislauf haben keinen Strom mehr, und da Uran eine Halbwertzeit von mehreren Millionen Jahren hat, muss die Tierwelt sich der radioaktiven Strahlung anpassen, oder sie wird untergehen. Schon nach drei Jahren sterben in den kühlen Ländern die Kakerlaken aus, weil sie im Winter auf Heizung angewiesen sind; die ersten Todesopfer waren die Kopf- und Kleiderläuse. Ratten verhungern, weil ihnen die Abfälle des Menschen fehlen; längst verendet sind die meisten Hunde, Pferde und Schweine, weil der Mensch sie zu sehr nach seinem Bedarf gezüchtet hat. Nach 300 Jahren sind die meisten Dämme und Deiche geborsten oder aufgeweicht, und weite Küstenregionen stehen unter Wasser. Nach 500 Jahren hat der Wald die meisten Städte verschlungen. «Die Erde könnte ohne uns sein, aber wir nicht ohne sie», schließt Weisman.

Vielleicht sollte man kühl und methodisch fragen: Welches sind die Risiken, dass die Menschheit untergeht? Und dass sie völlig ausstürbe – ist das überhaupt vorstellbar? Risiko 1: eine *kosmische* Katastrophe wie die, die vor 65 Millionen Jahren die Dinosaurier und einen großen Teil der Tierwelt vernichtete (Kapitel 3). Risiko 2: die *Atom*katastrophe, weil einem oder zwei Staatsmännern die Sicherungen durchbrennen. Kann eine Gesellschaft überleben, wenn ein Einzelner die Macht hat, Abermillionen seiner Artgenossen umzubringen?, fragte der Oxforder Chemiker Peter Atkins 2003 in seinem Buch «Galileos Finger». Die Fähigkeit, sich selbst zu vernichten, sei offenbar ein unvermeidlicher Bestandteil des Fortschritts, und leider gehe sie der Einsicht voraus. Risiko 3: eine

Viruskatastrophe (wie in «I Am Legend»), möglicherweise durch die Schuld oder unter Mitschuld des Menschen, weil er in den Labors für biologische Kriegführung einen Supervirus selbst gezüchtet hat. Risiko 4: die *Umwelt*katastrophe, von der die Zeitungen voll sind.

Dass *die* nicht eintritt, darauf können und müssen wir Einfluss nehmen. Gegen die drei anderen etwas zu tun fehlt uns die Macht: Der Atomkrieg würde dem Hirn von einem oder zwei Wahnsinnigen entspringen; der Virus-Tod würde uns heimsuchen wie die apokalyptischen Reiter; den Aufprall eines Riesenmeteors könnte keiner bremsen. Alle vier Arten von Katastrophen aber würden mit höchster Wahrscheinlichkeit *nicht* zum Aussterben der gesamten Menschheit führen, einer oft vorschnell gefassten Meinung zum Trotz: Radioaktive Wolken würden den Erdball nicht lückenlos umkreisen, die Viren mindestens ein paar Inseln nicht erreichen, vielleicht einen ganzen Kontinent, und selbst eine kosmische Katastrophe müsste, um alles Leben zu zerstören, viel gewaltiger ausfallen als die vor 65 Millionen Jahren: Denn da überlebten die Säugetiere und waren die Dinosaurier los.

Und das wäre ein Trost? Wenn in Europa Millionen sterben – sollen sie sich rasch noch ihrer Brüder auf Neuseeland oder in Uruguay erinnern und insoweit dem Fortbestand der Menschheit beruhigt entgegensehen? Das wäre allenfalls etwas für sehr Gläubige oder für ein paar philosophische Köpfe.

Was aber eine Minderheit von Überlebenden bewirken kann, das demonstriert grandios die Stadt Florenz. Drei Viertel ihrer Bewohner waren 1348 an der Großen Pest gestorben – und schon 1436 setzte Brunelleschi auf den Dom die gewaltigste Kuppel, die je errichtet worden war, Vorbild Michelangelos für die Peterskirche in Rom. Im 15. Jahrhundert wurde die Stadt «die bei weitem wichtigste Werkstätte des italienischen, ja des modernen europäischen Geistes überhaupt», sagt Jacob Burckhardt. Die Bankiersfamilie der Medici, aus der drei Päpste hervorgingen, machte Florenz zum Finanzzentrum des Abendlands. Was 1501 geschah, war in der Geschichte der Malerei ein einsamer Höhepunkt: Michelangelo und Leonardo da Vinci malten im selben Saal des Consiglio Grande zwei verschiedene Wände aus. Gebildete Florentiner sprachen Griechisch und Lateinisch, und von den Eselstreibern heißt es, in den Gassen hätten sie Dantes Kanzonen gesungen. Nicht «die Guten» hatten die Katastrophe überlebt, sondern die Kraftvollsten, die Rücksichtslosesten, die vom Glück Begünstigten, und sie haben es geschafft.

Gleichwohl: Es kann nicht unser Ziel sein, durch Katastrophen weniger zu werden, bloß damit die Überlebenden desto mehr Talent entfalten können. Ohne Katastrophen aber wird es dabei bleiben: Wir werden mehr. Und das türmt das Problem himmelhoch – selbst wenn wir alle die Engel wären, die wir nicht sind.

Gruhls «Himmelfahrt ins Nichts»

Herbert Gruhl aus Bautzen, von 1969 bis 1978 Bundestagsabgeordneter der CDU, erregte 1975 Aufsehen mit seinem Buch «Ein Planet wird geplündert», gründete 1978 die «Grüne Aktion Zukunft» und gilt damit als einer der Stammväter der Grünen, die sich erst 1980 politisch formierten. Siebzehn Jahre nach seinem ersten Buch zum Thema, ein Jahr vor seinem Tod, publizierte Gruhl ein zweites; verbittert, von Helmut Kohl verachtet und mit den Grünen überworfen. In diesem Buch – «Himmelfahrt ins Nichts / Der geplünderte Planet vor dem Ende» – ließ er alle Hoffnung auf eine Wende fahren, mit der sein erstes Buch noch geendet hatte. Wer sich von seinem schwarzen Pessimismus beeindrucken lässt, ohne ihn wortwörtlich zu nehmen, hat Gewinn davon.

«Wir erleben zurzeit das faszinierende Schauspiel», schreibt Gruhl, «wie *eine* Art von Lebewesen – unsere eigene – die kosmische Tragödie ihres Untergangs inszeniert ... Wann die große Katastrophe eintreten wird, lässt sich nicht vorausberechnen, abgesehen davon, dass es wahrscheinlich Ketten von Katastrophen geben wird. Sicher ist nur, dass sich das Verhängnis nicht mehr aufhalten lässt.

Der Kommunismus ist gescheitert – damit scheint der kapitalistisch-demokratische Weg den Sieg errungen zu haben; doch das ist eine Täuschung, die tödlich endet. Denn gerade seine weit effektivere Technik und Wirtschaft wird zwangsläufig die Erde noch schneller ruinieren... Alle physischen Möglichkeiten, die unser Planet geboten hat, sind ausgeschöpft. Damit ist uns der Rückweg abgeschnitten. Die Rettungsschiffe sind verbrannt.

So wie es zurzeit aussieht, kann das pflanzliche und tierische Leben nur noch durch eine baldige Katastrophe des menschlichen Lebens gerettet werden. Der abtretende Mensch wird die Erde als Trümmerfeld hinterlassen. ‹Wir wurden vom Willen zum Leben gezeugt›, sagt H. G. Wells, ‹und werden, um das Leben kämpfend, sterben.› Die Menschen werden ebendarum unterliegen, weil sie allzu rücksichtslose Kämpfer sind. Sie sind zum Überleben auf einem begrenzten Erdball zu tüchtig!

Die europäische Kultur ist die letzte dieses Planeten. Wir haben ihren Höhepunkt gerade erst überschritten, sodass wir von ihm aus das ganze phantastische Schauspiel überblicken können, das auf unserem einsamen Himmelskörper über Milliarden Jahre gelaufen ist und nun als Tragödie endet.»

Unter allen Prognosen über die Zukunft der Menschheit ist dies die düsterste. Dass aber Prognosen Schwächen haben, und zwar immer und ihrem Wesen nach, wird das folgende Kapitel demonstrieren.

49 Wer erklärt uns die Zukunft?

Eine Schule für Propheten, wenn es sie gäbe, sollte zu deren Segen mit folgenden drei Lektionen beginnen. *Lektion 1*: Sagen Sie nicht «für die Zukunft» voraus, sondern für *Zukünfte* – dann bedienen Sie sich (a) der Sprache der Wissenschaft und ersparen sich (b) eine Blamage, falls unter den Zukünften eine falsche sich vordrängt. *Lektion 2*: Erkennen Sie die Torheit in der sogenannten Weisheit des Konfuzius: «Erzähle mir die Vergangenheit, und ich werde die Zukunft erkennen». Das ist eine Einladung zur bloßen «Extrapolation» (über die gleich mehr) – das wirklich Neue lässt sich so gerade nicht vorhersagen. *Lektion 3*: Prophezeien Sie nie etwas Gutes – wenn das Schlechte käme, wären Sie widerlegt. Sagen Sie dagegen etwas Schlimmes voraus, so haben Sie gewonnen – entweder, weil es eintritt, oder weil Sie, falls es nicht einträte, geltend machen könnten, es sei ja eben die alarmierende Wirkung Ihrer Prognose gewesen, die die Menschen befähigt habe, das Schlimme zu verhindern.

Damit haben wir den Sturzacker der *self-defeating* oder *self-defying prophecy* betreten: der Prognose, die sich selbst widerlegt, weil sie die Menschen erschreckt und zu entsprechenden Handlungen oder Unterlassungen anstiftet. Sage ich dem Kettenraucher: «Du wirst mit 50 Jahren sterben», so könnte ihn das so erschüttern, dass er mit dem Rauchen aufhört und 70 wird. Das Gegenstück ist die sich selbst erfüllende Voraussage, die *self-fulfilling prophecy*: Als Jürgen Klinsmann bei der Fußballweltmeisterschaft 2006 seinen Männern oft genug eingehämmert hatte, dass sie siegen würden, siegten sie (jedenfalls bis zum vorletzten Stadium). Hermann Josef Abs, begnadeter Ironiker und langjähriger Vorstandssprecher der Deutschen Bank, brachte die Selbsterfüllung 1977 auf die berühmt gewordene Formel: «Die Stimmung ist schlechter als die Lage. Aber die Lage beeilt sich, der Stimmung zu entsprechen.»

Einfacher haben wir es mit klaren *Fehlprognosen*, und von denen ist die Geschichte voll. Marschall Ferdinand Foch, später Frankreichs Sieger über Deutschland, entschied 1911: «Flugzeuge sind interessante Spielzeuge; einen militärischen Nutzen haben sie nicht.» Der Hollywood-Filmproduzent Darryl F. Zanuck prophezeite 1946 dem Fernsehen einen raschen Untergang: «Die Menschen werden es bald satt haben, jeden Abend in eine Sperrholzkiste zu starren.» Sir William Rootes, Sprecher der britischen Automobilindustrie, weigerte sich 1945, das Volkswagenwerk kostenlos zu übernehmen: «Der Käfer ist hässlich und zu laut, er wäre ein glattes Verlustgeschäft.» Die amerikanische Zeitschrift *Popular Mechanics* prophezeite 1949: «Die Computer der Zukunft werden vielleicht nur noch anderthalb Tonnen wiegen» (Der ENIAC in Philadelphia, 1946 als Erster der Welt in Betrieb, war ja wirklich 30 Tonnen schwer.)

Was sagte die berühmte kalifornische *Rand Corporation* 1964 für das Jahr 2000 voraus? Zeppeline mit Atomantrieb für den Massentransport, Mondbasen mit künstlicher Atmosphäre, bemannte Landungen auf dem Mars und auf einem Mond des Jupiter; außerdem die Chance, amputierte Gliedmaßen nachwachsen zu lassen; der Krebs wäre besiegt. Das war so falsch wie die Prognose des amerikanischen Diplomaten Benjamin Franklin, der nebenher den Blitzableiter erfand: In tausend Jahren, prophezeite er 1780, würden die Menschen ihr Leben nach Belieben verlängern können, *at pleasure*, bis in die Regionen des Alten Testaments (Noah wurde 950 Jahre alt, 1. Mose 9,29).

Prognosen, die sich schon widerlegt haben, können allerdings einen eigenen Wert gewinnen und werden in seriösen Zukunftsforschungsinstituten in der Tat studiert. *Hindcast* heißt diese Technik, ein hübsches Kunstwort aus *forecast*, der Vorhersage, und *hindsight*, der nachträglichen Einsicht (auch *backtesting*, das rückwärts gewandte Testverfahren). Auf einem Feld hat diese Methode zu Erfolgen geführt: bei der Wetterprognose. Nationale Wetterdienste mit exakten Protokollen gibt es seit mehr als hundert, Satellitenaufzeichnungen seit bald fünfzig Jahren, und so lassen sich alte Prognosen zehntausendfach mit dem später wirklich eingetretenen Wetter vergleichen. Ist aus der Wetterkonstellation X hundertmal die Voraussage Y abgeleitet worden, und neunzigmal war sie richtig, so können die Meteorologen es guten Gewissens – und in den letzten zwanzig Jahren mit einem bemerkenswerten Zuwachs an Treffsicherheit – beim nächsten Wetter X riskieren, aus dem *hindcast* einen *forecast* zu machen.

Einen lehrreichen *hindcast* haben wir inzwischen mit dem *Waldsterben* erlebt. Die Partei der Grünen, 1980 gegründet, alarmierte die Öffentlichkeit sogleich mit der Entdeckung, dass der Wald im Sterben liege – mit einem von Anfang an übertriebenen Begriff: «Sterben» heißt ja unwiderruflich untergehen, keine Chance der Heilung mehr haben, folglich auch nichts unternehmen können. Eben mit Hilfe dieser krassen Übertreibung aber setzte ein gewaltiges Echo ein: «Der deutsche Wald stirbt. Wissenschaftler zweifeln, ob auch nur fünf Jahre Zeit bleibt, dies zu verhindern» (*Süddeutsche Zeitung*, 23. 12. 1982). «Wir stehen vor einem ökologischen Hiroshima» (*Spiegel* 7/1983). Doch im *Spiegel* 49/2007 war zu lesen: «Von wegen Baumsterben: In fast allen Ländern Europas ist die bewaldete Fläche seit 1990 stark gewachsen», und in der *Süddeutschen* vom 21. 12. 2007: «In Deutschland gibt es immer mehr Wälder». Was ist geblieben? Eine *Kronenverlichtung*, das heißt ein Nadel- oder Blattverlust von mehr als einem Viertel, bei 29 Prozent der deutschen Bäume. «Sterben» ist etwas anderes.

War das nun ein Erfolg der Grünen, eine Prognose nämlich, die sich selbst widerlegte und widerlegen sollte? Oder hätten sie mit ihrem Alarmismus nur Aufmerksamkeit erregen wollen? Dass die Wirkungen oft schwer einzuordnen sind und die Motive noch mehr, macht auch den Zukunftsforschern zu schaffen. Unter ihnen gibt es Scharlatane – und höchst seriöse Institute wie die *Rand Corporation*, das *Massachusetts Institute of Technology*, in Karlsruhe das *Fraunhofer-Institut für Systemtechnik und Innovationsforschung*, in Berlin das *Institut für Zukunftsstudien und Technologiebewertung*, getragen von Ministerien, Bundesämtern, Unternehmen und Verbänden. Da arbeiten kluge Köpfe mit redlichem Bemühen, aber auf ein paar unlösbare Probleme stoßen sie doch.

Das Berliner Institut grenzt sich ab gegen modische «Trendforscher» und die simple Technik der *Extrapolation*, der bloßen Hochrechnung, der linearen Fortschreibung der bisherigen Entwicklung in die Zukunft nach dem Rat des Konfuzius. Sie kann seriös und nützlich sein: Aus der Zahl der Geburten eines Jahres lässt sich der Platzbedarf in den Schulen mit hoher, der in Altersheimen mit leidlicher Wahrscheinlichkeit hochrechnen. Doch Missbrauch ist häufig und populär («Da die Zahl der Aidskranken im Land X sich in den letzten zehn Jahren jedes Jahr verdoppelt hat, wird sie sich in den nächsten zehn Jahren jedes Jahr verdoppeln»). Die Berliner aber wollen «kreativ, innovativ und unbekümmert» versuchen, über den Tellerrand von Wahlperioden, Börsenentwicklungen und «Innovationszyklen» der Industrie hinaus auf die nächsten zwanzig, fünfzig oder noch mehr Jahre zu schauen und so einen Beitrag zu leisten «zur internationalen Zukunftsforschung und zur Gestaltung lebenswerter Zukünfte».

Damit allerdings ist ein Dilemma formuliert: Die Zukunft soll also nicht nur vorhergesagt, sondern auch *gestaltet* werden? Sie soll sich an «sozial und ökologisch verträglichen Gesellschaftsmodellen» orientieren? Das ist einerseits einleuchtend: Wenn die Prognose «Untergang der Menschheit» lauten würde, wäre es töricht, nicht darüber nachzudenken, wie dieses Schicksal vielleicht doch noch abzuwenden wäre. Andrerseits: Was ist eine Prognose wert, wenn der, der sie macht, zugleich versucht, sie zu widerlegen, indem er mit seinen Gestaltungswünschen gegen sie anarbeitet? Könnte er nicht sogar, andersherum, seine Wunschvorstellung als Prognose verkleidet haben? So oder so: Wer sich zum «Gestalten» bekennt, macht Weltpolitik – und dies umso leichter, wenn er behauptet, eigentlich nur ein Prognostiker zu sein.

Marx hatte ja damit seinen Welterfolg: Den paradiesischen kommunistischen Endzustand der Menschheit forderte er nicht ein, sondern er erklärte ihn zu einer Zwangsläufigkeit der Weltgeschichte – vermutlich in der Hoffnung auf eine sich selbst erfüllende Prognose, wahrscheinlich mit der Wirkung einer solchen: Wer wollte sich schon dem Unentrinnbaren entgegenstemmen? Auf *self-fulfilling* setzte offenbar auch der «Vater des deutschen Wirtschaftswunders» und spätere Bundeskanzler Ludwig Erhard: Als 1951 der Korea-Krieg den Wirtschaftsaufschwung Westeuropas zu bremsen drohte, weil es keinen Stahl mehr gab, äußerte Erhard Verachtung für die entsprechenden Sparbeschlüsse Großbritanniens und forderte die deutsche Wirtschaft auf, *mehr* Stahl zu verbrauchen – «so viel, dass der Bedarf sich hinter dem Engpass immer höher aufstaut und ihn schließlich sprengt!» Das war ein Anschub zum Optimismus, er funktionierte, aus der kühnen Forderung wurde eine realistische Prognose (und vielleicht ein Modell für Deutschland im 21. Jahrhundert).

Dass große Politik sich auch mit der sich selbst durchkreuzenden Prognose oder der Hoffnung auf eine solche machen lässt, hat das «Waldsterben» bewiesen. Wer Schreckensszenarien verbreitet, kann jedoch deren Wirkung nicht vorausbestimmen. Vielleicht ist die Reaktion: «Raffen wir uns also auf zur Gegenwehr.» Doch sie könnte auch lauten: «Wenn das Ende schon unvermeidlich ist, dann wollen wir vorher noch auf die Pauke hauen.» Das würde den Untergang beschleunigen und so die sich selbst widerlegende Prognose in eine sich selbst bestätigende verwandeln.

Mit alldem fuchteln wir in einer Zukunft herum, über die *nicht* zu grübeln uns unmöglich ist; das unterscheidet uns von den Tieren. Im Vogelflug, im Kaffeesatz, im Raunen des Orakels haben wir die Vorzeichen gesucht, uns Wahrsagern, Kartenlegerinnen, Astrologen anvertraut, und nun versichern uns die Zukunftsforscher, mit ihnen seien wir gut beraten (vorausgesetzt, wir wählen aus ihren Zukünften die richtige aus).

Dabei hilft es uns, wenn wir dreierlei bedenken. Erstens: Selten sagen uns die Futurologen klar, ob sie das Wahrscheinliche oder das in ihren Augen Erwünschte prophezeien. Was ist wahrscheinlich? Immer mehr Menschen werden immer mehr Wasser und Energie verbrauchen, immer mehr Wasser und Luft verschmutzen, immer mehr Wälder abholzen. Was ist erwünscht? Von allem das Gegenteil. Zweitens aber, wenn sie das Schlimme vorhersagen: Geschieht dies, weil sie es für unausweichlich halten – oder weil sie, umgekehrt, eine *self-defeating prophecy* provozieren wollen?

Und drittens: Stets sollten wir bedenken, dass *jede* Prognose über die Zukunft der Menschheit, unabhängig von ihrer Absicht, diese Zukunft verändern kann, also falsch wird, sobald genügend Menschen von ihr erfahren haben. Vielleicht reagieren sie ja darauf – wie aber, weiß wieder keiner. Selbst Zustände können sich ändern, sobald sie öffentlich beschrieben sind: Als der amerikanische Sexualforscher Alfred Kinsey 1948 mitgeteilt hatte, mehr als die Hälfte der amerikanischen Männer begehe Ehebruch, erfuhren die Männer, dass das Verbotene fast das Normale war – mit der mutmaßlichen Folge, dass es zu mehr Ehebrüchen kam, Kinsey also seine Zahlen alsbald hätte nach oben korrigieren müssen.

Dazu tritt nun die eigentliche Schwäche aller Zukunftsforschung, und für die können die Forscher nichts: Das wirklich Interessante, Dramatische, die Zukunft Prägende vorauszusagen ist unmöglich. Wenn wir erfahren, wie es mit dem Weltzustand, den wir kennen, weitergehen könnte, wissen wir das Entscheidende nicht: ob da vielleicht etwas Neues kommt, wovon wir keine Ahnung haben. Niemand konnte wissen, wie der Ackerbau das Leben revolutionieren würde – bevor er da war. Niemand träumte von der Dampfmaschine, keiner sah sie kommen, bevor sie erfunden wurde, und dann stampfte sie 127 Jahre lang nur in Kohlenschächten und Fabriken, bis sie über Schienen rollte, was wiederum kein Mensch vorausgesehen hatte.

Niemand vermisste den Computer, bevor es ihn gab; und 1946 den PC von 1981 und seine Weltmacht vorauszusagen, war ebenfalls unmöglich. Wer wollte 2008 eine Prognose über die Weiterentwicklung des Computers wagen? *Moore's Law* (das von dem Halbleiterfabrikanten Gordon Moore aufgestellte Gesetz, wonach die Speicherkapazität der Chips sich alle 18 Monate verdoppelt) gilt noch, und wenn es dabei bliebe, rechnete die Uno 2007 aus, werde der Computer 2032 die Kapazität des menschlichen Gehirns erreicht haben und 2057 die aller Hirne auf Erden.

In dieses Umfeld drängt mit Macht die berühmte New Yorker *Pferdemist-Prognose* (ob sie wahr oder sehr gut erfunden ist, hat der Verfasser nicht ermitteln können). Mit Sicherheit aber wurden, zumal zwischen 1880 und 1900, während New York auf mehr als drei Millionen Einwohner wuchs, die Pferde und ihr Kot zum Problem: Pferdegezogene Schienenbahnen und dazu Pferdekutschen waren immer noch das häufigste Verkehrsmittel, 500 Tonnen Pferdemist galt es täglich zu beseitigen, jedes Jahr mehr, und das zuständige Amt errechnete: Bei gleicher Zuwachsrate wird der Kot über kurz oder lang bis zu den Simsen der untersten Fenster reichen. Aber 1885 fuhr die erste Hochbahn, noch dampfbetrieben, durch New York, 1904 die erste U-Bahn, und 1913 (mit Henry Fords Fließbandproduktion) begann das Auto die Straße zu erobern.

Das hatte gedauert. Das Unvermutete oder für unmöglich Gehaltene kann aber auch sehr schnell geschehen. Am 19. Januar 1989 sagte Erich Honecker, Vorsitzender des Staatsrats der DDR, die Berliner Mauer werde «auch in fünfzig oder hundert Jahren noch bestehen, wenn die dazu vorhandenen Gründe nicht beseitigt sind» – 293 Tage später war sie zerbrochen, und kein Futurologe und kein Politologe, kein Soziologe und kein Journalist hatte es vorausgesehen, im Gegenteil: Im Hinweis auf die Unmöglichkeit hatten sie einander seit Jahrzehnten und bis zur vorletzten Minute übertrumpft. Noch Silvester 1989 schrieb in der *Zeit* ihr Chefredakteur, die Deutschen müssten sich *einigen, nicht vereinigen*, das Zweite würde nur das Zusammenwachsen Europas stören – 276 Tage später war die Vereinigung vollzogen, und was immer das Zusammenwachsen Europas behinderte: die Wiedervereinigung war es nicht.

Das lässt uns hoffen. Wenn uns gerade für die großen, die weltverändernden Ereignisse und Entwicklungen alles Vorwissen fehlt, so brauchen wir von dem, was wir zu wissen glauben, nicht allzu beeindruckt zu sein. Wird uns eine schreckliche Krise prophezeit, so kann dreierlei geschehen: Sie kommt gar nicht – sie kommt, und sie beutelt uns – sie kommt, und mit nie gekannten Mitteln ringen wir sie nieder. Seit Jahrhunderttausenden haben unsere Ahnen jede Not, die auf sie niederbrach, in einen Triumph verwandelt; es gibt keine Indizien, dass dieses Talent uns abhandengekommen sein könnte. Solange unsere Stimmung besser als die Lage ist, werden wir die Lage meistern; auch beim nächsten Mal werden wir dem Schicksal eine Nase drehen.

50 Wie lange noch?

Auszusterben ist normal – nur wann, das bleibt die Frage. Keine Art lebt ewig. Vermutlich in 450 Millionen Jahren, wenn die steigende Sonnenhitze alles Wasser auf der Erde hat verdampfen lassen, werden alle Tiere, alle Pflanzen gestorben sein, und höheres Leben wird es im Universum folglich nicht mehr geben – es sei denn in Entfernungen, die für unsere Begriffe mit dem Nichtvorhandensein zusammenfallen.

Das regt uns nicht wirklich auf. Wir haben ja auch nie erwartet, der Mensch könnte es dem Quastenflosser gleichtun und 350 Millionen Jahre überleben (Kapitel 3). Oder er müsste noch einmal auch nur 40 000 Jahre lang die Welt beherrschen, so wie der Cro-Magnon-Mensch, unser Urgroßvater, dies bis heute tut, seit er den Neandertaler überwunden hat. Nein: Die Zukunft, um die wir bangen, ist für die meisten mit ihren Enkeln oder Urenkeln praktisch abgetan; schon der *Chiliasmus*, die Lehre von der tausendjährigen Herrschaft Christi über die Erde, strapaziert unser Vorstellungsvermögen. Sprechen wir also von dem, was in den nächsten, sagen wir, hundert Jahren geschehen könnte und nicht passieren darf: Wie werden wir, wie sollten wir den neun, zehn oder noch mehr Milliarden Menschen des Jahres 2108 die Erde hinterlassen?

Bewohnbar, um das Mindeste zu sagen. Hören wir also auf, die Zukunft auszuplündern, damit wir die Gegenwart genießen können! Der britische Historiker Ronald Wright hat es 2005 so formuliert. «Wir sind eine fehlgeleitete Gesellschaft im Zenit ihrer Gier und Arroganz», schreibt er. «Wir haben jetzt die letzte Chance, unsere Zukunft in die richtigen Bahnen zu lenken.» Und wenn wir auch nur Parasiten der Erde wären – erst recht würde dann für uns die Überlebensregel aller Parasiten gelten: Lass dein Wirtstier leben!

Wie sich unsere Nachkommen in hundert Jahren die Erde eingerichtet haben werden, uns das vorzustellen fehlt uns alle Phantasie. Wir können ja nichts als *extrapolieren*, das uns Bekannte in die Zukunft verlängern, und das ist fast immer falsch. Vermutlich würde es uns, wenn wir es erlebten, ähnlich ergehen, wie es Goethe erginge, müsste er heute in New York den Times Square überqueren: Die Panik würde ihn schütteln. Seien wir also zufrieden, dass wir so viel Zukunft nicht kennenlernen werden.

Nur möglich machen sollten wir sie – vor allem dadurch, dass wir «die Erde in Obhut nehmen, nachdem wir sie bisher nur überwältigt haben». So sagt es Hubert Markl, ehemaliger Präsident der Max-Planck-Gesellschaft. Dabei würde uns jener aufgeklärte Idealismus helfen, den die Vereinten Nationen in ihrem Report *State of the Future* 2007 empfohlen haben: Idealismus ist nötig, verspotten wir ihn nicht – aber wir sollten ihn durch Pessimismus disziplinieren.

Wer wagt unterdessen die Bilanz? Was haben wir auf der Erde angerichtet – was haben wir geleistet? Auf einem widrigen Planeten ausgesetzt und von ungeheurer Übermacht umringt, haben unsere Ahnen jagend und gejagt sich hochgekämpft und zäh die Herrschaft errungen. Sie haben die Erde zerkratzt und ausgebeutet und Tiere zu Milliarden, ihresgleichen zu Millionen umgebracht. Sie haben gelitten, gejubelt, gesündigt, triumphiert. Ihr Einfallsreichtum, ihre Wendigkeit, ihr Stehvermögen im Guten wie im Bösen sind bewundernswert und bieten die Chance, dass das Leben weitergeht, trotz allem.

Und nicht nur untertan gemacht hat sich der Mensch die Erde – sie bereichert auch. Pyramiden und Kathedralen hat er auf sie getürmt, mit Gärten, Tempeln und Palästen sie geschmückt, und dass die Unesco solche Kultur und ein paar Reste von Natur zu bewahren versucht, gereicht ihr zur Ehre. Ja, unserem Hirn ist etwas entsprungen, was im Schöpfungsplan möglicherweise gar nicht vorgesehen war: die Kunst. Die Welt haben wir uns *erzählt*, sie ins Bild gebannt, ihr eine neue Dimension hinzugefügt, die Musik. Sie lässt uns tanzen, singen, träumen und mit der Welt im Reinen sein.

Vernähmen die Frommen die Frage ihres Gottes: «Und was habt ihr aus dem Geschenk des Lebens gemacht?», erhobenen Hauptes könnten sie erwidern: «Alles, was uns gegeben war – vielleicht sogar ein bisschen mehr.» Die aber nicht glauben, die Skeptiker, die Zyniker, die Atheisten? Sie könnten auf die Wolken schreiben: «In die unermessliche Sinnlosigkeit des toten Universums haben wir eine Weltsekunde lang ein bisschen Sinn hineingemogelt – das Leben, das Lachen, das Lieben; das Denken, das Suchen, die Kunst.»

Und beide: «Leben lohnt sich. Tun wir was, damit die Erde denen, die nach uns kommen, noch eine Weile eine Bleibe ist.»

Nachwort

Nach 50 Jahren habe ich's gewagt. Am 18. Juni 1958 erschien in der *Süddeutschen Zeitung* meine Sonderseite «Jede Woche eine Million Menschen mehr – Auch wenn die Nahrungsmittel reichen, wird eines Tages die Erde zu eng». Seitdem hat das Schicksal unseres Planeten mich umgetrieben. Zu Teilaspekten davon habe ich in diesem halben Jahrhundert sechs Bücher und mehrere Dutzend Untersuchungen, Essays und Reportagen publiziert; durch zielstrebige Lektüre habe ich mich auf dem Stand der Wissenschaft gehalten.

Eines Tages, auf Feuerland, schossen mein Wissensvorrat und dieser Grübelstoff zu der Idee zusammen: Sollte man nicht versuchen, *den Roman der Menschheit* zu erzählen – die atemraubende Geschichte, wie aus einem Häuflein überdurchschnittlich schlauer Affen der Herr der Erde wurde – und wie er sie nun zu ruinieren droht? Ein Kollegium aus hundert Wissenschaftlern könnte über das Drama des Menschen gewiss weit gründlicher berichten, aber vermutlich in zwanzig Bänden, und wahrscheinlich ohne den großen Atem, den das Thema braucht. Weit mehr als hundert Experten übrigens standen meiner Frau für ihre Internet-Recherche zur Verfügung. Ihr und ihnen danke ich dafür.

Wolf Schneider

Zeittafel

100 000 v. Chr. Unsere Urmutter (*Homo sapiens sapiens*) erblickt in Afrika das Licht der Welt
60 000 v. Chr. Der Neue Mensch erreicht Australien (Kapitel 10)
38 000 v. Chr. Der Neue Mensch erreicht Europa und beginnt den Neandertaler zu verdrängen (Kapitel 11)
15 000 v. Chr. Der Mensch erfindet Pfeil und Bogen (Kapitel 11)
13 000 v. Chr. Das erste Haustier: der Hund (Kapitel 12)
12 000 v. Chr. Der Mensch betritt Amerika (Kapitel 10)
10 000 v. Chr. In Europa zieht sich das Eis zurück
8000 v. Chr. Die Wanderung des *Homo sapiens* hat ihren fernsten Punkt erreicht: Feuerland (Kapitel 10)
7500 v. Chr. Jericho – die erste Stadt (Kapitel 14)
6000 v. Chr. In Mesopotamien und Ägypten entsteht der Ackerbau (Kapitel 13)
2000 v. Chr. Das Pferd wird zum Zugtier (Kapitel 15)
324 v. Chr. Mit der «Hochzeit von Susa» hebt Alexander der Große die Unterscheidung von «Griechen» und «Barbaren» demonstrativ auf (Kapitel 46)
986 Wikinger landen in Amerika (Kapitel 11)
1000 Als letztes größeres Stück Land besiedelt der Mensch Neuseeland. Auf der Erde leben etwa 300 Millionen Menschen.
1348 Die Große Pest sucht Europa heim (Kapitel 16)
1452 Der Buchdruck ist erfunden
1492 Kolumbus landet, ohne es zu wissen, in Amerika (Kapitel 11)
1494 Portugal und Spanien teilen sich die Erde (Kapitel 17)
1498 Der Portugiese Vasco da Gama hat Indien erreicht – um Afrika herum
1500 Auf der Erde leben etwa 500 Millionen Menschen

1514 Kopernikus vertreibt die Erde aus dem Mittelpunkt der Welt
1521 Hernando Cortez zerstört das Reich der Azteken (Kapitel 18)
1522 Ein Schiff des Magalhães hat die Erde umrundet (Kapitel 17)
1532 Francisco Pizarro zerstört das Reich der Inkas (Kapitel 18)
1607 105 Engländer legen in Virginia eine Siedlung an – «Geburtstag der amerikanischen Nation»
1637 Russische Kosaken haben Sibirien erobert und erreichen den Pazifik (Kapitel 21)
1690 Die erste Dampfmaschine
1783 Zwei Menschen steigen im Ballon in die Höhe (Kapitel 28)
1785 Edmund Cartwright erfindet den mechanischen Webstuhl (Kapitel 19)
1788 717 englische Sträflinge landen in Australien (Kapitel 22)
1800 Die Menschheit ist auf eine Milliarde angewachsen. Es gibt 4 Millionenstädte.
1825 In England dampft die erste Personeneisenbahn (Kapitel 26)
1835 Von Nürnberg nach Fürth fährt Deutschlands erste Eisenbahn
1838 Das Dampfschiff «Great Western» überquert den Atlantik in 15 Tagen (Kapitel 27)
1844 Von Washington nach Baltimore führt das erste Telegraphenkabel der Welt (Kapitel 29)
1859 Darwin stellt die biblische Schöpfungsgeschichte auf den Kopf
1865 Gregor Mendel entdeckt die Gesetze der Vererbung
1869 Die Eisenbahn verbindet New York mit San Francisco (Kapitel 26). Der Suezkanal wird eröffnet (Kapitel 27)
1871 Der erste große Eisenbahntunnel durchstößt die Alpen: unterm Mont Cenis bei Turin (Kapitel 26)
1876 Queen Victoria lässt sich zur «Kaiserin von Indien» krönen (Kapitel 21)
Am Little Bighorn River erringen die Indianer ihren letzten Sieg gegen die Weißen (Kapitel 20)
1877 In Boston: erstes öffentliches Telefon
1882 Der Eisenbahntunnel unterm Gotthard wird eröffnet
1889 Die Reporterin Nelly Bly umrundet die Erde in 72 Tagen (Kapitel 27)
1897 Die drahtlose Telegraphie ist erfunden (Kapitel 29)
1901 Der österreichische Bakteriologe Karl Landsteiner entdeckt die vier

Hauptgruppen des menschlichen Blutes und relativiert damit den Begriff der «Rasse» (Kapitel 46)

1903 Karl Jatho und die Brüder Wright fliegen mit Apparaten schwerer als Luft (Kapitel 28)

1904 Herero-Aufstand in Deutsch-Südwestafrika (Kapitel 22)

1911 Amundsen erreicht den Südpol (Kapitel 24)

1913 Henry Ford produziert Autos am Fließband (Kapitel 31)

1914 Der Panamakanal wird eröffnet (Kapitel 27)

1916 Die Transsibirische Eisenbahn ist vollendet (Kapitel 26)

1929 Das Luftschiff «Graf Zeppelin» umrundet die Erde in 20 Tagen

1930 2 Milliarden Menschen (die 2. Milliarde binnen 130 Jahren)

1945 Die erste Atombombe

1948 Die Uno ruft die Weltgesundheitsorganisation ins Leben und verabschiedet die Erklärung der Menschenrechte Kapitel 46)

1949 Der amerikanische Präsident Harry S. Truman ruft die Entwicklungshilfe aus

1952 Die «United States» überquert den Atlantik in 3 Tagen und 11 Stunden. Die erste Wasserstoffbombe

1953 Der entlegenste Punkt der Erde ist erreicht: der Gipfel des Mount Everest (Kapitel 24)

1956 Im englischen Sellafield geht das erste kommerzielle Atomkraftwerk ans Netz

1957 Der Sputnik umkreist die Erde (Kapitel 30)

1960 Der erste Wettersatellit. 3 Milliarden Menschen (die 3. Milliarde binnen 30 Jahren). Es gibt 115 Millionenstädte

1961 Juri Gagarin umkreist die Erde

1962 Die amerikanische Biologin Rachel Carson eröffnet mit ihrem Buch «Der stumme Frühling» das Zeitalter des Umweltbewusstseins

1964 Der letzte Achttausender ist bezwungen (Kapitel 24)

1965 Der erste Nachrichtensatellit

1969 Der Mensch auf dem Mond

1972 Die Unesco beschließt die «Konvention zum Schutz des Kultur- und Naturerbes der Welt».

Der «Club of Rome» schlägt Alarm («Die Grenzen des Wachstums»)

1975 4 Milliarden Menschen (die 4. Milliarde binnen 15 Jahren). Herbert Gruhl eröffnet mit seinem Buch «Ein Planet wird geplündert» die deutsche Umweltdiskussion

1987 Die Brundtland-Kommission fordert von der Weltwirtschaft «Nachhaltigkeit» (Kapitel 47)
5 Milliarden Menschen (die 5. Milliarde binnen 12 Jahren)

1992 Rio de Janeiro: Vertreter von 178 Staaten treffen sich zur ersten Umweltkonferenz der Uno

1995 Eine «Concorde» umrundet die Erde in 31 Stunden.
Der erste Navigationssatellit

1997 In Kyoto: 36 Industriestaaten verpflichten sich, ihren Schadstoffausstoß um 5 Prozent unter den Stand von 1990 zu senken

1999 6 Milliarden Menschen (die 6. Milliarde wieder binnen 12 Jahren)

2001 Die Zerstörung des World Trade Center läutet ein neues Zeitalter des Krieges ein

2012 (vermutlich:) 7 Milliarden Menschen

2050 (Uno-Schätzung:) 9 bis 10 Milliarden Menschen

Literaturverzeichnis

Atkins, Peter: Galileo's Finger – The ten Ideas of Science (Oxford 2003); deutsch: Galileos Finger (Stuttgart 2006)

Behringer, Wolfgang: Kulturgeschichte des Klimas – von der Eiszeit bis zur globalen Erwärmung (München 2007)

Benedict, Ruth: Patterns of Culture (1934); deutsch: Urformen der Kultur (Hamburg 1955)

Bitterli, Urs: Die «Wilden» und die «Zivilisierten». Gründzüge einer Geistes- und Kulturgeschichte der europäisch-überseeischen Begegnung. (München 1976)

Boorstin, Daniel J.: The Discoverers (New York 1985); deutsch: Entdeckungen (Basel 1985)

Brody, Hugh: The Other Side of Eden: Hunters, Farmers an the Shaping of the World (Vancouver 2000)

Brown, Lester: Rescuing a Planet under Stress and Civilization in Trouble (New York 2003)

Brownlee / Ward: Rare Earth. Why Complex Life is Uncommon in the Universe (New York 2000); deutsch: Die einsame Erde (Berlin 2001)

Burenhult, G. (Hrsg): Menschen der Urzeit (Köln 2004)

Buss, David M.: Der Mörder in uns. Warum wir zum Töten programmiert sind. (Heidelberg 2007)

Carson, Rachel: The Silent Spring (New York 1962); deutsch: Der stumme Frühling (München 2007); dt. Erstausgabe: 1962

Cavalli-Sforza, L. L.: The Great Human Diaspora. History of Diversity and Evolution. (New York 1995)

Chua, Amy: World on Fire. How Exporting Free Market Democracy Breeds Ethnic Hatred and Global Instability. (New York 2004)

Churchill, Winston: A History of the English Speaking Peoples, 4 Bände (1958); deutsch: Geschichte (Bern 1958)

Clark, Wesley: Waging Modern War (New York 2001)
Cohen, Mark N.: The Food Crisis in Prehistory: Overpopulation and the Origins of Agriculture (New Haven 1977)
Colpe, Carsten: Der «Heilige Krieg». Benennung und Wirklichkeit (Bodenheim 1994)
Creveld, Martin van: Die Zukunft des Krieges (München 1998)
Davies, Paul: Der kosmische Volltreffer. Warum wir hier sind und das Universum wie für uns geschaffen ist (Frankfurt 2008)
Davis, Mike: Planet der Slums (Berlin 2007)
Delacampagne, Christian: Die Geschichte der Sklaverei (Düsseldorf 2004)
Diamond, Jared: Guns, Germs and Steel. The Fates of Human Societies (New York 1997)
–: Collapse. How Societies Choose to Fail or Succeed (New York 2005); deutsch: Kollaps. Warum Gesellschaften überleben oder untergehen (Frankfurt 2005)
Ditfurth, Hoimar von: Zusammenhänge. Gedanken zu einem naturwissenschaftlichen Weltbild (Hamburg 1974)
Diwald, Helmut: Der Kampf um die Weltmeere (München 1980)
Edgerton, Robert B.: Sick Societies. Challenging the Myth of Primitive Harmony (New York 1992); deutsch: Trügerische Paradiese. Der Mythos von den glücklichen Naturvölkern (Hamburg 1994)
Ehrenreich, Barbara: Blutrituale. Ursprung und Geschichte der Lust am Krieg (München 1997)
Ehrlich, Paul: One with Ninive: Politics, Consumption and the Human Future (Washington 2004)
Eibl-Eibesfeldt, Irenäus: Krieg und Frieden aus der Sicht der Verhaltensforschung (München 1984)
Enzensberger, Hans Magnus: Aussichten auf den Bürgerkrieg (Frankfurt 1993)
Ferguson, Niall: Krieg der Welt. Was ging schief im 20. Jahrhundert? (Berlin 2006)
Flannery, Tim: The Eternal Frontier. An Ecological History of North America and its Peoples (Melbourne 2001)
Forster, Georg: Ansichten vom Niederrhein; in: Werke II (Frankfurt 1969)
Frank, Dorothee: Menschen töten (Düsseldorf 2006)

Frank, Jerome D.: Muss Krieg sein? Psychologische Aspekte von Krieg und Frieden (Darmstadt 1970)
Fukuyama, Francis: The End of History and the Last Man (New York 1992); deutsch: Das Ende der Geschichte (München 1992)
Garrett, Laurie: The Coming Plague (New York 1994); deutsch: Die kommenden Plagen. Neue Krankheiten in einer gefährdeten Welt (Frankfurt 1996)
Geulen, Christian: Geschichte des Rassismus (München 2007)
Goudie, Andrew: The Human Impact on the Natural Environment (Oxford 2000)
Gould, Stephen Jay: The Structure of Evolutionary Theory (Cambridge / Mass. 2002)
Greiner / Müller / Walter (Hrsg.): Heiße Kriege im Kalten Krieg (Hamburg 2006)
Gruhl, Herbert: Ein Planet wird geplündert (Frankfurt 1975)
–: Himmelfahrt ins Nichts. Der geplünderte Planet vor dem Ende (München 1992)
Hacker, Friedrich. Aggression. Die Brutalität unserer Welt (Düsseldorf 1985)
Hardt / Negri: Empire (New York 2000); deutsch: Die neue Weltordnung (Frankfurt 2003)
Harris, D. R. (Hrsg.): The Origins and Spread of Agriculture and Pastoralism in Eurasia (London 1996)
Hasinger, Günther: Das Schicksal des Universums. Eine Reise vom Anfang zum Ende (München 2007)
Heintzmann / Solomon (Hrsg.): Fueling the Future: How the Battle over Energy is Changing Everything (Toronto 2003)
Held, David: Soziale Demokratie im globalen Zeitalter (Frankfurt 2007)
Hochschild, Adam: Bury the Chains. The British Struggle to Abolish Slavery (London 2005). Deutsch: Sprengt die Ketten! (Stuttgart 2007)
Homer-Dixon, Thomas: The Ingenuity Gap. How can We Solve the Problems of the Future? (Toronto 2000)
Hondrich, Karl Otto: Wieder Krieg (Frankfurt 2002)
–: Lehrmeister Krieg (Reinbek 1992)
Horx, Matthias: Anleitung zum Zukunftsoptimismus – Warum die Welt nicht schlechter wird (Frankfurt 2007)

Johanson / Edgar: From Lucy to Language (London 1996)
Jäger / Kümmel (Hrsg): Private Military and Security Companies (Wiesbaden 2007)
Jonas, Hans: Das Prinzip Verantwortung. Versuch einer Ethik für die technologische Zivilisation (Frankfurt 1980)
Josephy, Alvin M.: America in 1492 (New York 1991), deutsch: Amerika 1492. Die Indianervölker vor der Entdeckung (Frankfurt 1992)
Kaldor, Mary: Neue und alte Kriege. Organisierte Gewalt im Zeitalter der Globalisierung (Frankfurt 2000)
Kant, Immanuel: Mutmaßlicher Anfang der Menschengeschichte (1786)
–: Zum ewigen Frieden (1795)
Keegan, John: A History of Warfare (New York 1993); deutsch: Die Kultur des Krieges (Berlin 1995)
Kippenberg, Hans G.: Gewalt als Gottesdienst. Religionskriege im Zeitalter der Globalisierung (München 2008)
Klein, Herbert S.: The Atlantic Slave Trade (Cambridge 1999)
Klein / Schumacher (Hrsg.): Kolonialkriege (Hamburg 2006)
Koestler, Arthur: Der Mensch – Irrläufer der Evolution (München 1978)
–: Die Nachtwandler (Bern 1959)
Kunde, Martin: Der Präventivkrieg. Geschichtliche Entwicklung und gegenwärtige Bedeutung (Frankfurt 2007)
Laqueur, Walter: Die letzten Tage von Europa. Ein Kontinent verändert sein Gesicht (Berlin 2006)
Leakey / Lewin: The Sixth Extinction. Patterns of Life and the Future of Humankind (New York 1995); deutsch: Die sechste Auslöschung. Lebensvielfalt und die Zukunft der Menschheit (Frankfurt 1996)
Leslie, John: The End of the World. The Science and Ethics of Human Extinction (London 1996)
Lévy, Bernard-Henri: Réflexions sur la guerre, le mal et la fin de l'histoire (Paris 2001)
Lewin, Roger: Bones of Contention. Controverses in the Search for Human Origins (New York 1987)
–: Human Evolution (Oxford 1999)
Lewin / Foley: Principles of Human Evolution (Oxford 2004)
Lomborg, Björn: Cool it. The Skeptical Environmentalist's Guide to Global Warming (London 2007); deutsch: Cool it. Warum wir

trotz Klimawandels einen kühlen Kopf bewahren sollten (Stuttgart 2008)
Luttwark, Edward: Strategie. Die Logik von Krieg und Frieden (Lüneburg 2003)
Mann, Michael: Die dunkle Seite der Demokratie. Eine Theorie der ethnischen Säuberung (Hamburg 2007)
Markl, Hubert: Evolution, Genetik und menschliches Verhalten (München 1986)
Martin, Michael: Die Wüsten der Erde (München 2004)
Maxeiner, Dirk: Hurra, wir retten die Welt! Wie Politik und Medien mit der Klimaforschung umspringen (Berlin 2007)
Mayr, Ernst (Hrsg.): Evolution. Die Entwicklung von den ersten Lebensspuren bis zum Menschen (Heidelberg 1984)
McKibben, Bill: The End of Nature (New York 1989); deutsch: Das Ende der Natur (München 1990)
Morris, Simon C.: Jenseits des Zufalls. Wir Menschen im einsamen Universum (Berlin 2008)
Müller / Fuentes / Kohl (Hrsg): Der UN-Weltklimareport. Bericht über eine aufhaltsame Katastrophe (Köln 2007)
Müller-Kraenner, Sascha: Energiesicherheit. Die neue Vermessung der Welt (München 2007)
Münkler, Herfried: Imperien. Die Logik der Weltherrschaft (Berlin 2005)
Oestreich, Gerhard: Die Idee der Menschenrechte (Berlin 1963)
Pigafetta, Antonio: Die erste Reise um die Erde. Augenzeugenbericht von der Weltumseglung des Fernando Magallanes (1534). (Deutsch: Tübingen 1968)
Potts, Richard: Humanity's Descent. The Consequences of Ecological Instability (New York 1996)
Reemtsma, Jan Philipp: Vertrauen und Gewalt. Versuch über eine besondere Konstellation der Moderne (Hamburg 2008)
Rees, Martin: Our Final Hour (New York 2003); deutsch: Unsere letzte Stunde. Warum die moderne Naturwissenschaft das Überleben der Menschheit bedroht (München 2005)
Rehbein / Schwengel: Theorien der Globalisierung (Konstanz 2007)
Roberts, Paul: The End of Oil (Boston 2004)
Ruddiman, William F.: Plows, Plagues and Petroleum (Princeton 2005)

Sandschneider, Eberhard: Globale Rivalen. Chinas unheimlicher Aufstieg und die Ohnmacht des Westens (München 2007)

Senghaas, Dieter: Wohin driftet die Welt? (Frankfurt 1994)

–: Zum irdischen Frieden. Erkenntnisse und Vermutungen (Frankfurt 2004)

Storch / Welsch / Wink: Evolutionsbiologie (Heidelberg 2007)

Susbielle, Jean-François: China – USA. Der programmierte Krieg (Berlin 2007)

Tainter, Joseph: The Collapse of Complex Societies (Cambridge / Mass. 1988)

Thomas, H.: History of the Atlantic Slave Trade (New York 1999)

Thomas, William L.: Man's Role in Changing the Face of the Earth (Chicago 1956)

Turchin, Peter: Historical Dynamics: Why States Rise and Fall (Princeton 2003)

Uekötter, Frank: Umweltgeschichte im 19. und 20. Jahrhundert. (München 2007)

Ward / Brownlee: The Life and Death of Planet Earth (New York 2002)

Weisman, Alan: The World Without Us (New York 2007), deutsch: Die Welt ohne uns. Reise über eine unbevölkerte Erde (München 2007)

Welzer, Harald: Klimakriege. Wofür im 21. Jahrhundert getötet wird (Frankfurt 2008)

Wilson, Edward O.: The Future of Life (New York 2002); deutsch: Die Zukunft des Lebens (München 2004)

Wiltsey, Norman B.: Brave Warriors (Caldwell 1963); deutsch: Die Herren der Prärie. Der Todeskampf der Indianer (Stuttgart 1963)

Wrangham / Peterson: Demonic Males. Apes and the Origins of Human Violence (New York 1996); deutsch: Bruder Affe. Menschenaffen und die Ursprünge menschlicher Gewalt (München 2001)

Wright, Ronald: Stolen Continents. Conquest and Resistance in the Americas (Boston 1992); deutsch: Geraubtes Land (Braunschweig 1992)

–: A Short History of Progress (Edinburgh 2005); deutsch: Eine kurze Geschichte des Fortschritts (Reinbek 2006)

Yoffee / Cowgill: The Collapse of Ancient States and Civilizations (Tucson 1988)

Namen- und Sachregister

L

O

Bildnachweis

1 © Astrofoto
2 © David Shale: DeepSeaPhotography.Com
3 Heiner Müller-Elsner / Agentur Focus (Hessisches Landesmuseum Darmstadt. Wissenschaftliche Rekonstruktion: Wolfgang Schnaubelt & Nina Kieser / Wildlife Art)
4 picture alliance / Xinhua
5 Georg Fischer / Bilderberg
6 picture alliance / Huber
7 picture alliance / Thieme
8 Foto: AFF / HO (Ministerpräsidentenamt)
9 picture alliance / akg
10 ChinaFotoPress / laif
11 Rina Castelnuovo / The New York Times / laif